Le présent ouvrage a été publié
avec le soutien de
l'Académie Nicaraguayenne de la Langue

ANL

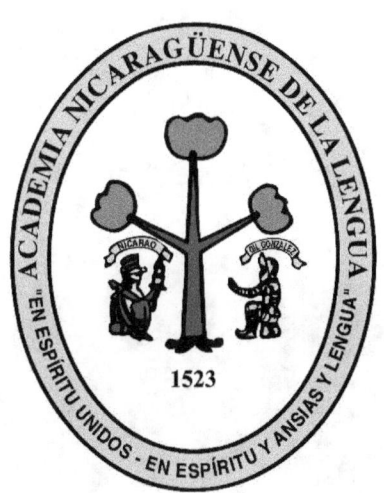

"*En espiritu unido, en espiritu y ansias y lengua.*"

La Collection "*Travaux Panofskiens*" est dédiée à l'étude des oeuvres d'art de la période moderne (XIIème-XVIIIème siècles) et de la période contemporaine (XIXème-XXIème siècles), à partir de plusieurs concepts des études de l'École de Warburg, notamment représentés dans les travaux de son principal représentant Erwin Panofsky. Ces concepts sont les suivants:
La transmission des symboles culturels entre les époques, et la permanence de leur représentation;
L'étude des oeuvres d'art comme matériel pour comprendre leur époque et l'histoire des mentalités qui y est liée, c'est-à-dire, inversement, les idées, les pratiques et les moeurs, que révèlent les oeuvres d'art;
En ce sens, l'interaction entre les cosmos de cultures profane et religieuse, d'une part, et populaire, cultivée et savante, d'autre part.
Le principal apport de la présente Collection, ou son principal projet en tous cas, est d'aborder, non seulement les oeuvres de l'époque moderne, champ d'étude particulier de l'École de Warburg et de Panofsky, mais d'amplifier cedit champ à celui de la contemporanéité, en particulier des avant-gardes, afin, non seulement d'appliquer la méthode panofskienne à l'art contemporain, mais encore pour en expérimenter la pertinence dans le cadre visuel de la non figuration et de l'abstraction (soit-elle, celle-ci, thématique ou formelle).

Dr. N.-B. Barbe

NORBERT-BERTRAND BARBE
MEMBRE HONORAIRE DE L'ACADÉMIE
NICARAGUAYENNE DE LA LANGUE

Le CHEVALIER, la Mort et le Diable d'Albrecht Dürer : analyse "oliverienne" d'un cas d'école

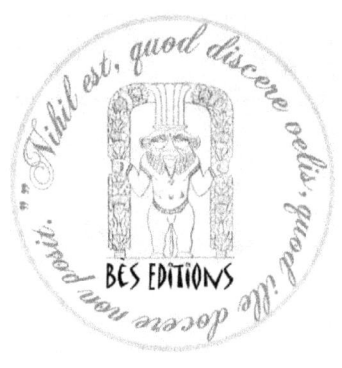

ISBN: 978-2-35424-214-5

Collection "*Travaux Panofskiens*"

© 2018, Bès Editions

Toute reproduction intégrale ou partielle du présent ouvrage, faite par quelque procédé que ce soit, sans le consentement de l'auteur ou de ses ayants cause, est illicite et constitue une contrefaçon sanctionnée par les articles L.335-2 et suivants du Code de la propriété intellectuelle.

SOMMAIRE GÉNÉRAL DU PRÉSENT OUVRAGE

1. Interprétation par rapprochement iconographique direct des motifs et par contextualisation temporelle et géographique   2
2. Confirmation de l'interprétation par recoupement avec le corpus de l'époque   13
3. La figure du chevalier   15
3.a. Concepts généraux sur la figure du chevalier dans la gravure   15
3.b. Réflexions diachroniques autour de la figure du chevalier chez Dürer et dans l'iconographie réformée   18
4. Conclusion   34
5. Addendum: sur le crâne, le lézard et le chien: un essai de compréhension iconographique   38
6. Second Addendum: Réflexions autour de la queue de renard   54

6.a. Le caractère ornemental et honorifique de la queue de renard   54

6.b. Une étude "*oliverienne*" du *Palefrenier ensorcelé* d'Hans Baldung Grien   57

NOTES   71

PLANCHES

Le Chevalier, la Mort et le Diable d'Albrecht Dürer: analyse "oliverienne"[1] d'un cas d'école

> "*The evolution of high and post-medieval art in Western Europe might be compared to a great fugue in which the leading theme was taken up, with variations, by the different countries. The Gothic style was created in France; the Renaissance and Baroque originated in Italy and were perfected in cooperation with the Netherlands; Rococo and nineteenth century Impressionism are French; and eighteenth century Classicism and Romanticism are basically English.*
> *In this great fugue the voice of Germany is missing. She has never brought forth one of the universally accepted styles the names of which serve as headings for the chapters of the History of Art.*"[2]

Il faut comprendre *Le Chevalier, la Mort et le Diable* (1513[3]) dans le cadre historique dont il dépend. Ce qui, nous devons le dire, à ce jour n'a pas été fait. Même si, comme souvent, le Maître Erwin Panofsky (1943)[4] en donne, en un peu moins de trois pages, le sens général.

En vérité, l'on pourrait bien en rester là. Mais il nous semble important de montrer comment la méthode warburgienne de *corpus* permet, précisément, suivant l'exemple panofskien, de proposer une interprétation directe, rapide, comme une sorte de jeu intellectuel à manière de mise à l'épreuve, une bonne fois pour toutes, de cette fondamentale technique, que, selon le terme qu'il y a bientôt trente ans, nous empruntions à Karl Marx, malheureusement dans "*la misère de*" nos sciences humaines, celles-ci, contradictoirement, ou bien se refusent à utiliser, ou bien critiquent sans particulière raison, si ce n'est la posture de Fernand Raynaud, ou bien, et nous croyons que cela explique les deux antérieures postures, simplement, ne comprennent pas, faute de réelle préparation.

Le seul autre ouvrage, à notre sens, notable sur *Le Chevalier, la Mort et le Diable* est celui de Pierre Vaisse (2006)[5], lequel, symptomatique de cette complète incompréhension des oeuvres par le système de pensée existant, compilation allusive aux quelques principales interprétations existantes, n'analyse absolument pas la gravure, mais, dans une perspective plus sociologique que d'histoire de l'art proprement dite, traite des orientations idéologiques desdites analyses faites de l'image par ses consécutifs exégètes, et de sa réception et symbolique dans et pour la société allemande, du moins selon ce que Vaisse en perçoit.

On le voit donc, tout cela bien loin d'une approche iconographique de cette chalcographie.

1. Interprétation par rapprochement iconographique direct des motifs et par contextualisation temporelle et géographique

> *"Le mensonge est moins dans les choses que l'on nous rapporte et que nous ne comprenons pas que dans nos connaissances! Les ténèbres nous enveloppent si impitoyablement que, même en tâtonnant, nous bronchons à chaque pas..."*[6]

Nous avons posé comme une prémisse d'ordre général (notamment dans notre soutenance d'H.D.R. à l'Université de Strasbourg, défendue en Décembre 2017) l'idée et le concept que "*le symbolique appelle le symbolique*". Cela implique que toute forme visuelle provient, essentiellement, toujours d'une autre forme visuelle, antérieure (première en l'espèce ou non, selon les cas).

Parallèlement, dans notre ouvrage sur *L'Espérance* (1545) d'Heinrich Vogtherr l'Ancien, nous étudions la question du registre dans l'art de la Renaissance.

Or, il se trouve, précisément, que Dürer, dans *Le Chevalier, la Mort et le Diable*, présente une réduction (comme Édouard Manet le fera par rapport à Marcantonio Raimondi dans *Le déjeuner sur l'herbe*, 1863), donc une condensation allégorique, du motif d'un thème plus général, propre de son époque, et de l'ambiance réformée.

Pour mieux le comprendre, il faut nous retourner vers *La loi et la Grâce* de Lucas Cranach l'Ancien, dont celui-ci offrira trois versions (Nuremberg, Prague et Gotha) en 1529[7], entre lesquelles la fameuse version, la plus proche de notre description[8], celle de Nuremberg et de Gotha[9], à peu près identiques (la version de Prague n'étant plus divisée en diptyque, mais en une seule scène, centrale, toujours avec le centre de l'Arbre de la Connaissance), popularisée par la gravure[10]. L'opposition entre la Loi (juive) et la Grâce (chrétienne, obtenue par le sacrifice du Christ), typique du discours traditionnel antisémite médiéval, étant modifiée par le protestantisme entre catholicisme (qui devient la Loi) et la Réforme (qui devient la Grâce)[11].

On trouve, chez Heinrich Vogtherr le Jeune, dans *La mort du Juste et de l'Injuste* (1540[12]), selon le modèle de la division bipartite, de *La Loi et la Grâce* de Lucas Cranach ou de *L'Espérance* de Voghterr l'Ancien[13], propre de l'iconographie de l'ambiance réformée, également présente dans la gravure représentant *La Différence entre la Vraie Religion du Christ et la Fausse, Idolâtre Enseignement de l'Antéchrist* de Cranach le Jeune[14], et, du même, dans l'*Abendmahl der Protestanten und Höllensturz der Katholiken* (*Cène des Protestants et Chute aux Enfers des Catholiques*, de 1540[15] également) avec Luther prêchant, partie gauche, pour le spectateur, que l'on retrouve dans la prédelle de l'Autel principal de la Stadtkirche de Wittenberg par Cranach l'Ancien[16].

La version de Nuremberg de Cranach possède une prédelle remplie d'une série de citations bibliques, divisées en six colonnes[17], dont nous donnons une traduction partielle[18] de la première colonne, les suivantes correspondant aux figures à partir du groupe des prophètes:

"Première colonne: Romains 6, 2. Nous qui sommes morts au péché. 1. Corinth. 15, 56. L'aiguillon de la mort, c'est le péché; et la puissance du péché, c'est la loi. Rom. 4, 15. Parce que la loi produit la colère. Rom. 1, 18. La colère de Dieu se révèle du ciel contre toute impiété et toute injustice des hommes."

La partie du tableau qui nous intéresse, le lecteur l'aura compris, est donc celle où apparaissent, chassant l'âme vers les flammes de l'Enfer, la Mort et le démon ("*Roma. 6. Der Todt ist der sünden sold. 1. Kor. 15 / Die Sünd ist des Todes spies. Aber das gesetz ist der / sünden krafft. Roma. 4. Das Gesetz richtet zorn ahn.*").

Toutefois, si ce groupe présente, donc, une directe similitude avec celui de Dürer, il ne l'éclaire encore que peu, ou insuffisamment.

Nous retournant vers les copies de l'oeuvre, en particulier de la version, cette fois, de Prague, où le binôme précédent est remplacé par un autre, autour de l'âme, cette fois au pied de la Croix, nous trouvons une version indiquant les noms des deux personnages[19], il s'agit d'Isaïe et de Saint Jean-Baptiste, représentés typologiquement (selon l'ordre de lecture, de gauche à droite), le prophète précédant le saint du *Nouveau Testament*.

Or l'on sait qu'Isaïe est la préfiguration de Saint Jean-Baptiste[20]. En effet:

"Les quatre Évangiles citent, au sujet de Jean Baptiste, la prophétie d'Isaïe: (Is 40, 3) «Voix de celui qui crie dans le désert: rendez droit le chemin du Seigneur»."[21]

Plus intéressant encore, en ce sens, la citation qui fait lien dans la version de Nuremberg entre le Diable et la Mort ("*1. Corinthiens 15, 56. L'aiguillon de la mort, c'est le péché; et la puissance du péché, c'est la loi.*") définit le péché comme transgression[22], provoquant la mort, laquelle est, typologiquement, dans les versions de Cranach, opposée à la partie de la Rédemption.

En effet, dans la copie citée, au "*Peccatvm*" d'Adam et Ève, à gauche, correspond le Christ guide et "*Agnvs Dei*", à droite. Et, identiquement, au cercueil du squelette de "*Mors*", sous le couple des Protoplastes, correspond le cercueil brisé du retour du Christ victorieux de l'Hadès de la "*Victoria Nostra*".

Par conséquent, cette superposition inverse: Péché originel:Mort/Descende aux Limbes:Rédemption marque bien ce que révèle également la citation directe de *1 Corinthiens*, 15, 56 dans la version de Nuremberg et ses copies, à savoir l'association entre Péché et Mort, la seconde étant la conséquence du premier. Association renforcée par une seconde superposition, d'opposition, comme l'exprime, cette fois, plus généralement, le titre de Cranach, entre Loi et Grâce, la division entre *Ancien* (Isaïe) et *Nouveau* (le Baptiste) *Testaments*, typologie, à son tour, renforcée par la mise en regard du Serpent d'Airain (*Nombres*, 21,6-9) avec la Croix.

L'association entre la Mort et le péché s'opère ici par le fait qu'au lieu de fouler aux pieds les portes ou Hadès lui-même, comme dans l'iconographie traditionnelle (église Saint Clément, Rome, VIIème siècle[23]; *La Maestà* de Duccio, 1308-1311[24]; couvent San Marco de Florence, 1440-43, par Fra Angelico[25]; et, également, de Fra Angelico, c.1450, 29ème tableau d'une série de *Scènes De La Vie du Christ de l'Armoire en Argent Armadio degli Argenti*, autrefois dans l'oratoire du Santissima Annunziata à Florence, actuellement au Musée de San Marco[26]; Martin Schongauer, 1475-1480, Schweinfurt, Coll. Schäfer[27], et son Atelier, Colmar, Musée d'Unterlinden[28]; Hans Schaüfelein, 1507[29]; l'Atelier du Maître aux grands fronts, 1500-1530[30]; raison pour laquelle parfois les Protoplastes ne sortent plus d'un cercueil ou d'une ouverture sous les portes brisées de l'Enfer, mais de sa gueule même, comme dans le manuscrit de Paris, XVème siècle, Arsenal 3479, BnF[31]; l'École de Savoie, c.1480, Chambéry[32]), le Christ victorieux sortant du cercueil foule aux pieds la Mort, selon le principe métonymique de représentation (raison pour laquelle, parfois dans l'iconographie byzantine, les morceaux de bois foulés par le Christ victorieux sont une croix[33], en référence à l'origine autosacrificiel de sa victoire), dans ce cadre, du péché, de nouveau, par sa conséquence, le châtiment de la Mort. Ce qui est logique, puisqu'il est commun de trouver, dans le même sens typologique, le crâne d'Adam au pied de la Croix, revivifié par le sang rédempteur du sacrifice, image, donc, à mettre en rapport avec celle du Christ faisant sortir les Protoplastes du cercueil de la Mort dans les représentations codifiées dès l'époque byzantine de *La Descente aux Limbes*.

1 Corinthiens 15, 25-26, n'annonce-t'il pas:

"*25 Car il faut qu'il règne jusqu'à ce qu'il ait mis tous les ennemis sous ses pieds. 26 Le dernier ennemi qui sera détruit, c'est la mort.*"[34]

De fait, dans la version réduite à la partie droite (après 1529)[35], Cranach montre le Christ piétinant la Mort et le dragon, lequel substitue, donc, ici, le démon accompagnant la Mort du côté gauche de la version de Nuremberg.

Se retrouvent associés dans leur office la Mort et le Démon dans l'Emblème IX du Livre III des *Emblems* de Francis Quarles, illustrant le *Psaume*, 18, 5:

"*Les liens du sépulcre m'avaient entouré, Les filets de la mort m'avaient surpris.*"[36]

Et représentant une âme prise dans un filet tendu par la Mort, alors qu'au second plan le Diable en chasse un autre (Londres: J. Williams, 1684; William Freeman, 1709; et Alex. Hogg, sans date; Halifax, 1851)[37].

Les premiers Emblèmes (II à IV) de *Choice Emblems* (1732)[38] de Nathaniel Crouch[39] offrent une confirmation de ce lien.

Dans le deuxième, "*Quo me vertam nefcio*"[40], dont le titre reprend la phrase attribuée à Saint Augustin:

"'*Positus in medio quo me vertam nescio; hic pascor a vulnere hic lactor ab ubere*' (placed in the middle, I don't know where to turn; here I will be nurtured by the wound and there I will drink from the breast)"[41]

Et que l'on retrouve encore dans la politique française du siècle de Louis XIV dans le sens ironique (ou, en tous cas, inversé) qu'il semble reprendre ici[42], les figures dialectisent la traditionnelle représentation d'Hercule (nommé explicitement dans l'Emblème XXII de George Wither (1635), qui reproduit tel quel le 14 de Rollenhagen:

"*Emblem. 14.*
Quo me vertam nefcio.

Vertu & Volupté retiennent en balance
Nostre esprit vacillant en contraire efperance,
La vertu nous excite au trauail & labeur,
Pour en apresiouyr d'un Immortel honneur;
Et le plaifir trompeur, aux délices mondainnes,
Cachât foubs fon faux mafq₃, un millió de peinnes.
Mais toy comme Alcide, tasche tout genereux,
D'acquerir par vertu ta place dans les cieux.",

Sous l'égide du concept: "ΠΟΤΕΡΟΝ" ou "*Lequel des deux*"[43]).

Hieronymus Wierix reprend la phrase "*Quo me vertam nefcio*" dans le livre devant le Saint de l'un des deux portraits qu'il donne, d'après Philip Galle, de Saint Augustin[44], où il met le Saint entre Jésus et Marie[45], alors que dans l'autre portrait, il réfère, au second plan, à l'épisode de l'enfant au bord de la plage[46].

Dans l'iconographie traditionnelle[47], reprise de la narration du sophiste Prodicos de Céos (84 B 2 Diels-Kranz, II 313f.) paraphrasé par Xénophon (*Memorabilia* 2.1.21-34)[48], le jeune Hercule doit choisir son chemin entre deux jeunes femmes, "*Arete*" ou Vertu et "*Kakia*" ou Vice, la première vêtue honorablement, la seconde laissant plus que deviner ses charmes[49]. Si ici le personnage de droite conserve, associé à des attributs démoniaques (cornes et ailes de chauve-souris) les caractéristiques féminines, concrètement des seins tombants de la Luxure, le personnage de gauche devient masculin, avec un habit à capuche de type monastique et la longue barbe des ascètes, et porte un livre et un caducée. Le personnage central, nu, indique le Ciel, geste traditionnellement de la Vertu (féminine et à gauche) dans ce trinôme.

La dérivation entre *Le Choix d'Hercule* et *Le Jugement de Pâris* s'exprime par la représentation, parfois (comme chez Paolo de Matteis, 1712[50]), de la Vertu, selon l'identité propre de l'époque (qu'on trouve, notamment, dans le Studiolo d'Isabelle d'Este) entre Minerve et la Vertu[51], Aphrodite assumant alors son rôle classique de déesse de la Volupté (comme dans l'Emblème 40[52] de *Choice of Emblemes,* 1586[53], de Geffrey Whitney, qui prédétermine en cela plusieurs des images que nous citons à continuation, où apparaît explicitement la déesse avec ses *putti* pour compagnons, comme dans ledit Emblème 40). La seule fois, à notre connaissance, où Hercule apparaît sous des traits plutôt vieux, non plus au milieu, mais à gauche du groupe, est dans la tardive version du XIXème siècle d'Emmanuel Michel Benner[54]. Le luth, peut-être allusion à la mort de Linos, son neveu et maître de lyre[55], juste avant sa rencontre avec Volupté et Vertu[56], mais il est surtout, repris de l'Emblème IX du Livre III de Quarles, symbole du bruit de l'Enfer[57]. On le retrouve comme symbole des Plaisirs dans la version d'Annibale Carracci (1596)[58], à côté des masques, donc fidèlement au groupe de Rollenhagen; Carracci présentant, en outre, du côté de la Vertu montrant du doigt le Ciel, un personnage dans l'ombre tenant un grand livre ouvert, au premier plan.

Ces variantes nous induisent à considérer une certaine distorsion dans le groupe de l'Emblème cité (Rollenhagen-Wither-Crouch), le personnage assis, livre et caducée entre les genoux, préfigurant pour nous l'homme cultivé de l'Emblème III de Crouch (1 de Rollenhagen et Wither), à la manière de la "*Première Partie*" du *Discours de la Méthode,* 1637, de René Descartes, alors qu'Hercule, reproduisant le geste généralement de la Vertu, désignant du doigt le Ciel, se trouve entre, d'un côté, le chardon (du côté de la Vertu) du repentir et la mortification[59] (le chardon *Centaurea iberica,* en hébreu "*dardar*", étant le symbole de la malédiction divine suite au Péché originel dans *Genèse,* 3, 17-18, et dans *Matthieu,* 7, 15-16[60]), et, de l'autre, le crâne du Péché (du côté droit, pour le spectateur, c'est-à-dire du Vice, on le supposera, en conséquence, être celui d'Adam, et plus généralement, par extension, de la Mort comme conséquence du Péché des Protoplastes, posé sur les tibias en croix, donc *Memento Mori*), et le démon, avec son luth, et le masque de la tromperie:

"Serve me, faid VICE, and thou fhalt foon acquire
All thofe Atchievements which my Service brings.
Serve we, faid VERTUE, and I'll raife thee higher.
Than VICES can, and teach thee better things.
Whilft thus they ftrove to gain me, I efpy'd
Grim Death attending VICES and that her Face
Was but a painted Vizard, which did hide
The foul'ft Deformity that ever was."[61]

La version, très intéressante, du *Choix d'Hercule* par Gérard de Lairesse (deuxième moitié du XVIIème siècle)[62], confirmant indirectement nos analyses de l'*Allégorie des Vices* d'Andrea Mantegna, dans l'ouvrage que nous y consacrons, montre le Vice (ou la Volupté) la main sous le menton d'Hercule (dans un geste très similaire à celui de la figure féminine sous le sien propre chez Mantegna) l'espace, symbolique, de la pomme d'Adam, transformant l'oeuvre en un *Memento Mori*, en tant que rappel du Péché, renforcé par la vieille le doigt sur la bouche, derrière le Vice, et le bras seulement à demi levé de la Vertu qui provoque que son propre doigt levé vers le Ciel touche son menton, au même endroit que la main du Vice sur le cou d'Hercule.

Cette version inverse celle de Giovanni Baglione (1640-1642)[63], dans laquelle c'est Hercule qui approche sa main de la tête panachée de Minerve, semblant indiquer, par ce geste et le mouvement général de son corps, son choix au Vice. Alors que dans la version de Pompeo Batoni (1748)[64], variation sur le modèle de celle de Nicolas Poussin (c.1636-1637)[65], où c'est le *putto* accompagnant Vénus qui offre à Hercule un bouquet de roses, Vénus/Volupté a le corps mollement posé sur les genoux d'Hercule assis, et présente une rose face à une Minerve indiquant autoritairement le droit chemin de son bras levé, alors que deux *putti*, reprenant le modèle du thème de *Mars au repos*[66], jouent avec la peau de lion abandonnée au sol par le héros au regard vide.

La version intitulée *Allégorie de l'Éducation de Philippe III* (c.1590) de Justus Tiel, où le prince se substitue à Hercule, et où Chronos répelle un cupidon aveugle, symbole des appétits bestiaux et irrationnels, Vertu porte les attributs des Vertus Cardinales, la balance de Justice, le frein de Tempérance, l'épée Fortitude, et, pour notre *corpus*, le caducée de la Prudence[67].

L'Emblème III "*Vivitur ingenio, caetera mortis erunt*" ("*On vit par l'esprit; le reste appartient à la mort!*"[68]) de Crouch, qui reprend la phrase déjà présente dans le *De humani corporis fabrica* (1543) d'Andreas Vesalius[69], d'après Virgile (*Elegiae in Maecenatem*, 1, 38)[70], Emblème à l'identique du premier du *Nucleus* de Gabriel Rollenhagen[71], traduit par George Whiter (1635[72], les emblèmes ici référencés sont de "*The Firft Booke*"), emblème dont le *motto*, explicitement, chez Rollenhagen:

"*Embleme I.*
Viuitur ingenio, caetera mortis erunt.

Tout ce qui eft çabas, eft dôpté par la mort,
Les fceptres, les honneurs ployent foubs fon effort:
Mais la feule vertu par la fcience acquife,
Rompt a la mort fes traicts, & fon arc elle brife."

Renvoie à l'Emblème 12 "ΠΑΝΤΑ ΛΕΛΟΙΠΑ":

"*Emblem. 12.*
Πάντα λέλοιπα

Bien heureux eft celuy qui mourat quádaumóde,
Delaiffe genereux fa grandeur vagabonde,
Et d'elle faict efchange aux celeftes plaifirs,
Qu'en contéplant il cueille auec fes faincts defirs."

Alors qu'on retrouve bien, dans l'Emblème III de Crouch, et 1 de Rollenhagen et Wither l'homme cultivé face à la Mort, reprenant ainsi la dualité de l'Emblème II chez Crouch, l'Emblème IV de Crouch, correspondant au 12 de Rollenhagen et Wither, montre très clairement l'Icare nu, tombant du ciel, au-dessus des symboles du pouvoir temporel, les couvres-chefs religieux et royaux, le globe terrestre, le sceptre, et les épées, en écho à l'exacte même configuration dans *La chute d'Icare* (c.1558) de Pieter Brueghel l'Ancien[73].

En cela, l'Emblème 48 de Rollenhagen, qui représente le crâne avec les os croisés, renvoie, à son tour, en en unifiant le thème, et en éclairant encore le symbolisme du même motif dans l'Emblème II de Crouch, à ce même groupe:

"*Emblème 48.*
Mors sceptra ligonibus aequat.

Le sceptre & le boyau font en leur fin semblables,
Payants égal tribut aux Parques redoutables,
Car qui pourra dire, que ce crane hideux,
Ait esté d'un paisan, ou d'un Roy genereux?"

Complètent le groupe, chez Rollenhagen, les Emblèmes 84, avec son oiseau en cage au-dessus duquel plane un aigle prêt à en faire sa proie:

"*Emblem. 84.*
Deterius formido.

Helas! Ce n'est pas assés, que ceste pauure vie,
Soit à tant de malheurs sans repos asseruie:
Mais pour cóbler nos maux, une rongeante peur
D'un plus grand desastre nous martele le coeur."

Et 86, qui reprend, mais ici mis dans le feu, les symboles du pouvoir humain de l'Emblème 12:

"*Emblem. 86.*
Sic transit Gloria mundi.

Il n'est rien icylas d'eternelle duree,
La gloire du monde semblable a la fumee,
Plus elle ua braue, ses cornes esleuant,

Plus elle s'efuanouit, & deuient à neant."

On relèvera que Jean-Adam Seupel produit un Emblème "*Vivitur. Ingenio; Caetera. Mortis. Erunt*" (1677)[74] représentant un polyèdre, dont, ainsi, le motif principal et unique reprend celui de l'Emblème XX "*Quocunque ferar*" (dont le titre reprend celui des *Devises heroïques,* 1557, de Claude Paradin[75]) de "*The fourth Booke*" de Whiter, sur la forme de la stabilité à partir de la loi divine (par opposition, implicite, à l'instabilité de la Fortune humaine[76] et de ses appétits[77]):

"*Although by Nature, wee are wondrous hard,*
Lord, let us into fuch like Stones be fquar'd:
Then, place us in thy fpirituall Temple, fo,
That, into one firme Structure, we may grow;
And, when we, by thy Grace, are fitted thus,
Dwell Thou thy felfe, for evermore, in us."[78]

On retrouve le squelette en position mélancolique de Vesalius, associé à un mécanisme, référence au génie humain, à l'intérieur de la colonne sur laquelle repose le bras dudit squelette, et aux symboles du pouvoir, inclu ici le casque du chevalier (emblème du pouvoir acquis par les armes, qui associe en lui les valeurs des épées et de la couronne chez Rollenhagen, en tant que le heaume symbolise à la fois le pouvoir militaire, donc, mais aussi nobiliaire), dans un ivoire du XVIIème siècle[79], assez similaire à celui réalisé par Christof Angermair (1632), lequel, cependant, se tient, pelle en main, à côté de la colonne à mécanisme[80].

2. Confirmation de l'interprétation par recoupement avec le *corpus* de l'époque

Il ne faut pas aller chercher bien loin pour avoir une ample confirmation iconographique de cette symbolique.

L'*Allégorie du Temps et de la Mort* (1563) de Mario Cartaro[81], où un squelette chevauchant un cheval est conduit par une sorte d'homme sauvage hirsute tenant un sablier (identique à celui sur l'étagère dans la version de 1511[82] de *Saint Jérôme dans son étude*, derrière celui-ci, en haut à gauche, pour le spectateur, et à celui que tient, comme dans *Le Chevalier, la Mort et le Diable*, la Mort dans *Tod und Landsknecht - La Mort et le lansquenet*, 1510[83], que le long poème d'accompagnement à cette dernière gravure de Dürer fait considérer à Ernst Gombricht, 1969[84], qui rejoint en cela notre interprétation, *Le Chevalier, la Mort et la Diable* comme un *Memento Mori*), rappelle l'union entre la Mort et le démon, sous l'évocation du caractère éphémère et volatile des occupations humaines, tel qu'il apparaît dans le *Memento mori* intitulé "*Pense à ta fin dernière*" d'Abraham Bosse (1621-1676)[85], représentant un homme occupé à compter son argent, sous l'oeil complaisant d'un démon qui, surgissant du sol, râcle celui-ci de son coutelas, comme pour ouvrir déjà l'Enfer sous la scène où repose le boursicoteur, la Mort posant, par derrière, sa faux sur le cou du personnage, sans que celui-ci s'en rende compte. En cela, la légende est révélatrice:

"*Que servira a l'homme de gagner tout le monde, fil fait perte de fon Ame.*"

La Mort coupant le fil de la vie est un motif central de l'époque, soit comme Mort coupant le tronc d'arbre sur lequel est perché l'humanité (comme dans *Der Tod*, 1626, de Philipp Sadeler[86]), ou bien un personnage particulier (comme dans la Mort coupant un arbre du manuscrit néerlandais des *Chroniques* de Jehan Froissart, British Library, Royal 15 D V f. 36, troisième quart du XVème siècle[87] - comme l'arbre servira selon toute vraisemblance à faire un cercueil, tel que celui à gauche de la Mort, le symbolisme adventiste de la miniature est évident -) - thème que dialectise la Fable XVI "*La Mort et le Bûcheron*" du Livre I, 1668, de Jean La Fontaine -.

Le symbolisme apocalyptique et de *Memento Mori* de la Mort à côté de l'arbre, comme son lien au Péché originel, nous est rappelé, de fait (comme dans l'enluminure citée des *Chroniques* de Froissart), par *La Mort au Fauconnier et aux animaux*, page de titre du *Memento Mori* d'Andries Jacobsz (publié par Hendrick Hondius I, 1626)[88], où ledit arbre n'est autre que le pommier au serpent, précisément, du Péché originel.

Dans ce cadre, on retrouve arbre, et, cette fois, femme, avec deux mercenaires dans la gravure *Deux mercenaires et une femme avec la mort dans un arbre* (1524) d'Urs Graf[89], ce qui fait lien avec la figure du chevalier dans celle de Dürer.

Femme que l'on retrouve, d'ailleurs, montrant, par le bord inverse, l'unité logique de notre *corpus*, avec le démon et la Mort dans *La Mort et le démon menaçant la femme mondaine qui se regarde dans un miroir* (c.1470) de Daniel Hopfer Kaufbeuren[90].

On voudra bien noter que l'ensemble de notre *corpus* s'établit, essentiellement, dans le monde germanique.

La Mort comme produit du Péché, symbolisé par le serpent qui lui entoure le cou (significativement au niveau, donc, de la pomme d'Adam) et générée de la gueule infernale de *La Mort dans la Gueule d'Enfer* de l'anonyme du XVème siècle[91] est l'image synthétique parfaite du lien entre démon et Mort dans notre *corpus*.

C'est, encore, dans la gravure ΓΝΩΘΙ ΣΑΥΤΟΝ du *De methodo medendi liber unus* (Bâle, 1583) d'Andreas Planer[92], et dans le même sens, le crâne surmonté d'un sablier sous lequel gît un serpent dont la tête est transpercée par la Croix du Christ (avec le même sens de rédemption du Péché originel que, dans l'iconographie traditionnelle de la *Crucifixion*, le crâne d'Adam revivifié par le sang du Christ), motif qui nous renvoie aux précédemment mentionnés morceaux de bois en forme de croix foulés par le Christ victorieux de *La Descente aux Limbes* byzantine. Par extension, c'est le vers des dents[93] considéré comme gueule de l'Enfer[94] (Sud de la France, c.1780[95], Deutsches Medizinhistorisches Museum, Ingolstadt[96]) avalant les damnés[97] (à l'instar de l'oisillon du panneau droit de l'*Hortus deliciarum*).

3. La figure du chevalier
3.a. Concepts généraux sur la figure du chevalier dans la gravure

D'autre part, plusieurs versions[98] du Tarot présentent l'Arcane XIII de La Mort sous les traits d'un chevalier, ainsi dans la version de 1909 de Pamela Coleman Smith[99]. Dans la version de Coleman Smith, elle se présente devant le Pape à pied, inversant, ainsi, notre *corpus* (âme: *Miles christianus*/Mort:démon). Autour d'eaux, une femme, un enfant, et un gisant en manteau d'hermine, trois symboles se recoupant, pour représenter, de manière condensée, le principe de la Danse Macabre, par rapport, d'une part, aux âges et aux sexes (homme, femme, enfant), de l'autre, aux mondes religieux et profane et aux pouvoirs terrestre et divins (Roi, Pape, selon une représentation, en cela, dérivée de *La Chute d'Icare,* c.1595-1600, de Pieter Brueghel l'Ancien[100]).

Dürer (1505)[101] lui-même, ainsi que Rembrandt (1655)[102], nous proposent des représentations de la Mort en cavalier, celle de Dürer très proprement intitulée "*Memento Mei*". Il s'agit du thème, présent dès les quatre Cavaliers de l'*Apocalypse* et *Le Dict des Trois Morts et les Trois Vifs* de la Mort à cheval (ou face aux chevaliers pour *Le Dict des Trois Morts et les Trois Vifs*, comme, par exemple, dans le *Livre d'Heures* du Maître d'Édouard IV, Free Library of Philadelphia, Lewis E108, f.109r.[103], ou les *Dicts* des églises Saint-Pierre de Lancôme[104] ou de Saint Germain, La Ferté-Loupière, Yonne[105]), que l'on retrouve jusque dans *Décès sur les barricades*[106], Planche 6 de la série *Une autre Danse des Morts* (1848) d'Alfred Rethel[107]. On retrouve la Mort à cheval du *Triomphe de la Mort* (1562) de Brueghel l'Ancien[108] à celui de l'École italienne (XVIIème siècle, Galerie Nationale de Palerme)[109]

C'est, reprenant le motif du *Dict*, inversement, mais similairement à la gravure de Dürer, et plus directement, le combat entre le chevalier et la Mort de la Planche "*XXXI. Der Ritter*" de la *Danses Macabre* de Hans Holbein le Jeune, sous l'égide de la citation:

"*Subito morientur, & in media nocte turbabuntur populi, & auferent violentum absqe manu.*

Iob XXXIIII.

Peuples soubdain s'esleuront
A lencontre de l'inhumain,
Et le uiolent osteront
D'auec eulx sans force de main."[110]

L'édition française de David Deuchar nous en dit:

"*Ce preux Chevalier sorti vainqueur de tant de combats & de tant de tournois, vient enfin de trouver son maitre. La Mort l'a percé de part en part d'un furieux coup de lance, & se rit des vains efforts qu'il met en usage pour se defendre contr'elle.*"[111]

Or, confirmant ce que nous venons de dire quant aux niveaux de représentation, en particulier par rapport à Coleman Smith, ce chevalier, par rapport à la citation de Job, renvoie aux interprétations de ce passage, soit face à la futilité des biens terrestres, représentée par la puissance des rois qui ne peut rien contre celle de Dieu au moment du Jugement dernier dans les *Discursos de los estados* (1613) du Père jésuite Francisco[112], soit, plus généralement, dans le "*Sermon Cinquante-deuxième, De la Penitence différée à la mort*" des *Sermons prechez devant son Altesse Roïale madame la Duchesse d'Yorck* (1684) de l'également jésuite Claude de la Colombière, en fonction de la surprise et de la terreur (qui n'est pas loin de faire écho aux sentiments contraire de la mort du Quichotte dans le second volume de ses aventures, 1615[113]) de celui qui, au moment de son "*dernier soûpir*", face au "*trouble*" du "*jugement*":

"*parlera au Confesseur...sans savoir s'il est vif ou mort; si se font des hommes ou des demons, qui l'environnent; si c'est encore le feu de la Fiévre, ou si se n'est point déja le feu d'Enfer, dont il ressent les ardeurs; Subito morientur, & in media nocte turbabuntur populi, & pertransibunt, dit le Prophete, turbabuntur? Ils feront surpris, allarmez, épouvantez, mais nullement contrits, nullement touchez de cette douleur sincere, & surnaturelle, qui produit la joïe, le calme, & la confiance dans le coeur des prédestinez; Ils feront troublez, & dans ce trouble ils finiront leur vie, & leur prétenduë, Penitence: turbabuntur, & pertransibunt.*"[114]

Tout ceci nous renvoyant bien, comme l'exposait déjà Panofsky, dans le cadre de la représentation de notre chevalier militant chrétien face au péché et à la tentation.

C'est, pour mieux le percevoir encore, Saint Longin, ici représenté sous la forme, peu commune (puisqu'en général il s'agit d'un fantassin et porte-lance[115]), d'un chevalier en armure de *La Crucifixion avec le Centurion Converti* (1538), de nouveau par Cranach l'Ancien[116].

Nous nous affrontons, donc, dans cette dernière oeuvre, à la double définition de la Rédemption par le combat christique, conformément à la dialectique, également, déjà au centre de *La Loi et la Grâce*, nous l'avons vu, chez le même artiste. Dialectique encore surdéterminée ici par l'identité physiognomonique entre les visages de Longin et du mauvais larron, également barbu, rouquin, et aux traits tordus, alors que, même s'il ressemble physiquement au mauvais larron, Longin sur son cheval, étant juste au-dessous du bon larron, a, comme celui-ci, les traits doux et apaisés. En outre, comme Isaïe et le Baptiste dans la version de Prague de *La Loi et la Grâce*, il lève la main, non pas tant ici pour désigner la Croix (puisqu'il représente alors l'âme du pécheur), mais les doigts dans la position de la bénédiction, propre des figures divines de l'iconographie, et, par extension, de la main de justice[117].

3.b. Réflexions diachroniques autour de la figure du chevalier chez Dürer et dans l'iconographie réformée

Panofsky décrit ainsi la figure du cavalier dans la gravure de Dürer:

"This monumental Horseman-his general appearance somewhat reminiscent of Burgkmair's well-known equestrian portrait of Maximilian I in a woodcut of 1508, which was in turn derived from Dürer's Small Horse - is set out against a background of forbidding rocks and bare trees with his ultimate goal, the unconquerable "fortress of Virtue," still far off at the end of a steep, winding road. From the gloom of this "rough and dreary" scenery there emerge the figures of Death and the Devil. As in the drawing of 1505, Death wears a regal crown and is mounted on a meager, listless jade with a cowbell; but he is even ghastlier in that he is not depicted as an actual skeleton but as a decaying corpse with sad eyes, no lips and no nose, his head and neck encircled by snakes. He sidles up to the Rider and tries in vain to frighten him by holding up an hourglass while the swine-snouted Devil sneaks up behind him with

a pickaxe. The Rider, on the other hand, is accompanied by a handsome, long-haired retriever whose presence completes the allegory. As the armored man personifies Christian faith, so the eager and quick-scented dog denotes three less fundamental yet no less necessary virtues: untiring zeal, learning and truthful reasoning. In the capacity of "zealous endeavor" he accompanies the Christian Pilgrim on his journey through life; as a symbol of "sacred letters" he occurs in a treatise on hieroglyphs which Dürer illustrated precisely in 1512/13 (see the drawing 970 and our fig. 228); and as "Veritas" he helps the huntress "Logica" to catch the hare "Problema."

It has been contended that all these additions were harmful to the aesthetic effect of Dürer's engraving. His original intention, it was argued, was "to represent a horse with a man thereon," and he would have done better to refrain from justifying this intention by an iconographical program: "No one can doubt for a moment that the accompanying figures are merely tacked on, and that the whole is a compromise." But the attempt at reinstating the original beauty of the composition by "blacking out" the whole background defeats its own purpose. It shows that the "many odds and ends" are indispensable, not only from the point of view of subject matter but also from the point of view of form and content. It is quite true that Dürer... was anxious to find a subject which would permit him to demonstrate the final results of his studies in the anatomy, movements, and proportions of the horse. But he would not have been a great artist had he conceived of this problem in terms of detachable accessories. Once he had discovered his theme in the idea of the Christian Knight the visual image of the perfect horseman merged with the mental image of the perfect miles Christianus into an artistic concept, that is to say, an integral unity. The iconography of the Christian Knight took shape according to the formal pattern of a carefully balanced equestrian group while, conversely, this formal pattern assumed, as such, an expressive or even symbolic significance.

Based as it is on accumulated research and observation, Dürer's equestrian group bears all the earmarks of a scientific paradigm. The horse is represented in full profile so as to show off its perfect proportions; it is emphatically modelled so as to reveal its perfect anatomy; and it moves with the regulated step of the riding-school so as to give a demonstration of perfect rhythm. With the background obliterated, Dürer's engraving thus looks like a stiff and over-elaborated imitation of an equestrian statue a la Pollaiuolo, Verrocchio and Leonardo da Vinci. With the background retained, the compositional structure of the main group is not only enhanced by what may be called a visual counterpoint-note the use of foreshortened forms versus full profile, of diagonals versus horizontals and verticals-but also endowed with a definite meaning. Contrasted with the twilight and the specters of a Northern forest, the very articulateness and plastic tangibility of this moving monument suggests an existence more solid and real than that of Death and the Devil who appear as little more than shadows of the wilderness. Contrasted with their futile attempts to attract the Rider's attention, the very fact that man, horse, and dog are represented in pure profile convinces us that none of them is even aware of the presence of danger and thus expresses the idea of imperturbability. And contrasted with the jerky obsequiousness of the Devil and the pitiful weakness of Death and his worn-out horse, the measured gait of the powerful charger conveys the idea of unconquerable progress.

Thus it is just by combining a highly formalized equestrian group with a fantastically haunted wilderness that Dürer was able to do justice to the Erasmian ideal of a Christian fortitude which reduces the enemies of mankind to "spooks and phantoms." If his engraving needed a caption this caption could be found in the Biblical motto which Erasmus suggests to the miles Christianus: "Non est fas respicere" ("Look not behind thee"). "[118]

Dès lors, en référence aux figures évoquées par Panofsky dans l'analyse ci-dessus, il n'est pas hors d'intérêt de faire un léger détour méthodologique, concernant l'histoire des formes et des styles, pour considérer la question des ornements (ici la peau de renard sur la lance du chevalier de Dürer), et de noter que l'enluminure du *Devocionario de la Reyna Dª Juana* (1482-1502) par Pedro Marcuello représentant un heaume surmonté d'un faisceau[119] (qui fait iconographiquement lien avec les crânes d'où naît l'épi de blé, comme chez Van Veen[120], et, en général, l'ensemble du groupe associé dans la présente étude) renvoie possiblement au sens de l'humilité papale lors de sa consécration[121]. On trouve ainsi, à partir d'un jeu entre les premières lettres du mot respectivement dans les langues de Castille et d'Aragon, symbolisée l'unité des Rois Catholiques contre l'hérésie par le fenouil[122] (ou aneth), entre cette enluminure et la suivante[123] du même *Devocionario*, probablement, au-delà de la correspondance de lettres, comme une image de la piété royale, en allusion implicite à *Matthieu, 23, 13* :

"*Malheureux êtes-vous, scribes et Pharisiens hypocrites, vous qui versez la dîme de la menthe, du fenouil et du cumin, alors que vous négligez ce qu'il y a de plus grave dans la Loi: la justice, la miséricorde et la fidélité; c'est ceci qu'il fallait faire, sans négliger cela.*"[124]

À son tour en référence à *Esaïe, 28, 27*[125].

Ceci par opposition à la coutume chevaleresque des heaumes surmontés de plumes de paon, tel celui de l'Empereur Maximilien Ier, rendu en gravure par Hans Burgkmair der Ältere (1508)[126], dont existent des versions moins bonnes mais colorées[127]. Coutume, héritée de la mode des heaumes aux formes les plus extravagantes et splendides, à longues plumes, comme les rend encore Burgkmair dans son *Livre des Tournois*, BSB Cod. icon. 403 (1540)[128], voire de plumes, de nouveau, de paôn (*Burgkmair Turnierbuch*, Planche I[129]), heaumes[130] surmontés, comme dans le *Scheiblers Wappenbuch*, c.1450, de roue (de Fortune?)[131], de plumes rangées contenant un lion[132], mais aussi de dragon (BSB-Hss Cod.icon. 307, c.1600[133]), de licorne, de vierge couronnée ou de bouc[134], de sirène, de chien, de cygne entre des queues de paôn (BSB-Hss Cod.icon. 312c, c.1450[135]), par opposition, peut-être, aux casques plus violents, par exemple à cornes de cerf[136], des combats eux-mêmes, et non de parade ou de joute galante. On trouve ainsi, sur la Grand-Place de Bruxelles, une Maison du Paôn[137], ainsi nommée pour l'enseigne portant cet animal[138] qu'affiche sa façade.

"*Cinq casques ouverts & couronnez, font le timbre des armes qu'on vient de blasonner: le 1. qui est pour HohnsteinLauterberg, est orné d'une queue de paon qui s'élève entre deux perches de cerf, dont l'une est de gueules, & l'autre d'argent: le 2. qui est de Hoja, est surmonte de deux pattes d'ours, une de chaque côté: le 3. qui est de Brunswig, est surmonté d'une colomne surmontée encore elle-même d'une couronne d'or, du milieu de laquelle sort une queue de paon & au bout -une étoile brillante d'or j cette colomne à son milieu est traversée d'un cheval gay & courant d'argent; la colomne & le cheval sontaccostez de deux faucilles appointées d'argent, emmanchées de gueules & parées fur le doz de petites hupes de plumes de paon, posées de distance en distance, jusqu'à la pointe des faucilles -, leurs manches entrent par la couronne du heaume & se fichent dans le casque, une de chaque côté. Pour ce qui est de l'étoile, qui brille ou haut de la queue de paon, elle y fut ajoutée par l'Empereur Maximilien I. comme une marque glorieuse de la bravoure du Duc Erich le jeune, lequel sauva la vie à cet Empereur à la bataille donnée contre les Bohémiens, en 1504. Le 4. qui est pour Bruchufen, est surmonté d'une paire de cornes de buffle, coupées chacune d'argent & de gueules, & entre ces tieux cornes s'élèvent six banderoles coupées demême. Le 5. enfin, qui est pour Reinstein & Blanicenberg, est surmonté d'une paire de cornes de buffle d'argent, accostées de deux perches de cerf, l'une de fable & l'autre de gueules."*[139]

En effet:

"Eric premier furnommé l'ancien, étoit un Prince guerrier. On dit de lui qu'il s'étoit trouvé à 20 affauts & à douze batailles. Celle qui fe donna l'an 1504, près de Ratifbonne entre Robert, Comte Palatin du Rhein & les Bohémiens d'une part, & l'Empereur Maximilien de l'autre, lui fut d'autant plus glorieufe qu'il fauva la vie à l'Empereur Maximilien. Car comme un des Ennemis eut déchargé un fi grand coup de maffue fur le dos de l'Empereur, qu'il en fut renverfé de fon cheval, Eric tout bleffé qu'il étoit de deux coup très dangereux, lui aida à se remette fur felle.
En recompenfe de cette action Maximilien ordonna qu'il porteroit une étoile d'or dans la queue de paon dont eft furmontée un des Cafques qui accompagnent l'Ecu de ses armes.
Il fut d'un grand secours à cet Empereur dans la guerre des Venitiens, & au Duc George de Saxe contre les rebelles de Frife. Il aida à ce dernier à prendre la forterefse de Dam."[140]

Or le:

"PAON, subst. masc., oiseau qui se distingue dans l'écu par trois plumes en aigrette sur la tête, et par sa longue queue. Il est ordinairement rouant, c'est-à-dire de front étalant sa queue en manière d'éventail, et semblant s'y mirer. Cette position ne s'exprime pas.
Quelquefois il paraît de profil, sa queue traînante. Cette position s'exprime en blasonnant.
On dit miraillé du PAON, lorsque les marques rondes de sa queue sont d'un autre émail que son corps.
Le PAON faisant la roue, est l'hiéroglyphe de la vanité. Ceux qui en portent dans leurs armes en cette attitude, peuvent l'avoir pris pour avoir vaincu un ennemi fier, frivole et orgueilleux, ou, selon d'autres, à cause du grand nombre d'yeux qu'il a dans sa queue, pour faire entendre qu'ils veillent toujours sur eux-mêmes, de peur de faire quelque action indigne de leur naissance.
Selon la fable, le PAON est l'attribut de Junon, femme de Jupiter.
DE SAINT-PAUL DE RICAULT, en l'Île-de-France: d'azur, au paon d'or.
DE BELLY D'ARBUNEZIER, des Echelles, en Bresse: d'azur, au paon d'or. Devise: Nec interdit unquam.
DE SAINT-MAURICE, en Languedoc: d'azur, au paon passant d'or, surmonté de trois étoiles d'argent.
DE POUGNY DE GUILLET, de Monthoux, de Marcossey, au pays de Gex: d'azur, à trois têtes de léopard d'or, arrachées et couronnées d'argent, lampassées de gueules, surmontées d'un paon du second émail."[141]

Raison pour laquelle le paôn est commun dans l'armoirie, notamment française:

"De plus l'on a eu recours à des pièces artificielles représentant des objets fabriqués par la main de l'homme: des annelets, des boules, des buires, des chapeaux, des châteaux, des couteaux, des croissants, des globes, des haches d'armes, des lettres de l'alphabet, des plumails de diverses formes et de diverses matières, — plumails en aigrette, en crête, en éventail, en houppe, en touffe de plumes de paon ou de feuillage, — des roues, des tonneaux, etc.../...

Paon. — *Mathieu II de Montmorency, connétable de France en 1224, et Gui Pot, comte de Saint-Pol, 1488, ciment d'une tête de paon.../...*
Plumail. — *Philippe de Gournaux, 1352, cime d'une aigrette en éventail aux armes (des tours). — Gérard de Potte, 1333, d'une aigrette entre deux têtes de chèvre. — Eustache de la Houssaye, 1380, d'une crête échiquetée aux armes. — Gautier de Mauny, 1348, d'une touffe. — Louis de Navarre, comte de Beaumont-le-Roger, 1365, d'une touffe de plumes de paon; ainsi que Jean VII d'Harcourt, 1410, et Charles Ier, duc de Bourbon, 1439. — Baudoin, comte de Guines, 1235, le connétable Bernard VII, comte d'Armagnac, vers 1408, ciment d'une touffe de feuillages. — Jean du Houx, 1380, Jean de la Houssaye, 1381, d'une touffe de feuilles de houx.*"[142]

"*Les tournois et les pas d'armes étaient ordinairement suivis de bals et de banquets souvent remarquables par les machines ingénieuses qu'on y voyait et dont plusieurs faisaient mouvoir, comme s'ils eussent été vivants, des animaux fantastiques ou représentés au naturel. Olivier de la Marche a donné dans ses chroniques des descriptions de ces fêtes merveilleuses, qui attestent une magnificence dont nous ne pouvons nous faire une idée. Ces fêtes étaient ordinairement terminées par des voeux appelés voeux du paon ou du faisan. Ces nobles oiseaux, car on les qualifiait ainsi, représentaient, par l'éclat et la variété de leurs couleurs, la majesté des rois et les superbes habillements dont ils étaient revêtus pour tenir leurs cours plénières. La chair du paon et du faisan était, si on en croit nos vieux romanciers, la nourriture particulière des preux et des amoureux. Leur plumage avait été regardé, par les dames des cours d'amour du Languedoc et de la Provence, comme le plus riche ornement dont elles pussent décorer les troubadours; elles en avaient tissu les couronnes qu'elles donnaient comme récompense des talents poétiques consacrés à célébrer la galanterie et la valeur. Enfin, suivant Matthieu Paris, une figure de paon servait de but aux chevaliers qui s'exerçaient à la course des chevaux et au maniement de la lance.*
Au milieu de ces banquets, au bruit des instruments de musique, des pages, accompagnés de ménestrels et de jeunes damoiselles couronnées de chapelets de rose, apportaient sur un plat vermeil un paon ou un faisan souvent vif et quelquefois rôti, mais toujours orné de ses plumes, et chacun des chevaliers auquel on le présentait, la main étendue sur l'oiseau, faisait voeu d'accomplir ce que les dames désiraient; chacune requérait un don, suivant son goût ou son caprice. Les unes demandaient au paladin de lui amener plusieurs chefs anglais tout armés, les autres prétendaient qu'il allât combattre le géant gardien du pont du Chêne ou des eaux brunes, ou qu'il tuât la malebête, effroi de la ville de Toulouse, ou le dragon veillant le passage du Rhône sous les arches du pont de Lyon.
«Je fais voeu, disait un chevalier, je fais voeu à la belle et gentille damoiselle qui près de moi sied, d'aller, quand je serai appareillé de mes armes, délivrer la belle province de tous les chevaliers félons et discourtois, pourvu que la mort ne me devance. Je promets, disait un autre, de vaincre et d'amener prisonnier à la maîtresse dont je vous cèle le nom les dix-sept plus forts jouteurs du prochain carrousel, et si j'ai jouté outrageusement pour l'honneur des gentils chevaliers ci-présents, je les prie, à cause d'amour et de bonté d'âme, qu'ils me veuillent excuser».
Les femmes ne s'exprimaient pas avec moins de candeur dans les ordres qu'elles donnaient à leurs chevaliers. La bannière d'Angleterre, disait l'une, a une image si bien pourtraite et si bien entourée d'or que c'est une chose plaisante à regarder, je vous prie donc que vous fassiez en sorte que je l'aie, car je la désirerais avoir.
Un banneret de Bretagne, disait une autre, a sur son cimier un paon dont les plumes sont d'émeraude et d'opale, et, pour ce que leur éclat est admirable aux rais du soleil, j'aurais plaisir à l'avoir à moi [Voir Marchangy. Gaule poétique]."[143]

Nous allons voir comment le renard peut être analyser en tant que similaire dérivation sémantique du motif ornemental commun aux heaumes des chevaliers.

Mais faisons un second détour, théorique, celui-ci, pour mieux retrouver notre chemin.

Il est curieux que René Descartes dans le *Discours de la Méthode* (1637[144]), doutant de tout le réel, assume comme seule évidence ce qui est hors du champ applicable à son expérience directe (à savoir Dieu et son existence, pur concept), méthode qu'il inverse, néanmoins, pour justifier cette existence (de Dieu), dans la "*Cinquième Partie*" lorsqu'il décrit un coeur et des poumons, et indique:

"*...je voudrois que ceux qui ne sont point versés en l'anatomie prissent la peine, avant que de lire ceci, de faire couper devant eux le cœur de quelque grand animal qui ait des poumons, car il est en tous assez semblable à celui de l'homme, et qu'ils se fissent montrer les deux chambres ou concavités qui y sont...*"[145]

Plus intéressant encore est le fait que Descartes, probablement sans s'en rendre totalement compte, reprend la plus grande partie du discours de l'époque (phénomène que l'on retrouve, en politique, entre Grotius, Locke, Hobbes, Montesquieu, Rousseau, etc.), sur la question aristotélique, qu'il cite à plusieurs reprises, mais aussi, surtout, sur l'idée anselmienne du Dieu dont la conception, identifiée à une réalité, ne peut l'être que par l'incapacité de l'homme, pour sa propre imperfection, à le concevoir en sa perfection; on trouve, similairement, chez Descartes, outre, donc, les catégories de la casuistique médiévale (il avoue lui-même que l'ensemble du volume provient de ses pensées produites lors de sa formation), en évocation, les mondes possibles leibniziens, en outre, pour l'impossibilité divine de se tromper, en leur invariabilité organisative (comme s'en moquera Voltaire), l'idée, présente aussi chez Berkeley, du monde dont l'existence dépend de l'essence qui le conçoit, c'est-à-dire, ici, plus clairement, du penseur; la conception, purement baroque (que l'on retrouve de Shakespeare à Calderón de la Barca), du monde comme rêve et de l'impossibilité de le distinguer du monde réel; tous éléments qui, ironiquement, et, en quelque sorte contradictoirement (autant à sa propre démonstration, comme aux critiques postérieures qui y ont été faites, concrètement de Georg Büchner dans sa thèse, repris par Arturo Andrés Roig), font que, préfigurant l'existencialisme sartrien, Descartes termine en concluant que sa maxime (*cogito, ergo sum*) n'exprime que le fait qu'il faut une existence pour qu'il y ait pensée. Cette similitude, à notre connaissance jamais notée, montre combien il est important d'aborder les oeuvres dans leur époque, nous l'avons dit dès le début du présent Ouvrage, comme expression de celle-ci.

Or, préfigurant les considérations lassées de Karl Marx sur les "*petits kantiens*", le même Descartes, dans la "*Sixième Partie*", écrit:

"*Pour l'utilité que les autres recevroient de la communication de mes pensées, elle ne pourroit aussi être fort grande, d'autant que je ne les ai point encore conduites si loin qu'il ne soit besoin d'y ajouter beaucoup de choses avant que de les appliquer à l'usage. Et je pense pouvoir dire sans vanité que s'il y a quelqu'un qui en soit capable, ce doit être plutôt moi qu'aucun autre: non pas qu'il ne puisse y avoir au monde plusieurs esprits incomparablement meilleurs que le mien, mais pourcequ'on ne sauroit si bien concevoir une chose et la rendre sienne, lorsqu'on l'apprend de quelque autre, que lorsqu'on l'invente soi-même. Ce qui est si véritable en cette matière, que, bien que j'aie souvent expliqué quelques unes de mes opinions à des personnes de très bon esprit, et qui, pendant que je leur parlois, sembloient les entendre fort distinctement, toutefois, lorsqu'ils les ont redites, j'ai remarqué qu'ils les ont changées presque toujours en telle sorte que je ne les pouvois plus avouer pour miennes. À l'occasion de quoi je suis bien aise de prier ici nos neveux de ne croire jamais que les choses qu'on leur dira viennent de moi, lorsque je ne les aurai point moi-même divulguées; et je ne m'étonne aucunement des extravagances qu'on attribue à tous ces anciens philosophes dont nous n'avons point les écrits, ni ne juge pas pour cela que leurs pensées aient été fort déraisonnables, vu qu'ils étoient des meilleurs esprits de leurs temps, mais seulement qu'on nous les a mal rapportées. Comme on voit aussi que presque jamais il n'est arrivé qu'aucun de leurs sectateurs les ait surpassés; et je m'assure que les plus passionnés de ceux qui suivent maintenant Aristote se croiroient heureux s'ils avoient autant de connoissance de la nature qu'il en a eu, encore même que ce fût à condition qu'ils n'en auroient jamais davantage. Ils sont comme le lierre, qui ne tend point à monter plus haut que les arbres qui le soutiennent, et même souvent qui redescend après qu'il est parvenu jusques à leur faîte; car il me semble aussi que ceux-là redescendent, c'est-à-dire se rendent en quelque façon moins savants que s'ils s'abstenoient d'étudier, lesquels, non contents de savoir tout ce qui est intelligiblement expliqué dans leur auteur, veulent outre cela y trouver la solution de plusieurs difficultés dont il ne dit rien, et auxquelles il n'a peut-être jamais pensé. Toutefois leur façon de philosopher est fort commode pour ceux qui n'ont que des esprits fort médiocres; car l'obscurité des distinctions et des principes dont ils se servent est cause qu'ils peuvent parler de toutes choses aussi hardiment que s'ils les savoient, et soutenir tout ce qu'ils en disent contre les plus subtils et les plus habiles, sans qu'on ait moyen de les convaincre: en quoi ils me semblent pareils à un aveugle qui, pour se battre sans désavantage contre un qui voit, l'auroit fait venir dans le fond de quelque cave fort obscure...*"[146]

Or, c'est bien de cela que traite l'ouvrage de Vaisse. Se donnant, faussement, des allures d'analyse (et que l'on nous excuse la dureté, sans doute, du commentaire, mais nous nous le permettant d'autant plus que Vaisse cite, lui-même, joyeusement, ceux, plus sévères de Gombricht contre ses pairs), l'ensemble, important, comme nous l'avons dit, en cela qu'il reproduit l'histoire des opinions sur l'oeuvre, n'y apporte, au fond, rien qu'un "*Ni-Ni*", au sens barthésien, laissant le lecteur dans une aussi grande incertitude que l'on supposera y est, encore, le propre Vaisse.

Pauvre travail de compréhension iconographique, donc, qui pense pouvoir s'absoudre du parcours de compréhension historique en en inversant les termes. Il suppose, et nous ne disons pas que sans raison, que les études sur la gravure ont pâti des idéologies sous-jacentes de leurs auteurs. Outre que cette position, pas originellement fausse, tend à confondre la conformation de l'histoire comme récit (*history vs. story*), hypothèse juste, en une irrévocabilité de cette construction, conséquence fausse, qui empêche d'approcher aucun matériel sans considérer qu'il est impossible, donc inutile (pourquoi, dès lors, le faire?), d'en rien connaître de manière sûre et censée, la nécessaire, et dirions-nous prudente, limite que l'on prétend se poser se surpassant dans son action envisagée, au profit d'un aveu d'impuissance, cette position, disions-nous, par une conséquence perverse, d'origine idéaliste (nous nous permettons cette allusion au vu que, là aussi, le propre Vaisse indique les débats hégéliens autour de l'analyse de la gravure), affirme, implicitement, que l'oeuvre n'a de valeur qu'autant qu'elle est lue. Ce qui est faux. Une chose est que les analyse jusqu'ici émises puissent être controversées, et soient partiales, une autre, toute différente, est, de là, en conclure que l'oeuvre n'émet aucun projet, nous obligeant à, au moins, essayer d'en circonscrire le sens.

Curieux ouvrage, donc, qui, prétendant faire de l'histoire des mentalités, la nie, tout à la fois. Croyant qu'en s'attachant aux métalangages il ne fait pas que déporter la question du sens, comme s'y sont affrontés ceux qui, plus directement, se sont affrontés au langage-objet qu'est l'oeuvre. C'est un peu comme les ufoistes qui croient qu'en posant la question de l'origine extraterrestre de l'humanité ils résolvent la question de qui a créé le créateur. Déporter la question ne signifie jamais ni en rien y répondre.

Dans ce même sens, plus grave, présentant la question du chevalier comme centrale, Vaisse inverse le problème. En effet, le chevalier n'est en rien, ou que peu, problématique, en lui-même.

Le point d'inflexion et d'anomalie provient des figures qui lui sont associées, et sont beaucoup plus symboliques que lui.

C'est, comme nous l'avons montré, pour *Le Songe du Docteur* (c.1498[147]), dans notre ouvrage sur cette oeuvre, dans la présente Collection, la femme nue, le *putto* et le démon au soufflet qui créent une situation de tension générant une inquiétude de lecture, les points névralgiques d'analyse qu'il faut étudier, non le dormeur, qui en soit n'est pas ou très peu problématique.

Posons-le à l'inverse, et demandons-nous, si nous n'avions que l'image d'un cavalier, ou celle d'une personne endormie, sans aucune des autres figures intervenant respectivement dans chacune de ces deux oeuvres, seraient-ce, ces deux gravures, aussi problématiques? La réponse, évidemment, vient d'elle-même: non. Peut-être le personnage masculin endormi, thème peu commun, et trop intime, pour l'époque, le serait-il encore, mais n'étant pas le sujet du présent Volume, réduisons-nous de nouveau à la question du chevalier.

La statue équestre étant, depuis l'Antiquité[148], une représentation tellement commune, et d'un symbolisme politique si évident à la Renaissance[149], notre chevalier ne poserait aucun problème, pas plus que ceux, cités en comparaison, par Panfosky dans l'extrait ci-dessus.

Les anomalies sont, sinon le chien lui-même, le lézard, la crâne, le démon et la Mort entourant le cavalier.

Le réduire à un récit de fantômes, tel que celui de Philipp Rink, que reprend, en y insistant Vaisse[150], est bien pauvre, comme ne comprendre Pieter Brueghel et Jérôme Bosch, nous l'avons montré dans nos ouvrages sur ces artistes, là encore dans la présente Collection, que par le biais des proverbes. Et, pire ici, c'est, en outre, nous venons de le démontrer en quelques pages, oublier, ou, plus grave, méconnaître l'ensemble du *corpus* iconographique existant. Phénomène commun, tristement, puisque, nous l'avons, cette fois, montré s'agissant de la *Sacra Conversazione* (1472[151]) de Piero della Francesca, toujours dans cette Collection, par rapport au *corpus* intellectuel, théologique et littéraire. On le retrouve pour Edvard Munch, Kasimir Malevitch (voir nos ouvrages respectifs sur ces artistes), etc. Misère, disait fort justement Marx, de nos sciences.

Nous avons mentionné l'identité entre Mort et chevalier dans l'iconographie, soit que la Mort s'affronte aux chevaliers, soit qu'elle est représentée comme en étant un.

Bien que s'agissant d'une période légèrement postérieure à la réalisation de la gravure de Dürer ici étudiée, il est intéressant de noter la récurrence de la figure en armure dans l'art réformé strasbourgeois de la période comprise entre 1520 et 1550.

Dans ce cadre, on note que les figures y sont toutes étrangement liées: la conversion de Manassé, faisant pendant à celle de son père Ézéchias (respectivement dans les encadrements des *Prière du Roi Ézéchias* et *Prière du Roi Manassé*, 1528, par Hans Weiditz)[152], le chevalier soumis à la main divine (dans la marque d'imprimeur pour J. Schott, 1523, par le même Weiditz) et le remplacement de la figure de Saint Paul repenti par celle du Pape comme Antéchrist (dans le *Chemin de Damas avec le Pape en Saul*, c.1535, de Jacob Cammerlander)[153], un chevalier, marchant dans le Ciel apocalyptique d'étoiles filantes, et s'avançant en direction d'un château-fort, au-dessous d'une étoile à cinq branche et entre deux épées, l'une pointant vers le haut, l'autre vers le bas (dans la *Scène cosmique*, c.1523, d'Heinrich Vogtherr l'Ancien)[154], probablement en référence aux choix de vie d'après le modèle de Cautes et Cautopates. Le personnage n'est pas sans rappeler *Le Christ au glaive*[155] (*Matthieu*, 10, 34[156], repris par *Luc*, 12, 51[157]) du registre du haut de la première pièce de la *Tenture de l'Apocalypse* (1373-1377 et 1382, Château d'Angers) de l'atelier de Nicolas Bataille sur cartons de Hennequin de Bruges[158].

Ledit chevalier de la *Scène cosmique* de Vogtherr nous renvoie, ainsi d'ailleurs, à l'image du "*Dominus regit me et nihil mihi deerit, in loco* ("*pascuae ibi me collocavit*")" ("*Le Seigneur me conduit,/ et rien ne me manquera:/ sur une aire de pâturage, voilà où il m'a installé.*") du *Psaume* 22, 1-2[159], antiphona du chant grégorien[160], illustré au fol. 90v.[161] des *Très Riches Heures du Duc de Berry* (1411-1416, années 1440 et 1485-1486, par les Frères de Limbourg, probablement Barthélemy d'Eyck, et Jean Colombe[162]), par l'opposition entre le chevalier (sur son cheval blanc, probable allusion au cavalier de l'*Apocalypse* - bien qu'ici il ne tire par de l'arc, mais ait, là encore, une épée à la main, difficulté qui peut néanmoins être résolue par son lien avec l'iconographie de Saint George[163] -, cavalier au cheval blanc de l'*Apocalypse* compris traditionnellement par le Moyen Âge comme figure christique[164], et remplacé par le traditionnel squelette à cheval, sur lequel nous revenons par ailleurs dans le présent travail, dans le *Grand Calendrier et Compost des Bergiers* de l'édition de Guy Marchant de 1496 [squelette à cheval qui disparaît dans celle de Gaspard Philippe de 1506-1510[165]]) et les deux factions, d'infanterie humaine et de squelettes, correspondant chacune à celle entre l'église de type basilicale et le cercueil côté à côte mais opposés en leur sens, comme le montre la légende, au premier plan de l'image. On y note que chaque bande est séparée par des Calvaires dont le faux toit pointe vers le Ciel, modèle d'association entre le squelette et le Calvaire que l'on retrouve dans l'illustration[166] du "*dit dung mort difant ainfy*"[167] du *Grand Calendrier & Compost des Bergiers*.

Or cette représentation du chevalier succombant à la foi du Christ, telle qu'on la trouve, d'ailleurs, dans la *Crucifixion* de Cranach, peut s'expliquer par rapport à une situation contextuelle concrète, avec des antécédents idéologiques autour de 1490-1510, d'opposition entre la paysannerie et la noblesse, et de son association à la petite noblesse, ainsi qu'à la représentation du paysan insurgé en armes sous l'égide du propre dieu Mars:

"*Presque toujours montrée de façon défavorable dans la littérature d'avant la Réforme, la figure du paysan est idéalisée à cette époque pour devenir le prototype du „gemeine Mann", inculte, mais «naturel», plein de bon sens et porteur d'un christianisme plus authentique que celui des „grosse Hansen" et a fortiori des clercs (Will-Erich Peuckert, Die große*

Wende: *Das apokalyptische Saeculum und Luther*, Darmstadt, 1966, notamment p. 240-253 et p. 619-622, synthétise, à partir des textes de l'époque d'avant la Réforme et du Karsthans lui-même, les espoirs de la paysannerie confrontée à la féodalité, mais aussi au capitalisme naissant. Il cite notamment de nombreux extraits du manuscrit intitulé *Buchli der hundert capiteln mit XXXX statuten*, écrit entre 1490 et 1510 environ, qui prône une réforme générale de l'Empire et dont l'auteur est le fameux «révolutionnaire du Rhin-Supérieur», qu'il faut sans doute identifier à Matthis Wurm von Geudertheim l'Ancien, secrétaire de la chancellerie impériale sous Frédéric III et Maximilien I et père du pamphlétaire alsacien du même nom (voir mon article sous ce nom in: *NDBA*, n° 40, 2002, p. 4316-4317). À partir du fantasme récurrent d'un „Bauernkaiser" souvent identifié à Frédéric Barberousse, celui qui dort et doit revenir un jour, se font aussi jour des accents plus menaçants: dans une pronostication astrologique pour l'année 1509, l'auteur du manuscrit annonce que Mars réveillera Jean à la houe, qui rétablira les anciens droits („Mars...der tut uffwecken Hansen mit dem karst, der wirt die alten geschicht der rechten vernueren", cité par Peuckert, p. 243) et même tuera l'empereur („der pur understat den kunig umbbringen"). Sur la figure du paysan à l'époque de la Réforme, voir toujours Paul Böckmann, „Der gemeine Mann in den Flugschriften der Reformation", in: *Deutsche Vierteljahrsschrift für Literaturwissenschaft und Geistesgeschichte*, 22, 1944, p. 186-230, et plus récemment Hans-Joachim Köhler, „'Der Bauer wird witzig'. Der Bauer in den Flugschriften der Reformationszeit", in: Peter Blickle (éd.), *Zugänge zur bäuerlichen Reformation*, Zurich, 1987, p. 187-218, ici p. 193-195.). Il y eut même quelques intellectuels, dont le plus célèbre était Karlstadt, pour prôner et mettre en pratique le «retour à la terre», dans l'idée de renouer avec un supposé «âge d'or» égalitariste se confondant avec les premiers temps de l'humanité et qui s'intègre à sa manière à cet ardent besoin des réformateurs de faire table rase des «inventions du papisme» pour revenir à une Église apostolique «pure». Mais d'une façon générale, et en premier lieu dans le Karsthans, ce paysan idéalisé est montré comme ne mettant en cause que l'Église et non l'autorité civile. Ainsi Könneker fait-elle remarquer très justement que la mise en valeur du paysan avait évidemment des résonances sociales implicites, mais que toute problématique de ce type était évacuée du dialogue, qui ne traitait que de problèmes religieux. Malgré le remarquable succès du personnage, maintes fois repris dans les pamphlets des années suivantes et cité par Luther lui-même, notamment dans une lettre de mai 1521, où il écrit à Melanchthon que l'Allemagne avait «multos Karsthansen», il n'est pas devenu le porte-parole des principaux intéressés, autrement dit des paysans, car leurs textes programmatiques publiés en 1525 n'en font pas mention, justement parce que la presque totalité des écrits dans lesquels il intervient lui accordaient certes un droit de regard et d'intervention dans le domaine religieux, mais l'incitaient en même temps à respecter les autorités civiles. Seul le *Gesprech Büchlin Neuw-Karsthans*, peut-être de la plume de Bucer et édité vers septembre 1521 par Schott, qui fait dialoguer Karsthans et Franz von Sickingen en défenseurs de la foi évangélique, aborde le problème de façon différente. Même si le mot d'insurrection n'est jamais prononcé et que Sickingen – qui n'avait effectivement à l'époque pas encore perdu tout espoir d'influencer l'empereur – donne des réponses dilatoires aux appels de Karsthans à passer à l'action, l'idée d'une alliance entre les paysans et la petite noblesse est nettement suggérée (à la même époque, Hutten plaidait pour que les villes libres passent elles aussi dans le camp anti-princier, même si c'était les principautés ecclésiastiques qui étaient visées en premier) et Karsthans donne en modèle l'exemple des hussites de Bohême autour de Žižka. On touche là l'état d'esprit réellement insurrectionnel d'une minorité d'intellectuels à l'époque, d'autant que le texte du dialogue est suivi de trente articles très violents, qui mettent le „Pfaffenkrieg" à l'ordre du jour; il est possible, comme cela a déjà été remarqué, qu'il s'agisse d'un ajout de l'imprimeur Schott, mais cela ne fait que renforcer l'impression d'ensemble. Si l'alliance des forces citées plus haut s'était concrétisée, la lutte anticléricale aurait pu assez rapidement se transformer en combat politique et social; mais dans la réalité, la petite noblesse et les villes avaient quelques raisons historiques de méfiance mutuelle et elles craignaient toutes deux la puissance potentielle de la paysannerie.

Du point de vue iconographique, la situation est assez différente: si le personnage ne semble pas avoir été repris à Strasbourg, il réapparaît sous différentes formes, le fléau remplaçant généralement la fourche, dans d'assez nombreuses publications, notamment comme figure dominante du fameux pamphlet inspiré par Zwingli, la Beschribung der götlichen müly, paru au printemps 1521, donc peu après le Karsthans strasbourgeois. Censée avoir été rédigée par «deux paysans suisses», en réalité deux artisans amis de Zwingli, l'oeuvre inaugure un genre qui disparaîtra après 1525, le pamphlet prétendument écrit par de simples paysans «ne sachant ni lire, ni écrire» (sic) et comportant souvent en page de titre un avatar de Karsthans; quelques textes et illustrations des années suivantes montrent l'évolution du personnage vers des revendications plus clairement socio-politiques jusqu'à le représenter en armes contre l'oppression. Après la défaite de 1525, en Allemagne, le paysan redevient souvent, de façon assez logique, la cible des moqueries de maints textes et gravures, même s'il existe aussi des illustrations d'interprétation moins évidente."[168]

En résumé, le chevalier apparaît, au Moyen Âge, comme symbole du combattant chrétien, le *miles christianus*, pour cela reconnu dès l'époque de la gravure de Dürer en celle-ci; ce n'est, d'ailleurs, rien d'autre que le jeune et preux héros des récits (lais ou romans) chevaleresques médiévaux.

Dans l'iconographie réformée, il apparaît comme le symbole du parcours de découverte, dangereux et difficile, vers Dieu, soit par conversion, ou par coup divin, en réalité les deux à la fois, comme on le voit dans les variations autour de la figure de la conversion de Saint Paul (*Crucifixion* de Cranach, marque d'imprimeur ou gravure antipapiste), soit par repentir, comme dans le cas de Manassé[169].

Ce mouvement de détournement de la figure traditionnelle du héros, alors qu'il ne change rien à l'interprétation générale qu'il faut en donner, et ne fait, au fond, que la renforcer, peut, selon nous, être lu à l'intérieur du processus discursif du moment historique de la Réforme germanique, autour de la dichotomie entre paysan ("*Karsthans ou le «paysan évangélique»*", comme l'intitule Muller), et une certaine critique dialectique à la noblesse, dans le cadre d'une représentation ponctuelle de la paysannerie insurgée, de l'homme du peuple contre l'élite intellectuelle, et, partant, d'une prémisse d'essai d'union de la paysannerie avec la petite noblesse, avec le modèle historique de la rébellion armée et victorieuse des Hussites tchèques[170] dès le siècle antérieur (1420-1436[171]) qui déboucha sur les *Compactata* (1436)[172].

De là sans doute le caractère ambigu du chevalier de Dürer[173], déjà abondamment noté, et pour cela parfois identifié à un mercenaire, avec son renard[174] au bout de sa lance[175], et de là, probablement, aussi, la multiplication de la figure dans le domaine germanique contemporain des images morales du diable et de la Mort, évidents, nous l'avons vu, *Memento Mori*, assiégeant aussi bien, à la manière des *Danses Macabres*, la femme que le chevalier, ou, plus généralement, l'âme, chez Cranach.

Il nous semble pouvoir lire ce processus de combat assez clairement dans l'*Écu d'armes avec crâne* (1503)[176] de Dürer, aussi, où la belle, symbole classique de la Vanité et la Luxure, est embrassée par un homme sauvage, symbole des passions, lequel tient un bâton à ficelles, symboles de l'attachement aux appétits et désirs terrestres, comme dans les *Emblèmes* (1588) de Jean-Jacques Boissard[177], à côté d'un heaume à panache ailé, nous renvoyant, croyons-nous, à l'image d'Heinrich Vogtherr l'Ancien représentant le mentionné chevalier apocalyptique dans les nuages, c'est-à-dire de la difficile et ascétique quête de Dieu (lequel surmontant une barque, et se dirigeant vers un château, évoque, pour nous, le modèle, mais en positif, de l'illustration du cap. 103 "*Der Endkrifſt*"[178] ["*De l'Antichrist*"] du cycle de l'édition allemande originale attribué, au moins partiellement, à Dürer, de la *Narrenschiff* (1494), avec le diable souffleur que l'on retrouve dans *Le Songe du Docteur* et, là, Saint Pierre recevant la barque des élus, en opposition à l'Antichrist recevant celle des damnés - alors que dans la *Scène cosmique* de Vogtherr l'Ancien seule apparaît ce qui semble être la barque des élus menées symboliquement par le *miles christianus*, équivalent du Saint Pierre de l'illustration du cap. 103 de la *Narrenschiff*, dans laquelle, toutefois, apparaissent les deux barques, dans la partie basse à droite, pour le spectateur, du *Jugement Dernier*, 1535-1541[179], de la chapelle Sixtine de Michel-Ange, correspondant à l'"*Enfer*"[180], seule la barque des damnés est représentée -), le tout devant un écusson aux armes de la Mort. C'est ainsi, que, par exemple, dans la *Vanité* d'Hans Weiditz II[181], le gentilhomme avec son épée tient une bourse près des jupes d'une dame, les deux aux habits curieusement abîmés, entre deux squelettes.

De fait, l'hypothèse précédente se voit confirmée rétroactivement par la révision des illustrations marginales de Dürer pour le *Livre de prières de Maximilien* (Augsbourg, 1514, Bayerischen Staatsbibliothek, VD16 M 1657), souvent cité[182], mais apparemment jamais remis en contexte, dans le cadre, pourtant, de l'étude comparative interne de la gravure de Dürer.

En effet, y est récurrente la figure du combattant. Ainsi aux fol. 78[183], présentant un lansquenet avec un renard flûtiste, 88 "*Héraklès*" tirant à l'arc contre des chimères femelles, 91 et 94, les deux montrant des combattants exotiques, dans le 94 accompagné d'un chameau,

Or cette représentation, dans l'ouvrage, offre une double forme, s'intégrant à notre *corpus*: d'une part, celle des mercenaires opposés aux troupes chevaleresques (comme, notamment, entre le fantassin et le chevalier à heaume panaché du fol. 120), à mettre en parallèle à l'opposition, précisément, comme nous le notions, aux troupes du Christ, ainsi au fol. 75, avec sa, pour nous, curieuse "*capture de Jésus avec Mater Dolorosa*"[184], puisque les soldats tombent à la renverse, comme des autant de Saul convertis, devant Jésus et ses apôtres, de fait juste après, le dessin en marge du fol. 68, d'un "*Combat entre mercenaires et chevaliers avec ange*"; de l'autre, l'association, comme dans la marque d'imprimeur pour J. Schott par Weiditz, du lansquenet à la cigogne, symbole chrétien de fidélité très net, puisqu'on le retrouve aux fol. 106 du "*Jugement Dernier*" (selon l'indication de la Bayerischen Staatsbibliothek), où l'on trouve un chien, une cigogne au-dessus, celle-ci, d'un lansquenet, à côté d'une fileuse endormie, et 103, où l'on trouve un buveur qu'une cigogne attaque. L'échassier étant lié à la Vierge au fol. 57 et à l'aumône au fol. 39.

Le fol. 80 de l'"*Annonciation*" montre un Pape avec le globe du monde (à mettre en parallèle avec le roi, dans un chariot tiré par un bouc, tenant le globe surmonté d'un croissant de lune, du fol. 62, ledit roi symbole du mal du monde, car opposé au Christ Pantocrator tenant le globe au-dessus d'un Saint, probablement Gabriel, piétinant le dragon); au fol. 80 le Pape est accompagné d'un démon femelle aux seins pendants du type de celui de la gravure du *Chevalier, la Mort et le Diable*; similairement, le fol. 84

montre un démon volant à queue de dragon descendant vers un chevalier, qui, pour sa part, fuit un squelette le poursuivant, alors que, préalablement, le fol. 33 montre la Mort avec un lansquenet, auquel elle présente un sablier, comme dans *Le Chevalier, la Mort et le Diable,* quoiqu'ici le sablier soit différent de celui de la gravure.

La figure du Pape du fol. 80, qui nous rappelle celle du Pape Antéchrist et Saul inversé de Cammerlander, trouve, en ce sens, précisément, un écho, au fol. 116, dans l'enfant sur l'âne face à un *putto* lui présentant la tunique, en référence à l'épisode de Saint Martin. Lequel, mettant, donc, par là même, en scène la question de la compassion et du partage chrétien[185], renvoie au fol. 39, précédemment cité.

On trouve au fol. 23v.[186] un chevalier en armure, combattant, puisque avec le heaume à la visière baissée (selon le principe que rappelle Panofsky au début de l'"*Introduction*" des *Essais d'iconologie*, 1955), avec un dragon enroulé entre les pattes de son cheval, et un second, plus petit prêt à cracher du feu sur le crâne d'un squelette tendu au sol, en une attitude similaire à celle de la cigogne en colère du fol. 103.

Vaisse précise que le fol. 84, qu'il rapproche de la gravure étudiée dans le présent Volume, illustre la phrase ""*Ipso vero non cognoverunt vias meas: quibus juravi in ira mea: si introibunt in requiem meam*", de laquelle il ne dit, pourtant rien, alors que, s'agissant de celle du *Psaume* 94[187] (95[188]), 11:

"*Dans ma colère, j'en ai fait le serment: Jamais ils n'entreront dans mon repos.*"[189]

Lequel entre, typologiquement, en relation avec *Hébreux,* 3, 11; 4, 3; 4, 5; *Nombres,* 14, 23; 14, 28; *Deutéronome,* 1, 35; 12, 9; *Psaumes,* 99, 8; 106, 26; *Ézéchiel,* 20, 15; et 20, 38[190]; et, par conséquent, reprend bien l'idée, que nous avons définie pour l'iconographie réformée strasbourgeoise, à savoir de la figure du chevalier comme pénitent sur le chemin de Dieu, comme l'exprime Saint Paul, précisément lui, dans *Hébreux,* 3, 7-19 et 4, 1-13, sur ledit passage du *Psaume,* 94[191].

Ce qui, notons-le, donc, renvoie à l'idée de Gombricht, et ici également soutenue, de la gravure du *Chevalier, la Mort et le Diable* comme *Memento Mori*.

Ains, de fait, on ne peut, par là, plus nous reprocher d'anachronisme diachronique, du fait même que l'on retrouve, dans les dessins de Dürer lui-même, l'opposition entre troupes armées, et la figure de militaire vaincu ou soumis à Jésus (fol. 75), "*Roi de toute chose*" ("*Regem, cui omnia*") du *Psaume* 94[192] (des chants grégoriens[193], de l'Office des Défunts[194], de l'*Invitatorium* de Cristobal Morales, c.1500-1553[195], de Melchor Robledo, 1510-1586[196], ou Tomás de Torrejón y Velasco, 1644-1728[197]), ou à son emblème, la cigogne (fol. 106).

4. Conclusion

> "*Der liebe Gott steckt im Detail.*"
> (Aby Warburg)

Une fois compris *Le Chevalier, la Mort et le Diable* comme partie extraite d'un ensemble plus complet, on conçoit sans plus de difficulté la représentation elliptique et son sens s'en clarifie rapidement, perdant le mystère[198] inhérent à l'art de Dürer, dû, essentiellement, comme nous l'avons montré à propos du *Songe du Docteur* (c.1498)[199], à la reprise, par l'artiste, de codes bas-médiévaux qu'il transpose dans les nouveaux forme et discours de la Renaissance.

En particulier, la figure du chevalier comme *Miles christianus* est parfaitement référencée dans l'idéologie de l'époque[200], et ne pose donc pas, réellement, de problème particulier à l'interprétation.

On note, également, ainsi, de même, que dans la gravure de Dürer la Mort au sablier, symbole temporel encore accentué par les vers qui rongent le personnage (avec, peut-être, en outre, une allusion implicite, superposée, au Péché originel - ce que laisse supposer l'iconographie du serpent, et non plus simple vers illustrant le *motto*: "*ipse iubet mortis te meminisse Deus/ ora caput nares oculos brachia ventrem inspice tam turpem te tua fata dabunt*" dans le *Cogita Mori*, 1520[201], du Maître S. - Alexander van Brugsal? -], ici aussi autour du cou [de nouveau en allusion à la pomme d'Adam] de la personnification -, comme on la trouve, entre autres, dans l'anonyme cité du XVème siècle, ou chez Jacobsz), s'intègre parfaitement, et il ne pourrait en être autrement, à notre *corpus*. On relèvera encore, en ce sens, que chevauchant un vieil âne (dans *Le Triomphe de la Mort* de Brueghel, c'est une vieille rosse fatiguée, tirant le chariot de ramassage propre des épidémies de peste), la Mort, représentée comme une figure purement chronienne, reprend, en dédoublant la figure du chevalier auquel elle fait ainsi pendant, les nombreuses figures citées (par superposition et, en même temps, dans la gravure de Dürer, dérivation entre les deux personnages de la Mort et du chevalier) de la Mort à cheval.

On supposera, dès lors, sans difficulté, que la ville, en haut au second plan, représente la Jérusalem céleste, centre vers lequel tend le labyrinthe à parcourir des cathédrales gothiques[202], jusqu'au temple de Cébès du *Théâtre moral de la vie humaine* (1678) d'Otto van Veen[203].

De là, sans doute, le manchon de renard[204] à la lance du chevalier, puisque, selon L'Emblème "*Par trop chaffer, on peut devenir fauvage*", où, là aussi, l'homme, ici le chasseur (comme chez Jacobsz, la présence du chien accompagnant le chevalier de Dürer, entre les pattes de son cheval, faisant lien à ce même groupe du chasseur/pêcheur), est entouré de la Mort au sablier et du démon, des *Emblemata Nova* (1617, traduits en français la même année, comme: *Emblèmes nouveaux*) d'Andreas Friedrich:

"*Celui qui eft tousjours entre befes fauvages,*
Oubliant fon eftat (ce que ne font les fages)
Et qui à rien ne prend qu'à la chaffe plaifir,
Dont d'efcouter le pauvre il n'a jamais loifir,
Aime chiés, chevaux, cerfs & renards pleins de fraude,
Et lievres; à Satan, qui autour de lui raude,
Fait plaifir fingulier, dont il lui corne haut;
Mais la Mort lui monftrant l'heure, lui dit qu'il faut
Defloger"[205]

On notera que le chasseur chez Friedrich porte les cornes de cerf d'Actéon, alors que l'on retrouve le symbole du chien de celui-ci, à mettre en relation avec deux de Diane à la Renaissance, dans les Emblèmes de Narcisse "*LX. Asses mevrt qvi en vain ayme*" et d'Actéon "*CLXXVII. Chasse Fortvne par les miens*" de la *Délie* (1544) de Maurice Scève[206] (ouvrage qui, en outre, pour notre *corpus*, reproduit un temple similaire à celui de Cébès dans l'Emblème "*CXXIII. Contre le ciel nvl ne pevlt*"[207]), deux figures mythologiques unies à travers celle du limier par un lien sous-jacent en tant que le canin est symbole des appétits sexuels[208], et aussi, comme on le voit à travers Friedrich et ce groupe d'exemples, humains en général (sans doute le retrouve-t'on encore dans *Le Triomphe de la Mort* de Brueghel, un humain est la proie d'un squelette chasseur et de ses chiens)[209].

Le chasseur, péchant, et devenant tout autant, voire plus, sauvage que les bêtes qu'il poursuit, par l'intérêt trop grand qu'il porte aux plaisirs terrestres, représentés, entre autres, par les lapins qui l'entourent, et par ses cornes de cerf, à manière d'Actéon, ou de chasseur chassé:

"*Celui qui est tousjours entre bestes sauvages,*
Oubliant son estat (ce que ne font les sages)
Et qui à rien ne prend qu'à la chasse plaisir,
Dont d'escouter le pauvre il n'a jamais loisir,
Aime chiés, chevaux, cerfs & renards pleins de fraude,
Et lievres; à Satan, qui autour de lui raude,
Fait plaisir singulier, dont il lui corne haut;
Mais la Mort lui monstrant l'heure, lui dit qu'il faut
Desloger"[210]

Permet, arrivé à ce point de notre parcours, de comprendre l'*Écusson avec un Crâne* (1503) de Dürer[211]. En effet, l'homme sauvage qui y prend, en un geste d'amour sauvage, Némésis, dont il retient, comme par hasard, la bride de la pointe double de son bâton, représente parfaitement l'association, que nous avons retrouvée à l'envie dans notre *corpus*, entre la Fortune, considérée comme aléatoire, et les désirs humains, considérés, Friedrich l'éclaire parfaitement, comme débridés. Comme dans *Les Ambassadeurs*, le crâne sert de *memento mori* au groupe, dont il est l'égide, puisqu'il représente, par opposition (l'ascétisme divin *versus* les excès humains), mais aussi par similitude (la mort morale est la conséquence des excès et de l'indolence, celle-ci dont l'Occasion, ou la Némésis, sont, dans leur volatilité, les parangons), à la fois la finalité et punition morale des péchés et des Vices, et à la fois il les accompagne, comme les squelettes joyeux et agités, substituts, nous l'avons dit, dans l'évocation des occupations laïques ou des mauvais (ou, donc, des faux) religieux, des démons des autres iconographies, religieuses (concrètement des *Tentations de Saint Antoine*), de Holbein ou d'Aldegrever.

En résumé, on voit que cette vignette (en tant que réduction représentative) qu'est *Le Chevalier, la Mort et le Diable* est un *Memento Mori*, dont le procédé de rapprochement est plus clair encore, si l'on compare notre *corpus* (femme et chevalier face à la Mort et au démon) avec les figures d'ivoire portable, où un côté du visage est celui d'un homme (comme, par exemple, dans les deux pendants d'un rosaire par Chicart Bailly, 1500-1530[212], avec les vers et les lézards sortant toujours des cavités du crâne, comme dans les oeuvres précédemment citées, le lézard, se faufilant à travers l'espace vide de sa mâchoire, entrant par la gorge - de nouveau la pomme d'Adam - pour sortir par la bouche) ou d'une femme (France ou Belgique, 1500, probablement utilisé comme rosaire[213]) et l'autre celui d'un squelette. Dans les deux cas, les sculptures portent des inscriptions, celle de Bailly éclaire encore cette ellipse, puisqu'alors que le crâne, renvoyant, précisément, au *Memento Mei* de Dürer, porte l'inscription: "*Memo Tva*", le visage triste, probablement de damné, préfigurant ainsi l'*Anima Dannata* (1619)[214] du Bernin[215], porte les mots: "*O Mors C+ Amara E*", condensation de:

"*La mort qui leur paroiffoit fi amere, la mort qui fut toujours l'objet de leur frayeur; feroit pour eux une confolation. Ils la fouhaitent, ils la défirent, ils l'invoquent.*
O mors, quâm dulcis esse quibus tam amara fuisti! I e semper desiderant qui te semper oderunt: Clamant enim; O mors interfice nos. Autor, lib. de miferiis mundi."[216]

Car:

"*... la mort vient; mais c'eft une mort vivante qui les confume, qui redouble leurs fupplices, qui en eft le comble de la confommation: Mors depafcet eos.*"[217]

5. Addendum: sur le crâne, le lézard et le chien: un essai de compréhension iconographique

Plusieurs *Memento Mori* sculptés représentent un crâne associé au serpent, voire aux crapauds, "*animals that in the poetry of the time inhabit the grave: toads, snakes, lizards*", tels celui de Paul Egell (c.1720-1725)[218], celui en ivoire du British Museum (No 1852,0327.5, XVIIème siècle)[219], trois ivoires français de double face (XVIème siècle) dont deux du fonds F. Bouquillon[220], la *Vanité* du cercle de Cornelis Norbertus Gysbrechts (c.1600) du crâne avec un lézard, des pièces et un sablier, voire le pommeau d'une canne du XIXème siècle[221], et l'ivoire japonais, des années 1800, d'un crâne surmonté d'un lézard signé par Hanryu, pupille de Gyokuzan[222], thème que reprend l'*Okimono* en ivoire d'un crâne sculpté avec un serpent enroulé, trois crapauds et une rainette (École de Tokyo, période Meiji, c.1890)[223]. On en trouve encore des versions contemporaines, comme dans l'illustration de *Skull Crowned with Snakes and Flowers* d'Henry Weston Keen (c.1930)[224] pour *The Duchess of Malfi* de John Webster, chez le sculpteur Philippe Guillement[225], ou, en peinture, avec ce qui semble être le serpent du Péché[226].

De fait, si les crânes de *Vanités*, en tant que symboles de *Memento Mori*, sont souvent associés à des insectes évoquant la décomposition, il est difficile de ne pas rapprocher, dans la gravure ici étudiée de Dürer, la présence du crâne devant le chevalier de celle du lézard, derrière lui.

La présence du crâne s'explique seule, dès lors qu'on la rapproche de l'Emblème II de Crouch et de la description que nous en faisons.

Celle du lézard semble renvoyer, en première analyse, au serpent génésiaque et, plus généralement, aux animaux liés à la mort.

Mais c'est aussi la salamandre qui renaît de ses cendres, pour ce que, au sein d'une opposition similaire à celle avec le chardon dans l'Emblème II de Crouch, on peut imaginer ici qu'il représente cette promesse de Résurrection christique[227]. Ce qui expliquerait sa certaine résurgence dans l'iconographie macabre, à côté du crâne.

Le crocodile représente l'invincible "*cotte de maille*" de la vertu dans l'Emblème L, dernier du Livre II de Wither[228], comme dans l'*Allégorie de l'Éducation de Philippe III* en relation à l'évocation des quatre Vertus Cardinales[229].

Les Emblemes (1567) de Joannes Sambucus se suivent, logiquement. Ainsi, "*Dii coepta secundant*"[230], qui traite de la foi remise en Dieu, est suivi de "*Simul & semel*", sur l'homme sage, mais, véritablement, plutôt sur Dieu et l'orgueil humain d'en vouloir comprendre les desseins[231], lequel, à son tour, est suivi par "*Tempestiva prosunt*"[232] sur le temps nécessaire à chaque chose, qui préfigure "*Interdum requiescendum*"[233] qui en est l'illustration avec les oliviers et la jachère, sous l'égide de la figure, emblématique par excellence de la Vertu, à la Renaissance, Athéna/Minerve dédoublée.

L'intéressant de cette séquence, pour nous, est l'apparition dans "*Simul & semel*", associés, du chien endormi et du lézard, lézard dont l'Emblème "*Tempestiva prosunt*" semble expliquer le symbole comme celui de la Renaissance[234]. Or, non seulement, dans ce dernier, le serpent s'oppose au crâne de la Mort, mais l'on retrouve dans l'"*Emblema XXV. Icône de Médicis. L'emblème du docteur*" des *Emblemata* (1565) de Junius Hadrianus[235] associés le serpent et le chien endormi, respectivement comme symboles de fidélité et de guérison[236].

Le chien est également symbole de fidélité, cette fois matrimoniale, dans l'Emblème "*LXI. In fidem uxoriam . Foy de femme*" dans *Les Emblèmes* (1531) d'Andrea Alciati[237]. Alors que l'Emblème antérieur "*LX. In Deprensum*"[238] présente l'anguille attrapée mais toujours fuyante, et les Emblèmes suivants: "*LXII. Quod Non Capit Christus Rapit Fiscus*"[239] inverse le motif de l'Emblème "*LX. In Deprensum*", et "*LXIII. Nec Questioni Quidem Cedendum*"[240] présente une lionne, symbole de fidélité et de force, en référence à Leaena, amante d'Harmodius qui, sous la torture, ne révéla rien.

Lion[241] et serpent (dans une morale qui rappelle aussi celle du lézard associé au dauphin qui semble le mordre, quand, en réalité, il en est l'autre moitié idéologique, dans l'Emblème "*Maturè*" de Paradin[242], lequel fait écho à la froide chaleur autour du Palazzo Te et, en général, de notre *corpus*) qui se partagent, à leur tour, l'Emblème "*Quibus Respublica conservetur*" de Sambucus[243] sur la balance de la cigogne, symbole divin, telle qu'on la trouve dans la marque d'imprimeur de Weidtiz :

"*D'ailleurs toujours en 1523, Weiditz a dessiné pour Schott une marque d'imprimeur très caractéristique, puisqu'il s'agit d'un noble en armure, qui tombe de son cheval après avoir été frappé par la main de Dieu tenant un sceptre surmonté d'un nid de cigognes, symbole de la piété, mais aussi de la justice; il s'agit donc d'un symbole de la puissance divine frappant les impies, d'esprit tout à fait vétérotestamentaire, même si l'artiste fait aussi une allusion à la conversion de Paul; il existe toutefois deux différences essentielles par rapport à cet épisode célèbre: d'une part il est peu probable que le noble se convertisse (Le temps de l'équipée de Sickingen est passé et l'ancienne méfiance des citadins envers la noblesse, chevaliers ou princes, revient au premier plan, ce dont témoigne aussi cette image.) et d'autre part, si dans les figurations du Chemin de Damas, nombreuses à l'époque, le Christ apparaît dans les cieux à Paul, ici c'est la seule main d'un Dieu par ailleurs invisible qui est le signe du châtiment, que commentent dans les marges des citations bibliques qui changent suivant les utilisations.*"[244]

On pourra supposer que cette association, chez Sambucus, représente, par opposition, les dangers du mauvais gouvernement (avec le plus lourd poids de la balance pesant du côté du serpent[245], de fait, comme dans la marque d'imprimeur de Weidtiz, la balance est, ici, posée sur le casque chevaleresque).

Réapparaît le serpent/lézard dans deux images (respectivement 63 "*Turbida iuvant * Im trüben ist gut fischen * On a beau pecher en eau trouble * Si pesca il meglio nel torbido*" et 69 "*Hic resecare periculosu[m] * Gefährlich hier zu grasen * Icy perilleux de couper l' herbe * Qui perigliosa di segar l'erba*") de la Planche 15 de la Troisième Partie de l'*Emblematischer Parnassus* (1730) de Laurentius Wolfgang Woytt[246], d'abord comme symbole du démon ("*Teuffel*") profitant de la désespérance humaine[247], puis comme symbole de la tromperie des biens matériels ("*die äusserlichen materialischen Gebäude und köstlichen Altäre einer Religion*"[248]).

La figure 72 "*Omnes reliqui iuxta maximu[m] * All' and're nach dem grösten * Les autres selon le plus grand * Gli altri second' il maggiore*" de la même Planche III-15 représente le globe comme symbole divin[249], ce qui fait lien avec l'Emblème "*Foy charité & efperance*" de l'*Hecatomgraphie* (1540) de Gilles

Corrozet, où le serpent et le lézard (l'animal indéfini sur la gauche, pour le spectateur, pourrait bien être l'ibis de l'Emblème "*In sordidos*" d'Alciati[250], ce qui, iconographiquement, pourrait faire lien avec le groupe de "*Quibus Respublica conservetur*" de Sambucus, bien que thématiquement contredit), associés à côtés des symboles de la Foi (les deux mains jointes), de la Charité (le feu) et d'Espérance (le globe) semblent représenter "*l'ennemi*" que l'on ne craint si l'on a foi en Christ[251].

Toutefois, ces exemples montrent que n'est pas aussi évidente que cela l'idée que, dans la gravure de Dürer, le chien est l'emblème de la Mort, et le lézard celui du Diable[252].

Guy De Tervarent (1997)[253], citant les crânes d'ivoire à serpents, crapauds et lézards que nous avons évoqués, et notant que dans la gravure de Dürer celui-ci est "*aux pieds de la Mort*", en fait un symbole exclusivement macabre.

Il s'interroge à continuation sur l'origine du lézard comme symbole des malheurs amoureux de Frédéric II de Gonzague face à Isabella Boschetti[254], sans y reconnaître une reprise de l'emblématique d'Alciati, mais cite quand même le rapprochement, à Mantoue, dans la Salle de Psyché du Palazzo Te (1525-1536[255]) de Giulio Romano, entre ledit lézard duquel un *putto* approche une torche enflammée et la salamandre.

Or la Camera delle Imprese contient deux représentations, associées, l'une de la devise amoureuse sur la froideur de la belle qui tourmente le noble: "*Quod Huic Deest Me Torquet*", l'autre "*Fides/Ολυμποσ*" ("*Foi/Olympe*") qui, évidemment, renvoie à l'idée de la fidélité amoureuse ou religieuse[256], et que l'on retrouve, dans le cadre amoureux toujours, sur la page de titre de l'également mantouan *Cicalamenti* (1545) de Grappa[257], associée à l'image traditionnelle du château divin sur la hauteur (ici de l'Olympe, précisément), présent, nous l'avons dit, de la gravure de Dürer au Cébès de Van Veen.

Il est ainsi évident qu'il faut chercher, de préférence, ce qui semble logique, les images où sont associés le chien et le lézard pour comprendre, à la fois, leur lien, et l'intégration de leur symbolisme.

Toute autre approche n'est pas, et ne peut être, iconographique.

On note que la Camera delle imprese l'écusson de la Salamandre (3), représentant la passion amoureuse de Federico, et symbole le plus récurrent du Palazzo Te, se trouve en séquence dans une suite de cartouches en racèmes[258], avec celle du Soleil (1), symbole de détermination / caractère unique de l'intention, des Armoiries des Gonzague (2), l'Amour entre les arbres (4), symbole, de nouveau, de l'amour de Federico Gonzaga pour Isabella Boschetti (image présente dans l'Emblème "*Un Amour entre deux bois qui brûlent*", dont le *motto* est: "*Le choc enflamme*", des *Devises et emblemes*, 1691, Daniel de la Feuille[259]), le Creuset (5), symbole de Loyauté, le Leurre de fauconnerie[260] (6), symbole de Loyauté politique, la Colombe sur une branche sèche (7), symbole d'Amour éternel, le Gant de Fer (8), symbole de Loyauté militaire, le Chien (9), symbole de Fidélité, le Chenet (10), symbole d'Amour ardent, la Ceinture (11), symbole de Chasteté, le Mont Olympe (12), de nouveau symbole de Loyauté politique, la Muselière (13) portant l'inscription "*Cavtivs*" ("*Précaution*"), symbole d'usage mesuré de la Force, le Battant de cloche (14), symbole de Foi, Espérance et Amour, la Tour (15), symbole de Fermeté et de résistance à l'adversité, ces derniers symboles (11 - 16) au-dessus d'une seconde Salamandre (16), sur sur le capot de la cheminée[261].

On voit donc comment la salamandre s'y intègre à un ensemble lié, en essence, à la question de la Fidélité, soit-elle amoureuse (10, 11), politique (6, 8, 12 - selon d'ailleurs, pour ce dernier, la relation "*Fides/Ολυμποσ*" -) ou plus abstraite et générale (5, 9), de mesure (13) et de constance (1, 3, 15), là aussi amoureuse(s) (4, 7, 14), tout cela sous le signe emblématique des Gonzague (2). On peut, d'ailleurs, par la figure du Chien (9) rapprocher cette séquence et son symbolisme, dans le cadre du chaud-froid de la Salamandre, de l'Emblème "*Canis queritur nimium nocere*" ("*Un chien se plaint de ce que l'excès nuit*") de Sambucus:

"*Je ne vay point suyvant le cours
Des fuyars sangliers ny des ours,
Ma queuë on n'a point veu paroistre
Trop flateuse devers mon maistre:
Mais bien je tire au col submis
Dessoubz le joug que l'on ma mis:
Et de ma force j'ay nuisance,
Dont les autres ont allegeance
Ceux qui sont libres me voyant
Ainsi mené vont abayant
S'esbahissants parmy la rue
De ma pauvre desconvenue.
O que j'eusse esté fortuné
Si plus petit je fusse né!
J'eusse receu mille caresses,
Le chier soucy de mes maistresses
Qui soigneuses ne m'eussent pas
Laissé sans lict & sans repas.
Ainsi nuist richesse orgueilleuse
Et la force presomptueuse.
Mais beaucoup on reçoit de bien
De se contenter du moyen.*"[262]

On retrouve le lézard dans *Le Repos durant la Fuite en Égypte*[263] (1470-1490[264]) de Martin Schongauer, où apparaissent, au premier plan, des lézards montant sur le dattier au haut duquel un perroquet mange des fruits, alors que les anges font courber le sommet d'un autre pour que Joseph puisse s'en nourrir.

Alors que le cerf du second plan a été analysé comme un symbole du Christ, les lézards ont été considérés comme des symboles de dragons démoniaques[265].

De fait, le dattier de Schongauer rappelle celui servant d'Arbre de la Connaissance du panneau gauche du *Jardin des Délices* (1480-1505[266]) de Jérôme Bosch, à côté de Jésus entre les Protoplastes, un chat et des échassiers attrapant plusieurs lézards. De fait, on peut trouver là un rapport avec le héron mangeant un lézard[267] du fol. 5r. du *Bestiaire* (1566) de Manuel Philès[268] par le copiste Ange Vergece (1505-1569) du Ms. 3401 de la Bibliothèque Sainte-Geneviève[269]. Peut-être, en outre, chez Bosch, en allusion aux vertus parentales attribuées au héron et à la cigogne, par rapport au lien qu'il marque entre Jésus et les Protoplastes, et à la dualité de la nature du Christ, également associé à la cigogne bicolore, dans le *Physiologos*[270].

On trouve dans le *Retable de la Nativité* par Veit Stoss (c.1520[271]) pour la cathédrale de Bamberg[272], dans *La Fuite en Égypte* de l'aile droite supérieure, un renard, sur un rocher, et un singe coupé en deux à côté d'une colonne brisée, sous les pieds de l'âne de la Sainte Famille, alors que dans *La présentation au Temple* de l'aile gauche inférieure, un agneau semblant dormir ou mort, référence typologique au sacrifice christique, se trouve sous le groupe des rabbins et de la Vierge présentant l'enfant Jésus.

Si la colonne est un symbole connu du Christ, en particulier dans *L'Annonciation*[273], puis en référence à la *Flagellation*, elle devient aussi, lorsqu'elle est brisée, symbole de vie brisée, en particulier dans les cimetières[274], devenant ainsi symbole de la condition éphémère de la vie des humains[275] depuis le Péché originel[276]; c'est aussi, en contrepartie, la colonne du Temple du Christ qui n'aura pu être brisée[277], d'où l'interdiction de briser les os de l'agneau pascal[278]. Ce qui permettrait de mettre en relation la colonne brisée[279] de *La Fuite en Égypte* avec l'agneau au sol de *La présentation au Temple*.

Plus complexe, la figure du singe, à côté de la colonne, est probablement l'illustration de celui-ci comme symbole du pécheur et des vices en général, en tant qu'imitation de l'homme[280]. Cette comparaison est, d'ailleurs, commune, pour brocarder les membres du clergé et leur foi mécanique, dans l'épigramme 94 des *Nugae* (1533) de Nicolas Bourbon, comme au cap. X de la seconde édition de *Gargantua* (1542)[281].

Or singe et renard, que l'on trouve associés dans *La Fuite en Égypte* du *Retable de la Nativité* de Stoss, et qui réapparaissent ensemble dans certaines signatures de Martin de Vos[282], sont encore opposés dans "*Le*

Renard, le Singe et les Animaux", sixième Fable du Livre VI[283] (1668[284]) de Jean de La Fontaine. Opposition déjà présente chez Sambucus dans "*In copia minor error*"[285], en un sens scatologique similaire, mais alors par comparaison aux hommes mêmes, de l'Emblème "*Stultorum Quanto Status Sublimior: Tanto Manifestior Turpitudo*" ("*Plus Le Fol En Hault Estat Monte: Tant Plus Manifeste Sa Honte*") de l'*Imagination Poetiqve* (1552) de Barthélemy Aneau[286].

Toutefois, la présence, dans la version peinte de *La Fuite en Égypte* d'après Schongauer (c.1500[287]), d'un crapaud[288] mangeant un insecte[289], et des oiseaux dans le ciel, volant autour des arbres, nous laissent plutôt penser que, dans la gravure, le sens des lézard est de salvation, ce à quoi semblent nous induire les Saint Joseph s'abreuvant ou attrapant des dattes de Schongauer et sa copie, et de Stoss.

On peut en avoir le sens dans l'extrait suivant dans *De la connaissance et de l'amour du fils de Dieu Notre Seigneur Jésus-Christ* (1656)[290] du jésuite Jean-Baptiste Saint-Jure:

"*L'avancement dans la vertu et la perfection dépend donc de la préparation et de la coopération à la grâce; de sorte que celui qui se dispose le mieux à la recevoir, qui y correspond le plus fidèlement devient, de quelque condition qu'il soit, plus vertueux, plus parfait et plus saint. C'est pour cela qu'il y a une si grande inégalité de vertus et de mérites parmi les religieux, et que même il se trouve beaucoup de séculiers de l'un et de l'autre sexe qui en surpassent plusieurs par la sainteté de leur vie. Sidon, rougis de honte, dit la mer (Erubesce Sidon! ait mare. (Isaiae. 23. 4.)): la mer représente la vie flottante des séculiers, et la ville de Sidon la tranquillité et le repos des religieux. Saint Grégoire dit en se servant de ce texte: Plusieurs religieux devroient rougir en voyant la vie de plusieurs séculiers qui observent avec beaucoup de régularité un grand nombre de choses auxquelles ils ne sont pas obligés, tandis que ces religieux les transgressent après avoir promis solennellement par vœu d'y être fidèles (Quia ex actions secularium, confunditur vita religiosorum, dum isti etiam promittendo non servant, quæ in praeceptis audiunt, et illi vivendo ea custodiunt, in quibus nequaquàm mandatis legalibus astringuntur. (Lib. 1. moral. cap. 2.)). Le lézard rampe sur ses pieds et demeure dans le palais des Rois (Stellio manibus nititur, et moratur in œdibus regum. (Prov. 30. 28.)). Bien souvent, dit le même Père expliquant ces mots, les oiseaux à qui Dieu a donné des ailes pour voler, et prendre l'essor jusqu'aux lieux les plus élevés, volent fort bas, à fleur de terre, font leurs nids dans les épines, tandis que les lézards qui n'ont que des pieds, grimpent le long des murailles du palais des Bois, montent jusques sur les toits, sur lesquels plusieurs oiseaux ne volent pas. Ainsi, il arrive souvent que des religieux doués de grandes qualités, enrichis des dons de Dieu avec lesquels, comme avec autant d'ailes, ils pourroient voler jusqu'à lui, demeurent et languissent à terre parce qu'ils ne veulent pas s'en servir; tandis que plusieurs personnes simples, qui n'ont pas autant de moyens de s'élever, en coopérant à ceux qu'ils ont, et avec leurs bonnes œuvres qui n'ont pas grand éclat devant les hommes, s'élèvent, montent jusqu'au sommet de la perfection, où 'elles sont admises à la familiarité du Roi du Ciel (Et simplices, quos ingenii penna non adjuvat, ad obtinenda æterni regni munia virtus operationis levat. (Ibid.)); parce que, comme dit le Prince des Apôtres, il n'y point d'acception de personnes, mais Dieu se communique à chacun selon qu'on en est digne; et comme cette communication est toujours grande et abondante, si on y correspond, il est certain que l'on deviendra très-parfait.*

Il est vrai que S. Paul dit: La grâce est donnée à chacun de nous selon qu'il plaît à Notre Seigneur (Unicuique nostrûm data est gratia secundùm mensuram donationis Christi. (Ephes. 4. 7.)); car comme c'est une grâce, et non un mérite, il la donne à qui, quand et comme il lui plaît, sans faire tort à personne, puisqu'il ne donne que son bien, dont chacun fait ce qui lui plaît. De plus, il est vrai que la communication qui se fait de la grâce est inégale, qu'il y a une certaine mesure pour chacun, plus grande pour les uns, plus petite pour les autres: car si Dieu fait tout, comme dit le Sage, avec nombre, poids et mesure, nous ne pouvons douter qu'il ne garde le même ordre dans la distribution de la chose la plus précieuse qu'il puisse donner sur la terre, je veux dire, la grâce."[291]

Le sens de *Proverbes*, 30, 28, est abondamment reconnu comme le définit Saint-Jure dans la littérature religieuse de l'époque[292].

La confirmation de notre lecture se trouve, croyons-nous, dans le fait que certains exégètes ont remplacés le lézard par l'araignée ou le singe[293], figure qui, nous l'avons dit, substitue le lézard chez Stoss. C'est la faiblesse du lézard qui l'identifie à l'humble (comme dans la *Fable LIII* de Jean Baptiste Perrin[294]), qui à la force du poignet s'élève à la connaissance de Dieu, selon le mot de Saint Grégoire[295]. De même, la présence du lion (qui nous rappelle les Emblèmes "*Quibus Respublica conservetur*" de Sambucus et "*Maturè*" de Paradin) et de l'ours dans la copie peinte de Schongauer semblent, dès lors, faire référence au lion, au coq et au bélier de *Proverbe*, 30, 29-31[296]; présentant ainsi, en un seul ensemble dogmatique, l'humilité de Dieu, et à la fois la force victorieuse de son pouvoir ("*quatrième* [chose] *qui marche magnifiquement... Roi* [à qui] *rien ne résiste*", *Proverbe*, 30, 31[297]) messianique.

Certes, l'araignée et le lézard ou le serpent s'unissent comme symboles ambigus, mais à partir d'une lecture qui s'intègre à notre *corpus*, dans les Emblèmes.

Même si chez De la Feuille, "*Une Vipere à la quelle ses petits percent le ventre*"[298] s'explique par le *motto* "*On la traitte comme elle a traitée*", cela signifie peu en tant que l'épervier, c'est-à-dire le traditionnellement solaire[299], voire christique, aigle, apparaît dans une circonstance similaire, dans "*Un Esprevier qui tient un Levreau sous luy pour le tuer, & recoit un coup de fleche dans le col*"[300], au *motto* équivalent: "*En prenant je suis pris*"; mais, à l'inverse, est significatif que la vipère deviennent une productrice de vie se sacrifiant pour ses petits, en une sorte d'auto-régénération[301].

Dans cette même séquence, se suivent "*Une Vipere qui mange une araignée*"[302] et "*Un Limaçon qui monte sur un arbre*"[303], précédés d'"*Un Limaçon dans sa Coquille*"[304], qui, à son tour, suit "*Une Vipere à la quelle ses petits percent le ventre*". Si le *motto* d'"*Un Limaçon dans sa Coquille*" est: "*Bienheureux celuy qui ne s'est pas trop émancipé*", celui d'"*Un Limaçon qui monte sur un arbre*" est: "*Il porte tout cequi est à luy*", similaires entre eux, et, au fond, au lézard sur le mur du Roi de *Proverbe*, 30, 28. Intercalé avec ce dernier Emblème de La Feuille par "*Une étoile*", et suivi par "*Une corne d'abondance*", se situe l'Emblème "*Une Salamandre au feu*"[305], présentant un *putto* volant portant deux torches face à une salamandre dans son feu, dont le *motto* est: "*Mort à autrui, à moi vie*". Celui-ci, proche, à son tour, de celui de Federico de Gonzague et du Palazzo Te, ne s'explique que par rapport à une série d'autres Emblèmes, telle la salamandre dans son feu de l'Emblème 30 "*A autruy mort, a moy vie*"[306] d'*Ambacht van Cupido, from: Nederduytsche poemata* (1616) de Daniël Heinsius, qui termine une série (26 "*Au dedans je me consume*"; 27 "*Mes pleurs mōn feu decelēt*"[307]; 28 "*Ardo d'appresso & da longhi mi struggo*"[308]; 29 "*Qui me nourrist, m'estaind*"[309]) sur le feu d'Amour, commencée après l'Emblème 25 "*Omnia vincit Amor*"[310]. Alors que l'Emblème 29 se rapproche le plus de la devise de Gonzague, les Emblèmes 31 "*Ie ne le puis celer*"[311] et 32 "*Cosi de ben amar porto tormento*"[312] touchent, quant à eux, comme celle-ci, plus directement à la force dudit feu d'amour.

Dans ce cadre, l'*a priori* curieux Emblème "*Misit Deus filium suum unigenitum*" de l'anonyme *Amoris divini et humani antipathia* (1628), montrant un enfant Jésus tenant le globe piétinant la Mort sous forme de squelette et un dragon dans le feu (lequel n'est, à propos de tradition iconographique, que peu commun aux Saint Gabriel, s'agissant du feu de l'Enfer), et au *motto*:

"*Seigneur depuis vostre sortie*
du ciel, qheureux est nostre sort.
nous estions aux pieds de la mort

nous sommes es mains de la vie."[313]

Est, logiquement, suivi par un *putto* le doigt sur un crâne, intitulé "*Memento Mori*"[314].

Certes, donc, à mettre en relation avec "*Apollon qui tuë à coups de Flèche le Serpent Python qui désoloit la terre*" (*motto*: "*C'est ainsi qu'il est utile au monde*") de La Feuille[315], Python n'y ayant, évidemment, aucun feu sous lui, c'est surtout à la série de l'Emblème "*Un Amour qui veut blesser un Dragon*" (*motto*: "*Je vaine mêmes les plus cruels*") du même La Feuille[316], et de l'Emblème "*Mea vita per ignem*" des *Amorum emblemata* (1608) d'Otto Van Veen,

"*Mort à autruy, à moy vie.*
Au feu sans se brusler se tient la salamandre:
l'Amant au feu d'Amour iouit de son desir,
Sa nourriture il est, sa ioye, & son plaisir.
Ce qu'autruy fait mourir, à luy la vie engendre."[317],

Emblème d'exacts, donc, même titre et iconographie qu'"*Une Salamandre au feu*" de La Feuille (qu'"*Un Amour qui veut blesser un Dragon*" reproduit encore visuellement), qu'il faut comprendre la dérivation de sens de l'Emblème amoureux vers l'Emblème moral, et la substitution complexe de la salamandre au dragon. De là l'âme pure, pasteur avec son agneau passant devant le dragon, néanmoins sans feu et à ailes de chauve-souris, et le félin d'"*Inno gentia ubiqve tuta*" des *Q. Horatii Flacci Emblemata* (1612) de Van Veen:

"*L'ame bonne, entiere & pure*
N'a point afaire de dards,
N'y d'escorte de soudards.
L'Innocence est son armure.
Parmy les ardans sablons,
Des fiers monstres la demeure,
Et les Tartares felons,
Il passe la vie seure."[318]

Et, surtout, par rapport aux figures et à la structure de "*Misit Deus filium suum unigenitum*" d'*Amoris divini et humani antipathia*, *Christus verdedigt de gepersonifieerde ziel tegen de hel en de dood* (1678-1687) de Jan Luyken[319], où le Christ à couronne d'épines sauve l'âme en prière de la Mort en forme de squelette et du dragon, toujours sans feu, cependant, mais aux narines fumantes, séparant ces deux ci de celle-là.

Or, la complexité de l'amoureux se plaisant au feu de l'amour qui tue les autres de "*Mea vita per ignem*" de Van Veen se comprend, et permet de mieux apprécier le substrat culturel de la devise de l'amoureux Gonzague, par rapport aux Emblèmes: "*Un Cupidon tenant un Cameleon*" (au, en cela[320], révélateur *motto*: "*Selon que veut Madame*") de La Feuille[321]; expliqué par la même image de l'Emblème "*Omnis amatorem decuit color*" des *Amorum emblemata*:

"*Selon que veut Madame.*
Comme vn Chamaleon le teint de sa peau change,
Selon l'obiects diuers, paroissant tousiours tel:
Ainsi faut qy'vn amant forçant son naturel,
Au muable vouloir de sa Dame se range."[322]

Interprétation que l'on retrouve à l'identique dans les Emblèmes de même titre des *Emblemata aliquot selectiora amatoria* (1618)[323] et des *Emblemata amatoria* (1690)[324] de Van Veen; Chez La Feuille, de nouveau, "*Le Camelion*" à l'ambivalent *motto*: "*Sois le miel, le fiel*"[325]; et, toujours chez le même, "*Un Cameleon*", au plus évident *motto*: "*Il change à tous momens*"[326], dans le sens des Emblèmes précédents (qui préfigure, pour ainsi dire, le concept, précisément entonné par le Duc de Mantoue, de "*La donna è mobile*"[327] de *Rigoletto*, 1851, de Giuseppe Verdi[328], d'après *Le Roi s'amuse*, 1832, de Victor Hugo[329], dont il transfère l'action de la France à la cour mantouane).

C'est l'amour incertain qui occupe les variations où apparaissent les araignées montant sur l'arbre (comme les lézards de Schongauer), avec l'enfant Jésus au globe, de l'Emblème "*Occidunt utraque risu*" de l'anonyme *Typus mundi* (1627)[330], et l'araignée descendant vers le serpent endormi, alors que, de loin, Cupidon s'apprête à décocher sa flèche d'amour au rêveur appuyé contre l'arbre de l'Emblème 21 "*Oportunitas Amoris*" du cité *Amoris divini et humani antipathia*[331].

Toutefois, l'araignée, d'après Anacharsis, qu'inversera le symbolisme chrétien, capable d'arrêter le petit insecte, mais pas le gros animal, est le symbole de la défaillante justice, aussi bien dans l'Emblème XLIX du *Theatre des bons engins* (1544) de Guillaume de la Perrière[332], comme dans "*Lex exlex*" de Paradin[333], repris par l'Emblème "*Sur l'Araignée selon Anarchasis. Contre les juges favorables*" du *Pegme* (1560) de Pierre Coustau[334]. Indirectement, l'Emblème "*Une Araigne qui travaille à refaire sa toile rompüe*"[335] de La Feuille touche le même sujet.

On notera encore le petit lézard regardant le combat entre Fortune et Amour dans "*Sic lusibus aptior orbis*" du *Typus mundi*[336].

Le lézard apparaît ainsi comme un emblème d'amour[337], tel qu'on le trouve dans *Garçon mordu par un lézard* (1593-1594 pour la version de Florence, et 1594-1595 pour la version de Londres)[338] du Caravage, d'après *Asdrubale mordu par une écrevisse* (c.1554) de Sofonisba Anguissola[339] (oeuvres qui, renforcées par le lien visuel au geste, par ailleurs traditionnel, du Cupidon passant indolemment son doigt sur le crâne du "*Memento Mori*", par exemple de l'*Amoris divini et humani antipathia*, précédemment cité[340], doit nous faire le considérer comme partie du groupe génétique pour *L'Enfant au toton*, 1735[341], de Jean Siméon Chardin, et *L'Oiseau mort*, 1800[342], de Jean-Baptiste Greuze, conformément aux thèses que nous développons à leur sujet - en particulier sur la question du toucher comme expérience physique -, dans notre ouvrage, dans la présente Collection, sur René Magritte.)

Ainsi, similairement, si le crocodile est ennemi de l'homme dans l'Emblème XXXVI des *Vrais Pourtraits* (1581) de Théodore de Bèze[343], et le lézard de l'envie, en particulier féminine, dans l'Emblème "*In fraudulentos*" d'Alciati[344] (identique à "*In Adulatores*"[345], celui-ci sur les princes, bien que toujours lié à l'idée de pureté[346] et la chasteté matrimoniale[347]), la salamandre, comme le griffon, sont symboles de Chasteté sur les écussons de cette Vertu des sculptures des cathédrales d'Amiens, de Chartres et de Paris[348], alors que, selon la même double nature de ces deux animaux, un auteur du XIIIème siècle a comparé la salamandre, qui ne meurt pas dans le feu, à l'âme de Jésus qui traverse la terre sans être souillée[349].

En résumé, la figure du lézard, dans l'emblématique, dérive de son symbolisme de renaissance, lié au printemps, et abondamment prouvé dans la statuaire antique, où il est représenté, indifféremment, pour son pouvoir de rénovation de totale froidure jusqu'au réveil dès les premiers rayons du soleil de la belle saison, avec les dieux solaires Apollon et le double Horus (le Cupidon à la double torche des emblèmes cités), Mercure[350], ou encore, dans le même sens, avec Cupidon endormi ou avec la Mort[351]. Cette double nature du lézard s'exprime déjà parfaitement dans les recettes d'amour antiques:

"Plein des feux du soleil, le lézard, si l'on broyait sa chair, devait aussi, disait-on, exciter les ardeurs de l'amour. On connait cette espèce d'imprécation de la Magicienne de Théocrite: «Froid amant, demain je te broierai un lézard et je te présenterai cette irritante boisson (Theocrit., Idyl., lib. II, vers. 58.).»"[352]

Laquelle imprécation préfigure notablement les termes, aussi bien de la devise de Gonzague, que celle de la série d'emblèmes citée.

Pouvant résister au feu qui tue les autres, comme le rappellent l'ensemble des Emblèmes ici cités, le petit saurien devient un symbole de mesure, entre autres morale et religieuse, pour ce qu'on le voit associé à la Chasteté dont il devient l'attribut (d'où, également, son association à la Fidélité dans la séquence de la Camera delle imprese, mais aussi, dans le dessin, 1496, de Léonard de Vinci, représentant le lézard comme allégorie de la Vérité ou de la Fidélité[353]), indiquant, ainsi, de même, son rôle dans le cadre amoureux[354], en ce qu'il peut résister (verbe que l'on retrouve souvent à son propos) à la violence des passions humaines auxquelles tous les autres succombent. Ainsi l'*Apollon Sauroctone* de Praxitèle[355], dont une copie fut retrouvée au XVIIème siècle à Rome[356], et que Pline décrit ainsi:

"Praxitèle sculpta un Apollon à l'âge de la puberté, piquant d'une flèche un lézard qui grimpe près de lui; ils appellent cette figure le Sauroctone."[357]

A reçut une interprétation profane dans les *Épigrammes* de Martial:

"*Ad te reptanti, puer insidiose, lacertae
Parce: cupit digitis illa perire tuis.*"[358]

Il représente cette renaissance de l'animal sous les feux du dieu soleil[359], le second vers ("*il ne désire que de mourir sous la main*") renvoyant, de nouveau, à l'ambiguïté des devises et emblèmes postérieurs sur la double nature du lézard, ici pris entre le "*piège*" du dieu et son désir d'y être pris, là entre le feu qui le brûle mais qu'il ne sent pas.

Or, si exceptionnellement la salamandre peut s'identifier au démon infernal[360], c'est, plus généralement[361], cette même valeur qui définit le Christ, comme l'exprime le puritain Thomas Brooks à propos de "*The necessity, excellency, rarity, and beauty of holiness (Heb. XII. 14.)*" dans *The Crown and Glory of Christianity* (1662[362]):

"*I have read of Nero, that he had a shirt made of a salamander's skin, so that if he walked through the fire in it, it would keep him from burning, it would keep him from being hurt or harmed by the fire. Our Lord Jesus Christ is this salamander's skin, that will keep the saints from burning, yea, from being hurt or harmed by the most fiery afflictions and persecutions that can befall them in this world.*"[363]

La meilleure preuve de notre thèse est, sans doute, le lézard s'échappant d'une crâne sur un rocher dans une *Pietà* des Ardennes du XVème siècle, cité par Jean Séry (1977)[364].

Ainsi, de même, le récit d'un songe cathare cité par Emmanuel Le Roy Ladurie (1983)[365] sur deux voyageurs dont l'un rêve d'un lézard qui n'est autre que son âme la réaffirme encore.

De fait, l'oeuf de phénix dans la main de la statue d'Apollon[366] dans la version du *Repos durant la Fuite en Égypte* (1510[367]) d'Albrecht Altdorfer, associé à l'eau de la Fontaine de Jouvence[368] (et préfiguration de l'eau baptismale de la Rédemption johannesque), tient le même rôle que les salamandres chez Schongauer.

Et, pour terminer encore cette démonstration, le lézard arrivant à s'accrocher au rocher contre la marée qui autrement l'emporterait,

Emblème "*Haereo Tutus*" du "*Conceptus XXIX*" de l'ouvrage *ConCeptVs ChronographICVs De ConCepta saCra DeIpara* (1712) de Joseph Zoller[369], illustre la constante et la pureté de la mère du Christ[370] comme élément de salvation du Péché, en référence à *Ruth*[371], 2, 13[372], et à la section 5 de la Bulle de Sixte IV sur le Péché originel[373], déclarant l'Immaculée Conception comme contrepartie[374].

6. Second Addendum: Réflexions autour de la queue de renard
6.a. Le caractère ornemental et honorifique de la queue de renard

Retiendra ainsi notre attention l'affirmation suivante:

"*The entire system of imagery shows that the Knight was conceived of as a purely negative character. The semantic context seems to present him not as a victim but rather as an associate of the Devil. Dürer had no liking for the knightage as a body. It is not for nothing that the rider's pike is adorned with a fox's tail, the sign of a marauding knight. We can judge of the connotations of the fox's tail by some of the German prints of Dürer's day. Thus, the woodcuts Shop of Foxtails (G. 1578) and and Foxtail (G. 1165), created c. 1535 by anonymous artists, testify both by their subjects and the accompanying inscriptions to the connection of the motif of foxtail with the ideas of falsehood, hypocrisy, oppression of others, and the use of violence in pursuit of gain.*"[375]

Or la queue de renard semble, plutôt, être un symbole de valeur guerrière, en particulier dans les pays nordiques, comme l'indique explicitement Tommaso Maria Bracchi, de fait dans le septième de ses *Discorsi predicabili sopra l'imagine del Giusto Beato* (1647), lequel traite, précisément, de "*Che'l Giufto nella prefente vita, d'inuitta frotezza armato, viue Beato. II. Il Giusto con lo fcudo, con l'elmo, con la corazza, fi difende dal mondo, dalla carne, dal demonio. III. E con la spada, con la faette, con l'hafta, offende il mondo, la carne, il demonio*":

"*M'è anche noto, che i popoli fettentrionali, como fcriue Olao Magno, guerreggiauano con le hafte, alla cima delle quali allacciauano code di lupi, ò di volpi. Al che forfe riguardò valente guerriere, il qual' hebbe per Imprefa vn'hafta, nella cui cima legata appariua vna coda di volpe, col motto: V tramuis, fignificar volendo al fuo nemico la prontezza dell'animo di combatter cótra d'effo, ò con l'aftutia, di cui fimbolo è la coda dell'aftuta volpe, ò con la forza, e vertù dell'animo, fimboleggiata nell'hafta.*"[376]

Ce sens est confirmer, doublement, par la *Fable LXIV Le Renard fans queuë* d'Ésope[377], reprise et illustrée dans les *Fables choisies Traduites du François en Italien par le Sieur Veneroni, Maitre des fûdites Langues à Paris: Et puis aprés en Allemand, par Mr. Balthafar Nickifch, Maître de Langues à Aûgsbourg* (1715)[378], dans laquelle la perte de sa queue représente, pour l'animal, un tel malheur, qu'il tente de faire perdre celle des autres, qui déjouent facilement sa tromperie, et, ensuite, par l'image, précédemment citée, anticatholique, dont le sens est explicite et de même orientation:

"*In an anti-Catholic print known as The Shop of Foxtails', by an unidentified artist issued in 1546 (G. 1578), a knight in armour is shown pinning a friar to the ground and belabouring him with two foxtails, while the friar protests*
'*Ach varumb stostu mich darnider*
Und schlechst mich mit dem Fuchsschwanz wider... '
[Ah, why do you knock me down
and strike me with the foxtail...]
to which the knight replies,
'*Ach du hast uns lang mit betrogen*
Den Fuchsschwanz durch das maul gezogen... '
[Ah, you have long deceived us drawn the foxtail through our mouths...]"[379]

On trouve sans doute là le sens du mystérieux L'*Homme frappé avec la queue de renard*[380] (c.1510-1527[381]) de Marcantonio Raimondi, peut-être d'après Francesco Francia[382].

En effet, si l'utilisation par les fous d'une queue de renard dans leur habit est tardive[383], tel qu'on en trouve ce qui semble être l'unique exemple anglais dans la décoration de la stalle du choeur de la cathédrale de Manchester (c.1512[384]) ou encore dans *Les Mendiants* (1568)[385] de Brueghel l'Ancien, en passant par la représentation du cocu battu par sa mégère avec une fine verge en un geste évoquant cette queue dans l'illustration allusive de "*Vom Ehebruch*" ("*L'Adultère*") au cap. 34[386] de la *Narrenschiff*, tout cela n'est qu'une variation autour du mot de François Rabelais (*Gargantua*, Lib. I, cap. XIX), c'est-à-dire autour de la honte subie:

"*Ung quidam latinisateur, demourant près l'hostel Dieu, dist une fois, alléguant l'authorité d'ung Taponus (je faulx, c'estoit Pontanus), poète séculier, qu'il desiroyt quelles feussent de plume, et le batail feust d'une queue de regnard, pour ce que elles luy engendroyent la chronicque aux trippes du cerveau, quand il composoyt ses vers carminiformes.*

Cette pensée, qui revient encore au chapitre XXVII du livre V, se trouve dans le livre intitulé la Nef des fous, au chapitre qui a pour titre: De n'avoir cure des détractions et vaines parolles d'un chacun. Toutes les calomnies qu'on sauroit semer contre la réputation d'un honnête homme, dit ce vieux livre, ne doivent l'émouvoir non plus que si on ébranloit à ses oreilles une cloche dont le batail seroit d'une queue de renard. (L.) — C'est en latiniseur en effet que Rabelais prête cette plaisanterie, et non à Pontan, quoiqu'il soit vrai que celui-ri, dans son Charon, ait cherché à jeter du ridicule sur les cloches. «Omnes homines, dit burlesquement Mercure à Caron, quanquam ventris multùm, capitis certè minimum habent; atque hoc, quantulumcomque est, habere nollent. Quò circà diù quaeritantes quânam ratione facilius illud perderent, campanas adinvenerunt.» Régnier et Boileau ont aussi exhalé leur mauvaise humeur contre les cloches. Le premier dit malignement, mais grossièrement à sa manière:
Persécuteurs du genre humain,
Qui sonnez sans miséricorde,

Que n'avez-vous au cou la corde
Que vous tenez dans votre main.
Le second a dit plus poliment, mais non moins énergiquement:
Tandis que dans les airs mille cloches émues,
D'un funèbre concert font retentir les nues;
Et se mêlant au bruit de la grêle et des vents,
Pour honorer les morts font mourir les vivants."[387]

On retrouve, ainsi, chez Rabelais, le concept métonymique de substitution de la cloche par la queue de renard, laquelle évitera tout son dès lors qu'elle remplace le battant, l'insonorisant ainsi et en faisant perdre tout l'intérêt. En effet, les cloches, au Moyen Âge, signalaient[388] l'arrivée d'une personnalité ou la clôture des débats publics[389], essentiellement d'usage religieux[390] dans sa fonction, raison pour laquelle, parodiquement, les cloches de Notre-Dame de Paris sonnaient pour venir chercher l'évêque des fous et donner ainsi le coup de départ à la Fête des Fous[391], selon un principe similaire à celui qui faisait substituer, à Dijon, le sceptre et, plus concrètement encore, le goupillon par une marotte faite de chiffons noircis à la cheminée[392] (parodie probable de la cérémonie du "*Sic transit Gloria Mundi*"[393] de l'intronisation papale[394]). Conception que reprend, dans le cadre sexuel[395], "*dernier sarcasme aux dépens du prêtre mutilé*"[396] *Le Roman de Renart*:

"*Mes d'un des pendanz n'a il mie.*
A tôt le roeins en sa paroche
Ne puet soner qu'a une cloche." (v. 908-910)

Or, de fait, un lien génétique très probable est l'origine cynégétique commune aux expressions "*ne sonner mot/ ne tinter mot*", "*muttum*" désignant originellement un son faible[397]. On retrouve donc un lien possible, par la voie lingüistique cette fois, à la queue de renard insonorisant la cloche chez Rabelais.

C'est bien chose folle, au sens strict (donc du fou, du bouffon[398]) d'utiliser ou de pervertir ainsi une cloche.

Inversement, et selon la même lecture, on peut assumer que la clochette (présente encore dans les habits de Polichinelle[399]) au bout du chapeau du bouffon, dont les attributs sont l'accentuation et la dérivation comique de ceux du courtisan[400], est l'extension sonore des oreilles d'âne originelles[401], donc un éloignement de l'animalité visible, là où chez Rabelais et à Manchester sa capuche nous y renvoie.

Si l'on trouve, donc, chez les fous cités, de Rabelais ou de Manchester, l'inversion de la noblesse de cour par l'image de la queue de renard, confirmée par deux autres voies, la plus directe: celle du symbolisme de cette queue telle qu'elle nous est donnée par Bracchi ou Perrin, et celle plus analytique de la perte de sens de la cloche sonore dès lors qu'on y met une queue de renard en lieu et place de battant, il devient assez probable, pour ne pas dire lumineux, que la queue de renard[402], dans la gravure de Dürer, autant ou plus que symbole négatif, comme elle y a toujours été interprétée par la critique contemporaine, y est un ornement de noblesse.

Nous verrons à continuation plusieurs exemples, dans les gravures de Dürer, qui confirment l'idée du caractère décoratif notamment, sinon des lances, des heaumes de ses chevaliers.

6.b. Une étude "*oliverienne*" du *Palefrenier ensorcelé* d'Hans Baldung Grien

Les analyses du *Palefrenier ensorcelé* (c.1544[403]) d'Hans Baldung Grien par Charmian A. Mesenzeva (1981)[404] rapprochant l'oeuvre de récits populaires de punitions de pactes démoniaques, entre autres par l'apparition d'une fourche[405], laquelle apparaît, à côté de la brosse à étriller, indiquant le statut du personnage au sol, offrent un indéniable intérêt de rapprochement.

Toutefois, deux objections peuvent y être apportées: d'une part, il s'agit d'un rapprochement textuel, non iconographique, laissant, outre la présence certaine de la fourche entre l'une des versions citées par Mesenzeva et la gravure, une grande liberté d'interprétation, notamment en ce qui concerne, concrètement, le rôle du diable, dans toutes les versions citées, par opposition, chez Baldung, au contraire, à la présence d'une sorcière, ce qui n'est, tout de même, pas exactement la même chose (même si l'on trouve des diables emmenant des sorcières à cheval, aussi bien dans l'*Historia de gentibus septentrionalibus* d'Olaus Magnus[406] que dans le *Liber Chronicarum*, 1493, d'Hartman Schedel[407] [fol. CLXXXIXr. de l'exemplaire peint de Johann Jacob Fugger, devenu, en 1571, propriété du duc Albrecht V de Bavière[408], on notera que ce dernier ouvrage ouvre, également, sa dernière partie, "*Septima era múdi*", fol. CCLXIIr. de l'édition d'Antonius Koberger à Nuremberg[409], sur une représentation d'une *Tentation* de Saint Antoine inspirée de Martin Schongauer, sous laquelle s'opposent les deux types de prédication, comme chez Dante, nous renvoyant à la bipartition qui sera, postérieurement, utilisée par la Réforme dans ses oppositions entre Loi et Grâce, ainsi qu'à notre *corpus* autour du *Songe du Docteur*, dans notre ouvrage correspondant de la présente Collection], images, illustrant, toutes deux[410], probablement la légende de la sorcière de Berkeley[411], qui font écho à celle de la sorcière portée par un démon par J.J. Wick[412], et, pour notre *corpus*, à la gravure d'un pamphlet continental, où apparaît un sorcier sur une planche aquatique[413] [reprenant en cela l'image de celle d'un pamphlet anglais de 1643[414] représentant une sorcière également *surfant*], avec, au second plan, un chevalier en armure sur sa monture se dirigeant vers une figure couronnée à une fenêtre en conversation avec une femme); de l'autre, outre qu'il fait allusion à l'interprétation de G. Radbruch (1938)[415] de la gravure comme allégorie de la Colère, il présente une comparaison entre la gravure et une autre de Baldung, *Palefrenier bridant un cheval* (c.1510-1512[416]), voulant indiquer que ladite bride également entrerait dans ce même cadre référentiel[417], ce qui, à notre sens, est loin d'être démontré, manquant ici un grand nombre d'éléments (même si l'on y peut trouver des similitudes circonstancielles avec la gravure ici étudiée de Dürer: l'arbre à gauche, le mouvement vers ce côté de la figure, et le château au fond, sur un promontoire rocheux), là encore, en particulier, la sorcière, mais aussi une position ou une situation confuse, complexe, métaphorique, comme dans l'autre gravure, ou les nombreuses représentations de sorcières, voire la série de trois gravures de *Chevaux sauvages dans les bois et les montagnes d'Alsace* (Strasbourg, 1534)[418], par Baldung.

Or, la première constatation iconographique, évidente, est que la position du dormeur, comme celle du cheval, en position en raccourci sous forme de projection oblique[419], qui accentue la perspective, rappelle très directement celle de Jésus dans *La Lamentation sur le Christ mort* (1475-1501[420]) d'Andrea Mantegna.
La gravure apparaît, donc, avant tout, comme souvent aussi chez Dürer, comme un tour de force d'iconographie volontairement inscrite dans les efforts de la doctrine formelle de la Renaissance italienne, de fait, en référence à un Maître et modèle pour Dürer[421].

La seconde est que la série de trois gravures de *Chevaux sauvages dans les bois et les montagnes d'Alsace*, à notre sens, par la présence du singe et du cerf dans l'une, et dans une autre du cheval urinant au premier plan, alors que la troisième montre un combat effréné entre les chevaux, laisse peu de doute sur le sens moral et religieux (lié au Péché représenté par le singe par opposition au christique cerf, à la vanité terrestre et la puissance de ses passions symbolisée aussi bien par le scatologique animal urinant que par ceux se battant).
Or, dans un premier temps, "*l'écusson à la licorne de la famille Baldung*", plus encore si l'on assume que "*Ce bois gravé aussi célèbre qu'énigmatique est généralement placé à la fin de l'existence de Hans Baldung Grien. Il est parfois considéré comme le testament artistique et spirituel de l'artiste dont le cheminement vers le pessimisme est indéniable*"[422], doit être mis en parallèle avec l'information que nous venons de donner, d'autant que la licorne devient symbole de "*PRAE OCULIS IRA La colère au devant des yeux*" dans l'Emblème de même titre de La Feuille[423], peut-être à mettre en relation avec le cheval de l'Emblème "*SPECIES RELIGIONIS. Sous prétexte de Religion*"[424]. De fait, cette dernière expression est la réduction de "*cum species religionis obtenderetur*", utilisée pour

parler des disputes religieuses et politiques d'après le Pape Léon Ier et l'*Historiae de rebus Hispaniae* (1592) de Juan de Mariana[425]. Ceci n'est pas indifférent, puisque la licorne est, aussi, aux côtés d'un vase précieux et d'un coffre d'or, symbole de l'enrichissement nobiliaire dans l'Emblème "*Preciosum quod utile*" de Sambucus[426]. On retrouve cette idée de la colère princière dans l'Emblème "*Prae Oculis Ira*" des *Empresas políticas* (1640)[427] de Diego Fajardo Saavedra[428]. L'Emblème étant, précisément, entouré par un sur les passions "*Affectibus Crescvnt Descrecvnt*" ("*Nacen con nofotros los afectos...*")[429] qui le précède, et par un sur l'envie "*Sibimet Indivia Vindex*" ("*Con propio daño fe atreve la invidia à las glorias, i trofeos de Hercules,...*")[430] présentant deux mâtins se disputant la massue du héros, très similaire au de l'Emblème "*La colère reveile ma force*" de La Feuille, présentant "*Un Rhinocerot qui tüe un Ours avec sa Corne*"[431], et du combat de l'Emblème "*Patere*" des *Cent emblemes chrestiens* (c.1615) de Georgette de Montenay[432].

Alors que le château dans les airs, Temple de Cébès, soutenu par la main divine, peut être expliqué par l'Emblème IX des Vrais Pourtraits de Bèze:

"*Pein moy un globe en l'air d'un filet soustenu*
Par la puissante main du Seigneur retenu:
Telle est de Jesus Christ l'Eglise tres-fidele,
Qui ne void rien plus ferme & plus instable qu'elle."[433]

Lequel fait écho à la suite des Emblèmes I à III, et, en particulier à l'Emblème III du carré dans le cercle qui la conclut:

"*Ce rond lequel tu vois soustenir ce quarré*
T'apprend à bien marquer le vray cours de ta vie.
De marcher rondement ayes toujours envie:
En ton estat aussi tien le pas asseuré."[434]

Alors que le cheval comme symbole des passions débridées s'explique par l'Emblème X:

"*Celui trebusche en fin, qui à bride avalee*
Sur un viste coursier court par mont & vallee.

Tu es tel, toy, de qui Dieu benit ame & corps,
Si sa loy ne te sert & de bride & de mords."[435]

Lequel, à son tour, dialectiquement, pourrait bien mieux - et plus directement - expliquer la gravure de Baldung que la référence aux contes populaires cités par Mesenzeva.

On voit, en effet, tout de suite le lien entre les trois Emblèmes de Bèze, autour de la modération de vie dans les préceptes de Dieu, les Emblèmes IX et X agissant entre eux comme, chez Fajardo, les trois précédemment mentionnés.

Similairement, chez Junius, les Emblèmes "*XL. Le feu d'amour perpetuel*":

"Une torche flambant se brusle par son feu,
Et devant un brasier elle fond peu a peu.
L'Amoureus se consume en voyant sa maistresse,
Et loing d'elle il n'endure une moindre destresse."[436]

Et "*LI. Ni par feu, ni par fer*":

"La Hache d'un costé & de l'autre un flambeau
Vont passant proprement au travers d'un aneau,
Qui porte sur son oeuvre un riche diamant.
L'esprit fort & constant victorieus surmonte:
Des malheurs & perilz jamais il ne faict conte,
Et ne s'estonne point d'un rigoureus tourment."[437]

Le premier faisant écho, dans notre *corpus*, à la figure de la salamandre et à sa symbolique, le second à l'image du chaudron de sorcière, ici plutôt un trépied, chez Dürer, nous allons y revenir.

Un saut, à présent, vers la constation iconographique directe.

Non seulement le format du *Palefrenier ensorcelé* préfigure, pour la perspective déjà dite, la seconde version de La conversion de Saint Paul (1600-1604) de l'Église Santa Maria del Popolo à Rome par Le Caravage[438], mais, plus signifativement pour nous, inversement, celle-ci reprend la structure générale de Diomède mangé par ses chevaux[439], telle qu'on la trouve, par exemple, dans *Les Chevaux mangeurs d'hommes de Diomède* de Cornelis Cort d'après Franciscus Floris (publié par Hieronymous Cocks, 1563)[440], ou encore, dans la version d'*Hercule terrassant Diomède* (1638-1641)[441] par Charles Le Brun, copiée par Le Brun lui-même dans une version postérieure (1641-1661[442]), et repris par Jean Baptiste Tilliard et Louis Laffitte dans leur gravure *Hercule assomant les chevaux de Diomède*[443]. Dans tous les cas, Hercule accompagne le mourant, comme le maréchal-ferrant Saint Paul chez Le Caravage.

Une telle systématicité iconographique ne peut être le fait du hasard, mais au contraire doit nous guider vers une interprétation formelle de la gravure de Baldung.

Dans l'étable même se passe l'action d'*Hercule enlève les chevaux de Diomède* par Étienne Delaune[444], avec son *motto*: "*Tracis Eqvos Domitas Veneris Contemtor Et Oci.*"[445]

Or une preuve textuelle de cette évidence iconographique nous est donnée par Saint Augustin au chapitre XVIII du Livre XVIII de *La Cité de Dieu*:

> "*CHAPITRE XVIII.*
> *Ce qu'il faut croire des métamorphoses.*
> *Ceux qui lisent ceci attendent peut-être mon sentiment là-dessus; mais qu'en pourrais-je dire autre chose, sinon qu'il faut fuir du milieu de Babylone, c'est-à-dire sortir de la Cité du monde qui est la société des anges et des hommes impies, et nous retirer à grands pas vers le Dieu vivant par le moyen de la foi opérante par la charité? Plus nous voyons que la puissance des démons est grande ici-bas, plus nous devons nous attacher au médiateur qui nous retire des choses basses pour nous élever aux hautes et sublimes. En effet, si nous disons qu'il ne faut point ajouter foi à ces sortes de choses, nous ne manquerons pas même aujourd'hui de gens qui assureront en avoir appris ou expérimenté de semblables. Comme nous étions en Italie, nous apprîmes que certaines hôtelières d'alentour se vantaient de donner aux passans d'un fromage qui les changeait sur le champ en chevaux, dont elles se servaient pour porter ce dont elles avaient besoin, après quoi elles leur rendaient leur première, forme, et que néanmoins ils conservaient toujours la raison en cet état, comme Apulée le rapporte ou le feint de lui-même dans son âne d'or.*
> *Cependant ces choses sont tellement rares, qu'on a raison de n'y pas ajouter foi. Il faut pourtant croire fermement que comme Dieu est tout-puissant, il peut faire tout ce qu'il veut, soit pour faire grâce ou pour punir; et que les démons qui sont des anges, mais corrompus, ne peuvent rien que ce que leur permet celui dont les jugemens sont quelquefois secrets,*

mais jamais injustes. Il est donc constant que quand ils font de semblables choses, ils ne créent pas de nouvelles natures, mais changent celles que le vrai Dieu a créées, et les font paraître autres qu'elles ne sont. Ainsi, non-seulement je ne crois pas que les démons puissent en aucune sorte changer l'âme d'un homme en celle d'une bête, mais qu'ils ne peuvent pas même faire ce changement en son corps. Ce qu'ils font donc à mon avis, c'est d'assoupir les sens de l'homme d'un assoupissement bien plus profond que celui du sommeil; et cependant comme sa fantaisie, quoique incorporelle, est susceptible de mille impressions différentes des corps, de l'en revêtir d'un imaginaire et de le faire paraître ainsi aux yeux des autres hommes. Ils peuvent même faire que celui dont ils se jouent de la sorte se croie tel qu'il paraît, comme il lui pourrait sembler en dormant qu'il est un cheval, et qu'il porte quelque charge sur son dos. Si ces charges sont de vrais corps, ce sont les démons qui les portent afin de surprendre les hommes par cette illusion, et leur faire croire que la bête qu'ils voient est aussi réelle que la charge qu'elle porte. Un certain Prestantius racontait que son père, ayant par hasard mangé de ce fromage, demeura comme endormi sur son lit sans qu'on le pût éveiller; que quelques jours après il se réveilla comme d'un profond sommeil, et disait qu'il lui avait semblé en dormant qu'il était devenu cheval, et qu'il avait porté des vivres à l'armée avec les autres chevaux; ce qui se trouva comme il le disait, bien qu'il prît tout cela pour un songe. Un autre rapportait qu'une nuit, avant de s'endormir, il avait vu venir à lui un philosophe platonicien de sa connaissance, qui lui avait expliqué certains sentimens de Platon qu'il ne lui avait pas voulu découvrir auparavant. Comme on demandait à ce philosophe pourquoi il avait accordé à cet homme, dans sa maison, ce qu'il lui avait refusé chez soi: Je ne l'ai pas fait, dit-il, mais j'ai songé que je l'avais fait. Et ainsi, l'un vit en veillant, par le moyen d'une image fantastique, ce que l'autre avait rêvé.

Au reste, ces choses nous ont été transmises par des personnes dignes de foi, et que nous aurions peine à démentir. Si donc ce que l'on rapporte des Arcades et des compagnons d'Ulysse est vrai, je pense que cela s'est fait comme je viens de le dire. Pour les oiseaux de Diomède, comme on dit que la race en subsiste encore, je pense que ses compagnons ne furent pas métamorphosés en ces oiseaux, mais que ces oiseaux furent supposés en leur place, comme la biche au lieu d'Iphigénie. Il était facile aux démons, avec la permission de Dieu, d'opérer de semblables prestiges. Mais comme Iphigénie fut trouvée vivante après le sacrifice, on jugea aisément que la biche avait été supposée à sa place; tandis que les compagnons de Diomède n'ayant point été trouvés depuis, parce que les mauvais anges les exterminèrent par l'ordre de Dieu, on a cru qu'ils avaient été changés en ces oiseaux que les démons supposèrent pour eux. Quant à ce que ces oiseaux arrosent d'eau le temple de Diomède, caressent les Grecs et persécutent les étrangers, c'est un stratagème des mêmes démons auxquels il importe de faire croire que Diomède est devenu Dieu, afin de tromper les simples, et de leur faire rendre des honneurs divins à des hommes morts qui n'ont pas même vécu en hommes."[446]

Lequel trouve un antécédent dans le chapitre XVI du même Livre, toujours autour la figure de Diomède:

"CHAPITRE XVI.
De Diomède et de ses compagnons, changés en oiseaux après la ruine de Troie.
Après la ruine de Troie, ce grand désastre illustré par les poètes et connu même des petits enfants, qui arriva sous le règne de Latinus, fils de Faunus (ce Latinus qui donna aux Laurentins leur nom nouveau de Latins qu'ils portèrent depuis ce moment), les Grecs victorieux regagnèrent leur pays et souffrirent pendant ce retour une infinité de maux. Ils en prirent sujet d'augmenter le nombre de leurs divinités. En effet, ils firent un dieu de Diomède; ce qui ne les empêcha pas de raconter, non comme une fable, mais comme une vérité historique, que les dieux s'opposèrent au retour de ce personnage pour le châtier de ses crimes, et que ses compagnons furent changés en oiseaux 1, *sans que Diomède, devenu dieu, leur pût rendre leur première forme, ni obtenir cette grâce de Jupiter pour sa bienvenue. Ils assurent même que*

Diomède a un temple dans l'île Dioméda, non loin du mont Garganus en Apulie 2, et qu'autour du lieu sacré volent ces oiseaux, jadis compagnons du héros divinisé, qui remplissent leur bec d'eau et arrosent son temple pour lui faire honneur. Ils ajoutent que lorsque des Grecs viennent en cette île, non-seulement les oiseaux ne s'effarouchent point, mais ils caressent les visiteurs, au lieu que, quand ils voient des étrangers, ils volent contre eux en furie, et souvent les tuent avec leur bec, qui est d'une longueur et d'une force extraordinaires."[447]

Diomède dont Juan Luis Vives, dans ses *Commentaires* à *La Cité de Dieu*, rappelle la double figure:

"D. *Car ils firent Diomede Dieu.) Diomede fils de Tydee & Deiphile qui fut à la guerre à Troye, la proüeffe duquel Homere extolle merueilleufement. Car toute la cinquiefme rapfodie ou liure eft de fes merueilleux faicts en la guerre, en façon que mefmes il vainquit Mars; & il le fait prefque pareil à Achille, il eftoit Roy d'Etolie, mais pour l'amour de l'adultere de fa femme, qui eut à faire auecques Cyllebore fils de Sthenele, il ne voulut pas retourner en fon pays, & f'en alla en la Pouille, là ou il baftit Adrie & Argirippa, & Syponte, & Salapie; & là font les champs Diomediens, qui luy efcheurent en partage, la region eftant departie entre luy & Daune fon beau pere. Il y eut aufi vn autre Diomede plus ancien Roy de Thrace, qui fut trefcruel, & auoit couftume de ietter fes hoftes à de grands cheuaux fiers & cruels, aufquels Hercule le donna pour pafture luy-mefmes. Sa feur fut Abdere, qui baftit en Thrace vne ville de fon nom, laquelle eft le pays de Democrite. La tour de Diomede n'en fut gueres loing. Les Grecs penfent que ces cheuaux fuffent... fes filles fort laides, defquelles il contraignit fes hoftes auoir la compagnie, & puis les faifoit mourir. Palephare rapporte cecy à fon patrimoine qu'il auoit mangé pour le foing qu'il auoit de bié pefer & entretenir des chevaux, ainfi qu'on dit d'Acteon & de fes chiens. E Et que fes comfagnons furent conuertis en oifeaux.) L'ire de Venus les y cheágea, ou pource qu'Agmon compagnon de Diomede la maudit, comme dit Ouide, ou pource que Venus mefmes & Mars furent naurez par Diomede à Troye. Ce que femble plus vray femblable & conuenable à la fentence d'Homere, Pline defcrit ces oyfeaux, & leur nature. Et efcrit que Iube les appelle Cataractes, & qu'ils ont les dents & les yeux de la couleur du feu, mais le demeurant du corps tout blanc: qu'ils ont toufiours deux guides ou conducteurs, que l'vn mene la trouppe & l'autre, luy eft fur la queuë, & la fait marcher: qu'on les void feulement en l'ifle qui eft renómee pour leur fepulchre de Diomede, & le temple vis à vis de la region de la Pouille en la mer Adriatique, & fót femblables aux Foulques. Ils infeftent les eftrangers Barbares, auecques vn cry & vn grand bruit, & flattent feulement les Grecs par vne merueilleufe difference, comme attribuás cecy au gére de Diomede. Or il dit, que l'origine de la fable eft venüe de ce qu'ils baignent & purifiét tout les iours le téple dudit Diomede auec le gofier tout plein, & les plumes mouillees Seruie dit q les cópagnons de Diomede, leur conducteur ayant efté occis, par vne impatience de douleur furent changez en oifeaux, & qu'ayás memoire de leur origine, ils s'en vót ioyeux au deuant des nauires Grecqs, infeftát les Babares pource que Diomede fut occis par les Illyriens. Toutefois Ariftote au liure des merueilleufes audinós dit qu'Enee l'occift. Seruie dit qu'on appelle ces oifeaux en Grec ἐρῳδιές. Ainfi le péfe Elian. Gaza tourne ἐρῳδιες en latin Ardea, & ce qu'Ariftote appelle λευχερῳδιον, il le tourne albam Ardeam, c'eft a dire, blanc Heron. Suide, ῳῳδιόν, dit-il, ειδοτ ὁρμιαό πέλαργός λεγόμβρος, ν ὅμοιος αυτώ, c'eft a dire, Cicoigne ou oifeau luy refemblát. Certainemét il peut eftre femblable à vne Cicoigne, ou à vn Héró, lefquels oifeaux ne différét pas beaucoup de forme & de figure, ou le Sygne, comme dit Ouide. Mais ils ne font ne Cicoignes, ne Herons, ne Cygnes, qui font frequens & cómuns au demeurát du móde. F. En l'ifle Diomedee) Ainfi dit S. Auguftin, comme plufieurs autres, qui mettent feulement vne ifle Diomedee, comme Suidas, Fefte, & les autres. Et de fait, il y en a deux, mais il n'y en a qu'vne feule, là où il y a le téple & le mouuemét de Diomede. Il n'y a pas faute de ceux qui en mettét fix, les autres cinq. Pline & Strabon en mettent deux vis à vis du promontoire Gargá, quui s'eftéd en la mer Adriatiq enuiró trois cés ftades. L'vne eft cultiuee, l'autre eft deferte. En laquelle ils difent que Diomede de tout foudain n'apparut plus. Les peuples nommez Venitiens luy ont fait honneurs diuins tant en cefte Ifle là qu'en leur terre.*"[448]

Ceci pour bien noter que le Diomède des oiseaux du chapitre XVIII n'est pas très éloigné du Diomède des chevaux des *Commentaires*.

Ainsi, s'agissant du Diomède aux oiseaux:

"*Madame O. Terrosi Zanco s'est défendue encore plus nettement contre l'illusion d'un personnage hellénique; elle a été frappée surtout par le caractère illyrien, voire thrace, des principaux traits de Diomède.*"[449]

Or, encore:

"*Or, au chant X de l'Iliade (Dolonie), au moment où Ulysse et Diomède partent pour leur expédition nocturne, «sur la droite, près du chemin, Pallas Athéné dépêche un héron (ἐρωδιός). Leurs yeux ne le voient pas à travers la nuit ténébreuse, mais ils entendent son cri...» (v. 273-276). Les deux héros vont tuer Dolon, puis massacrer le roi Rhésos et ses hommes, voler enfin les chevaux blancs. Une version très atténuée d'un thème amplifié à loisir par l'auteur du Mahâbhârata?*"[450]

Quelle n'est, dès lors, notre surprise de noter que, comme les chevaux volés par le Diomède aux oiseaux en compagnie d'Ulysse, les juments du Diomède thrace sont, elles aussi, blanches, pour l'Antiquité:

"*Dans Héraklès, le poète évoque les cavales anthropophages de Diomède, animaux monstrueux vivant en Thrace, au-delà de l'Hèbre. L'habileté des Thessaliens pour dresser les chevaux est rappelée dans Electre (94), et les blanches cavales thraces sont mentionnées dans Rhésos (v. 613-621).*"[451]

En résumant, nous avons donc une équivalence iconographique presque parfaite entre la structure perspectiviste de la gravure de Baldung et le groupe de Diomède mangé par ses chevaux (deux personnages, dont Diomède à terre, en perspective racourcie).

Cette identité obtient un possible substrat textuel dans le chapitre XVIII du Livre XVIII de *La Cité de Dieu* sur les métamorphoses, lequel expliquerait les trois figures, et la position du dormeur, nous allons y revenir.

La difficulté, toutefois, est que Saint Augustin parle du Diomède aux oiseaux, non de celui aux juments, les deux étant deux personnages mythologiques différents. Toutefois cette difficulté semble pouvoir se résoudre par deux voies: tout d'abord la comparaison dans les notes E à F par Vives entre les deux Diomède et par l'évocation d'un double Temple; ensuite par certains témoignages qui, dès l'Antiquité, semblent, créant ainsi une certaine tradition, sinon confondre, du moins rapprocher les traits des deux Rois.

Plus simplement exprimer, il semble que Baldung, reprenant ici la structure visuelle des juments de Diomède, c'est-à-dire s'appuyant sur une tradition iconographique proche de lui, représente, en réalité, une situation renvoyant plutôt à un groupe lié au second Diomède, celui aux oiseaux, lié, dès Saint Augustin, aux métamorphoses humaines, et, pour l'exemple concret de la transformation en chevaux, à la sorcellerie féminine, ce qui fait, dès lors, lien avec le dernier (avec le dormeur et le cheval) personnage (à savoir la sorcière) de la gravure, que nous n'avions pas, jusqu'ici, intégré. Nous l'avons dit, la présence du diable dans les narrations citées par Mesenzeva n'expliquant pas celle de la sorcière dans la gravure, s'agissant de deux entités si bien liées, néanmoins totalement différentes.

Ainsi plusieurs témoignages, liés à ce *corpus* augustinien, dont ils partent, de métamorphoses en cheval ou en âne, associés, en outre, à la figure féminine des Parques[452], lesquelles, on le sait, s'identifient pour l'époque - en particulier dans le théatre élizabéthain - plus simplement aux sorcières[453] rend assez inefficient et prive de sens les comparaisons avec les contes de "*Rechenberger*" (Mesenzeva) pour expliquer la gravure:

"Pour les démonologues, la distinction entre la métamorphose active et volontaire des sorcières et la métamorphose involontaire et subie des victimes de enchantement, distinction importante dans la littérature narrative, n'est pas pertinente: toutes deux soulèvent le même problème théologique.
Le Canon episcopi ressurgira, mot pour mot, dans toute la littérature démonologique du Moyen Age avec autant de régularité que les allusions au 18e chapitre du livre XVIII de La cité de Dieu. Les deux textes résument parfaitement la doctrine médiévale de la métamorphose, tout au moins au XVe siècle.
Au début du XIe siècle, Burchard, évêque de Worms, évoque, dans son pénitentiel, le pouvoir présumé auraient les Parques de douer un homme du don de métamorphose, qui lui permettrait de se transformer en loup volonté. Sa dénégation est inspirée du Canon episcopi:
Tu as cru, comme certains, que les femmes que le peuple nomme Parques existent et ont les pouvoirs que leur attribue la superstition: c'est-à-dire qu'à la naissance d'un homme, elles font de lui ce qu'elles veulent, si bien que cet homme peut, à son gré, se transformer en loup (c'est ce que la sottise populaire appelle loup-garou) ou revêtir toute autre forme. Si tu

as cru qu'il arrivait ou qu'il pouvait se produire que l'image divine pût prendre une autre forme ou une autre apparence sous l'effet d'une intervention autre que celle de Dieu, tu dois rester dix jours en pénitence au pain et à l'eau.

Cette conception de la métamorphose est celle de l'ensemble des théologiens aux XVe et XVIe siècles et répond à l'interprétation générale des phénomènes de sorcellerie durant tout le Moyen Age. Thomas d'Aquin s'interroge à plusieurs reprises sur l'étendue des pouvoirs des démons et la portée de leurs maléfices, affirmant lui aussi l'impossibilité de la métamorphose d'un homme en animal. Il établit toutefois, en appuyant sur le De Trinitate d'Augustin, une distinction entre les *transmutationes corporalium rerum quae possunt fieri per aliquas virtutes naturales* et les *transmutationes corporalium rerum quae non possunt virtute naturae fieri*. Les premières reposent sur l'emploi de germes (*semina*) qui existent déjà dans la nature: tels les vers qui naissent de la putréfaction des corps. Ainsi les mages de Pharaon ont pu réellement susciter grenouilles et serpents. Les secondes n'existent que dans l'imagination humaine, torturée par des fantasmes diaboliques:

Ces transformations des choses corporelles qui ne peuvent se produire par la force de la nature, ne peuvent en aucun cas être accomplies par l'intervention des démons, pas plus la métamorphose d'un corps humain en corps de bête que le retour un cadavre à la vie. Et si jamais semblable cas semble se produire sous l'effet d'une intervention démoniaque, la transformation n'est pas de l'ordre de la réalité mais de celui de l'apparence seulement.

De cette doctrine officielle de la métamorphose, la vie de saint Macaire d'Egypte, dont la première version en grec dans l'Histoire Lausiaque de Palladius remonte au Ve siècle, offre une précieuse illustration. Un débauché sollicite vainement une jeune femme. Il demande à un magicien de faire en sorte que celle-ci se mette à l'aimer ou, à défaut, qu'elle soit chassée de la demeure de son mari. Le magicien use alors de ses pouvoirs pour que la jeune femme apparaisse sous la forme d'une jument:

Il parvint la faire apparaître comme une jument à tous ceux qui la regardaient. A son retour, son mari vit sa femme sous la forme d'une jument: en se couchant, celui-ci trouva étrange de voir une jument couchée dans son lit. Il se met à pleurer et à se lamenter devant ce mystère: il a l'impression de parler à une bête, n'obtient aucune réponse sinon des marques de chagrin. Il était rempli de douleur à l'idée qu'il agissait bien de sa femme, mais que par les maléfices des hommes elle avait été métamorphosée en jument.

Dans cette aventure, la figure de la victime relève de la tradition folklorique: la fausse jument est privée de parole, mais conserve sa raison, q'elle ne peut plus exprimer que par des manifestations de douleur. Mais l'originalité du texte réside dans l'opposition qui est établie entre une interprétation juste du phénomène, celle du locuteur qui est aussi celle de saint Macaire, et une interprétation fausse, celle du mari, représentative de la réaction commune, entre l'erreur imposée au commun des mortels par les serviteurs de Satan et la vérité accessible aux seuls élus. La transformation de la jeune femme ne relève que de l'apparence sensible. Les prêtres du village, puis les compagnons de Macaire se laissent prendre au piège:

C'est vous qui êtes des chevaux, vous qui avez des yeux de chevaux: cette femme est demeurée une femme, telle qu'elle a été créée. Elle n'a pas été métamorphosée et elle n'est revêtue de cette apparence qu'aux yeux de ceux qui se laissent tromper par l'illusion! On lui amena la femme, il répandit de l'eau bénite sur sa tête et se mit prier au-dessus de sa tête: aussitôt il parvint à la faire apparaître comme une femme aux yeux de tous les spectateurs.

La magie blanche répond à la magie noire. Le serviteur de Satan avait fait en sorte que la femme fût perçue comme une jument (*efficit ut videretur equalis qui eam intuebantur*). Le serviteur de Dieu fait qu'elle soit à nouveau perçue comme une femme (*efficit ut omnibus videntibus videretur femina*). Le récit s'ouvre et se clôt sur la même phrase: tout s'est joué au plan des apparences.

Vers 1125, Guillaume de Malmesbury donne la même interprétation d'une légende italienne de sorcières qui changent leurs hôtes en bêtes de somme, légende qui ressemble fort à celle qu'Augustin disait déjà avoir entendue en Italie. Mais

cette aventure, Guillaume la situe sous l'apostolat de Léon IX (1049-1054). A Rome, deux vieilles femmes gagnent leur vie en vendant des bêtes qui ne sont autres que des hommes victimes de leurs maléfices:
Quand elles recevaient un hôte solitaire, elles lui donnaient apparence d'un cheval, d'un porc ou d'un autre animal et le vendaient au marché.

Un jeune saltimbanque est ainsi revêtu de l'apparence d'un âne (asinum videri fecerunt) et ses talents font de lui un âne savant fort apprécié; car, comme tous ses compagnons d'infortune, les autres métamorphosés, il a perdu la parole mais pas intelligence: nec enim amiserat intelligentiam, etsi amiserat loquelam. Les deux vieilles en tirent donc un bon prix et recommandent à l'acheteur de tenir l'animal écarté de l'eau. Mais un jour la surveillance se relâche, l'âne casse sa longe, se jette dans un lac et ressort de l'eau sous sa forme primitive. C'est que dans l'eau, le maléfice cesse d'agir sur les sens des hommes, nihil enim quod per nigromantiam fit potest in aqua aspectum intuentium fallere."[454]

Revenant, à présent, aux interprétations de la gravure de Baldung, nous retiendrons de celle de Linda C. Hults (1987)[455] le rapprochement qu'elle fait entre la gravure et celle du cap. XVI "*De magicis inftrumentis Bothniae*" ("*Sur les ustensiles magiques de Bothnia*"[456]) de l'"*Epitome Libri III*" de l'*Historia de gentibus septentrionalibus* (dans l'édition d'Anvers, 1562[457]) de Magnus[458] (nous ne la trouvons pas dans l'édition de Rome de 1555), qui confirme l'existence d'une iconographie similaire à celle de la gravure de Baldun liée à la magie, et le rapprochement qu'elle fait aussi[459] avec l'Emblème CXVII "*Semper Libidini Imperat Prudentia*"[460] du Livre IIII des *Symbolicarum quaestionum* d'Achille Bocchi[461], qui fait lien avec le *motto*: "*Tracis Eqvos Domitas Veneris Contemtor Et Oci*" de Delaune.

Il est intéressant, au bout de ce parcours, en revenant au problème initial qui nous occupait dans la présente Section, à savoir le caractère ornemental de la queue de renard, de noter que, si l'on compare *Palefrenier bridant un cheval* derrière son cheval avec *Le Grand Cheval* (1505)[462] de Dürer, et la présence non plus de la torche en main de la vieille, mais d'un chaudron de sorcière dans l'illustration de Magnus comme dans l'Emblème LI de Junius avec la même présence dans *Le Petit Cheval* (également de 1505[463]), tel qu'on le trouve, également, au second plan de la *Melencolia I* (1514)[464], deux gravures de Dürer (*Le Petit* et *Le Grand Cheval*) où le casque du cavalier est orné comme celui de l'*Alexander Magnvs* (c.1525) d'Hans Sebald Beham[465], et qui représentent, également, les efforts de Dürer pour s'harmoniser aux codes italiens de la Renaissance et de la sculpture[466], deux gravures, disons-nous, qui confirment notre analyse du motif de la queue de renard dans *Le Chevalier, la Mort et le Diable*. Elément d'ornement que l'on retrouve encore dans *Le Chevalier à cheval et le Lansquenet* (c.1497[467]), sur le panache du cheval et sur celui du lansquenet, gravure (dont la relation entre les deux personnages, qui entre dans un motif relativement commun à l'époque[468], rappelle celle du *Chevalier et Hallebardier*, c.1510[469], d'Hans Johannes Wechtlin[470]) dans laquelle, outre la structure généralement similaire à celle du *Chevalier, la Mort et le Diable*, on relève, de nouveau, le château dans le fond, et, cette fois, un arbre, non plus mort, mais une sorte de pommier, évoquant, bien sûr, pour nous, le Péché. Similairement, *Saint George à cheval* (1505-1508)[471] avec son dragon comme gros lézard semble rappeler celui du *Chevalier, la Mort et le Diable*, même si, comme nous l'avons dit, il faut différencier les deux types dans l'iconographie. Dürer offre encore un notable double panache au heaume de son *Lancier à cheval* du Musée des Beaux-Arts de Budapest[472].

À son tour, *Le Chevalier, la jeune fille et la Mort* (c.1505)[473] de Baldung réutilise le format du *Chevalier, la Mort et le Diable*, selon le modèle que nous montrons par ailleurs, dans le présent Volume, d'équivalence entre chevalier ou femme face à la Mort et au Diable, fuyant ici la jeune femme, emportée par le chevalier (ce qui en confirme la lecture traditionnelle comme *miles christianus*) la sauvant de la Mort qui lui mord la jupe, alors qu'encore une fois, le Christ de l'*Allégorie de la Salvation du genre humain* (c.1620-1630) d'Hans Jakob Nüscheler l'Ancien[474] foule aux pieds la Mort et le serpent, lequel est remplacé, par similitude ou identité visuelle et formelle, par les intestins en tire-bouchon de la Mort dans *Le Chevalier, la jeune fille et la Mort*.

Mais allons plus loin, la correspondance visuelle entre *Le Petit* et *Le Grand Cheval* de Dürer, d'une part, et *Alexander Magnvs* de Beham de l'autre, donne un autre point d'appui à notre interprétation, puisque, justement:

"*Selon la tradition grecque, Bucéphale, cheval d'Alexandre le Grand, descendait de l'une des juments de Diomède.*"[475]

Ce que *Le Roman d'Alexandre* de Pseudo-Callisthènes utilise pour transformer l'herbivore cheval d'Alexandre en un animal également anthropophage[476].

On peut donc conclure que la gravure de Baldung, reprenant le schéma du *Songe du Docteur* (trois figures, ici un homme endormi et une femme le regardant, celle-ci non pas nue comme chez Dürer, et un cheval, au lieu du démon de Dürer - démon dont on relèvera, par ailleurs, que le contour des ailes fait écho aux formes d'ornement des heaumes du *Petit* et du *Grand Cheval* -), et en surdéterminant le caractère perspectiviste inspiré de la Renaissance italienne, introduite par Dürer, en perd, cependant, le sens idéologique purement renaissant[477], au profit d'une iconographie basse médiévale, propre de Baldung et de ses sorcières, comme on le voit en rapprochant la sorcière au flambeau du cap. XVI de l'"*Epitome Libri III*" de l'*Historia de gentibus septentrionalibus* de celle de la gravure de Baldung, là où, au contraire, celle de Dürer, qui pour cela, dans son abstraction surdéterminée, a pu laissé croire - ce que nous pensons être faux - que la femme nue y était un démon, alors qu'elle s'intègre, nous l'avons démontré par rapport[478] à l'*Allégorie des Vices* (1529-1530[479]) du Corrège, à une structure tripartite, que nous retrouvons encore, chez le même Dürer, précisément, à propos d'Hercule, dans *Hercule à la croisée des chemins* (c.1498[480]), bien qu'alors, dans cette compréhension médiévale[481] pourtant contemporaine au *Songe* (également c.1498[482]), entre la Vertu habillée et la Voluptée nue (inversant les termes de L'Amour sacré et l'Amour profane, 1514[483], du Titien), mais reprenant le système d'opposition, ici non plus entre le démon titillant et la figure féminine dénonçant, mais entre le couple au satyre se protégeant de la massue de la Vertu dont Hercule essaie, de la sienne propre, de retenir le coup de colère fatale.

¹Nous faisons ici allusion, en forme de clin d'oeil, au cuisinier anglais Jamie Oliver, auteur et présentateur de plusieurs programmes de repas réalisés en un temps record de trente (*Jamie's 30-Minute Meals*, 2010), puis de quince minutes (*Jamie's 15-Minute Meals*, 2012). Ce titre doit se comprendre hors des "*3.b. Réflexions diachroniques autour de la figure du chevalier chez Dürer et dans l'iconographie réformée*", "*5. Addendum: sur le crâne et le lézard: un essai de compréhension iconographique*" et "*6. Second addendum: Réflexions autour de la queue de renard*", indispensables, cependant, toutes deux, à l'intelligence iconographique de la gravure; en outre de nécessaires, du fait des trop nombreuses malinterprétations et à-peu-près, comme toujours, là oui, vraiment et tout à fait "*métavisuels*" (sur notre critique de ce terme, cf. notre ouvrage *Iconologia*, 2001), soufferts jusqu'ici par l'oeuvre du fait de la critique.
²Ainsi commence, en effet, l'"*Introduction*" d'Erwin Panofsky, *The Life & Art of Albrecht Dürer*, Princeton University Press, 1955, p. 3.
³https://fr.wikipedia.org/wiki/Le_Chevalier,_la_Mort_et_le_Diable
⁴"*In the Diary of his journey to the Netherlands Durer refers to the engraving simply as the "Reuter" ("the Horseman"). But in the same Diary we find a passage which furnishes a clue to its interpretation. Grieved and incensed by the unfounded rumors of Luther's assassination, Durer jotted down, amidst the records of his daily work and expenses, a magnificent outburst against the Papists which culminates in a passionate appeal to Erasmus of Rotterdam: "O Erasme Roderodame, where wilt thou take thy stand'? Look, of what avail is the unjust... tyranny of worldly might and the powers of darkness'? Hark, thou Knight of Christ [du Ritter Christi], ride forth at the side of Christ our Lord, protect the truth, obtain the crown of the Martyrs!" No doubt the phrase "du Ritter Christi" alludes to Erasmus's youthful treatise Enchiridion militis Christiani ("Handbook of the Christian Soldier") which had been composed in 1501 and was first published in 1504. But that Durer promoted the Erasmian "soldier" (miles, not eques) to a "knight" riding forth on horseback shows that his mind*
involuntarily associated him with the hero of his own engraving.
The comparison between the Christian facing a hostile world and the soldier preparing himself for battle can be traced back to St. Paul who speaks of the spiritual weapons of "our warfare" (II Cor., X, 3) and urges the faithful to arm themselves with the "armor of God," the "breastplate of righteousness," the "shield of faith," and the "helmet of salvation"
(Ephes., VI, 11-17; see also I Thess., V, 8). It remained popular in medieval writing and also found its way into fifteenth century woodcuts. In these the Christian Soldier is generally depicted singly while the personifications of Death and Devil are found in representations of a closely related theme, that of the Christian Pilgrim. The two ideas intermingled, however, and a complete fusion of Soldier's March and Pilgrim's Progress, with the time-honored simile of the ladder serving as a common denominator, is seen in woodcuts and etchings of the sixteenth century where the miles Christianus climbs the ladder which leads to God, hampered but not discouraged by the strings of Death, Luxury, Disease, and Poverty.
In Erasmus's Enchiridion these traditional concepts are interpreted in the spirit of humanism. He clothes his thoughts in the garment of beautiful Latin; he takes his examples from Greek and Roman literature as well as from Scripture, "for we must love the classics for the sake of Christ"; and he rejects the "theologians" in favor of the "sources." But above all he humanizes the idea of Christianity as such. He preaches purity and piety, but not monasticism and intolerance; and he spurns sin not only as something forbidden by God but even more as something incompatible with the "dignity of man."
This book could not supply an artist with suggestions for iconographical details. But it could reveal to him the idea of a Christian faith so virile, clear, serene and strong that the dangers and temptations of the world simply cease to be real: "In order that you may not be deterred from the path of virtue because it seems rough and dreary, because you may have to renounce the comforts of the world, and because you must constantly fight three unfair enemies, the flesh, the devil and the world, this third rule shall be proposed to you: All those spooks and phantoms [terricula et phantasmal a] which come upon you as in the very gorges of Hades must be deemed for nought after the example of Virgil's Aeneas."
This is precisely what Durer expressed in his engraving: unlike all other representations of similar subjects, the enemies of man do not appear to be real. They are not foes to be conquered but, indeed, "spooks and phantoms" to be ignored. The Rider passes them as though, they were not there and quietly pursues his course, "fixing his eyes steadily and intensely on the thing itself," to quote Erasmus again. How did Durer contrive to create this impression? It has long been observed that the equestrian figure-almost a symbol of Durer's art and mentality-is composed of two disparate elements: one German, Late Gothic, and "naturalistic"; the other Italian, High Renaissance, and stylized in accordance with a "classic" canon of pose and proportions. The armored knight was taken over

from a costume study of 1498 (1227) which was, however, adapted to the new purpose by minor yet. significant changes. The simple sergeant's face of the original model was replaced by a stern mask of concentrated energy and almost sardonic self-assurance, and the perspective of the helmet was altered in favor of a di sotto in sit effect which strengthens the impression of tallness and superiority. The horse, on the other hand, is patterned after one (or more) of Leonardo's studies for the monument of Francesco Sforza. Its proportions are remodelled according to a canon of Dürer's own invention (see the drawings 1674-1676), but its gait retains more of the Italian rhythm than is the case in the Small Horse of 1505 (fig. 125) or the drawing Death on Horseback of the same year (fig. 147). In contrast with these earlier instances not only the nearforeleg but also the off hind leg are raised and bent, and the movement of the latter was even intensified by a last-minute correction still recognizable in the engraving.

This monumental Horseman-his general appearance somewhat reminiscent of Burgkmair's well-known equestrian portrait of Maximilian I in a woodcut of 1508, which was in turn derived from Dürer's Small Horse-is set out against a background of forbidding rocks and bare trees with his ultimate goal, the unconquerable "fortress of Virtue," still far off at the end of a steep, winding road. From the gloom of this "rough and dreary" scenery there emerge the figures of Death and the Devil. As in the drawing of 1505, Death wears a regal crown and is mounted on a meager, listless jade with a cowbell; but he is even ghastlier in that he is not depicted as' an actual skeleton but as a decaying corpse with sad eyes, no lips and no nose, his head and neck encircled by snakes. He sidles up to the Rider and tries in vain to frighten him by holding up an hourglass while the swine-snouted Devil sneaks up behind him with a pickaxe. The Rider, on the other hand, is accompanied by a handsome, long-haired retriever whose presence completes the allegory. As the armored man personifies Christian faith, so the eager and quick-scented dog denotes three less fundamental yet no less necessary virtues: untiring zeal, learning and truthful reasoning. In the capacity of "zealous endeavor" he accompanies the Christian Pilgrim on his journey through life; as a symbol of "sacred letters" he occurs in a treatise on hieroglyphs which Dürer illustrated precisely in 1512/13 (see the drawing 970 and our fig. 228); and as "Veritas" he helps the huntress "Logica" to catch the hare "Problema."" (Panofsky, pp. 151-153)

[5]Pierre Vaisse, *Reître ou chevalier?: Dürer et l'idéologie allemande*, Paris, Éditions de la Maisons des Sciences de l'Homme, 2006.
[6]Gaston Leroux, *La poupée sanglante roman d'aventures et de mystère*, Paris, Jules Tallandier, 1924, cap. XX "*Ce qu'il advint de la septième*", p. 184.
[7]https://fr.wikipedia.org/wiki/Lucas_Cranach_l%27Ancien#Peintures
[8]"*Nach den Briefen des Apostels Paulus wird der Weg des Menschen aus Verdammnis, Sünde und Gesetz zu ewigem Leben, Glaube und Gnade aufgezeigt. Da für Martin Luther die Sünde untrennbar mit dem menschlichen Wesen verbunden ist, bedarf der Gläubige des mosaischen Gesetzes, um sich seiner Sündhaftigkeit bewusst zu werden. Er muss erkennen, dass er an den Geboten des strafenden alttestamentarischen Gottes scheitert und verzweifeln wird. Diese Verzweiflung ist Voraussetzung für die Errettung durch Christus und das Evangelium. Entsprechend der von Luther vorgenommenen Differenzierung trennt der Baum in der Bildmitte die gegenübergestellten Ereignisse aus dem Alten und dem Neuen Testament. Auf der linken Bildhälfte des Gesetzes ist der Lebensbaum vertrocknet, auf der rechten Seite des Evangeliums trägt er grünende Äste. Links jagen Tod und Teufel den sündigen Menschen ins Höllenfeuer, während er nach rechts zu Moses blickt, der in einer Gruppe von Propheten des Alten Testaments auf die Tafeln der zehn Gebote verweist. Darstellungen des Sündenfalls und des Jüngsten Gerichts in der weiten Landschaft zeigen Ursprung und Strafe der menschlichen Verfehlung. Die für Luther wichtige Szene der ehernen Schlange aus dem Alten Testament deutet typologisch auf die Kreuzigung hin und zeigt die Rettung der Israeliten vor dem Gift durch Befolgung der Weisung Gottes.*
Direkt rechts des Baumstamms ist Johannes der Täufer zusammen mit dem nackten Menschen der linken Seite zu sehen. Johannes als der letzte Prophet vor Christus steht für Luther zwischen Gesetz und Evangelium, weshalb ihm hier die Rolle des Vermittlers zukommt. Er lenkt die Aufmerksamkeit des Nackten, der vollkommen ruhig und mit gefalteten Händen dasteht, auf den Gekreuzigten am rechten Rand des Bildes. Von der Seitenwunde Christi geht ein Blutstrahl aus, der sich über nahezu die gesamte Breite der rechten Hälfte erstreckt und auf der Brust des Nackten niedergeht. In dem Blutstrahl erscheint die Taube des Heiligen Geistes. Hier zeigt sich, dass allein Christus, der stellvertretend für den Menschen gestorben ist und dessen frohe Botschaft vom Heiligen Geist übermittelt wird, die Verurteilung durch das Gesetz aufheben kann. Nur durch seinen Glauben, sola fide, wird der Mensch der göttlichen Vergebung in Form des erlösenden Blutstrahls teilhaftig. Durch den auferstandenen Christus, der sich über die Grabeshöhle hinter dem Kreuz in den Himmel erhebt, sind Tod und Teufel, die den Sünder auf der linken Seite verfolgten, gebannt: Beide liegen besiegt vor dem Kreuz, unter dem Lamm Gottes, das wie der Auferstandene die Siegesfahne trägt. Der Sünder der Seite des Gesetzes ist hier jedoch ein Gerechter, womit das Gothaer Bild den Aspekt des simul iustus et peccator verdeutlicht. Vor den Toren der Stadt Bethlehem erscheint im Hintergrund der rechten Seite die Verkündigung an die Hirten. Wie die Erhöhung der ehernen Schlange, die das Auge des Betrachters direkt daneben auf der anderen Seite des Baums findet, zeigt diese Szene das

Anerkennen von Gottes Wort durch den Menschen. Für den Betrachter wird verdeutlicht, dass Gesetz und Evangelium die gleiche frohe Botschaft verkünden, die immer zu Christus hinführt. Zitate aus dem Alten und Neuen Testament im unteren Bereich der Tafel unterstreichen die Aussage und liefern zudem die biblische Legitimation der Darstellung." (https://commons.wikimedia.org/wiki/File:Lucas_Cranach_d.%C3%84._-_Verdammnis_und_Erl%C3%B6sung_(Schloss_Friedenstein).jpg?uselang=fr)
[9]http://utpictura18.univ-montp3.fr/GenerateurNotice.php?numnotice=B3286
[10]http://pre-gebelin.blogspot.com/2015/12/luther-cranach-and-christmas-trees.html
[11]Nous développons ces thèmes dans notre ouvrage sur Andrea Mantegna, dans la présente Collection.
[12]*"A magnificent woodcut entitled "The Death of the Just and the Unjust" by Reformation era artist Heinrich Vogtherr presents the transformation of death's significance for those who die in a faith relationship with the Savior Jesus Christ. Holbein conveys the stark contrast between the meaning of death for the believer and the unbeliever by presenting a Christian and a non-Christian at opposite ends of the same death bed. The Christian is surrounded by the three cardinal virtues of "Faith" ("Glaub"), "Hope ("Hoffnung"), and "Love ("Liebe"). Above him, one angel prepares to place the victor's crown of blessing ("Glucksagung") upon his head while another gestures toward the home in heaven which awaits him. In the background, the sheep of the Good Shepherd's flock grace securely on the green pastures which He has provided. This man, justified by grace through faith in Jesus, meets death serenely, his Bible at his bedside, and his hands folded in prayer over his heart. The tortured figure on the other end of the deathbed presents the opposite in every way. His female companion, "the World" ("die Welt") flees from him in terror. The sweet pleasures that she offered him in life are of no value now. The skeletal figure of death ("Todt") leers triumphantly over him, his skull and crossbones banner of victory in one hand. In the other is an empty hourglass with the despairing message that for this man time has run out. The beastly figure of the devil rises up from the flames of hell to snatch him down to damnation. Around the devil and the fires of perdition are two grim texts. The first identifies Hell: "Such is the place of one who knows not God." (Job 18:21) The second text labels the horned figure rising up from the fire: "Be sober, be vigilant, for your adversary, the devil prowls around like a roaring lion looking for someone to devour." (1 Peter 5:8) The emaciated figure on the bed twists in torment as he desperately seeks to evade his fate. In the background, the goats, which have been separated from the sheep, look on helplessly and battle with one another. Holbein's images present a powerfully effective message of Law and Gospel."* (Laurence L. White, *The Book of Revelation - Scripture's Crescendo and Culmination*, Houston, Our Savior Lutheran Church, 2006, pp. 646-647)
[13]Cf., dans la présente Collection, notre ouvrage sur cette oeuvre.
[14]https://calvin.edu/centers-institutes/meeter-center/files/lesson-plans/Sorensen,%20Robert%20-%20Lesson%20Plan.pdf, p. 2.
[15]http://www.z-m-a.de/ZN112_2015/ZN_112-Anhang.pdf, p. 3.
[16]http://st.jakobskirche.ch/die-4-soli-der-reformatoren
[17]*"First column: "Roma. 6. Der Todt ist der sünden sold. 1. Kor. 15 / Die Sünd ist des Todes spies. Aber das gesetz st der / sünden krafft. Roma. 4. Das Gesetz richtet zorn ahn. // Roma. 1. Es wirdt offenbart gottes zorn von himel uber / aller menschen got- los leben und unrecht. Roma. 3. / Die seindt alezumal sünder und mangeln des preises das sie / sich gottes nicht rümen mögen."
Second column: "Roma. 3. Durch das gesetz komet erkenntnis der Sünden. / Matthei. 11. Das gesetz und Propheten gehen bis auff Jo / hannis zeitt. / / Roma. 7. Ich Elender Mensch wer wirdt mich erlösen / aus dem Leibe des Todes. Roma 1. Der gerechte lebet gerns ge / lawbens. Roma 3. Wir halten das ein Mensch ge / recht werde durch den geglauben on werck des gesetzes."
Third column: "Vom Mose und den Propheten, / Durch das gesetz kömeterkentnus der sünden Roman. 3.[:20] / Matthei. 11.[:13] / Das gesetz undt propheten gehen bis auff Johannes zeitt."
Fourth column: "Vom Menschen, / Der gerechte lebet seines glaübens Roman. 1.[:17] / wier halten das einmensch gerecht werde den glaüwen / on werch des gesetzes Roman.3.[:28]."
Fifth column: "Vom Teuffer, / Sihe das ist gottes Lamb das der welt sündetregt / Sant Johannes Baptist. Johannis. 2[:2] / In der Heiligüng des geistes zum gehorssam vnd bespregüng / des blütes Jesü Christi amen1 petri. 1."
Sixth column: "Vom Tode und Lamb, / Der Tod ist verschlüngen ym sieg Tod wo ist dein spiss / Helle wo ist dein sieg; danck hab Gott siegk gegeben / Hat durch Jesüm christüm unsern herren. 1. Corinth. 15.[:57]."""* (Bonnie Noble, *Lucas Cranach the Elder: Art and Devotion of the German Reformation*, Lanham, Boulder, New York, Toronto, Plymouth UK, University Press of America, 2009, note 17 p. 55)
"*'Sie sind alle zumal sunder: vnd/ mangeln das sie sich Gottes nicht/ rhümen mügen. Roma iij [Römerbrief 3, 23]`. ¿Die sunde ist des todes spies: aber/ das gesetz ist der sunden krafft./ 1.Cor.15 [1. Korintherbrief, 15,56]` Das Gesetz richtet nur/ zorn an. Roma iiij [Römerbrief 4, 15] Durchs Gesetz kompt erkentnis / der sünde. Ro.iij. [Römerbrief 3, 20]`. Das gesetz vnd / alle Propheten: gehen bis auff / Johannis zeit. Matthei xi` [Matthäus 11,11]` Der gerecht lebt seines glaubens / Ro.i. Wir halten das*

der mensch / gerecht werde durch den glauben: / on des gesetzs werck. Ro.iij. [Römerbrief 3, 28]`. Sihe: das ist Gottes lamb: welchs / der welt sünde tregt. Jo. i. [Johannes 1, 29]`. In der / heiligung des geistes: zum gehor=/ sam vnd besprengung des blutes / Ihesu Christi. 1. Petri. [Brief Petri, 1, 2].` Der tod ist verschlungen ym sieg / Tod: wo ist dein spies: Helle: wo ist dein sieg. Gott aber sey danck. der vns den sieg gibt: dvrch Ihe=/ sum Christu(m)s vnsern Herrn. 1. Cor. 1 [1. Korintherbrief 1,55 und 57]." (http://lucascranach.org/object.php?obj=DE_BStGS-GNMN_Gm221_FR-none)

[18] À partir de https://www.info-bible.org/lsg/46.1Corinthiens.html et de https://www.info-bible.org/lsg/45.Romains.html

[19] http://1.bp.blogspot.com/-FvUSbvyxyHA/VmHnz-6znBI/AAAAAAAAHBY/knLMaNK4BX4/s1600/law-and-grace-1.jpg

[20] "Pendant nos messes du dimanche de l'avent, les lectures nous font entendre la voix d'Isaïe.
Isaïe est le prophète du salut, du salut qui vient, celui qui annonce que Dieu va accomplir sa promesse. Isaïe proclame la promesse du bonheur qui vient: «prenez courage, ne craignez pas; voici votre Dieu. C'est la vengeance qui vient, la revanche de Dieu. Il vient lui-même et va vous sauver. Alors s'ouvriront les yeux des aveugles, les oreilles des sourds. Alors le boiteux bondira comme un cerf, la bouche du muet criera de joie...» (Is 35,4)
Ainsi Jésus rappelle à Jean Baptiste jeté en prison, les signes qui sont en train de se réaliser partout où il passe: Il parle et les aveugles voient, les sourds entendent, les lépreux sont purifiés... la prophétie d'Isaïe se réalise maintenant, maintenant on peut le croire: Jésus de Nazareth, né à Bethléem, est bien le Sauveur promis.
Mais le Dieu qui se révèle en Jésus n'est pas un Dieu vengeur, c'est un Dieu de miséricorde et de pardon. Dieu venge les ennemis de son peuple en faisant des frères.
Nous, chrétiens d'aujourd'hui, nous reconnaissons là le chemin de l'Ancien vers le Nouveau Testament. Tout est déjà dans l'Ancien Testament, et pourtant dans le Nouveau Testament tout est nouveau, bouleversant de nouveauté. Notre Dieu du Nouveau Testament est un Dieu d'amour, de pardon, pas un Dieu vengeur, de revanche.
Cependant nous avons un long chemin à parcourir pour laisser s'épanouir l'esprit de l'Évangile!
Nous lisons toujours le livre d'Isaïe, nous doutons toujours comme Jean Baptiste... nous sommes toujours le peuple de l'Ancien Testament. Il y a toujours un seul peuple, une seule humanité." (http://cetad.catholique.fr/actualite/342-l-avent-et-isaie)

[21] https://fr.wikipedia.org/wiki/Jean_le_Baptiste#Jean,_nouvel_%C3%89lie

[22] "Il existe une relation étroite entre la loi et le péché. Car c'est la loi qui représente l'étalon de mesure du péché. "Parce que la loi produit la colère, et que là où il n'y a point de loi il n'y a point non plus de transgression" (Rom. 4:15).
La loi ne concerne pas seulement les Dix Commandements. Le péché est toujours la transgression de la loi, mais tout péché n'est pas uniquement une transgression des Dix Commandements.
La loi garde l'homme à l'intérieur de certaines limites. "Car jusqu'à la loi le péché était dans le monde. Or, le péché n'est pas imputé, quand il n'y a point de loi" (Rom. 5:13). Cela nous montre que le péché était présent avant que les Dix Commandements soient donnés. Dieu avait pourtant donné de nombreux commandements auparavant. C'étaient des lois orales données à ceux que Dieu voulait instruire.
L'histoire nous prouve que le péché est une transgression. Par exemple, des anges ont péché (2 Pierre 2:4). Cela signifie qu'ils avaient dépassé les limites que Dieu leur avait fixées. Adam a péché, mais ce n'était pas contre les Dix Commandements (Rom. 5:12). Les seuls commandements donnés par Dieu à Adam étaient d'entretenir le jardin, de lui faire porter du fruit, et de ne pas manger du fruit de l'arbre de la connaissance du bien et du mal. Cela ne fait aucunement référence aux Dix Commandements. Les Sodomites ont péché (Genèse 13:13). Les Gentils "qui n'ont pas la loi" ont aussi péché (Rom. 2:12-14)." (http://esaie.free.fr/pdv/articles/A59.loi_et_peche.htm)

[23] https://itinerareiconographique.files.wordpress.com/2014/10/photo.png

[24] http://a406.idata.over-blog.com/0/12/02/38/Images-spirituelles-4/duccio.jpg

[25] https://www.la-croix.com/Religion/Spiritualite/Descendu-aux-enfers-_NP_-2013-03-22-924033

[26] https://www.akg-images.fr/archive/La-Descente-aux-Limbes-2UMDHUK1S8TD.html

[27] http://parismuseescollections.paris.fr/fr/petit-palais/oeuvres/la-passion-la-descente-aux-limbes-bartsch-19#infos-principales

[28] http://www.koregos.org/Koregos/documents/Fig1212702.jpg

[29] https://www.metmuseum.org/art/collection/search/666096

[30] http://parismuseescollections.paris.fr/fr/petit-palais/oeuvres/la-descente-aux-limbes#infos-principales

[31] https://www.flickr.com/photos/tonyynot/4581312035/

[32] https://itinerareiconographique.files.wordpress.com/2014/10/chambc3a9ry-jpg.jpg

[33] https://itinerareiconographique.files.wordpress.com/2014/10/photo-copie1-e1414761026754.jpg; https://api.art.rmngp.fr/v1/images/17/489558?t=AFn_A1sNG7Ojux9OSOAbhw

³⁴http://saintebible.com/1_corinthians/15-26.htm
³⁵https://en.wikipedia.org/wiki/File:Cranach_il_vecchio,_allegoria_della_legge_e_della_grazia_01.JPG
³⁶http://saintebible.com/psalms/18-5.htm
³⁷*Emblemes by Fra: Quarles*, Londres, Printed for J. Williams, 1684, édition reprise à l'identique dans celle de Londres, Printed for William Freeman, 1709, pp. 160-163; *Quarles' emblems, divine and moral: together with hieroglyphics of the life of man*, Londres, Printed for Alex. Hogg, sans date, p. 127; *Emblems divine and moral by Francis Quarles*, Halifax, Printed & published by Milner & Sowerby, Cheapside, 1851, p. 169.
³⁸*Choice Emblems, Divine and Moral, Antient and Modern: or, Delights for the Ingenious, in above Fifty Seled Emblems, Curiously Ingraven upon Copper-Plates*, 6ème édition, Londres, Printed for Edmund Parker, 1732.
³⁹A. Joseph MacAskill, *Children's Literature, 1633 - 1686, from the Osborne Collection: A study in the relation of style to function*, Maîtrise en Arts, Department of English of the University of Ottawa, 1969, inédit, pp. 63-64.
⁴⁰*Choice Emblems*, p. 6.
⁴¹Cordulia van Wyhe, "*Introduction*" de l'édition fac-similé de *Portraicts Des S S Vertus de la Vierge contemplées Par Feue S.A.S.M. Isabelle Clere Eugenie Infante D'Espagne*, Glasgow, Glasgow Emblem Studies, 2002, note 108 pp. XXXI-XXXII.
⁴²"*Les principaux adversaires de Fouquet étaient Colbert et le Tellier. Fouquet s'était fait représenter avec eux sous l'emblème d'un écureuil entre huit lézards et un serpent, faisant allusion aux armoiries de chacun d'eux, avec Cette devise: Q ui me vertam nescio.*" (Nicolas Viton de Saint-Allais, L'Art de vérifier les dates des faits historiques, des chartes, des chroniques et autres anciens monuments, depuis la naissance de Notre-Seigneur, par le moyen d'une table chronologique, Paris, Chez Arthus-Bertrand, Libraire, 1818, T. VI, note 2 p. 277)
⁴³https://en.wiktionary.org/wiki/%CF%80%CF%8C%CF%84%CE%B5%CF%81%CE%BF%CF%82
⁴⁴https://www.pinterest.com/pin/705939310313526626/
⁴⁵"768 AUGUSTIN.
Les mains levées vers le ciel. On lit fur les feuillets d'un livre ouvert devant lui: Pofitus in medio quo me vertam nefcio. Dans l'angle à gauche, en haut, le Christ; à droite, la Sainte-Vierge. Dans la marge: S. AVGVSTINVS. O domine quia... ancillae tuae. Pfal. 115. Signature: Phls. Galle inven. et excud. Hieron. Wirix fcalpfit. 2." (Louis Alvin, *Catalogue raisonné de l'oeuvre des trois frères, Jean, Jérôme & Antoine Wierix*, Bruxelles, T.-J.-I. Arnold, 1866, p. 138)
⁴⁶"769 *On trouve cette estampe modifiée. Le saint a les mains jointes. Dans le fond, à gauche, on voit la mer, le saint fur la plage & Jésus puisant de l'eau au moyen d'une coquille. Dans la marge: S. AVGVSTINVS IMPLETVS EST QVASI... ECCL. 47. Signatures: Phls. Galle inven. et excud. Hieronymus Wierix fculpfit.*" (*Ibid.*)
"De heilige Augustinus van Hippo, één van de kerkvaders, met zijn handen gevouwen in gebed. Links op de achtergrond het visioen van Augustinus: hij wandelt langs de zee peinzend over de Drieeënheid. Dan treft hij een kind dat een kuil in het zand heeft gegraven en die tevergeefs met water probeert te vullen. In de marge een Bijbelcitaat uit Sir. 47 in het Latijn." (https://www.rijksmuseum.nl/en/collection/RP-P-1909-2798)
⁴⁷Cf. la page de recherche: https://www.google.com/search?q=hercules+vice+virtue&rlz=1C1SQJL_esNI789NI789&source=lnms&tbm=isch&sa=X&ved=0ahUKEwi3zLHV-PbbAhWOo1kKHcCbB6cQ_AUICigB
⁴⁸Le thème, en soi, renvoie à notre *corpus* et à l'Arbre de la Vie: "*It has been referred to (By W. Schmidt, Geschichte der griechischen Literatur I 3 (Munich 1951), 41 ("eines der einflussreichsten Stücke der Weltliteratur"). See his n. 9 for a bibliography. For a list of ancient references to the story and more recent bibliography see G.-J. van Dijk, Ainoi, Lovgoi, Mu'qoi: Fables in Ancient, Classical, and Hellenistic Greek Literature ("Mnemosyne" Suppl. 166, Leiden 1997), 673 and 683. For a recent assessment of the story (with further bibliography) see the contribution to Heracles and Hercules: exploring a Graeco-Roman divinity (edd. L. Rawlings and H. Bowden, Swansea 2005) by Emma Stafford, Vice and Virtue: Heracles and the art of allegory, 71ff. For a full catalogue of visual depictions of Heracles at the Crossroads from Medieval and Renaissance times onward see The Oxford Guide to Classical Mythology 1300 -1990's, I 527-529. For an introduction to that topic see Malcolm Bull, The Mirror of the Gods: Classical Myth in Renaissance Art (London 2005), 96-99.) as "one of the most influential pieces of world- literature", this story, traceable back to the fifth century B.C. sophist Prodicus of Ceos (Paraphrased in Xenophon's Memorabilia 2.1.21-34 = Prodicus 84 B 2 Diels-Kranz (II 313f.). For two recent (and antithetical) attempts to determine the exact verbal indebtedness of Xenophon to Prodicus see D. Sansone, "JHS" 124, 2004, 125-142, and V. Gray, "CQ" 56, 2006, 427-435.), relating how the young Heracles, as he walked alone one day, was suddenly confronted by a crossroad that branched out into two divergent paths. While baffled as to which path to take, he was joined by two*

young women named after the qualities they personified: Arete (or Virtue) and Kakia (or Vice). Each was dressed appropriately to her role, "Virtue handsome and noble in mien, her body clothed in purity and her eyes in modesty... Vice plump and soft, with a complexion not left to nature, a wandering eye, and a dress revealing rather than concealing her charms" (W.K.C. Guthrie, A History of Greek Philosophy III (Cambridge 1969), 278.). After hearing out their respective recommendations of the two ways, Heracles opted for the less immediately alluring road (and woman) that was Virtue, and ensured himself sweat and tears in the short term but ultimate immortality in the long run (Xenophon's paraphrase does not continue on to include Heracles' actual choice, still less its consequences for the hero's end, but they must in Prodicus' original treatment have run along the lines here laid out.).

*Scholars have realised that Prodicus cannot have invented out of thin air each and every one of the details of the story; in particular, they have appreciated that many of its features are redolent of folk-tale. But how to decide which parts are traditional, which original? Already in antiquity, the second century A.D. author Athenaeus, in his entertaining Deipnosophistae or Sophists at the Feast, compared this story, especially its contest between Hedone and Arete (or Pleasure pitted against Virtue), to the Judgement of Paris, which he took to be its source; and cited a portion of Sophocles' now lost Satyr play Krisis, or The Judgement, which depicted "Aphrodite [who] represented Pleasure, appearing anointed with myrrh and looking at herself in a mirror", whereas "Athena represented Thought and Mind, and also Excellence, anointing herself with oil and taking exercise" (Athenaeus 15.687C, quoting Sophocles TrGF 4 F *361 Radt. The English summary of this part of the play's contents comes from Lloyd- Jones' Loeb translation of Sophocles (III 194f.).). As far back in time as Hesiod, female personifications are associated with the image of the road. In verses 216-220 of this poet's Works and Days, "Dike is... fully personified as a maiden whom men assault and drag from her path for their own evil purposes", though overall we are not presented with "a very coherent picture, but a nexus of related images" (I quote from M.L. West's commentary (Oxford 1978), on vv. 220 and 216.). At vv.287-92 of the same composition we find another instance of antithetical personification, Kakotes and Arete, or Vice and Virtue, again associated with road imagery. There is also early evidence from the world of visual art for the existence of another pair of contrasting female personifications, Dike and Adikia, Justice and Injustice (Pausanias 5.8.2 (= LIMC III 389 [A1]) describes such a scene on the now lost Chest of Cypselus, and two extant Attic vases from c. 520-510 (ABV 320.11 = LIMC A2 and LIMC A3) likewise show Justice and Injustice as two women, the former going for the latter with a hammer. Alan Shapiro ad loc. (LIMC p. 391) observes that there is "no literary parallel", but for analogues to the idea of divinities armed with hammers and the like cf. Lloyd-Jones, "CQ" 7, 1957, 18 = Academic Papers [I], 376. See too V. Dasen, Jumeaux, Jumelles dans l'antiquité grecque et romain (Zurich 2003), 103. Though there is no direct link with Heracles at the Crossroads, note that a famous woodcut by Albrecht Dürer (G. Bartrum, Albrecht Dürer and His Legacy [London 2002], No. 197 [p. 243, with bibliography]) has been interpreted as showing Virtue swinging a large club towards Pleasure (who is in the company of a satyr), while a youthful Heracles looks on as a non-belligerent (so E. Panofsky, Hercules am Scheidewege ["Studien der Bibliothek Warburg" 18, Leipzig 1930], 161ff., summarised by the same author in The Life and Art of Albrecht Dürer [London 1955], 73-76).).*

An Italian commentator (M. Untersteiner in his commentary on the fragments of the Sophists, first published in Florence 1949, reprinted 1961 (IV 179).) on Prodicus' tale has expressed the opinion that the central concetto of an individual faced with two paths requiring a choice between them was traditional, while the notion of two allegorical female figures and the application of the scheme to Heracles in particular was Prodicus' contribution. More than a century ago, a German scholar called W. Schultz wrote an article on Heracles at the Crossroads (Herakles am Scheidewege, "Philologus" 22, 1909, 488-499 (hereafter 'Schultz').) which another classicist has recently lambasted as full of "baseless speculations" ("Haltlose Spekulationen": Walter Kissel in his mammoth commentary on the Roman writer of satires Persius (Heidelberg 1990, 435f.).). Nonetheless, it contains one or two suggestive ideas which are well worth taking up and building upon. Let us begin with the implications of the imagery of the Road.

Schultz (Schultz, 498f. He drew for his information about this circle of stories upon the examples amassed in the thorough review article by R. Köhler, "Mémoires de l'Acad. Imp. De St. Pétersbourg" 19, 1873, iv-viii = Kleinere Schriften zur Märchenforschung I (Weimar 1898), 537-543. See now M. Scharfe in Enzyklopädie des Märchens s.v. "Wegkreuzung" (XIV 540 ff.). Cf. Katherine Horn in the same reference work s.v. "Jüngste, Jüngster" (VII 807 ff.).) drew attention to the fact that there exists a circle of folk-tales which have as their starting point the immemorably ancient pattern of three brothers who ride forth together on a quest (Note that this group of tales easily falls within the interpretative scope of Vladimir Propp's Morphology of the Folk-Tale (see below n. 28), since they commence with a lack (of some magical creature, sea horse, golden bird or the like), desiderated by the sons' father, and they end with the lack's 'liquidation'.). They come to the confluence of three roads, near which stands an inscription relating to the roads. To be more precise, the inscription describes the varying fates which will attend each individual who takes each of the three roads. Invariably, the youngest brother takes the path to which the most difficult and deadly fate is assigned, and nevertheless successfully wins the object of the quest (and, often enough. a beautiful princess into the bargain), in contrast to his elder siblings, who have opted for the easier and less threatening road or roads (See Stith Thompson, Motif Index of Folk-Literature J266: "short and dangerous or long, sure way". Cf. J21.5.2: "take side road rather than main one where three roads meet". Schultz, 493 n. 0 deduces from the evidence of such tales that the moralising tendency of Proclus' narrative is not the sophist's own invention, but was already rooted in the folk-tale.).

In fact, one can find in folk-tale the pattern of two questing brothers at the meeting of two ways which apparently fits even more closely the requirements of the story of Heracles at the Crossroads. Thus in Alexander Afanasev's famous collection of Russian folk-tales (On Afanasev's collection, which served as the basis on which Propp (above, n. 12) based his theories about the 'morphology' of the folk-tale, see my remarks in "WS" 115, 2002, 6 n. 9. The tale in question appears on p. 52 of the English translation by N. Gutterman (New York 19752).), we read of two questing brothers who come to two dividing paths and a column upon which the inscription informs them that the individual who ventures down the right hand road will receive a kingdom while he who opts for the left hand direction will have many woes and sorrows to endure, but will finally marry a beautiful princess. We have here, then, a vestige of the pattern of the more difficult road leading to greater reward, but it is largely submerged, and, as a matter of fact, the sequel shows both brothers successful in their respective fates and returning home happily. Another close analogue is to be found in the collection of tales known as The Thousand and One Nights (See the translation by E. W. Lane (London 1877), II 50.), where the story of Prince Hassan and the green bird has one hero confronted with three paths and an inscription, covering the three faces of a pyramid, telling him that one road is the road of happiness, another the road of regret, and the third the road of no return. It is this last for which the hero opts.

In Prodicus' narrative, the entire logic of the story revolves around two antithetical paths represented by two antithetical female personifications. The question has been posed (By M.V. Fox in his commentary on Proverbs 9 ("The Anchor Bible series", New York 2000), 332.) whether it is possible to assign priority to either of the motifs: did the paths ever exist independently of and prior to the women, or was the reverse perhaps the case? The folk-tales considered above might be taken to suggest the former possibility: in their narratives the crucial information about each of the paths is conveyed by an inanimate inscription which fulfils the same explanatory function as the articulate women in Prodicus' narrative. But a story- pattern deriving from the Ancient Near East suggests that the role of the women may have been present from very early on in the tale's development, and even connected with road imagery from the very start (M.P. Zehnder, Wegmetaphorik im Alten Testament ("Beihefte zur Zeitschrift für die alttestamentliche Wissenschaft" 268, Berlin-New York 1999), esp. 563ff. and 573ff. Cf. my remarks in "CQ" 53, 2003, 40f. and in "SCO" 49, 2003, 159-163.). The Old Testament's Book of Proverbs 9.16ff. presents us with a picture of two women, Lady Wisdom and Lady Folly, calling to passers by in the street, a picture that seems to prefigure Heracles' encounter with Virtue and Vice.

Prodicus' female figures have been associated with the image of the road by a different line of argument. At some time in antiquity, the letter Y became established, for obvious reasons, as an apt symbol for the two diverging roads which confronted Heracles and, indeed, mankind in general, near the start of adult existence (See Kissel as cited above (n. 10) and W. Harms, Homo Viator in Bivio: Studien zur Bildlichkeit des Weges (Munich 1970), esp. 29-35.). So we find the Christian apologist Lactantius (250-325) writing in his Divinae Institutiones 6.3 as follows: humanam vitam progredi necesse est: una, quae in caelum ferat; altera, quae ad inferos deprimit... et quidam philosophi alteram virtutum esse voluerunt, alteram vitiorum... dicunt enim humanae vitae cursum Y litterae esse similem, quod unus quisque hominum, cum primae adulescentiae limen attigerit et in eum locum venerit, 'partes ubi se via findit in ambas' haereat nutabundus ac nesciat, in quam se partem potius inclinat.

There is no means by which we can tell whether this letter symbolism already existed at the time Prodicus composed his Heracles allegory, and, if so, whether he exploited it. Schultz, however, was impressed by the way in which the letter Y also became associated with the shape of a tree, more specifically the Tree of Life (or Lebensbaum) and he connected this (Schultz, 498.) with the primeval and widely disseminated notion of a World Tree (On the folk-tale concept of the 'World Tree' see W. Brückner's article in Enzyklopädie des Märchens s.v. "Lebensbaum" (VIII 821), M.P. Nilsson, The Minoan-Mycenean Religion and its Survival in Greek Religion (Lund 19502), 44f., etc.), whose leaves are somehow revelatory of human destiny and in or beneath which sit a duo or trio of numinous female divinities such as the Norns of Norse mythology (For the significance of the Norns it is still worth reading Jacob Grimm's *Deutsche Mythologie I (Göttingen 1844) 346ff.* = *Teutonic Mythology I 405-417*. See further the article by R.W. Brednich s. v. 'Schicksalfrauen' in *Enzyklopädie des Märchens*, XI 1395-1404.), who lived by the root of the ash-tree Yggdrasil.

Whatever one may think of this idea, another relevant tale can be cited involving a trio of numinous female deities who reveal to two mortals their future destiny. Even though this story does not specifically contain the image of a crossroad (or of a tree), its contents can be shown to be most pertinent to our enquiry. It is the well known encounter of Macbeth and Banquo with the three weird sisters. Best known, of course, from Shakespeare's treatment, but for our comparative purposes it will be better to refer to the Chronicles of Holinshed which were the playwright's source, even though this will involve us in some pretty lengthy direct quotation (G. Bullough, *Narrative and Dramatic Sources of Shakespeare* VII (London 1975), 494f. Given my remark about the absence of any tree imagery in this story, it may seem relevant to observe that, in the often reproduced woodcut which accompanies as illustration Holinshed's account of Macbeth and Banquo's adventure, the three weird sisters—who are magnificently dressed, incidentally, in a manner not at all suggestive of modern ideas about witches—are presented as standing beside a most impressive tree. But the picture is apparently a standard one which recurs elsewhere in the edition of Holinshed's work, and indeed, in other works besides.):

It fortuned as Macbeth and Banquho iournied towards Fores, where the king then onlie, they went sporting by the waie togither without other companie, save onlie themselves, passing thorough the woods and fields, when suddenlie in the middest of a laund, there met them three women in strange and wild apparel, resembling creatures of elder world, whome when they attentivelie beheld, woondering much at the sight, the first of them spake and said: All haile Macbeth, thane of Glammis.... The seconde of them said: Haile Macbeth, thane of Cawder. But the third said: All haile Macbeth, that hereafter shalt be king of Scotland.

Then Banquho: What manner of women (saith he) are you, that seeme so little favourable unto me, whereas to my fellow heere, besides highe offices, ye assigne also the kingdome, appointing foorth nothing for me at all? Yes (saith the first of them) we promise greater benefits unto thee, than unto him. For he shall reigne in deed, but with an unluckie end: neither shall he leave anie issue behind him to succeed in his place, where contrarilie thou in deed shalt not reigne at all, but of thee those shall be borne which shall govern the Scottish kingdome by long order of continuall descent. Herewith the foresaid women vanished immediately out of their sight. This was reputed at the first but some vaine fantastiacall illusion by Macbeth and Banqho.... But afterwards the common opinion was, that these women were either the weird sisters, that is... the goddesses of destinie, or else some nymphs or feiries, indued with knowledge of prophesie by their necromanticall science.

Although – to repeat the point – no road imagery as such is used in this passage, it is impossible not to detect a vestige of folk-tale's two contrasting paths, one of seeming advantage but actually leading to doom (Macbeth's), the other disappointing in the short term but, to the longer vision, bringing greater boons (Banquo's) (See my remarks in "*CQ*" 53, 2003, 37f., where I more specifically compare Macbeth's role in the story to that of Paris in his particular life-choice. Note that in Shakespeare's treatment there is a vestige of road imagery with the reference to "the primrose way to the everlasting bonfire" in the famous "Porter's Scene" (II.iii.20). See the article just cited, 38 n. 33.). No wonder one of the identifications offered for the weird sisters who deliver this prophecy was, in a term reminiscent of the aforementioned Norns, "the goddesses of Destiny" (There is an even closer equivalence, since the English word 'weird' derives from Urdr, the name of the eldest and most formidable Norn, as Grimm points out (n. 21 above), 348 = 407.). The paradox inherent in the story (Shakespeare's Banquo is hailed by the sisters [I.iii.65f.] as "*Lesser than Macbeth and greater, / Not so happy, yet much happier*") matches precisely that in the story of Heracles' choice, where the hero turns down immediate gain in favour of longer term benefits." (Malcolm Davies, "The hero at the crossroads: Prodicus and the Choice of Heracles", file:///C:/Users/hp/Downloads/13310-25244-1-SM.pdf)

[49]"*After killing his music tutor Linus with a lyre, Hercules was sent to tend cattle on a mountain by his foster father Amphitryon. Here, according to an allegorical parable, "The Choice of Heracles", invented by the sophist Prodicus (ca. 400 BCE), he was visited by two nymphs - Pleasure and Virtue - who offered him a choice between a pleasant and easy life or a severe but glorious life: he chose the latter. Much of the content, if not the actual words, of one of his rhetorical displays are known today. The speech was apparently a fable detailing the education of Hercules by Virtue. The text of the fable is to be found in the Memorabilia of Xenophon, Chapter 2.1.21-30.*

The Excerpt:
.....21. Prodicus the sophist, also, in his narrative concerning Hercules, which indeed he declaims to most people as a specimen of his ability, expresses a similar notion respecting virtue, speaking, as far as I remember, to the following effect: For he says that Hercules, when he was advancing from boyhood to manhood, a period at which the young, becoming their own masters, begin to give intimations whether they will enter on life by the path of virtue or that of vice, went forth into a solitary place, and sat down, perplexed as to which of these two paths he should pursue; 22. and that two female figures, of lofty stature, seemed to advance towards him, the one of an engaging and graceful mien, gifted by nature with elegance of form, modesty of look, and sobriety of demeanor, and clad in a white robe; the other fed to plumpness and softness, but made up both in her complexion, so as to seem fairer and rosier than she really was, and in her gesture, so as to seem more upright than she naturally was; she had her eyes wide open, and a robe through which her beauty would readily show itself; she frequently contemplated her figure, and looked about to see if any one else was observing her; and she frequently glanced back at her own shadow. 23. As they approached nearer to Hercules, she, whom I first described, came forward at the same pace, but the other, eager to get before her, ran up to Hercules, and exclaimed, "I see that you are hesitating, Hercules, by what path you shall enter upon life; if, then, you make a friend of me, I will conduct you by the most delightful and easy road, and you shall taste of every species of pleasure, and pass through life without experiencing difficulties. 24. In the first place, you shall take no thought of wars or state affairs, but shall pass your time considering what meat or drink you may find to gratify your appetite, what you may delight yourself by seeing or hearing, what you may be pleased with smelling or touching, with what objects of affection you may have most pleasure in associating, how you may sleep most softly, and how you may secure all these enjoyments with the least degree of trouble. 25. If an apprehension of want of means, by which such delights may be obtained, should ever arise in you, there is no fear that I shall urge you to procure them by toil or suffering either of body or mind; but you shall enjoy what others acquire by labor, abstaining from nothing by which it may be possible to profit, for I give my followers liberty to benefit themselves from any source whatever."
26. Hercules, on hearing this address, said, "And what, O woman, is your name?" "My friends," she replied, "call me Happiness, but those who hate me, give me, to my disparagement, the name of Vice."
27. In the meantime the other female approached, and said, "I also am come to address you, Hercules, because I know your parents, and have observed your disposition in the training of your childhood, from which I entertain hopes that if you direct your steps along the path that leads to my dwelling, you will become an excellent performer of whatever is honorable and noble, and that I shall appear more honorable and distinguished in goodness. I will not deceive you, however, with promises of pleasure, but will set before you things as they really are, and as the gods have appointed them; 28. for of what is valuable and excellent, the gods grant nothing to mankind without labor and care; and if you wish the gods, therefore, to be propitious to you, you must worship the gods; if you seek to be beloved by your friends, you must serve your friends; if you desire to be honored by any city, you must benefit that city; if you claim to be admired by all Greece for your merit, you must endeavor to be of advantage to all Greece; if you are anxious that the earth should yield you abundance of fruit, you must cultivate the earth; if you think that you should enrich yourself from herds of cattle, you must bestow care upon herds of cattle; if you are eager to increase your means of war, and to secure freedom to your friends and subdue your enemies, you must learn the arts of war, and learn them from such as understand them, and practice how to use them in the right way; or if you wish to be vigorous in body, you must accustom your body to obey your mind, and exercise it with toil and exertion."
29. Here Vice, interrupting her speech, said (as Prodicus relates), "Do you see, Hercules, how difficult and tedious a road to gratification this woman describes to you, while I shall lead you, by an easy and short path, to perfect happiness?"
30. "Wretched being," rejoined Virtue, "of what good are you in possession? Or what real pleasure do you experience, when you are unwilling to do anything for the attainment of it? You, who do not even wait for the natural desire of gratification, but fill yourself with all manner of dainties before you have an appetite for them, eating before you are hungry, drinking before you are thirsty, procuring cooks that you may eat with pleasure, buying costly wines that you may drink with pleasure, and running about seeking for snow in summer; while, in order to sleep with pleasure, you prepare not only soft beds, but couches, with rockers under your couches, for you do not desire sleep in consequence of labor, but in consequence of having nothing to do; you force the sensual inclinations before they require gratification, using every species of contrivance for the purpose, and abusing male and female; for thus it is that you treat your friends, insulting their modesty at night, and making them sleep away the most useful part of their day. 31. Though you are one of the immortals, you are cast out from the society of the gods, and despised by the good among mankind; the sweetest of all sounds, the praises of yourself, you have never heard, nor have you ever seen the most pleasing of all sights, for you have never beheld one meritorious work of your own hand. Who would believe you when you give your word for anything? Or who would assist you when in need of anything? Or who, that has proper feeling, would venture to join your company of revellers? for while they are young they grow impotent in body, and when they are older they are impotent in mind; they live without labor, and in fatness, through their youth, and pass laboriously, and in wretchedness, through old age; ashamed of what they have done, oppressed with what they have to do, having run through their pleasures in early years, and laid up afflictions for the close of life. 32. But I am the companion of the gods; I associate with virtuous men; no honorable deed, divine or human, is done without me; I am honored, most of all, by the deities, and by

those among men to whom it belongs to honor me, being a welcome co-operator with artisans, a faithful household guardian to masters, a benevolent assistant to servants, a benign promoter of the labors of peace, a constant auxiliary to the efforts of war, an excellent sharer in friendship. 33. My friends have a sweet and untroubled enjoyment of meat and drink, for they refrain from them till they feel an appetite. They have also sweeter sleep than the idle; and are neither annoyed if they lose a portion of it, nor neglect to do their duties for the sake of it. The young are pleased with praises from the old; the old are delighted with honors from the young. They remember their former acts with pleasure, and rejoice to perform their present occupations with success; being, through my influence, dear to the gods, beloved by their friends, and honored by their country. And when the destined end of life comes, they do not lie in oblivion and dishonor, but, celebrated with songs of praise, flourish for ever in the memory of mankind. By such a course of conduct, O Hercules, son of noble parents, you may secure the most exalted happiness."
34. Nearly thus it was that Prodicus related the instruction of Hercules by Virtue; adorning the sentiments, however, with far more magnificent language than that in which I now give them. It becomes you, therefore, Aristippus, reflecting on these admonitions, to endeavor to think of what concerns the future period of your life." (http://heraklesxenophon.blogspot.com/)

[50]https://www.louvre.fr/en/oeuvre-notices/choice-hercules

[51]"*Scholars have realised that Prodicus cannot have invented out of thin air each and every one of the details of the story; in particular, they have appreciated that many of its features are redolent of folk-tale. But how to decide which parts are traditional, which original? Already in antiquity, the second century A.D. author Athenaeus, in his entertaining Deipnosophistae or Sophists at the Feast, compared this story, especially its contest between Hedone and Arete (or Pleasure pitted against Virtue), to the Judgement of Paris, which he took to be its source; and cited a portion of Sophocles' now lost Satyr play Krisis, or The Judgement, which depicted "Aphrodite [who] represented Pleasure, appearing anointed with myrrh and looking at herself in a mirror", whereas "Athena represented Thought and Mind, and also Excellence, anointing herself with oil and taking exercise" (Athenaeus 15.687C, quoting Sophocles TrGF 4 F *361 Radt. The English summary of this part of the play's contents comes from Lloyd-Jones' Loeb translation of Sophocles (III 194f.).).*" (Davies)

[52]https://www.mun.ca/alciato/whit/w040.html
[53]https://www.mun.ca/alciato/wcomm.html
[54]http://heraklesxenophon.blogspot.com/
[55]https://fr.wikipedia.org/wiki/Linos_fils_de_Calliope
[56]http://heraklesxenophon.blogspot.com/
[57]"*Un emblème de Quarles montre ainsi, pour illustrer un verset du psaume XVIII ("the sorrowes of hell have encompassed me the snares of death have over-taken me"), une chasse infernale dont l'appât est un luth. Le luth, le symbole de l'harmonie par excellence, est qui exprime aussi bien la musique des sphères qu'il symbolise, dans les emblèmes d'Alciat, l'harmonie politique (Foedera)... Cependant, dans l'emblème de Quarles, l'instrument est placé dans le piège où une âme est prise; il symbolise les pièges des sens, la toile d'araignée, en haut à droite, rappelle la perfidie de ce piège infernal: comme elle, le luth est dissimulé dans la verdure derrière un arbre.*
La musique du diable est marquée au coin de cette perfidie, de cette duplicité. La musique suave du démon est un piège que détaillent magiciens et — surtout — magiciennes." (Claire Bardelmann, ""*Musicke in some ten langages*": les musiques du diable dans le théâtre élisabéthian", *Enfers et délices à la Renaissance*, Presses Sorbonne Nouvelle, 2003 p. 22)
[58]https://en.wikipedia.org/wiki/The_Choice_of_Hercules
[59]Charles-Auguste Auber, *Histoire et théorie du symbolisme religieux avant et depuis le Christianisme*, Paris, Librairie A. Franck et Poitiers, A. Dupré, 1871, T. III, pp. 182 et 567.
[60]Jean Paquereau, avec la contribution de Bernard Fleury et Jean Adnet, *Au jardin des plantes de la Bible: botanique, symboles et usages*, CNPF-IDF Centre National de la Propriété Forestière - Institut pour le Développement Forestier, 2016, p. 319.
[61]*Choice Emblems*, p. 8.
[62]https://commons.wikimedia.org/wiki/File:Gerard_de_Lairesse_-_Hercule_entre_le_Vice_et_le_Vertu.JPG
[63]https://www.wga.hu/html_m/b/baglione/hercules.html
[64]https://fr.wikipedia.org/wiki/Fichier:Pompeo_batoni_-_Hercules_at_the_crossroads.jpeg
[65]http://www.nationaltrustcollections.org.uk/object/732103
[66]Cf., dans la présente Collection, notre ouvrage sur *Le Cuirassier blessé*.
[67]"*Philip III (1578-1621) was the son of Philip II and his fourth wife, Anne of Austria. Tiel portrays Philip while he was heir to the throne. He is depicted standing, full-length, and wearing an elaborate suit of Milanese armour and a helmet. Like Hercules at the Crossroads, he must choose between Virtue and Vice, helped by Chronos who pushes Cupid away while bringing the figure of Virtue closer to the prince. Virtue is depicted with the attributes of the Four Cardinal Virtues: the scales (Justice), the caduceus (Prudence),*

the sword (Fortitude), and the horse's reins (Temperance)." (https://www.museodelprado.es/en/the-collection/art-work/allegory-of-the-education-of-philip-iii/ced64564-548c-4754-850a-24ab222e586d)
[68]Auguste Pelet, "*Inscriptions antiques que renferme le cavaedium de la Porte d'Auguste*", *Mémoires de l'Académie de Nîmes*, 1849-1850, Nîmes, C. Durand-Belle, Imprimeur, 1850, p. 28.
[69]*Andreae Vesalii Bruxellensis, Scholae medicorum Patauinae professoris, de Humani corporis fabrica Libri septem*, Bâle, Ex officina Ioannis Oporini, 1543, p. 164.
[70]Albert Charles Hamilton, *The Spenser Encyclopedia*, University of Toronto Press, 1997, p. 653; Susan Snyder, *Pastoral Process: Spenser, Marvell, Milton,* Stanford University Press, 1998, p. 25.
"*La imagen de la portada de Las muecas de los días titulada* 'Humani corporis ossium caeteris quas sustinent partibus liberorum suaque sede positorum ex latere delineati' *aparece en la página 164 del libro de Vesalius y ha sido digitalizada por la Historical Medical Library of The College of Physicians of Philadelphia...*/ ...
'*Vivitur ingenio, caetera mortis erunt*' (sobrevive el talento, todo lo demás será de la muerte), la leyenda que figura en el grabado original, es un verso de la 'Elegía del Mecenas'. Según los expertos, esta obra está atribuida al poeta latino Virgilio por error de la tradición recogida en los códices Bruxelensis y Vaticanus. La muerte se apoya pensativa sobre la piedra acariciando un cráneo. Además de recordarnos lo inútil de la vanidad económica, política y social que rodea nuestras vidas y nuestras preocupaciones, es una alabanza al talento del artista y al mecenas que lo impulsa*." (http://juan-m-alcala-peralvarez.tumblr.com/post/136213843726/vivitur-ingenio-caetera-mortis-erunt)
"*Em 1545 é publicada a primeira edição do livro De humani corporis fabrica, de Andreas Vesalius. Uma das suas mais célebres gravuras representa um esqueleto que, melancolicamente, apoia o próprio crânio em uma das mãos enquanto se apoia sobre uma tumba onde se lê a inscrição latina: vivitur ingenio, caetera mortis erunt ("vive-se pelo engenho, todo o resto é mortal"). Curiosamente, na De humani corporis fabrica librorum epitome, publicada poucas semanas depois da Fabrica, Vesalius reproduz a mesma estampa com uma inscrição diferente na tumba: solvitur omne decus leto niveosque per artus it Stygius color et formae populatur honores ("A morte roubou-lhe toda a beleza; um tom estígio espalhou-se sobre sua nívea pele e destruiu sua formosura"). Este artigo centra-se na análise destas duas estampas no âmbito da tradição de representações da melancolia e da vanitas durante o século XVI*" (Maria Berbara, "*"Vivitur ingenio, caetera mortis erunt": Andreas Vesalius e a representação da melancolia e da vanitas no século XVI europeu*", *Anamorfose - Revista de Estudios Modernos*, Vol. 2, No 1, 2014, pp. 21-36)
[71]Gabriel Rollenhagen, *Nucleus emblematum selectissimorum quae Itali vulgo impresas vocant priuata industria, studio singulari, vndiq3 conquisitus, non paucis venustis inuentionibus auctus, additis carminib illustratus*, Cologne, E Mufaeo coelatorio Crispiani Passaei Prostant apud Ioáné Ianfoniú bibliopolá Arnhemiésé, 1611, Emblème 1, s/n.
[72]George Wither, *A collection of emblemes, ancient and moderne: Quickened VVith Metricall Illustrations, both Morall and Divine: and disposed into Lotteries*, Londres, Printed by A[ugustine]. M[athewes]. for Henry Taunton, 1635, p. 1.
[73]Cf., dans la présente Collection, notre ouvrage sur cette oeuvre.
[74]https://gallica.bnf.fr/ark:/12148/btv1b102037628.item
[75]*Devises heroïques, par M. Claude Paradin Chanoine de Beaujeu*, Lyon, Par Iean de Tovrnes, et Gvil Gazeav, 1557, p. 152: "*La chaussetrape, de sa forme, est tousjours dangereuse: & preste à nuire, en quelque lieu qu'elle tombe, pour avoir une pointe aigue & droite dessus. Aussi les malicieus & meschans, ne se trouvent jamais sans porter un malencontre à ceus qui les suivent & frequentent. Ce furent telles chaussetrapes, qui furent gettees à travers les rues de Paris, par les meurtriers du Duc Louïs d'Orleans (ci devant mencionné[2]) à ce qu'on ne les suivist.*"
[76]Cf. Sara Agnoletto, "*Hermes versus Fortuna - Un percorso interpretativo sul tema della fortuna nel Rinascimento*", http://www.engramma.it/eOS/index.php?id_articolo=1111
[77]Cf., dans la présente Collection, notre ouvrage sur Mantegna.
[78]Wither, p. 228.
[79]"*Cet ivoire sculpté de 53 cm de haut figure dans "D'un regard l'autre. Histoire des regards européens sur l'Afrique, l'Amérique et l'Océanie" sous la direction d'Yves Le Fur (Musée du Quai Branly, Paris, 2006, 350 pages).*" (http://wodka.over-blog.com/article-1613410.html)
[80]https://www.pinterest.ph/pin/4714774583915499/
[81]http://art.famsf.org/mario-cartaro/allegory-time-and-death-19633036559
[82]http://artifexinopere.com/wp-content/uploads/2017/03/durer-1511-hieronymuszelle.jpg
[83]http://www.zeno.org/Kunstwerke/B/D%C3%BCrer,+Albrecht%3A+Tod+und+Landsknecht
[84]Cité par Vaisse, pp. 40-41 et Fig. 7.
[85]https://marinni.dreamwidth.org/307170.html
[86]https://ar.pinterest.com/pin/711639178588561455/?lp=true

[87]http://www.ancient-origins.net/news-history-archaeology/medieval-villagers-were-ready-mutilate-potential-zombies-007845
[88]https://ar.pinterest.com/pin/427701295835042981/
[89]https://www.christies.com/lotfinder/Lot/urs-graf-circa-1485-1528-two-mercenaries-and-6110731-details.aspx
[90]https://www.artlimited.net/agenda/exposition-miroirs-louvres-lens-peinture/fr/7583038
[91]http://www.histoiredelafolie.fr/psychiatrie-neurologie/le-diable-le-demons-representations-medievales-album-1
[92]http://www.sciencephoto.com/media/151502/view/woodcut-of-skull-snake-and-hourglass
[93]"*Lange Zeit glaubten die Menschen, dass der Zahnschmerz durch den Zahnwurm entstünde, der ein Zwischending zwschen echtem Wurm und Dämon war und durch gräßliche Schmerzen die Seele der Befallenen zerrüttete.*
Die Wurmtheorie, existierte bereits in der ersten Hälfte des zweiten vorchristlichen Jahrtausends und kann als Erfindung der mesopotamischen Heilkunde gelten. Erst im 18. Jahrhundert machten sich mehr und mehr Zweifel an der Existenz des Zahnwurmes breit.

Nachdem Anu den Himmel geschaffen hatte,
Der Himmel hatte die Erde geschaffen,
Die erde hatte die Flüsse geschaffen,
Und die Flüsse hatten die Sümpfe geschaffen,
Und die Sümpfe hatten den Wurm geschaffen---
Der Wurm ging, weinend vor Shamash,
Seine Tränen fließend vor Ea:
"Was wirst du mir zu Essen geben?
Was wirst du mir geben daran zu saugen?"
"Ich werde dir die reife Feige und die Aprikose geben."
"Was bringt mir die reife Feige und die Aprikose?
Hebe mich hoch und übergebe mir die Zähne und Gaumen!
Ich werde das Blut aus den Zähnen,
Und ich werde ihre Wurzeln am Gaumen benagen!"
Weil Du dies gesagt hast, O Wurm,
Soll Ea dich mit der Macht ihrer Faust schlagen!

After Anu had created heaven,
Heaven had created the earth,
The earth had created the rivers,
The rivers had created the marsh,
And the marsh had created the worm---
The worm went, weeping, before Shamash,
His tears flowing before Ea:
"What will you give me for food?
What will you give me to suck on?"
"I will give you the ripe fig and the apricot."
"What good is the ripe fig and the apricot?
Lift me up, and assign me to the teeth and the gums!
I will suck the blood of the tooth,
and I will gnaw its roots at the gum!"
Because you have said this, O worm,
May Ea strike you with the might of his hand!

Translated by E. A. Speiser, Ancient Near Eastern Texts Related to the Old Testament, edited by J. B. Pritchard (Princeton: Princeton University Press, 1969), 100-101.
Das chinesische Wort für einen kariösen Zahn ist „Chung Choo", das heisst Wurmzahn.
Mitunter sitzt die ganze Seele
In eines Zahnes dunkler Höhle.
Wilhelm Busch" (http://johannaschall.blogspot.com/2012/06/der-zahnwurm.html)
[94]http://www.ancientpages.com/wp-content/uploads/2018/06/toothworm-1.jpg
[95]http://www.collectmedicalantiques.com/gallery/history-and-myths
[96]http://johannaschall.blogspot.com/2012/06/der-zahnwurm.html

[97]"*This is a depiction of the infamous tooth worm believed by many people in the past to bore holes in human teeth and cause toothaches...*
Tooth worms have a long history, first appearing in a Sumerian text around 5,000 BC. References to tooth worms can be found in China, Egypt and India long before the belief finally takes root (pun intended) into Western Europe in the 8th century.
Treatment of tooth worms varied depending on the severity of the patient's pain. Often, practitioners would try to 'smoke' the worm out by heating a mixture of beeswax and henbane seed on a piece of iron and directing the fumes into the cavity with a funnel. Afterwards, the hole was filled with powered henbane seed and gum mastic. This may have provided temporary relief given the fact that henbane is a mild narcotic. Many times, though, the achy tooth had to be removed altogether. Some tooth-pullers mistook nerves for tooth worms, and extracted both the tooth and the nerve in what was certainly an extremely painful procedure in a period before anaesthetics. The tooth worm came under attack in the 18th century when Pierre Fauchard—known today as the father of modern dentistry— posited that tooth decay was linked to sugar consumption and not little creatures burrowing inside the tooth. In the 1890s, W.D. Miller took this idea a step further, and discovered through a series of experiments that bacteria living inside the mouth produced acids that dissolved tooth enamel when in the presence of fermentable carbohydrates.
Despite these discoveries, many people continued to believe in the existence of tooth worms even into the 20th century.
The piece of art at the top of the article is titled 'The Tooth Worm as Hell's Demon.' It was created in the 18th century by an unknown artist, and is carved from ivory. It is an incredibly intricate piece when you consider it only stands a little over 4 inches tall. The two halves open up to reveal a scene about the infernal torments of a toothache depicted as a battle with the tooth worm, complete with mini skulls, hellfire, and naked humans wielding clubs." (http://www.drlindseyfitzharris.com/2014/01/06/the-battle-of-the-tooth-worm/)
[98]http://www.aeclectic.net/tarot/cards/arcus-arcanum/;
http://www.tarocchigratuiti.it/tarocchi_carte/carte_dei_tarocchi.php
[99]http://dansesmacabres.tumblr.com/post/537886054/pamela-coleman-smith-la-mort-carte-de-tarot
[100]Cf., dans la présente Collection, notre ouvrage sur cette oeuvre.
[101]http://www.britishmuseum.org/research/collection_online/collection_object_details/collection_image_gallery.aspx?partid=1&assetid=128630001&objectid=720604
[102]http://www.design-is-fine.org/post/146374891074/rembrandt-harmensz-van-rijn-skeleton-rider-1655
[103]https://commons.wikimedia.org/wiki/File:The_three_living_and_the_three_dead.jpg?uselang=fr
[104]https://commons.wikimedia.org/wiki/File:Lancome_le_dict.jpg?uselang=fr
[105]https://commons.wikimedia.org/wiki/File:La_ferte_dict.JPG?uselang=fr
[106]http://fr.wahooart.com/@/AlfredRethel
[107]https://www.pinterest.fr/pin/309904018090235971/?lp=true
[108]https://fr.wikipedia.org/wiki/Le_Triomphe_de_la_Mort_(Brueghel)
[109]https://www.repro-tableaux.com/a/ecole-picturale-italienne/the-triumph-of-death.html
[110]*The Dances of death, through the various stages of human life: wherein the capriciousness of that tyrant is exhibited: in forty-six copper-plates*, Londres, S. Gosnell, ... for J. Scott, ... and Thomas Ostell, 1803, Pl. XXVI, p. 27.
[111]*Ibid.*
[112]*Discursos de los estados de las obligaciones particulares del estado y officio, fegun las quales ha de ser cada vno particularmente juzgado. Compuestos por el Padre Francisco Efcrivà Doctor Theologo de la Compañia de IESVS*, Valence, En cafa de Iuan Chryfoftomo Garriz, 1613, p. 477.
[113]Dernier chapitre qui, de fait, débute ainsi: "*Comme les choses humaines ne sont point éternelles, qu'elles vont toujours en déclinant de leur origine à leur fin dernière, spécialement les vies des hommes, et comme Don Quichotte n'avait reçu du Ciel aucun privilège pour arrêter le cours de la sienne, sa fin et son trépas arrivèrent quand il y pensait le moins. Soit par la mélancolie que lui causait le sentiment de sa défaite, soit par la disposition du Ciel qui en ordonnait ainsi, il fut pris d'une fièvre obstinée, qui le retint au lit six jours entiers...*" (Miguel de Cervantes Saavedra, *L'Ingénieux Hidalgo Don Quichotte de la Manche*, trad. de Louis Viardot, Paris, J.-J. Dubochet et Cie, 1837, T. II, "*Chapitre LXXIV. Comment Don Quichotte tomba malade, du testament qu'il fit, et de sa mort*", p. 746)
[114]Claude de la Colombière, *Sermons prechez devant son Altesse Roïale madame la Duchesse d'Yorck*, Lyon, Chez Anisson, Posuel & Rigaud, 1684, T. III, pp. 266-267.
[115]*Saint Longin le Centurion (ou sanctus Longinus sous sa forme latine) est une figure légendaire du christianisme, vénérée pour être le soldat romain qui a percé de sa lance le côté droit du Christ en croix.*
Selon la tradition, ce soldat se convertit et est mort martyr à Césarée de Cappadoce dont il est originaire. Il est fêté le 16 octobre en Orient et le 15 mars en Occident.
Son attribut est la lance (lonkhê en grec ancien, d'où dérive possiblement son nom qui apparaît dans l'Évangile de Nicodème).

La tradition attribue le nom de Longin au centurion cité en Marc 15,39: «le centurion, qui se tenait en face de lui, s'écria: Vraiment cet homme était fils de Dieu!»." (https://fr.wikipedia.org/wiki/Longin_le_Centurion)
[116]https://www.wikiart.org/en/lucas-cranach-the-elder/the-crucifixion-with-the-converted-centurion-1538 et https://commons.wikimedia.org/wiki/File:Lucas_Cranach_the_Elder_-_The_Crucifixion_with_the_Converted_Centurion_-_1959.15.23_-_Yale_University_Art_Gallery.jpg
[117]"*Du fait de son nom, on attribue à la main de justice la signification que le roi peut rendre la justice. Traditionnellement, on lui attribuait une dimension religieuse, chaque doigt de la main ayant une signification précise. Ils représentent ainsi:*
Le pouce: le roi
L'index: la raison
Le majeur: la charité
Les deux doigts: la foi catholique.
Les trois doigts ouverts symbolisaient également la Trinité." (https://fr.wikipedia.org/wiki/Main_de_justice#Symbolisme)
[118]Panofsky, pp. 153-154.
[119]http://www.janusdigital.es/upload/estaticas/image/Fig_04.jpg
[120]Cf. notre ouvrage sur Mantegna.
[121]*Ibid.*
[122]"*Otros testimonios del juego con las iniciales de los nombres lo vemos en el códice conocido como Cancionero de Pedro Marcuello y también como Devocionario de la Reyna Dª Juana a quien llamaron la Loca, cuyas composiciones y miniaturas han sido fechadas entre 1482 y 1502. En una estrofa que se cree fue compuesta hacia 1492 y a la que acompaña una miniatura, Marcuello describe una invención colocada sobre un yelmo, que consiste en un ramo de una planta de hinojo, que en Castilla se llama ynojo y en Aragón recibía el nombre de fenojo, pues las diferencias idiomáticas eran evidentes a finales del siglo XV en los dos reinos. El autor la aprovecha para alabar la condición religiosa de los Reyes Católicos, pues el nombre de Ysabel, como Ynojo, comienza con la misma letra que el nombre de la figura central del cristianismo, Ihesús Hemanuel, y la F de Fernando y de Fenojo, coincide con la palabra Fe.*
 Deste yelmo: la cimera
trahe dos sinifficados
destos Reyes prosperados.
Llámala Castilla ynojo
ques su letra de Ysabel
y de Ihesús Hemanuel.
Llámala Aragón ffenojo,
ques su letra de Fernando
y de ffe las dos de un vando.
(Marcuello, 1987: 61).
Y en otra miniatura, los Reyes son representados sosteniendo una mata de fenojo, por la que Pedro Marcuello simboliza la unidad de los soberanos ante la herejía:
Del fenojo en Aragón
la effe es letra primera
y en Castilla, en conclusión,
nombrándolo por razón,
es la Y más delantera.
Estos son sinificados
De vos, altos Reyes dos;
quan bien son considerados,
allamos que soys juntados
para seruicio de Dios
(Marcuello, 1987: 91).
A la vista de estos testimonios de la época, hemos de admitir que en la composición de las principales empresas de los Reyes Católicos se siguió la costumbre cortesana de los reinos españoles de utilizar como motivo de la pictura un objeto cuyo nombre comenzara por la misma letra que el nombre del enamorado o enamorada." (http://www.janusdigital.es/articulo.htm?id=5)
[123]http://www.janusdigital.es/upload/estaticas/image/Fig_04.jpg

[124]https://arbresplantesbible.wordpress.com/plantes/fenouil/; "*Malheur à vous, scribes et pharisiens hypocrites! parce que vous payez la dîme de la menthe, de l'aneth et du cumin, et que vous laissez ce qui est plus important dans la loi, la justice, la miséricorde et la fidélité: c'est là ce qu'il fallait pratiquer, sans négliger les autres choses.*" (https://www.info-bible.org/lsg/40.Matthieu.html#23)
La brillance de l'armure, aux armes de Jésus (IHS inscrit dans un médaillon sur le mur de droite pour le spectateur) apparaît dans le *Saint Georges et le dragon* (1508-1510) de Burgkmair (https://www.royalacademy.org.uk/exhibition/renaissance-impressions et https://d1inegp6v2yuxm.cloudfront.net/royal-academy/image/upload/c_limit,f_auto,w_1200/qpayieylwtlxczyoijwxjpg) toujours, comme "*Divvs... christianorvm militvm*", aussi bien dans le casque surmonté par une sorte de bouclier ou de miroir qui nous rappelle l'éventail aux mouches de notre *corpus*, que dans les ornements de tête du cheval.
On retrouve encore le casque aux plumes de paôn, simplifiées, dans le *Tablica Barnima III* (c.1543), https://www.pinterest.com/pin/292522938269343054/
L'ensemble de ce *corpus*, par rapport au heaume du *Devocionario de la Reyna D^a Juana*, doit être mis en parallèle avec le *Ritter, Tod und Teufel* (1513) de Dürer, https://fr.wikipedia.org/wiki/Le_Chevalier,_la_Mort_et_le_Diable, et la lance du chevalier avec, au bout, la queue de renard (symbole de convoitise dans l'emblématique, et l'un des rois ou des personnages sur la Roue de Fortune basse médiévale).
De fait: "*Cette gravure sur cuivre, datée de 1513, représente un homme armé à cheval, le diable qui a la griffe étendue comme pour le saisir et la Mort également à cheval présentant un sablier. La présence d'une queue de renard accrochée à la lance indique qu'il s'agit probablement d'un soldat de l'armée de Maximilien Ier.*
En Allemagne, cette œuvre a inspiré de nombreux écrits, a été exploitée à des fins idéologiques diverses et tient une place particulière dans la conscience collective allemande.
On a vu dans le chevalier qu'il représente l'archétype du chevalier allemand (On a cru reconnaître au xixe siècle, en pleine période nationaliste, le chevalier allemand Franz von Sickingen (1481-1523), l'un des personnages les plus notables de la première période de la Réforme protestante) ou du chevalier chrétien médiéval sans peur et sans reproche, thèmes développés à la même époque dans l'Enchiridion militis christiani (Le Manuel du soldat chrétien), d'Érasme en 1503. La gravure a aussi inspiré à l'écrivain romantique allemand Friedrich de La Motte-Fouqué son Sigurd der Schlangentöter, ein Heldenspiel (1808), première dramatisation allemande moderne des lieds des Nibelungen).
On y a vu aussi un «Raubritter», un chevalier brigand (de), ou un de ces soldats qui démobilisés se livraient dans les campagnes, au pillage et au meurtre au xvie siècle. Pour celui-ci, point de salut, le crâne signifie à terme la mort et le diable qui l'accompagne la damnation (acception reprise en 1728 par le pasteur Heinrich Conrad Arend).

Esquisses de l'œuvre
Une esquisse de l'œuvre existe, faite en 1498. Elle représente un homme déjà âgé monté sur un cheval au repos. Ce dessin paraît avoir été fait d'après nature et dans le haut on lit une inscription allemande de la main d'Albert Dürer qui constate que telle était l'armure en usage à cette époque en Allemagne («Daz ist die rustung zw der czeit jm Tewtzschlant gewest. 1498»).
Il est probable que Dürer se soit inspiré de modèles équestres, notamment ceux de Léonard de Vinci. On peut aussi faire un parallèle avec l'œuvre de l'Augsbourgeois Hans Burgkmair représentant Maximilien Ier à cheval en 1508." (https://fr.wikipedia.org/wiki/Le_Chevalier,_la_Mort_et_le_Diable)
[125]"*On ne foule pas la nielle avec le traîneau, Et la roue du chariot ne passe pas sur le cumin; Mais on bat la nielle avec le bâton, Et le cumin avec la verge.*" *(https://www.info-bible.org/lsg/23.Esaie.html#28)*
"*non enim in serris triturabitur gith nec rota plaustri super cyminum circumiet sed in virga excutietur gith et cyminum in baculo*" *(http://www.biblestudytools.com/vul/passage/?q=isaiah+27:12;+isaiah+28:27)*
"*Isaías 28:27 - Reina Valera 1960*
que al eneldo no se trilla con trillo, ni sobre el comino pasa rueda de carreta; sino que con un palo se sacude el eneldo, y el comino con una vara.

Isaías 28:27 - Nueva Versión Internacional
Porque no se trilla el eneldo con rastrillo, ni sobre el comino se pasa una rueda de carreta, sino que el eneldo se golpea con una vara, y el comino con un palo.

Ver Capítulo
Isaías 28:27 - Nueva Versión Internacional 1999

Porque no se trilla el eneldo con rastrillo, ni sobre el comino se pasa una rueda de carreta, sino que el eneldo se golpea con una vara, y el comino con un palo.

Isaías 28:27 - Biblia de las Américas
Pues no se trilla el eneldo con el trillo, ni se hace girar la rueda de carreta sobre el comino; sino que con vara se sacude el eneldo, y con palo el comino.

Isaías 28:27 - Dios habla hoy
Porque el eneldo no se trilla, ni se hace rodar sobre el comino una carreta; sino que el eneldo se sacude con un palo y el comino con una vara.

Isaías 28:27 - Kadosh Israelita Mesiánica
Que el eneldo no se limpia con trato severo ° ni sobre el comino se pasan ruedas de carreta; sino que con un palo se sacude el eneldo y el comino se desgrana con mayal. °

Isaías 28:27 - Nueva Traducción Viviente
Nunca se usa un mazo pesado para trillar el comino negro, sino que se golpea con varas livianas. Nunca se pasa una rueda de trillar sobre el comino, al contrario, se golpea suavemente con un mayal.

Isaías 28:27 - La Biblia del Oso RV1569
Que el axenuz no se trillará con trillo, ni sobre el comino rodará rueda de carreta; mas con vn palo se sacude el axenuz, y el comino con vna vara." (https://www.bibliatodo.com/biblia/Biblia-de-nuestro-pueblo/isaias-28-27)
"En Isaías 28:25, 27 se menciona junto al comino otra especia, en hebreo *qé•tsaj*. Los eruditos han traducido al español esta palabra hebrea de diversas maneras: "hinojo" (LT, NBE), "neguilla" (MK, NC), "yuyo" (RH) y "eneldo" (Str, VP). Sin embargo, tanto el contexto como su nombre en árabe (*qazha*) parecen apoyar la traducción "ajenuz" (NM; Val, 1868). El ajenuz (Nigella sativa) no está clasificado botánicamente con la planta del comino, ya que es de la familia de las ranunculáceas. Crece más o menos a la misma altura que el comino, tiene hojas similares parecidas a plumas y atractivas flores solitarias de pétalos purpúreos. En el interior del fruto se hallan unas semillas negras diminutas, más pequeñas que las del comino, que también son acres y aromáticas. Se emplean en comidas a modo de aderezo picante. Era especia favorita de los antiguos griegos y romanos. (GRABADO, vol. 1, pág. 543.)
Aunque en la actualidad ni el comino ni el ajenuz se cultivan extensamente en Palestina, en tiempos bíblicos eran mucho más comunes. Jehová dice por medio del profeta Isaías que el agricultor israelita siembra al voleo estas especias en la tierra arada, pero que da mayor atención a la siembra de granos más valiosos, como el trigo, el mijo y la cebada. También muestra que después de la cosecha no se trillaban las semillas del comino y del ajenuz con ruedas o trillos pesados, sino golpeando las cápsulas con un palo o, en el caso de las vainas más robustas del ajenuz, con una vara, para no dañar las semillas, que son pequeñas y tiernas. Como esta ilustración sigue a la exhortación que Jehová dirigió al pueblo de Israel de que cesara de mofarse en vista del inminente exterminio que se cernía sobre el reino septentrional, se debió dar para mostrar que la gente tenía la opción de responder a la acción disciplinaria de la vara de Jehová o verse sometida a la trilla severa e incesante como bajo el aplastante peso de los rodillos de una carreta. (Isa 28:22-29.)
Bajo la ley mosaica, los israelitas tenían que pagar el diezmo o la décima parte "de todo el producto de [su] semilla", lo que parece incluir toda cosecha cultivada. (Dt 14:22; Le 27:30.) En los días de Jesús los fariseos pagaban escrupulosamente el décimo de productos pequeños, como la hierbabuena, el eneldo y el comino (todos artículos de fácil venta), pero eran culpables de pasar por alto las obligaciones más importantes. (Mt 23:23; compárese con Lu 11:42.)" (https://wol.jw.org/es/wol/d/r4/lp-s/1200001084)
[126]https://www.pinterest.com/pin/218283913168142323/ et https://fr.wikipedia.org/wiki/Fichier:Hans_Burgkmair_-_Maximilian_I.jpg
[127]https://www.pinterest.com/pin/218283913168139029/, http://www.gettyimages.com/detail/illustration/emperor-maximilian-i-on-horseback-with-sword-and-armor-stock-graphic/664672473, https://s-media-cache-ak0.pinimg.com/236x/09/54/03/095403595519bd88d562978d45083ef1--horse-armor-roman-emperor.jpg et http://www.atelierdesarts.com/costumi/massimiliano-imperatore.php
[128]https://www.pinterest.com/pin/218283913168142354/
[129]https://s-media-cache-ak0.pinimg.com/236x/39/71/b0/3971b0a5d2b5872eabf6b86579baca69--r%C3%B6misches-reich-roman-empire.jpg et https://www.pinterest.de/pin/313915036506104981/
[130]Voir l'abondante iconographie de https://www.pinterest.com/pin/369717450643048559/?lp=true
[131]https://www.pinterest.com/pin/369717450643048559/

[132]https://www.pinterest.com/pin/524880531552899696/
[133]http://daten.digitale-sammlungen.de/~db/0002/bsb00020245/images/index.html?id=00020245&groesser=&fip=193.174.98.30&no=&seite=88
[134]*Ibid.*, http://daten.digitale-sammlungen.de/~db/0002/bsb00020245/images/index.html?id=00020245&groesser=&fip=eayaxsxdsydeayaeay awenxs&no=17&seite=16
[135]http://daten.digitale-sammlungen.de/~db/ausgaben/thumbnailseite.html?fip=193.174.98.30&id=00007174&seite=491
[136]https://www.pinterest.de/pin/430727151853625303/
[137]https://fr.wikipedia.org/wiki/Maison_du_Paon
[138]https://commons.wikimedia.org/wiki/File:Maison_du_Paon_03.JPG?uselang=fr
[139]Ferdinand Louis Bresler, *Les Souverains du monde: Ouvrage qui fait connaître la généalogie de leurs maisons,* Paris, Chez Guillaume Cavelier, fils, 1718, T. I, "*L'électeur de Brunsvic*", pp. 166-167.
[140]*Introduction a l'histoire generale et politique de l'univers, ou l'on voit l'origine, les revolutions l'etat present, & les interets des souverains. Par Mr. le baron de Pufendorff,* Amsterdam, Aux dépens de la Compagnie, 1721, T. III, p. 282
[141]Nicolas Viton de Saint-Allais, *Dictionnaire encyclopédique de la noblesse de France,* Paris, Chez l'Auteur, 1816, T. II, p. 282.
[142]M.G. Demay, "*Le Blason d'après les sceaux du Moyen-Âge*", *Mémoires de la Société nationale des Antiquaires de France,* tome XXXVII, 4ème Série T. VII, Paris, 1876, pp. 70 et 76-77.
[143]http://www.infobretagne.com/bretagne-tournois-chevaliers.htm
[144]https://www.universalis.fr/encyclopedie/discours-de-la-methode/
[145]*Œuvres de Descartes publiées par Victor Cousin,* Paris, Chez F.G. Levrault, Libraire, 1824, T. I, p. 176.
[146]*Ibid.*, pp. 201-203.
[147]https://fr.wikipedia.org/wiki/Fichier:D%C3%BCrer_Le_songe_du_docteur.jpg
[148]https://fr.wikipedia.org/wiki/Statue_%C3%A9questre
[149]https://fr.wikipedia.org/wiki/Monument_%C3%A9questre_%C3%A0_Gattamelata; à conséquences baroques: https://fr.wikipedia.org/wiki/Le_Cavalier_de_bronze_(Falconet); et avec antécédents, évidemment, antiques: https://fr.wikipedia.org/wiki/Statue_%C3%A9questre_de_Marc_Aur%C3%A8le
[150]Vaisse, pp. 11-12 et 42 ("*Retour à Philipp Rink*"). Vaisse lui-même, pp. 11-12, confirme la compréhension initiale comme celle d'un chevalier chrétien:
"*Si l'on excepte les mentions de sa gravure par Dürer lui-même, sur lesquelles nous reviendrons, le plus ancien texte connu qui la concerne est un passage de Vasari dans ses Vies d'artistes, au milieu du XVIe siècle. S'il y voit une allégorie du courage de l'homme («fortezza umana»), il s'attache moins à sa signification qu'à la maîtrise avec laquelle Dürer a su exprimer par le burin l'éclat des armes et la robe du cheval. Plus d'un siècle plus tard, Joachim von Sandrart, dans sa Teutsche Academie, mentionne parmi les grands cuivres de Dürer son «chevalier chrétien» sans autre commentaire et sans qu'aucun indice ne permette de savoir d'où lui venait cette appellation. En 1674, un an avant la parution de son livre, il avait été nommé directeur de l'Académie de Nuremberg. On peut donc supposer qu'il avait recueilli une tradition locale, et cette hypothèse trouverait sa confirmation dans l'expression de «geistlicher Ritter», c'est-à-dire de chevalier spirituel (spirituel étant ici opposé à temporel) qui sert à désigner la gravure de Dürer dans quelques manuscrits du XVIIe siècle.*

Il existait toutefois une autre tradition locale, plus fréquemment attestée, selon laquelle le cavalier aurait été un serviteur d'une famille patricienne de Nuremberg, un certain Philipp Rink qui, égaré la nuit dans une forêt, aurait rencontré la Mort et le Diable. Dans un catalogue manuscrit des oeuvres de Dürer rédigé par un peintre et marchand d'art de Nurem-berg mort en 1660 figure la mention suivante: «Fantôme, reître, à côté un chien dans la forêt. Philipp Rink a été un valet d'arme à cheval à Nuremberg, alors qu'il s'était égaré à cheval la nuit, il a rencontré cette apparitions». Les textes sont cependant trop ambigus dans leur brièveté pour permettre de discerner avec certitude s'il aurait été victime d'une vision nocturne, fruit d'une imagination apeurée, ou s'il aurait été emporté par la mort et le diable.

L'érudition locale a pu certifier qu'un Philipp Rink avait bien vécu à Nuremberg à l'époque de Dürer et que la ren-contre qu'il aurait faite dans la forêt était déjà l'objet d'une tradition orale avant la fin du XVIe siècle. Peut-être avait-on projeté sur ce personnage le contenu d'une ancienne légende populaire. Quoi qu'il en soit, le lien avec la gravure était bien établi au siècle suivant. Un collectionneur du XIXe siècle notait que, dans six des sept catalogues des XVIIe et XVIIIe siècles qu'il possédait, le personnage était identifié avec ce Rink, et dans un seul décrit comme un «geistlicher Ritter». Certains textes donnent toutefois les deux interprétations (pourtant exclusives l'une de l'autre) sans trancher entre elles.

Contrairement à ce qu'ont prétendu certains interprètes récents qui rejettent sans preuve l'une des deux traditions pour utiliser l'autre comme argument à l'appui de leur thèse, elles sont toutes les deux également sujettes à caution. L'une a pu naître d'un besoin largement répandu de voir des personnes réelles dans des compositions allégoriques; mais d'un autre côté, le chevalier chrétien, le miles christianus restait encore au XVIIe siècle une allégorie vivante, diffusée par de nombreux écrits, de sorte qu'on a fort bien pu en projeter l'idée sur une gravure dont la signification s'était perdue."

[151]https://fr.wikipedia.org/wiki/La_Conversation_sacr%C3%A9e

[152]Frank Muller, *Images polémiques, images dissidentes. Art et Réforme à Strasbourg (1520 – vers 1550)*, Baden-Baden et Bouxwiller, Valentin Koerner, 2017, pp. 126-133 et Ill. 25-26.

[153]*Ibid*, pp. 108-111 et Ill. 20-21.

[154]*Ibid*, p. 231 et Ill. 46.

[155]Cf. par ex. http://www.lemondedesreligions.fr/une/l-apocalypse-de-jean-comme-si-vous-y-etiez-14-12-2017-6877_115.php et http://the-uma.org/oeuvre/apocalypse-christ-au-glaive-tapisserie-angers/

[156]Ce qui est logique, d'ailleurs, renvoyant aussi bien à Matthieu qu'à Saint Paul ("*Il en va de même avec le christianisme qui permet, si l'on se réclame du Jésus qui tend l'autre joue, pardonne les péchés, répond à la haine par l'amour, invite à l'amour du prochain et au pardon des péchés, tolérant (celui de Montaigne), ou qui permet l'inverse si l'on se réclame, dans les Évangiles mêmes, du Jésus qui chasse les marchands du Temple avec un fouet (le moment qu'Hitler préférait dans les Évangiles…) ou qui dit: «Je ne suis pas venu apporter la paix mais le glaive» (Matthieu X.34-36), un glaive qui deviendra le symbole de saint Paul avec lequel le christianisme officiel a construit son idéologie plus qu'avec le Jésus de paix, de tolérance et d'amour qui n'aurait, lui, jamais rendu possibles les croisades, l'Inquisition, l'Index, la colonisation et le génocide des peuples d'Amérique.*", Michel Onfray avec la collaboration d'Asma Kouar pour l'entretien, *Penser l'Islam*, Paris, Grasset, 2016, https://vdocuments.net/penser-lislam.html, pp. 18-19).

[157]"*Dans la synopse des évangiles, seul Luc, le médecin bien-aimé rapporte lui aussi les propos du Seigneur:*
«*Pensez-vous que ce soit la paix que je suis venu mettre sur la terre? Non, je vous le dis, mais plutôt la division.*» *Luc 12:51 (version la T.O.B.)*

Apparemment, Luc confirme ce que Matthieu a écrit. Il remplace simplement le glaive par le mot division. Nous verrons que cette nuance est intéressante. Mais, maintenant, y a-t-il d'autres endroits où le Christ a utilisé des propos semblables? La réponse est oui. En particulier, lors de son arrestation dans le jardin de Gethsémané. Quand l'apôtre Pierre vit que Jésus allait être arrêté «il tira son épée; il frappa le serviteur du souverain sacrificateur, et lui emporta l'oreille.» A cette occasion, Jésus intervint et reprit Pierre en lui disant: «Remets ton épée à sa place; car tous ceux qui prendront l'épée périront par l'épée.» Matthieu 26:51-5

Pourtant, quant à la possession d'une épée, le christ avait eu des paroles déconcertantes, juste avant de partir au mont des Oliviers. «Il leur dit: «Lorsque je vous ai envoyés sans bourse, ni sac, ni sandales, avez-vous manqué de quelque chose?» Ils répondirent: «De rien.» Il leur dit: «Maintenant, par contre, celui qui a une bourse, qu'il la prenne; de même celui qui a un sac; et celui qui n'a pas d'épée, qu'il vende son manteau pour en acheter une. Car, je vous le déclare, il faut bien s'accomplisse en moi ce texte de l'Écriture: On l'a compté parmi les criminels. Et, de fait, ce qui me concerne va être accompli.» «Seigneur, dirent-ils, voici deux épées.» Il leur répondit: «C'est assez.» Luc 22:35-38 (version T.O.B)

L'éclairage de ce passage est édifiant, il laisse entendre que le port de l'épée n'était pas en vue d'une utilisation, mais d'une assimilation à la panoplie des brigands, afin que le Christ soit compté avec les sans-loi, autrement dit, les criminels, les bandits (ainsi s'accomplissaient les prophéties suivant lesquelles il serait compté au nombre des brigands)
Cela nous permet de comprendre la remontrance ferme de Jésus à Pierre, juste avant son arrestation, au mont des Oliviers. Cette compréhension est confortée par Luc, le médecin bien-aimé. Lors de la trahison de Judas au jardin de Gethsémané, les disciples, désemparés devant l'imminence de l'arrestation de Jésus, l'avaient déjà interpelé:
«*Seigneur frapperons-nous de l'épée?*» *Luc 22:49*
C'est là que Pierre, n'attendant pas la réponse, dégaina en un clin d'œil, et coupa l'oreille du serviteur. Mais, le Seigneur répondit par une réaction précise, voire tranchante: «Laissez, cela suffit! Puis il toucha l'oreille de l'homme et le guérit.» Luc 22:51 (version N.B.S.)
L'apôtre Jean donne une autre justification du refus de l'utilisation de la force par l'épée. Il dit à Pierre: «Remets ton épée dans le fourreau. Ne boirai-je pas la coupe que le Seigneur m'a donnée à boire?» Jean 18:11

Cela consiste à dire qu'il fallait que le Christ soit associé à une bande de brigands. Cela justifiait le port de l'épée, mais pas son utilisation (cf. Marc 14:27,48; Matthieu 27:38,44)
Cette subtilité d'interprétation se trouve confirmée avec une autre explication donnée par le Maître. S'adressant à Pierre, Jésus poursuit:
«Penses-tu que je ne puisse pas supplier mon Père, qui me fournirait à l'instant plus de douze légions d'anges? Comment donc s'accompliraient les écritures, d'après lesquelles il doit en être ainsi?... Mais tout cela est arrivé pour que soient accomplies les Ecritures des prophètes.» Matthieu 26: 53-54,56
Concernant l'accomplissement de ces prophéties, lire: Esaïe 53: 1-12; Zacharie 12:10, 13:7.
Cependant, le fond de l'explication de ce passage dérangeant est à comprendre en prenant en compte le contexte dans lequel il est présenté. Le texte parallèle de Luc nous éclaire par sa formule interrogative, et plus encore, par le remplacement de l'épée ou du glaive, par le mot division (cf. Luc 12:51)

Le sens de cette phrase nous renvoie à une compréhension d'un combat spirituel entre ceux qui sont avec le Christ, et ceux qui sont contre lui. La suite du récit de Matthieu va dans ce sens.
«Car je suis venu mettre la division entre l'homme et son père, entre la fille et sa mère, entre la belle-fille et sa belle-mère; et l'homme aura pour ennemis les gens de sa maison. Celui qui aime son père ou sa mère plus que moi n'est pas digne de moi, et celui qui aime son fils ou sa fille plus que moi n'est pas digne de moi; celui qui ne prend pas sa croix, et ne me suit pas, n'est pas digne de moi. Celui qui conservera sa vie la perdra, et celui qui perdra sa vie à cause de moi la retrouvera. Celui qui vous reçoit me reçoit, et celui qui me reçoit, reçoit celui qui m'a envoyé.» Matthieu 10:35-40

Il n'est nullement question dans ce développement de partir en guerre avec une épée, mais simplement d'être conscient d'un vrai combat concernant un idéal éminemment spirituel." (https://www.chretiens-en-marche.org/paroles-en-chemin/les-th%C3%A8mes-fondamentaux-du-christianisme/la-paix-ou-le-glaive/)
[158]https://fr.wikipedia.org/wiki/Tenture_de_l%27Apocalypse#Premi%C3%A8re_pi%C3%A8ce
[159]http://gregorien.info/bible/id/20/22/fr
[160]"Sources: Benevento, Biblioteca Capitolare V 21
London, The British Library, add. 30850 - Silos
London, British Museum - Ant. Sarisburiense
Lucca, Biblioteca capitolare 601
Sankt-Gallen, Stiftsbibliothek 390 p. 089
Worcester, Cathedral Library 160 - Worcester" (http://gregorien.info/chant/id/2432/0/fr)
[161]https://upload.wikimedia.org/wikipedia/commons/6/61/184_MS_65_F90_V.jpg
[162]https://fr.wikipedia.org/wiki/Les_Tr%C3%A8s_Riches_Heures_du_duc_de_Berry
[163]"Les Croisades - qui ont été vécues comme une lutte apocalyptique contre les forces du démon - vont d'autre part donner une nouvelle dimension au concept de militia deP et par voie de conséquence, une certaine actualité aux «cavaliers blancs». Une chapelle de la crypte de la cathédrale, à Auxerre, a été décorée au XIIIe siècle d'une fresque représentant quatre anges cavaliers; au centre, le Christ, vêtu de rouge et de blanc, chevauche un cheval blanc; cette figure très originale, et l'ensemble de la représentation sont évidemment inspirés des passages de l'Apocalypse évoqués plus haut: la figure du Cavalier Fidèle devient l'image emblématique du Chevalier, et explicitement celle du Croisé dans certaines Apocalypses flamandes ou sur un tableau de Van Eyck, où l'adversaire est clairement sarrasin.
On pourrait également s'intéresser à la représentation de saint Georges, si populaire dans la chrétienté orientale. Comme on le sait, il s'agit pour l'essentiel d'un saint militaire «fabuleux», dont la légende, originaire de Cappadoce et imprégnée d'influences iraniennes, qui ont laissé des traces tout à fait explicites dans les textes, a tout d'un conte fantastique des Mille et une nuits, selon l'expression, sans doute quelque peu méprisante, de H. Delehaye. Il est νιχτρόφορος, τροπχιοφόρος. Pour les Russes, il est Pobedonosets, le Victorieux. Il est monté sur un cheval blanc: cette couleur caractéristique est présente dès les premières versions de la légende: «Ἐφαίνετο ἐφ' ἵππου λευχοῦ χαθεζόμενος»; «Il apparut monté sur un cheval blanc.»
L'iconographie de saint Georges, qui vient de faire l'objet d'un magnifique ouvrage de G. Didi-Huberman, dont le propos dépasse l'étude iconographique traditionnelle, va nous fournir une fois de plus les indices de «survivances» structurales très bien caractérisées. Les nombreuses représentations qui évoquent saint Georges en cavalier, voire en chevalier, monté sur un cheval blanc - figure qui apparaît dès le Xe siècle dans les peintures rupestres de Cappadoce - armé d'une lance ou d'une épée, vêtu d'un manteau le plus souvent rouge, flottant derrière lui, sont très proches du Cavalier Fidèle et Vrai. Sa bannière est à croix de gueule sur champ d'argent, c'est-à-dire blanche à croix rouge.

Les peintres d'icônes se sont plu à opposer la blancheur du cheval au rouge du fond, du harnachement, du manteau du cavalier. Sur une icône de Novgorod, du XVe siècle, son bouclier rond porte un épisème solaire. Or bien des savants par le passé ont proposé de considérer saint Georges comme l'«héritier» de héros mythologiques, comme Persée, ou de dieux «païens», Horus, et de façon bien plus convaincante, le «héros cavalier», ou bien encore Mithra, conçu comme un dieu solaire. Certes la démonstration d'A. von Gutschmid porte la marque de son époque (le mémoire sur saint Georges date de 1861) et Krumbacher, dès 1911, y voit «une vraie caricature de la méthode comparative». Mais F. Cumont a repris le dossier, et a montré que la légende hagiographique reprenait bel et bien, à côté de légendes juives, des thèmes importants du culte mithriaque, y compris des éléments apocalyptiques." (André et Pierre Sauzeau, "*Les chevaux colorés de l'«Apocalypse»* II: *Commentaires, iconographie et légendes de l'Antiquité au Moyen Age*", Revue de l'Histoire des Religions, T. 212, No 4, 1995, pp. 386-387)

[164]"*En effet l'Apocalypse de Jean a suscité des commentaires importants où les couleurs des chevaux et les attributs des cavaliers sont généralement interprétés dans une perspective théologique à vrai dire hésitante et plutôt fumeuse. Le vin et l'huile du troisième cavalier seraient selon Primase le sang du Christ et l'onction du chrême, etc. Le Cavalier blanc, en particulier, a été compris comme le symbole de l'Évangile conquérant (dès Victorinus, au IIIe siècle). Césaire d'Arles explique que le Cheval Blanc, c'est l'Église; celui qui le chevauche, c'est le Christ; le cheval rouge, c'est le peuple mauvais, le diable; le cheval noir, encore le diable; le cheval pâle, les méchants, sortis contre le cheval blanc! Un des plus célèbres de ces commentaires, celui de Beatus de Liebana (texte de la fin du VIIIe siècle apr. J.-C.), fait des flèches du cavalier les prédicateurs eux-mêmes (predicatores tanquam sagittae). D'autres, plus tard, feront du cheval blanc l'église purifiée par le baptême, etc. Ainsi les symboles de l'Apocalypse, en quelque sorte «ouverts» à de multiples relectures, sont-ils réinterprétés selon une grille essentiellement empruntée à la théologie, qui privilégie d'une façon générale le cavalier blanc compris comme figure christologique. La dimension fonctionnelle et l'héritage iranien sont-ils alors complètement perdus de vue? C'est ici qu'il faut nous tourner vers l'iconographie.*

Il se trouve que ces commentaires et le texte lui-même, «qui va offrir à l'imagination médiévale le plus extraordinaire arsenal de symboles», qu'on inspiré de nombreuses illustrations, dont les fameuses enluminures qui accompagnent le Commentaire de Beatus. Ces manuscrits du Xe et du XIe siècle, qui s'inspirent souvent d'archétypes beaucoup plus anciens, voire antiques, donnent une représentation des quatre cavaliers. Dans l'ensemble, les illustrations respectent les couleurs imposées par le texte, avec quelques variations cependant. Ainsi le cavalier «blanc» se retrouve parfois sur un cheval tacheté - nous y reviendrons bientôt. Le rouge peut être un rose. Le «noir» peut être brun ou vert foncé, peut-être pour des raisons techniques. La couleur du cheval «verdâtre» n'est pas rendue de façon bien caractéristique. La symbolique des couleurs dans ces enluminures ne semble donc pas pouvoir être clairement analysée, et n'apporte rien de bien probant à l'hypothèse trifonction- nelle. Pourtant notre recherche d'un emprunt à l'Iran trouve ici quelques confirmations inattendues.

Intéressons-nous de plus près au premier cavalier. Il prend souvent, comme dans les commentaires et sous leur influence, une place privilégiée, qu'on pourrait se contenter d'expliquer par son assimilation au Christ et au Cavalier Fidèle et Vrai & Apocalypse XLX: par exemple son cheval sera plus grand que les autres, sa couronne pourra être un nimbe. Mais une première remarque absolument capitale s'impose ici: pourquoi, sur plusieurs de ces représentations parmi les plus anciennes, tire-t-il de l'arc retourné vers l'arrière de son cheval, selon la fameuse technique des Scythes et des Parthes? Plusieurs faits inexplicables autrement que par un souvenir du lien de notre thème avec les traditions iraniennes viennent confirmer l'intérêt de cette première question: pourquoi, sur certaines de ces images, le cheval blanc est-il en fait tacheté, marqué de signes en forme d'étoiles ou de lune? Comment expliquer cette «fantaisie» qui contredit le texte? Il suffit, pour trouver un début d'explication, de songer au cheval de Mithra décrit par Dion, dans le passage si curieux du char cosmique que nous résumons dans la première partie de notre recherche. D'autre part, les étoiles sont les yeux du dieu et figurent sur le costume royal des Iraniens.

Ce n'est pas tout. Le premier cavalier reçoit d'un ange une couronne assez curieuse, formée de deux boules superposées, qui n'est autre chose que l'interprétation de l'insigne royal des Parthes et des Sassanides. D'autres détails suggèrent une origine orientale, comme la forme de l'arc ou de la selle; la position du pied du cavalier, retenu sans étrier par une corde ou sangle, comme sur les représentations de rois parthes ou sassa- nides, est signe d'ancienneté et de fidélité au modèle antique: sur d'autres Beatus, l'artiste, dégagé de l'archétype, figure un étrier, et l'arc devient même, sous le pinceau d'un enlumineur moderniste, une arbalète! Ajoutons que le Cavalier Fidèle et Vrai, qui ne repose pas sur un archétype ancien, mais se trouve volontiers confondu, nous l'avons dit, avec notre cavalier blanc (et vice versa) porte parfois lui aussi une couronne parthe ou sassanide." (Ibid, pp. 381-384)

[165]Sur les variations, dans ce cadre spécifique, entre les deux éditions, à propos de l'évocation du "*dit dung mort*", comme le titule l'édition de Gaspard Philippe, cf. les deux notes suivantes. De fait, l'image de la Mort à cheval est bien apocalyptique chez Guy Marchant, puisqu'elle conclut l'envoi de l'ensemble de l'évocation (paysan, femme, mort): ""*Encor me fuyt raifon pour quoy/ De ceulx que ie tue de mon dart/ Et font fans nombre: croyez moy/ Car il en a la plus grant part./ Paradis nen a mye le quart/ Ne la difme: on luy feroit tort/ Grát: fil navoit tout au plus tart/ L'homme pecheur quant il eft mort.*" (s/n, p. 93 en partant de la page de titre interne).

[166]*Kalédrier et compoſt des bergiers*, Paris, Gaspard Philippe, sans date (entre 1506-1510), p. 90 (en partant de la page de titre interne). Non intitulé, le récit commence p. 90 de l'édition de Guy Marchant, 1496, s/n. Dans les deux cas, il entre en séquence avec les antérieurs "*Chanſon dung bergier qui n'eſtoit point maiſtre*" et "*chanſon dune bergiere qui bien ſe congnoiſſoit*" (qui nous renvoie au thème du pauvre soumis à Dieu, transversal, de la parabole du Riche et de Lazare, *Luc*, 16, 19-30, à Fable XVI "*La Mort et le Bûcheron*" du Livre I, 1668, https://fr.wikipedia.org/wiki/La_Mort_et_le_B%C3%BBcheron, de Jean de La Fontaine), contre la vanité des femmes ("*la chair/ le monde/ me gerroiët.../ ... Je conſidere que les vers mangeront/ Mon dolent corps*"), selon un motif que reprendra Pierre de Ronsard dans "*Mignonne, allons voir si la rose...*"

[167]*Kalédrier*, Gaspard Philippe, pp. 93ss. (en partant de la page de titre interne). L'image apparaît p. 91 (en partant de la page de titre interne) de l'édition de Guy Marchant, 1496.

[168]*Ibid*, pp. 22-25 et note 31 p. 22.

[169]Comme on le voit dans sa prière dans la *Vulgate*:
"*1 Domine Deus omnipotens patrum nostrorum, Abraham, Isaac et Iacob et semini eorum iusto,
2 qui fecisti caelum et terram cum omni ornatu eorum,
3 qui signasti mare verbo praecepti tui, qui conclusisti abyssum et signasti terribili et laudabili nomini tuo,
4 quod omnes pavent et tremunt a vultu virtutis tuae.
5 et insustentabilis ira super peccatores comminationis tuae,
6 inmensa vero et investigabilis misericordia promissionis tuae,
7 quoniam tu es Dominus altissimus super omnem terram, longanimis et multum misericors et paenitens super malitias hominum. tu autem Domine, secundum bonitatem tuam promisisti paenitentiam remissionis peccatorum,
8 et tu Deus iustorum, non posuisti paenitentiam iustis Abraham, Isaac et Iacob, his qui tibi non peccaverunt.
9 quoniam peccavi super numerum harenae maris, multiplicatae sunt iniquitates meae.
10 incurvatus sum multo vinculo ferri et non est respiratio mihi, quia excitavi iracundiam tuam et malum coram te feci, statuens abominationes et multiplicans offensiones.
11 et nunc flecto genua cordis mei, precans ad te bonitatem, Domine.
12 peccavi Domine, peccavi et iniquitatem meam agnosco.
13 peto rogans te Domine remitte mihi, remitte mihi, ne simul perdas me cum iniquitatibus meis neque in aeternum reserves ma la mihi,
14 quia indignum salvabis me secundum magnam misericordiam tuam.
15 et laudabo te semper omnibus diebus vitae meae quoniam te laudat omnis virtus caelorum et tibi est gloria in saecula saeculorum, amen.*" (http://www.thelatinlibrary.com/bible/manasses.html)

[170]https://en.wikipedia.org/wiki/Hussites

[171]https://fr.wikipedia.org/wiki/Croisades_contre_les_hussites

[172]https://fr.wikipedia.org/wiki/Compactata

[173]Cf. par ex. à ce propos l'affirmation suivante: "*The entire system of imagery shows that the Knight was conceived of as a purely negative character. The semantic context seems to present him not as a victim but rather as an associate of the Devil. Dürer had no liking for the knightage as a body. It is not for nothing that the rider's pike is adorned with a fox's tail, the sign of a marauding knight. We can judge of the connotations of the fox's tail by some of the German prints of Dürer's day. Thus, the woodcuts Shop of Foxtails (G. 1578) and and Foxtail (G. 1165), created c. 1535 by anonymous artists, testify both by their subjects and the accompanying inscriptions to the connection of the motif of foxtail with the ideas of falsehood, hypocrisy, oppression of others, and the use of violence in pursuit of gain.*" (The Renaissance engravers: fifteenth - and sixteenth - century engravings, etchings and woodcuts, L'Hermitage et Bournemouth, Parkstone/Aurora, 1996, p. 21)

[174]Lequel, probablement, renvoie à ce caractère de quête, comme le montre l'exemple suivant: "*Le caractère au contraire le plus saillant du moyen âge dans l'histoire et dans la littérature, c'est la diversité infinie, et c'est par là qu'il me plaît. Rien ne représente mieux la diversité charmante du moyen âge que la diversité même des notices qui composent ces deux piquants in-quarto; nous allons avec les auteurs des écoles aux couvents, des satires aux hymnes à l'église, des comédies aux sermons, des chroniques d'histoire aux récits des pèlerinages. Etes-vous curieux, par exemple, de connaître quelques-uns de ces pèlerinages si chers au moyen âge et qui faisaient d'amusants conteurs de voyages, quand ils ne faisaient pas des saints? Lisez dans le vingt et unième volume la notice de M. Le Clerc sur le cantique des pèlerins de Saint-Jacques de Compostelle et sur leur itinéraire. Vous saurez, après avoir lu cette notice, quand et comment le pèlerinage de Saint-Jacques a été établi; vous saurez les habitudes et les mœurs de ces pèlerins qui allaient chercher l'édification en Espagne, mais qui ne l'y portaient pas toujours. Vous connaîtrez même les diverses légendes et les singulières superstitions qu'ils trouvaient sur leur route comme autant de relais; mais ne vous hâtez pas de rire de ces superstitions ou de les prendre en pitié. Elles avaient leur bon côté. Ecoutez plutôt ce conte que M. Le Clerc tire des fabliaux. Un loyal chevalier vient*

d'entrer en Espagne avec son fidèle écuyer pour aller à Saint-Jacques de Compostelle. Parti de grand matin, il espère arriver le soir à Miranda, sur l'Ebre. Maître Renard, de son côté, cherchant les aventures, ou peut-être allant aussi à Compostelle, croise le chemin qu'avait pris le chevalier. «Voilà, dit celui-ci, un renard de belle taille. - Oh! monseigneur, dit l'écuyer, dans les pays que j'ai parcourus avant d'être à votre service, j'en ai vu, par la foi que je vous dois, d'une taille bien plus grande, et un entre autres gros comme un bœuf. — Belle fourrure, répond le chevalier, pour un chasseur habile! «Et il chemine en silence. Puis, élevant tout à coup la voix: «Seigneur, préserve nous tous deux de la tentation de mentir, ou donne nous la force de réparer notre faute, pour que nous puissions passer l'Ebre sans danger.» L'écuyer, surpris, demande au chevalier pourquoi cette prière. «Ne sais-tu pas, lui répond son maître, que l'Ebre, qu'il faut passer pour aller à Saint-Jacques, a la propriété de submerger celui qui a menti dans la journée, à moins qu'il ne s'amende?» On arrive à Zacorra. «Est-ce là, monseigneur, cette rivière? — Non, nous en sommes loin. — En attendant, sire chevalier, ce renard que j'ai vu n'était peut-être que de la grosseur d'un veau. — Eh! que m'importe ton renard?» Bientôt l'écuyer dit: «L'eau que nous allons maintenant passer à gué ne serait-elle pas celle?... — Non, pas encore. — En tout cas, monseigneur, ce renard dont je vous parlais n'était pas, je crois m'en souvenir, plus gros qu'une brebis.» A la vue de l'ombre des montagnes qui s'allonge, le pèlerin presse son cheval et découvre enfin Miranda. «Voilà l'Ebre, dit-il, et le terme de notre première journée approche. — L'Ebre! s'écrie l'écuyer; ah! mon bon maître, je vous proteste que ce renard était tout au plus aussi gros que celui que nous avons vu ce matin.»" (Saint-Marc Girardin, *Tableau de la littérature française au XVIe siècle: suivi d'études sur la littérature du Moyen Âge et de la Renaissance*, Paris, Didier et Cie, 1862, pp. 173-176)

[175]"*Or, si ce dernier exemple n'était pas connu de Sten Karling, il en donne lui-même plusieurs autres qui vont dans le même sens. Il cite en particulier un auteur, Olaus Magnus, qui écrivait dans un ouvrage sur les peuples du Nord publié à Rome en 1555 que les guerriers nordiques mettaient fréquemment une queue de renard à leur lance pour manifester à l'ennemi leur mépris. Mais, conscient que ces informations ne permettent en rien de faire du cavalier de Dürer un chevalier brigand, il tire argument du fait que le personnage chevauche seul dans une forêt (donc n'appartient pas à une troupe) pour supposer que la queue de renard devait posséder dans la gravure une tout autre signification, d'ordre symbolique... L'argument est donc opposable à chacune des deux interprétations en présence. Que les tenants de l'une l'utilisent pour discréditer l'autre est de bonne guerre; encore devraient-ils avoir assez d'esprit critique pour voir qu'il discrédite également la leur. Karling était conscient de la difficulté, puisqu'il cherche à la contourner par un recours au symbolisme. La même lucidité ne se rencontre pas chez ses contradicteurs: il est en effet illogique d'affirmer pour réfuter la thèse du chevalier brigand que la queue de renard n'est qu'un trophée de lansquenet (ou plutôt de reître, car les lansquenets ne combattaient pas à cheval) et de prétendre dans le même temps que celui qui porte un tel trophée serait l'image du chevalier chrétien.*" (Vaisse, pp. 50-52)

[176]https://www.pinterest.com/pin/453245149969817829/
[177]Cf., dans la présente Collection, nos ouvrages sur Heinrich Vogtherr l'Ancien et sur Mantegna.
[178]https://farm7.static.flickr.com/6216/6277433870_0f7aa94f35_o.jpg
[179]https://it.wikipedia.org/wiki/Giudizio_universale_(Michelangelo)
[180]https://it.wikipedia.org/wiki/File:Michelangelo,_giudizio_universale,_dettagli_51_inferno.jpg
[181]https://i.pinimg.com/736x/db/08/f2/db08f220927658e85e0a748df8453ae6-vanitas-memento-mori.jpg
[182]Vaisse, p. 58; et, antérieurement, Jean Wirth, *La Jeune fille et la mort: recherches sur les thèmes macabres dans l'art germanique de la Renaissance*, Genève, Librairie Droz, 1979, p. 78, que, curieusement, Vaisse, qui le cite souvent dans son ouvrage, ne référence pas sur ce point.
[183]La numérotation utilisée ici est reprise de celle de l'édition digitale de la Bayerischen Staatsbibliothek, http://daten.digitale-sammlungen.de/~db/0008/bsb00087482/images/
[184]Nous reprenons, de même, textuellement (bien que la traduction ne soit nôtre) les titres, que nous mettons entre guillemets, de ceux de l'édition digitale de la Bayerischen Staatsbibliothek, *ibid.*
[185]Cf, à ce propos, dans la présente Collection, notre ouvrage sur Vogtherr l'Ancien.
[186]Nous utilisons cette fois la numérotation de https://commons.wikimedia.org/wiki/File:Gebetbuch.01.jpg?uselang=fr
[187]Cf. par ex. *OEuvres complètes de Bossuet Évêque de Meaux*, Paris, Chez Lefèvre, et Chez Gaume, Frères, 1836, T. I, "*Psalmorum Liber IV*", p. 119.
[188]http://saintebible.com/psalms/95-11.htm
[189]https://www.aelf.org/bible/Ps/94; http://www.psautier.com/?psaume=94
[190]"*Hébreux 3:11*
Je jurai donc dans ma colère: Ils n'entreront pas dans mon repos!

Hébreux 4:3

Pour nous qui avons cru, nous entrons dans le repos, selon qu'il dit: Je jurai dans ma colère: Ils n'entreront pas dans mon repos! Il dit cela, quoique ses oeuvres eussent été achevées depuis la création du monde.

Hébreux 4:5
Et ici encore: Ils n'entreront pas dans mon repos!

Nombres 14:23
tous ceux-là ne verront point le pays que j'ai juré à leurs pères de leur donner, tous ceux qui m'ont méprisé ne le verront point.

Nombres 14:28
Dis-leur: Je suis vivant! dit l'Eternel, je vous ferai ainsi que vous avez parlé à mes oreilles.

Deutéronome 1:35
Aucun des hommes de cette génération méchante ne verra le bon pays que j'ai juré de donner à vos pères,

Deutéronome 12:9
parce que vous n'êtes point encore arrivés dans le lieu de repos et dans l'héritage que l'Eternel, votre Dieu, vous donne.

Psaume 99:8
Eternel, notre Dieu, tu les exauças, Tu fus pour eux un Dieu qui pardonne, Mais tu les as punis de leurs fautes.

Psaume 106:26
Et il leva la main pour jurer De les faire tomber dans le désert,

Ézéchiel 20:15
Dans le désert, je levai ma main vers eux, pour ne pas les conduire dans le pays que je leur avais destiné, pays où coulent le lait et le miel, le plus beau de tous les pays,

Ézéchiel 20:38
Je séparerai de vous les rebelles et ceux qui me sont infidèles; je les tirerai du pays où ils sont étrangers, mais ils n'iront pas au pays d'Israël. Et vous saurez que je suis l'Eternel." (http://saintebible.com/psalms/95-11.htm)
[191]"*L'Évangile de Saint Paul dans la Lettre aux Hébreux (He 3, 7-19 et 4, 1-13) sur le Psaume 94:*
«C'est pourquoi, comme le dit l'Esprit Saint dans un psaume (Ps 94): Aujourd'hui, si vous entendez sa voix, n'endurcissez pas votre cœur comme au temps du défi, comme au jour de l'épreuve dans le désert, quand vos pères m'ont mis à l'épreuve et provoqué. Alors ils m'ont vu à l'œuvre pendant quarante ans; oui, je me suis emporté contre cette génération, et j'ai dit: Toujours ils ont le cœur égaré, ils n'ont pas connu mes chemins. Dans ma colère, j'en ai fait le serment: On verra bien s'ils entreront dans mon repos! Frères, veillez à ce que personne d'entre vous n'ait un cœur mauvais que le manque de foi sépare du Dieu vivant. Au contraire, encouragez-vous les uns les autres, jour après jour, aussi longtemps que retentit l'«aujourd'hui» de ce psaume, afin que personne parmi vous ne s'endurcisse en se laissant tromper par le péché. Car nous sommes devenus les compagnons du Christ, si du moins nous maintenons fermement, jusqu'à la fin, notre engagement premier. Il est dit en effet: Aujourd'hui, si vous entendez sa voix, n'endurcissez pas votre cœur comme au temps du défi. Qui donc a défié Dieu après l'avoir entendu? N'est-ce pas tous ceux que Moïse avait fait sortir d'Égypte? Contre qui Dieu s'est-il emporté pendant quarante ans? N'est-ce pas contre ceux qui avaient péché, et dont les cadavres sont tombés dans le désert? À qui a-t-il fait le serment qu'ils n'entreraient pas dans son repos, sinon à ceux qui avaient refusé de croire? Nous constatons qu'ils n'ont pas pu entrer à cause de leur manque de foi. Craignons donc, tant que demeure la promesse d'entrer dans le repos de Dieu, craignons que l'un d'entre vous n'arrive, en quelque sorte, trop tard. Certes, nous avons reçu une Bonne Nouvelle, comme ces gens-là; cependant, la parole entendue ne leur servit à rien, parce qu'elle ne fut pas accueillie avec foi par ses auditeurs. Mais nous qui sommes venus à la foi, nous entrons dans le repos dont il est dit: Dans ma colère, j'en ai fait le serment: On verra bien s'ils entreront dans mon repos! Le travail de Dieu, assurément, était accompli depuis la fondation du monde, comme l'Écriture le dit à propos du septième jour: Et Dieu se reposa le septième jour de tout son travail. Et dans le psaume, de nouveau: On verra bien s'ils entreront dans mon repos! Puisque certains doivent encore y entrer, et que les premiers à avoir reçu une Bonne Nouvelle n'y sont pas entrés à cause de leur refus de croire, il fixe de nouveau un jour, un aujourd'hui, en disant bien longtemps après, dans le psaume de David déjà cité: Aujourd'hui, si vous entendez sa voix, n'endurcissez pas votre cœur. Car si Josué leur avait donné le repos, David ne parlerait pas après cela d'un autre jour. Ainsi, un repos sabbatique doit encore advenir pour le peuple de Dieu. Car Celui qui est entré dans son repos s'est reposé

lui aussi de son travail, comme Dieu s'est reposé du sien. Empressons-nous donc d'entrer dans ce repos-là, afin que plus personne ne tombe en suivant l'exemple de ceux qui ont refusé de croire. Elle est vivante, la parole de Dieu, énergique et plus coupante qu'une épée à deux tranchants; elle va jusqu'au point de partage de l'âme et de l'esprit, des jointures et des moelles; elle juge des intentions et des pensées du cœur. Pas une créature n'échappe à ses yeux, tout est nu devant elle, soumis à son regard; nous aurons à lui rendre des comptes»." (http://www.psaumes.site-catholique.fr/index.php?post/Psaume-95)

[192]http://m3c.univ-corse.fr/omeka/items/show/1778
[193]https://www.youtube.com/watch?v=vCVo3YMzHDQ
[194]http://m3c.univ-corse.fr/omeka/items/show/1778
[195]https://www.youtube.com/watch?v=JgEjI7J2I8c
[196]http://www0.cpdl.org/wiki/index.php/Regem_cui_omnia_vivunt_(Melchor_Robledo)
[197]https://fr.wikipedia.org/wiki/Tom%C3%A1s_de_Torrej%C3%B3n_y_Velasco#Musique_religieuse
[198]Ici, essentiellement dû à la figure de la Mort, non plus comme squelette, mais comme personnage vivant, alors que la même allégorie, commune dans les images et sculptures de l'époque, du crâne aux vers et lézards, iconographiquement déplacé, même si le nez creux et la peau verruqueuse sont autant d'éléments évoquant la Mort, et particulièrement celle de l'époque, des Grandes Pestes (XIVème-XVème siècles, correspondant, à peu près, dans sa chronologie, à celle de la Guerre de Cent Ans), en modifiant le cadre normatif référentiel visuel, provoque un détournement conceptuel d'éloignement connotatif pour le spectateur. Il en va de même pour le diable à croissant de lune sur le crâne et à gueule de bouc, évocation satanique, là aussi, moins directement médiévale, et plus liée à l'iconographie de la sorcellerie et du sabbat, qui opère un second glissement conceptuel, incommodant le processus de reconnaissance directe pour le spectateur. Le terme de "*sabbat*" apparaissant dans le poème *La Vengeance Raguidel*, du premier quart du XIIIème siècle (cf. Pierre-François Fournier, "*Étymologie de sabbat, "réunion rituelle de sorciers"*", *Bibliothèque de l'École des Chartes*, 1981, T. 139, Livraison 2, p. 247), et pleinement, comme mythe, au XIVème siècle, après 1321 (cf. Carlo Ginzburg, *Le sabbat des sorcières*, Paris, Gallimard, 1992; et Jean-Michel Sallmann, "*Carlo Ginzburg, Le sabbat des sorcières*", *Annales. Histoire, Sciences Sociales*, 50ème année, No 1, 1995. pp. 183-187), se développant, on le sait, les procès de sorcellerie, essentiellement aux XVème-XVIIIème siècles (cf. par ex. Théophile Louïse, *De la sorcellerie et de la justice criminelle à Valenciennes (XVIe et XVIIe siècles)*, Valenciennes, Typographie et Lithographie de Ed. Prignet, 1861; *Le sabbat des sorciers en Europe: XVe-XVIIIe siècle: colloque international E.N.S. Fontenay-Saint-Cloud, 4-7 novembre 1992*, sous la dir. de Nicole Jacques-Chaquin et Maxime Préaud, Grenoble, Jérôme Millon, 1993; Jean Palou, *La Sorcellerie*, Coll. "*Que sais-je?*", Paris, PUF, 2002).
[199]Cf., dans la présente Collection, notre ouvrage sur cette oeuvre.
[200]*Die Überlieferung sieht für die Jünger Jesu eine kriegerische Veränderung der Zustände oder eine gewaltsame Herbeiführung eines messianisch handelnden Erlösers nicht vor. Gleichwohl entfalten die Briefe des Apostels Paulus und die das Leben als Militia spiritualis begreifende Stoa Anklänge an soldatische oder kämpferische Metaphorik. Dazu zählen im übertragenen Sinne auch Waffen, wie etwa die „Waffen der Gerechtigkeit" oder die „Waffen des Lichts" (Röm 13,12), der „Panzer des Glaubens und der Liebe" (1 Thess 5,8) oder die „Rüstung Gottes"; das „Gürten mit Wahrheit, den Schild des Glaubens" gegen die „feurigen Geschosse des Bösen", den „Helm des Heils" und das „Schwert des Geistes" (Eph 6,13-17); sowie der geistliche Streiter, Soldat oder Kämpfer (2 Kor 10,3-6), (2 Tim 2,3f.), der zwar in der Welt lebe, der aber nicht mit den Waffen dieser Welt kämpfe. Der nicht zum Kanon gehörende erste Clemensbrief bezeichnet alle Christen als Streiter Christi: „Seid streitsüchtig, Brüder, und Eiferer – für das, was zum Heil dient!" (1 Clem 37).
Im weiteren findet sich bei Origenes die Kennzeichnung der christlichen Asketen als „Soldaten Christi". Mit den Schriften Tertullians, Cyprians und den Märtyrerakten verbreitete sich die kämpferische Metaphorik weit in die christliche Latinität (sacramentum, statio, vexilla, signum, donativum). So beschrieb Facundus von Hermiane Athanasius den Großen als Magister militiae Christi, so dass im 6. Jahrhundert die Benediktiner als geistlichen Grundsatz schließlich programmatisch formulierten: „Wir müssen unser Herz und unseren Leib zum Kampf rüsten, um den göttlichen Weisungen gehorchen zu können."
In der frühen Kirche kam hingegen für Christen eine Beteiligung am Militär wegen der damit verbundenen Kaiserkultes oftmals nicht in Betracht (siehe auch: Kriegsdienstverweigerung in der Spätantike).*

*Mittelalter
Im 10. bzw. 11. Jahrhundert wandelte sich die Deutung des christlichen Streiters von der geistlichen Metapher zum wörtlich verstandenen „christlichen Ritter" und „Soldaten Gottes". Zunächst übte der Ritter in der Gottesfriedensbewegung als bewaffneter Friedensgarant von Kirche und Gläubigen eine weltliche Gewaltfunktion aus.*

Im Zuge der aufkommenden Klosterreformen und des Investiturstreits sah sich Papst Gregor VII. veranlasst, den Begriff Militia christiana und die paulinische Rede vom „guten Kämpfer Christi" auf die bewaffneten Kräfte der Milites sancti Petri zu konzentrieren. Das Papsttum bediente sich nunmehr des Adels, der unter Einsatz militärischer Gewalt weltliche römische Interessen durchsetzen sollte.
In seinem Aufruf zum ersten Kreuzzug 1095 verlieh Papst Urban II. den Soldaten die ehrenvolle Bezeichnung Milites Christi. Damit einher ging die Institutionalisierung von Riten zur „Verteidigung und Schutz [...] für Kirchen, Witwen und Waisen, für alle Diener Gottes gegen das Wüten der Heiden", wobei der kirchliche Schwertsegen und die weltliche Schwertleite rituell verschmolzen. Die Milites christiani etablierten sich nunmehr in den geistlichen Ritterorden (Johanniter, Deutscher Orden), zum Schutz der Pilger und zum Kampf gegen die Ungläubigen, wobei die Militarisierung der Orden auf die 1145 mit der Bulle Militia Dei bestätigten Templer zurückgeht, zu denen unter anderem der Schwertbrüderorden zählte.
Der hl. Bernhard (1091–1153) unterschied in seiner Schrift De laude novae militiae ad milites Templi liber über die Neugründung des Templerordens zwischen Militia saecularis („weltlichen Streitern") und Militia Christi („christlichen Streitern").
Der von manchen Märtyrern der frühen Kirche überlieferte Kult um sogenannte Soldatenheilige verbreitete sich im Mittelalter weiter. In den Viten von Heiligen wie Mauritius, Sebastian, Georg und Johanna von Orleans flossen teils geistliche teils soldatische Tugenden zusammen." (https://de.wikipedia.org/wiki/Miles_christianus#Neues_Testament_und_Urchristentum)
[201]https://hyperallergic.com/396888/luxurious-terrifying-visions-of-death-in-renaissance-memento-mori/
[202]Cf. N.-B. Barbe, *Historia de la Arquitectura Moderna. Siglos XII-XVIII*, Saarbrücken (Allemagne), Publicia - OmniScriptum GmbH & Co, 2017.
[203]Cf., dans la présente Collection, notre ouvrage sur Mantegna.
[204]Pour plus de précision sur ce symbole, cf. *ibid.*
[205]Andreas Friedrich, *Emblemata Nova; das ist/ New Bilderbuch: Darinnen durch sonderliche Figuren der jetzigen Welt Lauff und Wesen verdeckter Weise abgemahlet/ und mit zugehörigen Reymen erkläret wirt ...*, Francfort, Lucas Iennis, 1617, pp. 94-95.
[206]Maurice Scève, *Délie Obiect de Plvs Havlte Vertv*, Lyon, Chez Sulpice Sabon pour Antoine Conftantin, 1544, pp. 32 et 79.
[207]*Ibid*, p. 59, mal numéroté comme "CXXXII".
[208]"*The virginal goddess Diana is frequently depicted with a hunting dog—see for example the mid-sixteenth-century painting of Diana the Huntress, accompanied by her greyhound, from the School of Fontainebleau (Louvre, Inv. 445). The presence of the dog (and the implicit reference to the Delian deity, who is identified with Délie in the volume) links the Narcissus emblem to that of another young hunter, Actaeon (also in book 3 of Ovid's Metamorphoses, 138-252), who is the subject of emblem 19 (see http://gallica.bnf.fr/ark:/12148/btv1b8609581h/f83.images=Delie%20scevelangFR). Actaeon's dogs devour him for having gazed upon what he should not: Diana punishes the youth for seeing her naked at her bath. It seems that both young hunters have unfortunate encounters with sylvan pools and fatal glances that bring about their downfall: Actaeon is punished for gazing upon the inaccessible, virginal goddess—going from hunter to hunted as he is transformed into a stag and torn apart by his own hounds, who no longer recognize their master as he loses the power of human speech; Narcissus, on the other hand, proves too inaccessible, virginal or self-sufficient to those who gaze upon his beauty. He is thus punished by Nemesis in the silvery pond where he is captured by the gaze of his own unattainable reflection and, thus, paradoxically transformed into both desiring subject and desired object. Barberis (2012) describes Narcissus as the errant Actaeon's double and links them to Pentheus, who is torn limb from limb by Bacchants, who recognize him despite his feminine disguise and punish him for having infiltrated their exclusively female group and thus violated their sacred Dionysian mysteries. Barberis also reminds us that there is a long tradition, from antiquity to Giordano Bruno, that links Actaeon's dogs to the dangers of thoughts (or the search for divine wisdom and beauty) that may prove deadly to humans; Barberis (2012, 48). For more on Mies name and the link to Delian deities (among others), see Frelick (1994b).*" (Note 38 de Robin O'Bryan, cap. "*3. Carnal Desire and Conflicted Sexual Identity in a 'Dominican' Chapel*", *Images of Sex and Desire in Renaissance Art and Modern Historiography*, New York et Londres, Routledge, 2017)
[209]"*The painting shows aspects of everyday life in the mid-sixteenth century. Clothes are clearly depicted, as are pastimes such as playing cards and backgammon. It shows objects such as musical instruments, an early mechanical clock, scenes including a funeral service, and various methods of execution, including the breaking wheel, the gallows, and the headsman. In one scene a human is the prey of a skeleton-hunter and his dogs. In another scene a man with a grinding stone around his neck is about to be thrown into the pond by the skeleton.*" (https://en.wikipedia.org/wiki/The_Triumph_of_Death#Description)
[210]*Emblemes nouveaux*, pp. 94-95.
[211]http://metmuseum.org/art/collection/search/336220
[212]https://hyperallergic.com/wp-content/uploads/2017/08/theivorymirror03-1080x839.jpg
[213]https://hyperallergic.com/wp-content/uploads/2017/08/theivorymirror07-1080x1625.jpg

[214]https://en.wikipedia.org/wiki/Damned_Soul_(Bernini)
[215]Cf., dans la présente Collection, notre ouvrage sur Edvard Munch.
[216]*Sermons pour les retraites avec des discours ecclesiastiques des panégyriques &c. Par M. COLLET Prétre de la Congrégation de la Miſſion, Docteur en Théologie*, Lyon, Chez Jean-Marie Bruyset, 1763, T. I, "*Sermon sur l'Enfer*", pp. 324-325 et note "*(p)*" p. 325. Cf. aussi: "*Melior est mors quam vita amara: La mort vaut mieux qu'une vie amère; ceux qui n'écoutent que les sentiments de la nature, aiment mieux mourir que de traîner une vie languissante; au lieu que cet état d'affliction serait pour eux le plus grand des biens, s'ils s'en servaient, comme la foi le leur devrait apprendre, pour faire pénitence de leurs péchés, pour apaiser la colère de Dieu et pour prévenir ses jugements: ce sont les sentiments de ces personnes que le Sage représente.Jer.2.19. Vide quia malum et amarum est reliquisse Dominum Deum tuum: Comprenez quel mal c'est pour vous, et combien il vous est amer d'avoir abandonné le Seineur votre Dieu; c'est-à-dire, combien c'est pour vous une source de malheurs. c. 4. 18.*" (Huré, *Dictionnaire Universel de Philologie Sacrée*, T. I, dans *Encyclopédie théologique, ou Série de dictionnaires sur toutes les parties de la science religieuse*, Paris, Jacques-Paul Migne, 1846, T. V, p. 217)
[217]Collet, p. 325.
[218]http://objektkatalog.gnm.de/objekt/Pl.O.3211
[219]http://www.britishmuseum.org/research/collection_online/collection_object_details.aspx?assetId=180741001&objectId=35319&partId=1
[220]"*Cet objet de grande curiosité en ivoire sculpté est un Memento Mori qui, dans l'iconographie médiévale, rappelle aux contemporains une maxime lourde de sens: «Souviens toi que tu es mortel».
Il présente deux faces affrontées reliées ensemble par l'arrière de la tête. La première montre un crâne humain effrayant, deux trous profonds marquant les yeux, la bouche déformée par un large rictus découvrant une série de dents gâtées ou prend place un crapaud. Son front est gravé d'une inscription partiellement lisible où l'on peut lire notamment le mot «Mort». De l'autre côté, le sculpteur a représenté un visage humain, en cours de décomposition, coiffé d'un voile recouvrant de fi nes cheveux. De ses yeux clos soulignés par de multiples cernes sortent des insectes, signes de sa mise en terre. Ce personnage au visage émacié et décharné est traversé par d'autres parasites pénétrant son nez et ses oreilles. Son front est également barré d'une inscription en lettres gothiques difficilement déchiffrable.
Cette curieuse représentation, sordide pour notre époque, est en revanche très familière au XVIe siècle qui entretenait avec la Mort un rapport tout à fait particulier. Ces Memento Mori apparurent dès la fi n du bas Moyen âge et étaient destinés à rappeler au fi dèle sa condition mortelle et la récompense ou la punition divine qui l'attend. C'est pourquoi, crânes humains, transis et autres squelettes ont pris place dans les manuscrits, sculptures et peintures de cette époque. Chacune de ses représentations avait une symbolique très claire pour celui qui les contemplait: Il ne faut pas oublier que nous sommes mortels et se regarder souvent dans le miroir. Notre objet, compte tenu de la disposition des deux têtes renvoient justement au reflet d'un miroir. Pour les personnages de cette époque, se regarder dans une glace est vanité et renvoie à la fugacité du temps.
Le principe du Memento Mori est en réalité l'alternative chrétienne au Carpe Diem antique. Alors que cette dernière formule incite à profiter de la vie, le Memento Mori s'accompagne d'un message moralisateur. Il convient d'agir et d'adopter un comportement en fonction de la brièveté de l'existence et ainsi assurer le salut de son âme.
Notre objet traduit parfaitement l'ensemble de ces sentiments qui, lorsque son propriétaire le regardait, voyait défiler sa vie: être de chair qui devient squelette en passant par un stade de décomposition.
On peut comparer notre objet à deux Memento Mori conservés dans le fonds F. Bouquillon et présentés lors de la très récente exposition Entre Paradis et Enfer-Mourir au Moyen-âge en 2011 à Bruxelles. Datés du XVIe siècle, ils présentent tous deux une double face avec un crâne et un personnage humain, infestés d'insectes et inscrits sur le front.*" (http://www.alaintruong.com/archives/2011/07/27/21689470.html)
[221]https://i.pinimg.com/736x/66/84/18/6684189e07185f8342a713f120d35c99--walking-canes-ivoire.jpg
[222]https://www.flickr.com/photos/32378995@N08/4865262361
[223]http://www.sinaiandsons.com/catalogue/19th%20Century/Ivory/Japanese%20Ivory%20Skull%20with%20Coiled%20Snake%20and%20Toads.php
[224]https://www.metmuseum.org/art/collection/search/363830
[225]http://mapage.noos.fr/phguillemet/img%20def/vanite/crane-lezard.jpg
[226]https://i.pinimg.com/564x/2d/22/fc/2d22fcf2446996a1142597922572d4a6.jpg
[227]"*Soit dialectiquement, comme le chardon, puisque: "Por su parte Isidoro de Sevilla, no sólo se hizo eco de los asertos de aquellos tratadistas, sino que los amplificó, aseverando que una salamandra es capaz "de emponzoñar y secar un árbol frutal, y envenenar los pozos de agua potable". Algunos escritores, como el obispo alemán Rabano Mauro, a mediados del siglo IX, reproducirán con bastante fidelidad las afirmaciones del obispo hispalense, que serán inspiradoras de las primeras representaciones gráficas del animal.*

El propio San Agustín (siglos IV-V) recurrirá también a la salamandra, como símbolo del condenado que sufrirá las llamas eternas del Infierno, sin consumirse." (https://es.wikipedia.org/wiki/Salamandra_(mitolog%C3%ADa)); soit littéralement: *"La salamandre symbolise la foi qui ne peut être détruite. Elle a été comparée au prophète Daniel qui survécut au supplice des lions, mais aussi aux Hébreux qui furent jetés au feu sur ordre de Nabuchodonosor mais demeurèrent intouchés par les flammes ou encore à l'apôtre Paul.*

Alchimie
L'alchimiste Paracelse comptait sept races de créatures sans âme: les génies des Éléments à forme humaine mais sans âme ni esprit (inanimata), les géants et les nains sur la terre. Il croit aux génies des quatre Éléments. La Terre, par génération spontanée, produit des nains qui gardent les trésors sous la montagne; l'Eau produit les ondines; le Feu, les salamandres; l'Air, les elfes. Ensuite viennent les géants et les nains issus de l'air, mais qui vivent sur la terre.
La salamandre était l'être élémentaire associé à l'élément Feu des Anciens. L'animal du même nom n'était en fait qu'une représentation symbolique de l'esprit élémentaire du Feu. La salamandre est un esprit du feu, comme l'Ondine est un esprit élémentaire de l'Eau, le Gnome un esprit élémentaire de la Terre, et le Sylphe un esprit élémentaire de l'Air.
En 1892, dans le roman d'Anatole France La Rôtisserie de la reine Pédauque, un alchimiste affirme avoir établi une relation avec les salamandres.

Emblématique
La salamandre va connaître un succès sans précédent sous François Ier, qui l'adopte comme corps de devise avant même son accession au trône. La salamandre est représentée assise dans les flammes et crachant des gouttes d'eau. Le mot qui accompagne cette figure, «Nutrisco et extinguo» ("je nourris le bon feu et j'éteins le mauvais") ou "je me nourris du bon feu et j'éteins le mauvais"), est en accord avec cette image. Si le sens global est cohérent, il reste néanmoins assez mal élucidé, aucune interprétation ne faisant à ce jour l'unanimité. Il est possible de voir dans le "bon feu" de la foi et de l'amour chrétien qui "nourrissent" le souverain, et dans le "mauvais" l'impiété et la sédition qu'il combat sans relâche. Le corps de la devise est probablement une combinaison d'éléments de l'emblématique milanaise, François Ier prétendant à la succession du duché de Milan: la salamandre rappelle la guivre des Visconti et la cohabitation des flammes et de l'eau rappelle les boutefeux munis de seaux d'eau des Sforzas.
Cette formule emblématique sature littéralement le décor des palais de François Ier. À Chambord, la salamandre est le plus présent de tous les éléments du répertoire monarchique, devant les lys et les couronnes. Elle est largement associée à l'hermine, animal qui représente Claude de France, épouse de François Ier, reine de France et duchesse souveraine de Bretagne.
François Ier n'a pas l'exclusivité de la salamandre, on la trouve aussi dans les armes de Jobelot de Montureux, en Franche-Comté (de sable, à la salamandre couronnée d'or), Despierres de Brécourt, de Rochepot, en Berry (d'or, à la salamandre de gueules, accompagnée de trois croisettes de sinople). Néanmoins la plupart des blasons comportant une salamandre couronnée, surtout celles de communes, sont une allusion à un rapport avec François Ier." (https://fr.wikipedia.org/wiki/Salamandre_(animal_l%C3%A9gendaire)#Symbolique_de_la_salamandre); on notera, quant au contexte allemand de la Réforme, que: *"A frequently-cited illustration of a salamander is presented in an influential 20th-century occult work by Manly P. Hall, Secret Teachings of All Ages, in which it is attributed to Paracelsus. This illustration appears to originate in a 1527 anti-papal tract by Andreas Osiander and Hans Sachs, where it is identified as "the Pope as a monster". Its association with Paracelsus derives from his Auslegung der Magischen Figuren im Carthäuser Kloster zu Nürnberg in which the author presents explanations of some illustrations found in a Carthusian monastery in Nuremberg; the illustration in question he labels as "a salamander or desolate worm with a human head and crowned with a crown and a pope hat thereon," which is later explained to represent the Pope. Catholic Archbishop Raymund Netzhammer (1862–1945) explained that the set of woodcuts it belongs to was commissioned by Osiander based on some old "pope illustrations" found at the monastery, which Netzhammer thought may have dated back to the time of Joachim of Fiore (d. 1202) and were intended as cartoons mocking the Pope and the Church."* (https://en.wikipedia.org/wiki/Salamanders_in_folklore#Medieval_lore)
[228]*"True Vertue is a Coat of Maile,*
'Gainſt which, no Weapons can prevaile." (Wither, p. 112)
[229]*If, therefore, thou thy Spoolers, wilt beguile,*
Thou muſt be armed, like this Crocodile;
Ev'n with ſuch nat'rall Armour (ev'ry day)
As no man can beſtowe, or take away:
For, ſpitefull Malice, at one time or other,
Will pierce all borrowed Armours, put together.
Without, let Patience purifie thy Skin;

Ler Innocence, line thy heart within;
Ler conſtant Fortitude, unite them ſo,
That, they may breake the force of ev'ry blow:
And, when thou thus art arm'd, if ill thou ſpeed;
Let me ſuſtaine the Miſchieſe, in thy ſteed." (Ibid.)
[230]*Les Emblemes dv Signevr Iehan Sambvcvs. Traduits de Latin en François*, Anvers, De l'imprimerie de Chriſtophle Plantin, 1567, p. 135.
[231]"*Le vulgaire qui a des raisons ignorance*
Voulant tant seulement ensuyvre son cerveau
S'enquiert qui fut premier l'enclume ou le marteau,
Et ne veut croire ceux qui ont la science.
Car Dieu mist quant et-quant en nostre esprit, l'usage
Proche à l'invention: & en un mesme instant
Il crea l'en & l'autre, ainsi feit-il d'autant
Qu'ayant pouvoir sur tout, il est tout bon & sage.
Le coeur ne fut point faict long temps devant le foye
A l'instant par accord ils furent assemblez:
Il ne faut doncques pas que nous soyons troublez
Pour un soing curieux qui souvent nous desvoye." (Ibid., p. 136)
[232]Ibid., p. 137.
[233]Ibid., p. 138.
[234]"*Tous les ans le serpent sortant au renouveau*
En un pertuis estroict laisse la vieille peau:
Que si le poursuyvant tu l'arrestes à l'heure
Seulement en tes mains ceste peau te demeure:
Estant ainsi frustré chez toy tu reviendras,
Et pour la theriaque un serpent ne tiendras,
Il faut donc que celuy qui poursuit quelque chose,
Que la cause & le temps & l'heure il se propose:
Car l'heure apportera & pourra descouvrir
Cela qu'on aura sceu en mille ans recouvrir.
Chasque chose a son temps, l'hyver ensuit l'automne:
L'esté brusle les fleurs que le printemps nous donne,
Les fleurs, les bleds, les vins, & les frimats gelez
Par les quatre saisons aux hommes sont donnez." (Ibid., pp. 137-138)
[235]*Hadriani Ivnii Medici Emblemata, ad D. Arnoldvm Cobelivm, eivsdem aenigmatvm libellvs, ad D. Arnoldvm Rosenbergvm*, Anvers, Ex officina Chriſtophori Plantini, 1565, p. 31.
[236]"*Qui Deus es? Phoebo satus atque Coronide. habes cur*
Sceptrum? aegris ut rex impero. quid resides?
Sit sedato animo medicus. quid verticem inumbrat
Laurea? perpes enim vivit ab arte decus.
Nodoso baculo quid nitere? difficilem artem
Id notat. hinc cur stat Gallus, & inde Draco?
Cura vigil medicum decet ac custodia. quid vult
Sub pedibus Canis? hoc symbolon est fidei.
Quidve tegit mentum propexa incanaque barba?
Longa aetas firmat iudicium atque fidem.
Aesculapius Apollinis ex nympha Coronide filius, in deorum numerum olim receptus fuit, quoniam rudem adhuc & vulgarem medicinae scientiam paullò subtiliùs excoluisset, ut Cornelius Celsus ait: quanquam Trismegistus, interprete Apuleio, medicinae repertorem falso nominat. Huius simulacrum variis modis effigiavit antiquitas: nam apud Sicyonios imberbem stetisse, altera manu sceptrum; altera pineam nucem obtinentem, memorat in Corinthiacis Pausanias. in eadem historia refert à Thrasymede Pario exsculptum fuisse Aesculapium in solio sedentem, baculum tenentem manu, altera caput Draconis mulcentem, cum accubante cane. Consentit in multis & Festus Pompeius, lauream insuper illi attribuens. Ego collectis symbolis omnibus, & quasi in unam (quod

dicitur) myconum coniectis, talem fermè medici sive Aesculapii Iconem conflavi. Virum gravem pinxero, barbatum, throno insidentem, laureatum, sceptrum gerentem altera manu, nodosum baculum altera, astantes illi hinc Draconem, hinc gallum, stratumque ad pedes canem. Nunc commenti, symbolive rationes subiiciam. Aesculapii nomen haud temerè in medicum competit, quippe cuius sit placidè curare aegrotos. id quod Graecis sonat vocisetymon ἀσκεῖν ἠπίος. Barba illi datur velut adultae & longae multarum rerum experientiae argumentum. Sedentis imago denotat, sedato animo, neque vagum esse debere: Laurea coronatum existimo, ob eximium et immortale ex arte salutari decus: quanquam Festus eò referat, quòd laurus arbor sit plurimorum remediorum. Sceptrum illi cum Pausania tribuo, ut dignitas medici eò repraesentetur, qui Regis in morem aegris imperare debet: quo spectat invectiva Galeni, libro primo Therapeutices: medicos sui temporis incusantis, quod mancipiorum ritu aegris subservirent ac obsecundarent, contra maiorum ab Aesculapio oriundorum morem, qui velut reges subditis, & veluti duces militibus, praescribebant aegrotis quae fieri vellent. Bacillum nodosum tribuit illi antiquitas, ut difficultatem significarent artis plurimis rerum discendarum anfractibus nodisque difficilibus involutae: tametsi Eusebius hoc interpretetur aegrotorum sustentaculum: & Cornutus libro de natura Deorum, quod medici opera confirmemur, ne tam properè in morbos incidamus: Draconem assistentem dant omnes. Cornutus tum propter diligentiam in curandis aegris insomnem, tum quòd medici industria aegri à morbis veluti reiuvenescant, seniumque deponant, serpentium more, unde Macrobius, lib. I. Saturnaliorum Aesculapii & Salutis simulacris Draco, inquit, subiungitur, quia praestant ut humana corpora, velut infirmitatis pelle deposita, in pristinum revirescant vigorem. Praeterea constat aedium sacrarum, adytorum, oraculorum & thesaurorum custodiam olim Draconibus assignatam fuisse, cùm quia acutissimè cernant, tum propter invictas vigilias, quod sensit & Festus at Plinius lib. 29. ca. 4. Draconem Aesculapio sacrum voluit, propter remediorum, quae illi insunt, multitudinem. Gallus eidem adiungitur, quòd vigilantissimum sit animal: nam sollicitum & vigilantem medicum requirunt res aegroti. Canem illi subiicio, ut animal fidissimum. quid autem medicum magis deceat, quàm indubitatam fidem, integritatemque aegrotis servare? quae res Philippum Acarnanem Alexandro commendatum habuit, licet parricidii crimine, sed immerito perstrictum. neque enim placet quod Festus ait, ideo adhiberi canem, quòd canino lacte sit enutritus. quod tamen apud Lactan-tium etiam legitur." (Ibid., pp. 109-112)

[237]*Viriclarissimi D. Andreæ Alciati Iuroconfultifs Mediol. ad D. Auguftanum, Iurifconfultum Emblematurum liber*, Augsbourg, sans nom d'éditeur, 25 Février 1531, p. D2r.

[238]*Ibid.*, sur la même page.

[239]*Ibid.*, p. D2v.

[240]*Ibid.*, p. D3r.

[241]Voir ainsi aussi, cf. note suivante: "LE LION.
Teius lemniscatus, var β, Merr.; Lacerta sex-lineata, Linn., Fitz.
Voici l'emblème de la force appliqué à la faiblesse, et le nom du roi des animaux donné à un bien petit lézard: on peut cependant le lui conserver, parce que ce nom est aussi souvent pris pour le signe de la fierté que pour celui de la puissance. Le lézard-lion redresse presque toujours sa queue en la tournant en rond; il a l'air de la bardiesse, et c'est apparemment ce qui lui a fait donner par les Anglais le surnom de Lion, que plusieurs naturalistes lui ont conservé. Il se trouve dans la Caroline: son espèce ne diffère pas beaucoup de celle de notre lézard gris: trois lignes blanches, et autant de lignes noires, règnent de chaque côté du dos, dont le milieu est blanchâtre; il a deux rides sous le cou; le dessous des cuisses est garni d'un rang de petits tubercules, comme dans l'iguane, le lézard gris, le lézard vert, l'améïva, etc.; la queue se termine insensiblement en pointe.
Le lézard-lion n'est point dangereux; il se tient souvent dans des creux de rochers, sur le bord de la mer; ce n'est pas seulement dans la Caroline qu'on le rencontre, mais encore à Cuba, à Saint-Domingue et dans d'autres Îles voisines. Ayant les jambes allongées, il est très-agile, comme le lézard gris, et court avec une très-grande vitesse; mais ce joli et innocent lézard n'en est pas moins la proie des grands oiseaux de mer, à la poursuite desquels la rapidité de sa course ne peut le dérober." (*Histoire naturelle de Lacépède*, comprenant les cétacés, les quadrupèdes ovipares, les serpents et les poissons. Nouvelle édition, précédée de l'éloge de Lacépède par Cuvier, avec des notes et la nouvelle classification de M. A.-G. Desmarest, Paris, Adolphe Delahays, Libraire, 1856, T. I, p. 207)

[242]"*A mesme argument (ce semble) que l'Empereur Tite Vespasien portoit en Devise l'Ancre, ensemble le Dauphin, le Pape Paule III. portoit aussi le Cameleon & le Dauphin, ainsi sinifiant tousjours celle lente hativeté, ou maturité requise en tous afaires, esquelz faut entendre moyennement.*" (*Devises heroïques*, par M. Claude Paradin Chanoine de Beaujeu„ p. 188)

[243]*Les Emblemes dv Signevr Iehan Sambvcvs*, p. 114.

[244]Muller, p. 109 et note 276, à propos de l'Ill. 20.

[245]"*Non, ce n'est pas assez bour bien entretenir
Un royaume en estat, que seulement tenir
Et le tiltre & le sceptre avecque la couronne,
Qu'aux Roys & Empereurs communement on donne.
Il faut que celluy-la qui entreprend regner
Sache de ses subjects le courage gaigner,*

Faisant garder les loix avecque la science,
Faisant paroistre aussi la force & la prudence
De son predecesseur, dont il doibt regarder
Les statuts & les loix, & soigneux les garder,
Comme garder il doibt celle qu'il aura faicte.
Qu'il chasse les abus, qu'il serve de retraicte
Aux pauvres innocens, defendant ses subjects
Encontre l'ennemy et tels autres objects.
Qu'il aye argent aussi: car que vault un empire
Sans l'aide des nerfs propres pour le conduire?
Qu'il soit religieux, qu'il tienne la douceur,
Laquelle il doibt tousjours preferer à rigueur.
Il doibt estre prudent & donner tesmoignage
Par exemple dhonneur de son bening courage:
Car le los de vertu n'est seulement sçavoir,
Mais c'est faire & monstrer & sagement prevoir.
Le Roy faisant ainsi aura l'obeissance,
Et luy & ses subjects iront en accroissance." (*Les Emblemes dv Signevr Iehan Sambvcvs*, pp. 114-115)

[246]*M. Laurentii Wolfgangi Woyttens Emblematischer Parnassus*, Augsbourg, In verlag Jeremias Wolffs, 1730, "*Dritter Theil*", p. 15.

[247]"*Theol.* Wenn die Christen mit Trübsalen überfallen sind / da geht der Teuffel am liebsten aufs Fischen. Und sucht ihnen allen noch übrigen Trost zu stehlen.
Civil. Viel Leute wissen sich die betrübte Krieges=Zeit mit Zusammenscharrung Geld und Gutes sehr wohl zu Nutzen zu machen."
(https://embleme.digitale-sammlungen.de/emblanzeige.html?inpBitmuster=4&Auswahl[]=5135)

[248]"*Theol.* Wenn sich ein Mensch in die äusserlichen materialischen Gebäude und köstlichen Altäre einer Religion vergaffet / kan er leichtlich betrogen / und seine Seele mit irriger Lehre vergifftet werden. Weil man die garstigsten Töchter am meisten putzen muß; anderst würde sich kein Freyer in sie verlieben.
Civil. Schönheit ohne Zucht ist eine gefährliche Waare / und deren Liebe hat Wohl und Weh beysammen."
(https://embleme.digitale-sammlungen.de/emblanzeige.html?inpBitmuster=4&Auswahl[]=5141)

[249]"*Theol.* In GOtt leben / weben und sind wir. Und er erhält und träget alles durch sein Allmächtiges Wort. Auch ist GOtt in allen und ausser allen Dingen. Nichts aber von allen Dingen ausser Jhme / sondern alles in Jhme.
Civil. Nachdeme die Obrigkeit ihren Unterthanen durch gute oder böse Exempel vorgehet / darnach stellen sie insgemein ihre *Lehr= und Lebens=Folge an.*" (https://embleme.digitale-sammlungen.de/emblanzeige.html?inpBitmuster=4&Auswahl[]=5140)

[250]Notamment, d'un point de vue iconographique, de celui de l'édition des *Emblematum libellus* (1546, Venice), http://www.emblems.arts.gla.ac.uk/alciato/emblem.php?showrel=y&id=A46a055#rel
"*Contre les Villains.*

Oyseau d'Aegypte est Ibis, lequel vuyde
Son cul du bec, comme ung clystere. Ovide
Et Battiade hont en reproche mis
Ce nom. Ainsi nommans leurs ennemis.

Ibis est ung oyseau d'Aegypte, qui purge son ventre du bec, en y mettant eau par le derriere, & ha monstré l'invention du Clystere. Par le nom duquel oyseau sont nommez les villains, qui font de leur bouche cul, en prononceant deshonnestes parolles." (*Emblemes*, 1549, Lyonshttp://www.emblems.arts.gla.ac.uk/alciato/emblem.php?id=FALb082,)

[251]"*La foy est paincte en ces deux mains,*
Charité par feu est escripte,
Esperance pour Sphere est dicte,
Ces troys conviennent aux humains.
SY nous voulons croire le sainct escript,
Avoir nous fault une foy bonne & vive,
Car sans la foy impossible est qu'on vive
Plaisant à Dieu & son filz Jesuchrist

La vive foy nous vient du sainct esprit
C'est don de Dieu, mais il fault qu'elle apporte
L'oeuvre avec soy, aultrement elle est morte
Sans fruict, ainsy que sainct Jaques l'escript.

La charité c'est la vertu tant belle
Dont le bon Dieu & le prochain aymons
Par cest la nous sommes tous semons
Qu'aulcun ne soit à son prochain rebelle,
Si tu estois de tous le plus fidele
Le plus scavant mieulx disant verité,
Tout n'en vault riens si tu n'as charité,
Car c'est la fin de la gloire eternelle.

En aymant doncq celluy qui faict promesse
De tous ses biens, fault avoir l'asseurance,
En son parler, en prenant l'esperance
De parvenir à ceste grand haultesse,
Et ne craignons que l'ennemy nous blesse
Sy en Jesus nostre Dieu esperons,
Car esperance est ung des esperons
Qui nous induict & donne hardiesse. " (Gilles Corrozet, *Hecatomgraphie*, Paris, Denys Ianot, 1540, s/n.)

[252]"The dog, which as a symbol of Death often occurs on medieval tombstones, is endowed here with a broader range of associations. It symbolizes subservience to the devil, greed and envy. The lizard is an allegory of dissembling, and a guise adopted by the demon (cf. the relevant passage on Schongauer's Flight into Egypt, p. 9). Hans Vogtherr the Younger's woodcut Death of the Just and the Unjust (G. 1466 and 1467) executed c. 1540 and furnished with explanatory inscriptions, shows the Just attended on his deathbed by an Angel and allegories of Faith, Hope, Love, Gratitude and Peace; and the Unjust, expiring under the eyes of Death (holding a skull and a dial) and of the Devil, i.e. the same characters, with the same accessories, as appear associated with the Knight in Dürer's print." (*The Renaissance engravers*, p. 21)

[253]Guy de Tervarent, *Attributs et symboles dans l'art profane: Dictionnaire d'un langage perdu (1450-1600)*, Genève, Librairie Droz, 1997, p. 280.

[254]http://www.palazzote.it/index.php/it/palazzo-te/sale-monumentali/camera-delle-imprese

[255]https://fr.wikipedia.org/wiki/Palais_du_Te

[256]"L'ambiente, analogo al precedente nell'impostazione dello spazio e degli apparati ornamentali, prende la denominazione dal soggetto principale del fregio: le imprese della famiglia Gonzaga.
L' impresa è un elemento simbolico determinato da una figura ("corpo") e da un motto ("anima"), ma anche sola figura o solo motto, attraverso il quale chi lo adottava desiderava esprimere, in maniera enigmatica e ideale, virtù, affetti, princìpi morali, eventi personali significativi.
A partire dalla parete nord, procedendo verso destra, le imprese raffigurate sono: Cane; Cavedone o Alare (parete nord); Cintura; Monte Olimpo; Museruola; non identificata; Torre (parete est); Sole; Stemma Gonzaga; Ramarro (parete sud); Boschetto; Crogiolo; Ali; Tortora; Guanto (parete ovest).
Tra le imprese più ricorrenti nel palazzo figurano quelle del Ramarro e del Monte Olimpo.
La prima, accompagnata dal motto: "QUOD HUIC DEEST ME TORQUET", "Ciò che manca a costui tormenta me", è riferita alla passione ardente di Federico per la sua favorita, Isabella Boschetti, contrastante con il sangue freddo del rettile.
La seconda, accompagnata dal motto: "FIDES/ΟΛΥΜΠΟΣ", Fede/Olimpo", esprime il concetto di fedeltà, per le ceneri che, poste sull'altare alla sommità del monte, rimangono immobili sopra.
Il camino, in marmo rosso e giallo di Verona, con l'impresa del Ramarro, reca l'iscrizione: "F[edericus] II M[archio] M[antue] V"., "Federico II quinto marchese di Mantova"." (http://www.palazzote.it/index.php/it/palazzo-te/sale-monumentali/camera-delle-imprese)

[257]*Cicalamenti del Grappa intorno al sonetto Poi che mia speme è lunga à venir troppo, doue si' ciarla allungo delle lodi delle donne et del mal francioso*, Mantoue, Venturino Ruffinelli, 1545.

"*CICALAMEN-/ ti del grappa/ intorno al sonetto/ ,, [sic] Poi che mia speme é lunga à venir troppo,/ dove si ciarla allvn-/go delle lodi delle don-/ ne et del mal francioso./ [marque: fides/ ΟΛΥΜΠΟΣ]/ in mantova/ Nel xxxxv.*

[souscription] In Mantoua il di . xx. di Luglio/ Del xxxxv.
In-8° [28] feuillets A-G4 chiffrés 27 [1 bl.]. Marque sur le titre (47 mm: Zappella, 875).
Commentaire du sonnet de Pétrarque 'Poi che mia speme è lunga a venir...' (RVF 88), publié sous le nom de Grappa, pseudonyme sous lequel on a voulu voir Pietro Aretino, Ortensio Lando, Anton Francesco Grazzini ou encore Francesco Beccuti. Le volume est imprimé par Venturino Ruffinello, de Brescia, d'abord établi à Venise, de 1530 à 1547, puis à Mantoue, où il exerça jusqu'en 1558, produisant une trentaine d'ouvrages. Le volume des Cicalatamenti de Grappa est identique par sa présentation, le papier et les caractères aux autres volumes imprimés par Ruffinello en 1545, la Lezzione de Benedetto Varchi sur le sonnet 'Cura che di timor...', de Della Casa, et le Commento del Grappa a una canzone del Firenzuola in lode della salsiccia. Comme l'édition de Varchi avait été procurée par Francesco Sansovino, il n'est pas impossible que celui-ci a été l'éditeur des deux autres ouvrages, voire que le pseudonyme Grappa désigne en fait le même Sansovino.
Quel qu'il soit, l'auteur est très informé des modes poétiques de son temps comme du genre académique du commentaire, qu'il utilise dans un sens parodique, le cicalamento, présenté devant une Accademia dei Baloardi, purement imaginaire. Le texte suit les cinq parties canoniques, le sujet du sonnet, sa disposition, l'exposition de chacune des trois parties. L'auteur prétend que le véritable sujet du poème est le mal vénérien, qu'il présente, dans un développement paradoxal, comme un bienfait, en se servant de l'autorité de Francesco Maria Molza, mort précisément de ce mal l'année précédente. Il procède ensuite à une analyse minutieuse du poème, dont il indique les sources (en particulier la référence à Horace pour l'incipit), et renvoie aux traités contemporains sur la nature de l'amour, alléguant Tullia d'Aragona, d'après le Dialogo d'amore de Sperone Speroni, publié en 1546 seulement, mais qui circulait alors en manuscrit. Un avis aux lecteurs, adressé à Monna Baderla, annonce une canzone in morte della Gatta, parodie de RVF 207, qui ne figure pas dans le recueil." (http://www.fondation-italienne-barbier-mueller.org/GRAPPA-pseudonyme-Cicalamenti-1545)
[258]"L'impresa della salamandra, appartenente a Federico II (1500-1540), è la terza a figurare tra i racemi vegetali dai colori vivaci nella fascia decorativa superiore della parete Sud. Come tutte le divise rappresentate in questa stanza, essa è affrescata all'interno di una finta cornice ovale color oro e rossiccio a baccelli a sua volta contenuta da un cartiglio ornato da grappoli d'uva ed impreziosito da risvolti dorati. Si tratta dell'impresa amorosa più nota del marchese, diffusa in molti ambienti del palazzo e spesso rappresentata sui camini. A Palazzo Te essa è presente in stucco all'interno di due triangoli della volta della camera del Sole e della Luna, in legno dorato su fondo blu nei cassettoni del soffitto della Sala dei Cavalli, affrescata sulla parete Ovest nella camera di Psiche, in marmo sulla cappa del camino della camera dei Venti, agli angoli della cappa del camino della camera delle Aquile, ancora in stucco su un angolo della volta nella camera degli Imperatori. L'immagine, ovvero il corpo, raffigura, all'interno di un paesaggio montano, una salamandra (o ramarro) di colore grigio in posizione orizzontale, con la testa rivolta verso la zona superiore della divisa dove si snoda un cartiglio chiaro che reca il motto (anima), affrescato a caratteri capitali e in lingua latina, "QVOD HVIC DEEST ME TORQVET" ("QUOD HUIC DEEST ME TORQUET", "ciò che manca a costei mi tormenta")."
(http://www.culturaitalia.it/opencms/it/temi/viewItem.jsp?language=it&id=oai%3Aculturaitalia.it%3Amuseidi t alia-work_6117)
[259]http://emblems.let.uu.nl/f1691637.html
[260]Comparer avec, par ex., http://www.falconeria.info/caccia/libro_caccia_falconeria/caccia_falconeria_attrezzature.htm: "*Logori da addestramento*
Per l'addestramento iniziale del rapace e l'introduzione alla preda è utilissimo utilizzare i moderni logori che imitano le forme e colori delle prede in modo molto preciso. Tali logori possono anche essere costruiti in casa se si ha buona manualità. Tali logori così realistici devono anche essere mossi nella maniera più naturale dal falconiere così da imitare al meglio la preda.
Sul campo invece, è necessario usare logori più comodi e robusti, più adatti ad essere trasportati in borsa, tirati fuori con rapidità ed utilizzati. Il rapace deve dunque essere abituato ad entrambe le tipologie di logoro. Il logoro classico da campo è ha la forma tipica della falconeria, a ferro di cavallo o a cuore, interamente di cuoio, robusto, con legature di ottima finitura e qualità e con due laccetti per legare la carne. Il logoro da campo inoltre deve avere un peso equilibrato così da impedire che il rapace lo carreggi portandolo via."
et http://www.falconeria.info/attrezzature/manuale_attrezzature_falconeria/attrezzature_falconeria_logori.htm:
"Gli uomini che iniziarono ad addestrare falconi si resero conto che era possibile richiamare il falco mostrandogli una preda morta legata ad una corda; da questo logoro "ancestrale" si è poi arrivati al logoro moderno, costituito da una struttura in cuoio, piena, con la forma di due ali di uccello. Dal logoro tradizionale si sono poi diversificati molti modelli, alcuni veramente ben fatti e perfettamente somiglianti ad una preda vera (anche con ali mobili!). Esistono due principali tipi di logoro: il logoro per Falchi d'alto volo e Accipiter che ha appunto una struttura a forma di uccello, ed il logoro per Buteo, Parabuteo ed Aquile che solitamente ha la forma di un coniglio o lepre. Mentre il logoro a forma di uccello viene roteato in aria, il logoro a forma di coniglio viene invece trascinato a terra (traino del logoro o logoro al traino). Sul logoro sono presenti due laccetti che consentono di legare un boccone di carne sul quale il rapace si nutrirà una volta "catturato" il logoro stesso. Il logoro un fondamentale strumento sia di addestramento che di allenamento

dei rapaci, e consente di richiamare il rapace in volo libero anche da distanze enormi, purché il falconiere sia in vista. Nella falconeria alternativa il logoro rappresenta l'unica "preda" simulata del rapace, e logori leggeri possono essere attaccati a palloni aerostatici o aquiloni.", et images http://www.falconeria.info/attrezzature/images/logoro_falconeria_241a.jpg ("*Fig. 6.0.a: Logoro classico, tutto in cuoio dalla forma simile ad un uccello.*") et http://www.falconeria.info/caccia/libro_caccia_falconeria/caccia_falconeria_attrezzature_file/image008.jpg
[261]http://copernico.prato.it/sites/default/files/materiale-didattico/1718cacciatore_mantova6.pdf
[262]*Les Emblemes dv Signevr Iehan Sambvcvs*, pp. 182-183.
[263]https://www.metmuseum.org/art/collection/search/336159
[264]https://fr.wikipedia.org/wiki/Fichier:Martin_Schongauer_The_Flight_into_Egypt.jpg
[265]"*On the trunk of the Tree and at its foot, Schongauer represents several lizards. These creatures were traditionally identified with dragons: cf., for instance, Hieronymus Bosch's Earthly Paradise, or The Garden of Earthly Delights (Prado, Madrid), where the left wing of the triptych is painted with the Tree of the Knowledge of Good and Evil, the serpent which has twisted itself round its trunk, and satanic salamanders resembling the lizards in Schongauer's print. These moist and scaleless creatures, crawling on their bellies, were regarded as identical with the dragon; this detail in his print shows that Schongauer was illustrating not only the famous apocryphal Gospel, but also the accompanying legend depicting the defeat of the forces of evil who fled before Christ's holy presence. The Historia de Nativitate Mariae et Infantia Salvatoris tells how, during their flight into Egypt, the Holy Family were attended by friendly animals. Schongauer's landscape includes several animal figures, also invested with allegorical meanings and, in a way, expressive of the pantheistic tendency inherent in medieval Christian mythology. The stag, a symbol of Christian thirst and zeal for God, was one of the principal emblems of Christ, as ancient as the fish and the lamb. The parrot which signified benevolence and beneficence, was an emblem of the Virgin Mary.*" (*The Renaissance engravers*, p. 10)
[266]https://en.wikipedia.org/wiki/File:Hieronymus_Bosch_-_The_Garden_of_Earthly_Delights_-_The_Earthly_Paradise_(Garden_of_Eden).jpg
[267]Lequel, pour nous, fait écho à la sauterelle mangée par une hirondelle de l'Emblème "*Doctos doctis obloqui nefas esse*" ("*Scavant ne doit contre scavant parler*") d'Andrea Alciati: "*Tu as tort petite Arondelle,
De prandre ceste jolye beste,
Que nous appellons saulterelle,
Faisant comme toy bruit & feste.
Comme toy est en printemps preste.
Comme toy vole sans nuysance.
Musique tient train si honneste:
Que lung jamais lautre ne offence.*" (http://www.emblems.arts.gla.ac.uk/french/emblem.php?id=FALa099)
[268]"*In other cases, the illustrations lean toward capturing an aspect of behavior and activity, even if it does not match the description in the texts precisely. For instance, the heron is shown wading in a marsh eating a lizard; the text relates the benign qualities of the heron, which is a noble bird, approachable, benevolent, «winged teachers», as Philes puts it.*" (*Bibliothèque d'humanisme et Renaissance: Travaux et documents*, Vol. 68, No 3, Genève, Librairie Droz, 2006, p. 469)
[269]https://archive.org/stream/MS3401/BSG_MS3401#page/n20/mode/1up
[270]Arnaud Zucker, *Physiologos: le bestiaire des bestiaires*, Grenoble, Jérôme Millon, 2004, p. 274.
[271]https://quod.lib.umich.edu/h/hart?size=50;sort=hart_ti;type=boolean;view=reslist;rgn1=hart_vt;q1=Bamberg+Altar%2C+relief+sculpture.+Detail%3A+Flight+into+Egypt
[272]http://vacioesformaformaesvacio.blogspot.com/2013/02/veit-stoss-bamberg-dom-gotico-retablo.html
[273]Cf. par ex. Daniel Arasse, *L'Annonciation italienne*, Paris, Hazan, 1999, passim.
[274]"*Colonne: 1/ soutien vertical et stable du temple 2/ image de l'arbre dont la base s'enracine en terre et le sommet touche le ciel 3/ colonne de la Flagellation du Christ 4/ colonne tronquée (dans les cimetières), symbole d'une vie brisée.*" (http://www.pastourisme71.com/Themes_iconographiques/GLOSSAIRE%20ICONOGRAPHIQUE%20DU%20CHRISTIANISME%20pdf.pdf)
[275]"*La vie de l'homme est si courte que les vastes projets la débordent. Une illusion généreuse en rejette parfois les limites dans un lointain, dont nous mesurons avec plaisir la longue distance: il semble que nous ayons fait un pacte avec le temps. C'est alors que nous enfantons de grandes pensées. Mais à peine avons-nous mis la main à l'œuvre, à peine commençons-nous à réaliser par de lents efforts cette pensée conçue en un éclair, voici que la limite s'avance, elle approche, elle accourt, elle nous atteint. La mort frappe; et l'œuvre reste inachevée, sans que la main qui l'avait fait naître y puisse ajouter la dernière pierre, y graver les derniers traits. Elle est là, comme une colonne brisée sur un tombeau.*" (Victor van Tricht, *La Bibliothèque des écrivains de la Compagnie de Jésus et le P. Augustin de Backer*, Louvain, Charles Fonteyn, Bruxelles, Decq & Duhent, et Paris, Auguste Ghio, 1876, p. 3)

"Partout, les œuvres de l'homme ont un aspect de ruines neuves; il fait des essais, des ébauches. Dans sa nature comme dans sa destinée, il y a entre ses désirs et ses forces un éclatant désaccord. Tout esprit réfléchi le sent et en souffre.
En présence de Jésus et de Jésus seul, nous sommes devant le parfait, et notre âme se repose avec une joie ineffable dans la contemplation de cette vie. Elle est courte; elle ne fait pourtant à personne l'effet d'une colonne brisée. Elle est remplie sans être agitée; il n'y a ni précipitation ni lenteur, et pas plus de lacune que d'encombrement." (*La sainteté de Jésus - Thèse Publiquement soutenue à la Faculté de théologie protestante de Montauban En Juillet 1808 par J.-P. Cadène de Saint-Antonin (Tarn-et-Garonne), Licencié en Lettres*, 1868, pp. 31-32)
Sur le symbolisme de la colonne brisée dans la maçonnerie, et son lien au concept d'homme dégradé et de son rétablissement dans son état originel, cf. Celui du Pays de l'Ours, *Les Origines Païennes de la Franc-maçonnerie*, Lulu.com, 2011, Tome II. *Des Origines Brahmaniques*, p. 112; et sur la colonne brisée comme attribut de l'emblématique jésuite, cf. Bernard Picart, *Histoire des religions et des moeurs de tous les peuples du monde*, A. Bellin, 1819, T. VI, pp. 225-226.

[276]"*1. Les colonnes, solides et verticales, qui soutiennent l'entablement d'un temple (ou du Temple) suggèrent stabilité et puissance (1 Rois 7, 2-6, 15-22). Pour vaincre un peuple ennemi de manière radicale, il convient d'abattre les colonnes de son temple (Juges 16, 25-30).*
2. D'une manière générale, la colonne renvoie à l'arbre, dont elle est l'image stylisée: la base correspond à la souche; le fût, au tronc; le chapiteau, à la ramure et au feuillage. La colonne cristallise toute la symbolique liée à l'arbre et particulièrement à l'Arbre de Vie: l'Arbre de Vie primordial, celui de l'Eden; le Nouvel Arbre de Vie, celui du Golgotha. Le parallélisme entre la colonne et la Croix s'enrichit du fait que la colonne offre une image de l'Incarnation salvatrice, mettant en relation la voûte (symboliquement céleste) et la terre.
3. Lors de la Flagellation, Jésus fut lié à une colonne: la colonne figure ainsi parmi les instruments de la Passion.
4. Une colonne tronquée est le symbole d'une vie prématurément brisée.
5. Plus généralement, c'est le signe de la condition de mortels, qui est celle des hommes depuis le péché d'Adam et Eve."
(http://tarotsanciens.canalblog.com/archives/2013/10/15/28214745.html)

[277]"*§. IV. Raison de la défense de briser aucun des os de l'Agneau Paſcal. Le Corps de Jeſus-Chriſt était un Temple très-pur, bâti de la main de Dieu meme; ainſi aucune partie n'en devait eſtre dérangée. Il n'en eſt pas ainſi du nôtre, qui eſt infecté. Il doit être refondu pour être préparé à la Reſurrection.*
1. Mais ſeroit-il permis de rechercher par raport à Jeſus-Chriſt, la raiſon d'une défenſe qui n'eſt faite que pour lui, puiſque l'Agneau Paſcal n'eſt que ſa figure? On peut le tenter, Jeſus-Chriſt lui-même nous en ouvre le chemin, en donnant à ſon Corps le nom de Temple. Il ne convenoit pas à la dignité & à la majeſté de ce Temple, qu'aucune colonne en fût briſée; que ſa divine architecture, perdît aucune de ſes proportions & de ſes meſures; & que la main des hommes portât le déſordre dans un édifice, où tout étoit placé par la main de Dieu. Il étoit néceſſaire, puiſque Jeſus-Chriſt vouloit donner ſa vie pour notre ſalut, que l'ame, qui était le Prêtre de Temple, en fût ſéparée, & qu'en ce ſens le Temple fut détruit, c'eſt-à-dire, perdît ſon culte & ſon uſage.
2. Mais à la Croix même & dans le Tombeau, il devoit conſerver ſon intégrité; ne perdre aucun de ſes membres; ne ſouffrir aucun changement dans ſa première ſtructure, ni dans ſon premier deſſein. La chair de Jeſus Chriſt étoit le voile, mais entre le Sanctuaire & le Peuple; elle devoit être déchirée, comme le voile; mais par la ſéparation violente de l'ame & du corps, & non par aucune perte réelle, qui eût beſoin d'être réparé par une eſpece de création nouvelle parce qu'elle étoit l'éfet d'une création divine, où tout étoit pur, où tout étoit ſacré, où tout devoit être éternel: per amplius & perfectius tabernaculum, non manufactum, id eſt, non huius creationis… introiit ſemel in ſancta (Hebr. 9, 11 & 12). Il avoit été conçu dans une Vierge par l'opération du Saint-Eſprit. Il ne devoit rien à la mort, & à la corruption. Il n'étoit point compris dans la condamnation d'Adam, qui devoit retourner à la pouſſiere dont il avoit été tiré. Son Corps, fidele Miniſtre des volontés d'une ame infiniment ſainte, & toujours pouſſée par l'eſprit de Dieu, n'avoit jamais réſiſté à ſes ſaints deſirs. Il n'avoit jamais arrêté, ou ſuſpendu ſa prompte obéïſſance, ni ſa ferveur. Il n'avoit jamais éprouvé aucun mouvement de cupidité. Il n'avoit jamais ſervi de retraite & d'azile à ce venin ſecret, qui ſe réfugie dans la chair, quand il eſt combatu par l'eſprit. Il n'avoit jamais eu beſoin d'être réprimé, ni réduit en ſervitude." (Jacques Joseph Duguet, *Explication du mystère de la Passion de Notre-Seigneur Jésus-Christ suivant la Concorde. Jésus-Christ acusé devant Pilate*, Amsterdam, Chez Vander Haghen, 1731, pp. 446-449)

[278]"*Il faut donc regarder la défenſe que fait la loi de briſer aucun des os de l'agneau paſcal, comme une figure de ce qui devoit arriver à J.C. & ce qui eſt dit dans le Pſeaume 33, comme une promeſſe de la vérité qui auroit en lui ſon accompliſſement; & au lieu d'oppoſer l'une de ces prophéties à l'autre, ou de préférer l'une à l'autre, il les faut réunir, & voir ſous l'idée de l'agneau paſcal, le juſte immolé pour les pêcheurs.*" (*Explication de l'ouverture du côté et la sépulture de Jesus-Christ, suivant la Concorde*, Bruxelles, Chez la veuve Foppens, 1731, p. 103)

[279]"*IIIe Station.*
Jésus tombe pour la première fois.

Une colonne brisée et étendue à terre indique la place de cette station, au lieu où la Voie Douloureuse tourne brusquement à gauche." (Comte Paul Édouard Didier Riant, *Archives de l'Orient latin*, Paris, Ernest Leroux, 1964, T. I, p. 370)
"Pour sceptre, tu lui mets en main un roseau; son trône est le débris d'une colonne brisée. un vil lambeau de pourpre est le ridicule vêtement de celui qui fait l'éternelle splendeur des cieux." (Breviaire François, Imprimé par ordre de Monseigneur l'Archevesque de Paris: Été II. Partie, Paris, Chez les Libraires Associés, 1767, "À l'Office de la Nuit", "Hymne", p. 593)
"On vint nous prendre quelques heures après, pour nous mener dans une salle où devoit commencer le spectacle. Le sujet du ballet étoit l'établissemens de la foi chrétienne dans les Indes, & la peine qu'avaient eue les missionnaires à fonder l'église de Dieu, dont Jesus.Christ était la seule colonne & la pierre angulaire. Ce ballet fut exécuté par de jeune Indiens, que les Jésuites avoient baptisés & instruits. La premiere entrée se fit par un maître à danser seul, qui s'en tira assez bien pour un Portugais. Les autres danseurs étoient habillés conformément à leur rôle, mais sans masque, & avoient tous une couronne de fleurs sur la tête. L'entrée, qui fit connaître le sujet du ballet, était de quinze personnes, dont les unes portaient différentes pieces d'une colonne brisée qu'ils rejoignaient ensemble, pour la rétablir & la redresser; les autres avoient des guirlandes de fleurs dont ils ornaient la colonne, quand on l'avait rétablie. Au bout de cette colonne on voyoit une fleur qui s'ouvrait d'elle-même, & laissoit appercevoir une image de la Vierge tenant entre les bras l'enfant Jesus. Plusieurs jets d'eau de senteur fortoient en même tems, comme autant de fontaines, de toutes les parties de la colonne, & répandaient une odeur exquise dans toute la salle." (*Le voyageur français, ou la connaissance de l'ancien et du nouveau Monde*, mis au jour par M. l'Abbé Delaporte, Paris, Chez L. Cellot, 1774, T. IV, "La Ville de Goa", pp. 21-22)
[280]Cf. Wim De Vos, *Le singe au miroir: emprunt textuel et écriture savante dans les romans comiques de Charles Sorel*, Universtaire Pers Leuven, et Tübingen, Gunter Narr, 1994, pp. 57-58ss. et note 3 pp. 58-59.
"Le livre est divisé en 11 chapitres dont on ne peut ici que résumer très rapidement le contenu. Le premier intitulé *Figura Diaboli: le singe au début du christianisme* rappelle qu'au Moyen âge et notamment dans les nombreuses versions du *Physiologus*, recueil de symbolique chrétienne, le singe était assimilé au démon. Le chapitre II: *Le singe pêcheur* précise que dès le XIIe, et surtout à partir du XIVe siècle, cet animal est considéré comme le symbole du péché originel de l'homme. On trouve également encore à cette époque la persistance de certaines légendes et fables de l'Antiquité (Ésope) concernant le singe. Le chapitre III: *Similitude hominis*, le singe dans la science médiévale est particulièrement intéressant pour l'historien des Sciences et constitue une sérieuse contribution à l'étude de la zoologie médiévale qui est si négligée. L'auteur y examine les passages concernant les singes chez divers encyclopédistes (Hildegarde de Bingen, Thomas de Cantimpré, Bartholomé l'Anglais, Vincent de Beauvais, Albert le Grand, etc..) et remarque à juste titre qu'à cette époque on s'intéressait à ces animaux beaucoup plus du point de vue de leur psychologie et comportement (permettant de les comparer à l'homme) qu'à leur anatomie et physiologie. Le chapitre IV s'appelle: *Le singe et la chute de l'homme* et concerne surtout les œuvres d'art du XIIe au XVe siècle représentant pour la plupart la tentation d'Adam et dans lesquelles cet animal est représenté. Dans le chapitre V: *Le singe enchaîné*, l'auteur passe en revue d'autres œuvres d'art représentant ce sujet et explique leur sens symbolique (espoir ou désespoir). Dans le chapitre VI: *Le singe dans l'art gothique marginal*, sont étudiées les diverses représentations de singes dans les marges de manuscrits. Ce chapitre est très abondamment illustré (planches XXIII à XXXV). Les chapitres VII et VIII sont respectivement intitulés: *Singes, folie et Vanitas* et: *Le singe, les sens et les tempéraments* rappellent encore diverses tares (folie) ou qualités (sens du goût développé) attribuées à ces animaux au Moyen âge et à la Renaissance. Le chapitre IX: *La sexualité des singes* nous apprend, par de nombreux exemples empruntés à l'art et à la littérature que le singe était considéré à ces époques comme symbole du vice et de la luxure. Dans le chapitre X: *Ars simia naturae*, l'auteur explique l'origine de cette expression signifiant que l'art essaie d'imiter la nature de même que le singe essaie d'imiter l'homme. Le chapitre XI: *L'arrivée des anthropoïdes* expose de façon très claire l'histoire des connaissances sur les singes anthropoïdes (chimpanzé, gorille, orang-outang, gibbon) et la répercussion qu'eut leur découverte sur la littérature satirique des xviie et xixe siècles. Ici en effet, l'auteur nous entraîne plus loin que la Renaissance. Enfin dans un appendice est étudiée «*La caricature du Laocoon par le Titien et la controverse Vésale-Galien»*." (Jean Théodoridès, "H. W. Janson, *Apes and Ape lore in the Middle Ages and the Renaissance* . Londres, Warburg Institute, University of London, 1952, 384 p.", *Revue d'histoire des sciences et de leurs applications*, T. 9, No 2, 1956, p. 188)
[281]"Introduction" à Nicolas Bourbon, *Nugae - Bagatelles 1533*, éd. de Sylvie Laigneau-Fontaine, Genève, Librairie Droz, 2008, pp. 104-105 et notes 557 p. 104 et 558 p. 105.
[282]"2820. VOS, Martin de, peintre d'histoire, dont nous avons déjà parlé aux Nos. 553, 1614 et 1984 de cette partie. Ce peintre a marqué quelques tableaux et quelques dessins avec un singe un D et un renard, car singe se nomme en flamand ou hollandais Marten ou Martin (Voyez aussi la marque de Martin van Cleef) et Renard se nomme en flamand Wos. On trouve ce rébus sur quelques estampes d'après Martin de Vos, gravées par Jean Sadeler. Entr'autres sur une pièce qui représente Adam et Eve dans le paradis terrestre, entourés de plusieurs animaux. En haut, on voit Dieu le pere, au bas, à droite, et au-dessous, on lit: Joan Sadeler aut. et sculpt. exc. Dans la marge il y a des vers latins qui commencent ainsi: Ornamenta novo, iam constant omnia mundo etc. Larg. 9 p. 6 lign. Haut. 7 p. Haut. de la marge 6 lign. Cette Pièce appartient à une suite de sept morceaux et d'un titre où l'on voit deux anges qui tiennent une § sur laquelle est écrit: IMAGO BONITATIS ILLIUS. SAP. CAP. VII et cette dédicace: Serenissimo Principi ac Dno. D. Guilielmo V. Comiti Palat^{mo} Rhe. utriusque

Bavariae Duci etc. D. D. Gratitudinis suae chalcographus Jean Sadeler Belga. Les autres pièces de cette suite sont toutes marquées du nom en toutes lettres de Martin de Vos." (François Brulliot, *Dictionnaire des monogrammes, marques figurées, lettres initiales, noms abrégés, etc. avec lesquels les peintres, dessinateurs, graveurs et sculpteurs ont désigné leurs noms*, Munich, À l'Institut Littéraire artistique de la Librairie de J.G. Gotta, 1833, *Seconde Partie, contenant les lettres initiales*, p. 398)

[283]http://www.la-fontaine-ch-thierry.net/rensingan.html

[284]https://fr.wikipedia.org/wiki/Le_Renard,_le_Singe_et_les_Animaux

[285]*Les Emblemes dv Signevr Iehan Sambvcvs*, pp. 16-17.

[286]Bathélemy Aneau, *Imagination Poetiqve*, Lyon, Par Macé Bonhomme, 1552, p. 81.

[287]https://jhna.org/articles/satirizing-sacred-humor-saint-josephs-veneration-early-modern-art/ et https://www.christendomvoorongelovigen.be/heeft-jezus-echt-bestaan/wat-staat-er-in-andere-christelijke-teksten

[288]À l'instar de la salamandre dans la sculpture gothique, le batracien acquiert peut-être un sens de chasteté, ou du moins de pureté amoureuse, dans les boucles d'oreilles à sa forme qu'aurait offertes le Duc d'Anjou à reine Elizabeth, https://en.wikipedia.org/wiki/Francis,_Duke_of_Anjou#Courting_Elizabeth_I
Sur les liens entre les figures de la salamandre et des batraciens, et le rôle magique de ceux-ci dans le processus d'enfantement:
"*Cellini makes a similarly multivalent statement in his autobiography, when he recalls that one of his very first childhood memories was of see-ing a salamander in the fire. Salamanders were believed to be capable of surviving or regenerating in fire and were often used as a symbol of regeneration through destruc-tion, for example in Michael Maier's use of a salamander in an alchemical text. Cellini recalls this event in his autobiography because it was marked on his body: after his father called him and his sister in to see the salamander, he gave Ben-venuto such a "violent box on the ears that I screamed and burst into tears.- At this, his father "calmed me as kindly as he could and said: 'My dear little boy, I didn't hit you because you had done wrong. I only did it so that you will never forget that the lizard you saw in the fire is a salamander.' The salamander was a very suggestive point of beginning for this quintessential Renaissance artisan's account of his own creative (and virile) powers. It probably also had much to do with the fact that the salamander was the noble emblem of Francis I, for whom Cellini worked in Paris and Fountain-bleau from 1540 to 1545.*

The Powers of Nature

A study drawing from the workshop of Martin Schongauer and his three goldsmith brothers gives insight into the multivalent significance these creatures and their accurate representation could carry. The drawings on this sheet of a snail, asp, lizard, and frog were probably done after study of dead and possibly dried specimens. The observation of the artisan is faulty in some instances, such as that of the snail shell, which is a physical impossibility. This is probably an apprentice's study sheet. It appears to have been corrected for verisimili-tude; for example, the master has corrected the snail's anten-nae (although not the shell) and the lack of webbed feet on the frog and also has admonished the apprentice to make the animals more lifelike and less desiccated. Finally, in the right lower corner, the master alludes to the purpose of these im-ages: they probably served as models for amulets cast in metal and perhaps were filled with the dried and pulverized animal. for, as the inscription reads, they were "to be placed on the head of a 29-week pregnant woman." Frogs and other am-phibious animals were often used as amulets in childbirth.' These drawings of amulets give us insight into a web of con-nections: the verisimilitude of the apprentice's drawings mat-tered because knowledge and efficacy resided in nature. Na-ture had to be imitated to bring into operation natural processes that were bound up with the workings of the human body. In the artisan's attempt to imitate nature, he strove to create effects by employing the powers that in-hered in nature. The lizard on the study sheet appears again in Schongauer's engraving The Flight into Egypt, where it scurries up a dragon tree." In a woodcut of the same subject, Dürer portrayed these reptiles around a spring, the source of all generation. past which the holy family journeys. These prints, like Dürer's madonna with a Multitude of Animals (1503) (plate 18). allude to the correspondence between divine and natural powers. The spiritual drama enacted by the holy figures in Dürer's draw-ing Mary and Jesus in the foreground as well as the angel and the shepherds in the far distance—resonates with the generative powers of nature, indicated by the vari-ety and copiousness of animals surrounding Mary in the foreground (all of which were studies from life). Nature and nature's powers are shot through with the pres-ence of the divine, and the creatures that creep forth from rotting matter, evidence of nature's generative and transformative powers. indicate best the presence of the di-vine in nature." (Pamela H. Smith, *The Body of the Artisan: Art and Experience in the Scientific Revolution*, University of Chicago Press, 2018, pp. 120-121)

[289]Dans ce cadre de rénovation symbolique, il n'est pas indifférent que les lézards, dans la version de Martin Schongauer, comme dans sa copie, soient présentés affrontés, montant et descendant du tronc, puisque: "*Une autre pierre n'est pas moins curieuse. Elle a été publiée par Passeri, qui ne l'explique pas plus que Chifflet et Cuper n'ont expliqué la précédente. Quatre animaux y sont réunis; au milieu est une grenouille assise et vue de face; à la gauche de la grenouille, est un lézard,*

la tête en bas; à sa droite. un lézard, la tête en haut; au-dessus, un crabe. Des étoiles semées dans le champ annoncent que l'ensemble forme une allégorie astronomique.
La grenouille, comme le lézard, est engourdie pendant l'hiver. Plutarque nous dit qu'elle est un emblème du printemps (Plutarch., De pyth. Orac., t. II, p. 400.). Suivant Horapollo, elle représente un homme qui a recouvré la faculté de marcher après en avoir été privé (Horapoll., Hierogl., lib. II, cap. CII.). Chez les Égyptiens, enfin, elle était un emblème du principe humide de la nature: c'est ce que la table Isiaque montre en plusieurs endroits. Ces explications découlent de la même idée. Dans la pierre que nous cherchons à expliquer, la grenouille représente le principe humide éprouvant successivement l'influence des trois saisons. Le lézard la tête en bas on le lézard endormi est l'emblème de l'hiver; le lézard grimpant, l'emblème du printemps; le crabe ou le cancer, l'emblème de l'été. Quant aux deux lézards en particulier, la différence bien indiquée entre celui qui est endormi et celui qui est réveillé, ne peut laisser aucun doute sur la signification de l'un et de l'autre." (Toussaint-Bernard Éméric-David, *Histoire de la sculpture antique*, Paris, Charpentier, 1853, p. 246)

[290]https://www.idref.fr/029977231

[291]Jean-Baptiste Saint-Jure, *De la connaissance et de l'amour du fils de Dieu Notre Seigneur Jésus-Christ*, Lyon, Chez Perisse Frères, et Paris, Chez Mequignon Junior, 1823, T. III, "*Liv, III cap. XV, § III (Suite)*", pp. 502-504.

[292]*Ferdinandi Qvirini de Salazar Concbensis e Societate Iesv Theologi, et in Collegio Complvtensi Sacrarum Litterarum Interpretis. Expositio in proverbia Salomonis. Tomvs Alter. Cum triplici Indic. rerum & verborum, sacrae Scripturae, & pro concionat*, Paris et Madrid, Apud Hieronimum de Courbes, 1621, "*Salaz. Comment. in Proverb. Salomon.*", pp. 1163ss.; Franciscvs ter legislator evangelicus, *Opus*, Rome, Ex Typographia Iacobi Dragondelli, 1667, T. I, "*Partium diſtinctio, capitis, & oculorū procreatio*", pp. 385ss.; *Septima Parte de Sermones del Padre Antonio de Vieira, de la Compañia de Iesvs, Predicador de S.A. el Principe de Portugal*, Madrid, Vendese en casa de Gabriel de Leon, 1687, pp. 233ss.; Hugonis de Sancto Charo, S. Romanæ Ecclefiae Tituli S. Sabinæ Cardinalis Primi Ordinis Praedicatorum, Tomus Quartus, In LibrosProphetarum Iſaiae,Jeremiae,& ejuſdem Threnorum, Baruch. In Libros Prophetarum, Isaiae, Jeremiae, & eiusdem Threnorum, Baruch, Venise, Apud Nicolaum Pezzana, 1703, pp. 120ss.; *Sancti Eusebi Hieronymi Stridonensis Presbyteri Operum Tomus Quintus*, Paris, Apud Claudium Rigaud, 1706, pp. 593ss.; *R.D.P. Didaci Niceni Abbatis Ordinis S, Basilii Magnis Opera Omnia*, Ratisbone, Sumptibus Joannis Gastl. Typis Hieronymi Lenz., 1738, T. I, "*Rmni. Dn. Patris Didaci Niſſeni*", pp. 518ss.; etc.

[293]"*V. 28. Stellio manibus nititur, et manet in aedibus regis. Le lézard se soutient ſur ſes mains, & il demeure dans le palais du Roi. Le lézard est un petit animal fort connu, qui demeure dans les fentes, & dans les trous des murailles, &: qui eſt aſſez familier, pour ne craindre pas même de faire ſa demeure dans de grandes maiſons habitées. Ses pattes de devant peuvent être nommées des mains, elles en ont aſſez la figure. Il a une adreſſe particulière pour prendre des mouches, & il y a apparence qu'il fait ſes proviſions pour l'hyver, de même que la fourmi, car il ne ſort point pendant la pluye, ni pendant le froid, & le mauvais tems. Bochart appuyé ici la version de la Vulgate, & des Septante, qui ont entendu l'Hébreu Schemamith, du lézard. Il croit que c'est du lézard venimeux dont il est parlé ici, & de celui qui met à mort le scorpion. Il fait voir au long que tout ce que l'Ecriture attribue ici à la Schemamith, convient au lézard, & que c'est ainsi que les Paraphrastes Caldéens, les anciens Rabbins, &: le Syriaque l'ont pris. Les Grecs d'aujourd'hui nomment le lézard, Samiaminthos, qui dérive visiblement de Schemamith.
D'autres Interprètes ont prétendu que le terme de l'original marquoit, une sangſue, ou un ſinge, ou une araignée. Cette dernière traduction a trouvé un très grand nombre de partiſans. On ſait que cet inſecte s'attache à tout, & ſe guinde par tout, par le moyen de ſes mains, ou de ſes pattes. Les palais des Rois, non plus que les maiſons des particuliers, n'en ſont pas exempts; l'artifice merveilleux avec lequel elle fait ſes toiles pour prendre des mouches, eſt tout-à-fait digne de l'attention du Sage. Quelques nouveaux curieux, qui ont examiné cet inſecte de plus près, nous en racontent une infinité de choſes ſingulières, & admirables; mais tout cela ne doit pas nous faire quitter la traduction ordinaire, puiſqu'elle explique très-commodément tout ce que l'Ecriture dit de la Schemamith.*" (Augustin Calmet, *Commentaire littéral sur tous les Livres de l'Ancien et du Nouveau Testament: Les Proverbes, l'Ecclesiaste, le Cantique des cantiques, et la Sagesse de Salomon*, Paris, Chez Emery; Saugrain; Pierre Martin, 1713, pp. 361-362)
"*The stellio. A kind of house lizard, marked with spots like stars, from whence it has its name. (Challoner) --- Hebrew semamith. (Haydock) --- It probably provides food against the stormy season, like ants. (Bochart) (Calmet) --- Others understand "the spider," (Kimchi) or "monkey." (Vatable, &c.)*" (https://www.studylight.org/commentary/proverbs/30-28.html)

[294]"*FABLE LIII.*
Les deux Lézards.
Deux lézards, animaux ovipares à quatre pieds et à longue queue, se promenoient à leur loisir, sur un mur exposé au soleil: ils se retirent ordinairement dans les haies et dans les trous des murailles. Que notre condition est méprisable! dit l'un à son compagnon. Nous existons, il est vrai; mais c'est tout: le plus petit ciron a cela de commun avec nous. Nous ne tenons aucun rang dans la création. Nous rampons comme de vils insectes, et nous sommes souvent exposés à être foulés aux pieds par un enfant. Que ne suis-je né cerf, ou quelque autre animal, la gloire des forêts? Au milieu de ces murmures injustes, un cerf qui étoit aux abois, fut tué à la vue de nos

deux lézards. Camarade, dit l'autre à celui qui s'étoit plaint, ne pensez-vous pas qu'un cerf, dans une pareille situation, changeroit volontiers sa condition avec la nôtre? Ainsi, croyez moi, apprenez à être content de la vôtre, et à ne pas envier celles des autres. Il vaut mieux être lézard vivant, que cerf mort.
Une condition obscure et médiocre est souvent la plus sûre: elle met les gens à l'abri des dangers auxquels sont exposés ceux d'un rang plus élevé." (James Hamilton, *Perrin's Fables: Adapted to the Hamiltonian System, by a Literal and Analytical Translation, for the Use of Schools*, Édimbourg, Printed for the Author, by Duncan Stevenson, 1827, p. 23)
[295]"*v. 24. Il y a quatre choses sur la terre qui sont très-petites, & qui sont plus sages que les sages mêmes.*
v. 25. Les fourmis, ce petit peuple qui fait sa provision pendant la moisson.
v. 26, Les lapins, cette troupe foible, qui établit néanmoins sa demeure dans les roches.
v. 27. Les sauterelles qui n'ont point de Roi, & toutesfois marchent toutes par bandes.
v. 28. Le lézard se soutient sur ses mains, & il demeure dans le palais du Roi.
Ces quatre animaux sont l'image de la sagesse des Saints.
Ils amassent comme les fourmis pendant l'été, ce qui les doit nourrir pendant l'hiver de l'affliction, selon qu'il a été dit auparavant.
Ils sont foibles comme les lapins; mais ils s'établissent sur la pierre ferme qui est Jesus-Christ.
Ils n'ont point de puissance temporelle qui les soutienne non plus que les sauterelles, mais ils ont un chef qui est dans le ciel, dont ils se considèrent comme le corps, & ils ne font tous dans lui qu'un cœur & qu'une ame.
| Ils se soutiennent sur leurs mains comme les «lézards, dit saint Grégoire, parce qu'ils s'élèvent peu à peu à la connoissance de la vérité par la pratique des bonnes œuvres.»
Ils deviennent ainsi le palais du Roi souverain «qui demeure en eux, & qui les fait demeurer en lui, parce qu'il revele ses secrets, non aux sages & aux prudens, mais aux simples & aux petits: & qu'il a choisi pour son temple le coeur des humbles.» (*Proverbes de Salomon, Traduits en François, avec une explication tirée des Saints Pères, & des Auteurs Ecclésiastiques. Nouvelle édition*, Paris, Chez Guillaume Desprez; et Pierre-Guillaume Cavelier fils, 1745, pp. 662-663)
[296]"*v. 29. Il y a trois choses qui marchent bien; & une quatrième qui marche magnifiquement.*
v. 30. Le lion le plus fort des animaux, qui ne craint rien quoi qu'il rencontre.
v. 31. Le coq dont la démarche est hardie. Et le bélier. Et un Roi à qui rien ne résiste.
Les grands justes, & les ministres de Dieu sont figurés par ces quatre choses dont parle le Sage. Le juste est figuré par le lion, parce qu'il sçait qu'en craignant Dieu il n'a rien à craindre. Il est figuré par le coq, parce qu'il veille pendant que les autres dorment, & qu'il annonce aux hommes le véritable matin, qui est celui de l'éternité. Il est figuré par le bélier, parce qu'il marche devant le troupeau de Jesus-Christ, & qu'il instruit encore plus les ames par son exemple que par ses paroles. Il est figuré par un Roi, parce qu'étant assujetti à Dieu, il devient le maître de ses passions. Et rien ne lui résiste, parce que le Tout-puissant est celui qui le soutient." (*Ibid.*, p. 663)
[297]Cf. note précédente.
[298]http://emblems.let.uu.nl/f1691627.html
[299]Cf., par ex., les deux références aux "*aigles de Jupiter*", puis à "*Jupiter Sauveur*" dans *Les Pastorales de Longus, Traduction complète, par M. P.-L. Courier*, Paris, Chez J.S. Merlin, 1825, cap. IV, respectivement pp. 163 et 171.
[300]http://emblems.let.uu.nl/f1691624.html
[301]À l'inverse, le singe gâtant ses petits renforce son caractère, en quelque sorte, adamique (déjà noté), dans l'Emblème XLVII du *Theatre des bons engins* de Guillaume de la Perrière:
"*SI fort le Singe embrasse ses petitz,*
Qu'en embrassant il leur livre la mort.
Maintz peres ont de si sotz appetitz
A leurs enfans, que grand malheur en sort.
Par les cherir de fole amour, trop fort
Dissimulant, souffrent leur insolence:
Et quand ilz sont sortiz d'aage d'enfance,
Et venuz grandz, ilz sont incorrigibles:
Lors n'est pas temps que l'on leur crie, & tence
Quand ilz sont cheutz en accidens terribles." (http://www.emblems.arts.gla.ac.uk/french/emblem.php?id=FLPa047)
[302]http://emblems.let.uu.nl/f1691629.html
[303]http://emblems.let.uu.nl/f1691630.html
[304]http://emblems.let.uu.nl/f1691628.html
[305]http://emblems.let.uu.nl/f1691632.html
[306]http://emblems.let.uu.nl/he1616030.html

[307]http://emblems.let.uu.nl/he1616027.html
[308]http://emblems.let.uu.nl/he1616028.html
[309]http://emblems.let.uu.nl/he1616029.html
[310]http://emblems.let.uu.nl/he1616025.html
[311]http://emblems.let.uu.nl/he1616031.html
[312]http://emblems.let.uu.nl/he1616032.html
[313]http://emblems.let.uu.nl/ad1628052.html
[314]http://emblems.let.uu.nl/ad1628053.html
[315]http://emblems.let.uu.nl/f1691462.html
[316]http://emblems.let.uu.nl/f1691717.html
[317]http://emblems.let.uu.nl/v1608115.html
[318]http://emblems.let.uu.nl/va1612033.html
[319]https://www.rijksmuseum.nl/nl/collectie/RP-P-1896-A-19368-33
[320]Et nous renvoyant à notre étude de *La Dame à la Licorne*.
[321]http://emblems.let.uu.nl/f1691641.html
[322]http://emblems.let.uu.nl/v1608032.html
[323]"*Selon que veut Madame.*
Comme un Chameleon le teint de sa peau change,
Selon l'object divers, paroissant tousiours tel:
Ainsi faut qu'un amant forçant son naturel,
Au muable vouloir de sa Dame se range." (http://emblems.let.uu.nl/va1618021.html)
[324]"*Selon que veut ma Dame.*
Il faut qu'un sage amant se renonçant soy meme,
De la belle qu'il sert epouse les humeurs,
Ainsi que vous noyez au corps de cet emblesme,
Que le Cameleon prend toutes les couleurs." (http://emblems.let.uu.nl/ea1690024.html)
[325]http://emblems.let.uu.nl/f1691066.html
[326]http://emblems.let.uu.nl/f1691098.html
[327]https://fr.wikipedia.org/wiki/La_donna_%C3%A8_mobile
[328]https://fr.wikipedia.org/wiki/Rigoletto
[329]https://fr.wikipedia.org/wiki/Le_roi_s%27amuse
[330]"*Que si la Tarantule vous at à fleur de peau*
Doucement chatoüillé par son fatal museau;
Tu meurs en riotant: tel est le faux plaisir
Du monde desloyal; car son rire est mourir." (http://emblems.let.uu.nl/tm1627008.html)
[331]"*Le coeur est bien tost captif*
Quand Amour le trouue oisif.

Saison de l'Amour.
XXI.
Lors que l'esprit humain se rend à la paresse,
Cet Amour sensuel, bande, tire, & adresse,
Trouuant le sein ouuert, & le cœur desarmé.
Ainsy celuy qui veut garder sa citadelle,
Et laisse neantmoins dormir la sentinelle,
Serat de cet Amour bien tost prins & charmé" (http://emblems.let.uu.nl/ad1629_1_021.html)
[332]http://www.emblems.arts.gla.ac.uk/french/emblem.php?id=FLPa049
[333]http://www.emblems.arts.gla.ac.uk/french/emblem.php?id=FPAb080
[334]https://www.emblems.arts.gla.ac.uk/french/emblem.php?id=FCPa014
[335]http://emblems.let.uu.nl/f1691103.html
[336]"*Si par vn beau semblant Fortune te mignonne,*
Te caresse d'honneurs, & mil estats te donne;
Craignez (ie la cognois) elle tient pour delices

De veoir ses fauoris donner en precipices." (http://emblems.let.uu.nl/tm1627017.html)

[337]*Gazette des Beaux-Arts*, Vol. 139-140, Nos 1602-1607, Paris, J. Claye, 2002, p. 12.

[338]"*La signification de l'œuvre peut se rapporter à l'idée que dans le grand plaisir se cache aussi une grande douleur, en particulier concernant les peines d'amour1. En effet, les natures mortes sont des allégories constituant parfois autant d'allusions érotiques: les fruits qui se gâtent, les roses qui fanent, ou le verre qui casse en étant une illustration. Par ailleurs, elles symbolisent aussi le caractère éphémère de la jeunesse et plus généralement de la vie. C'est probablement à ce caractère éphémère que l'auteur semble faire allusion par le choix d'un modèle androgyne avec une rose dans ses cheveux (modèle parfois identifié au dieu Bacchus ou considéré comme un autoportrait de l'artiste) et l'épaule droite sensuellement dévêtue, dont le regard, de plus, n'est porté ni vers le lézard ni vers son doigt blessé, mais plutôt vers le spectateur.*

La pose affectée, le modèle androgyne, le doigt mordu correspondant au digitus impudicus peuvent constituer des symboles qui ont parfois donné lieu à des interprétations relatives à la supposée homosexualité de Caravage ou du milieu qu'il fréquentait." (https://fr.wikipedia.org/wiki/Gar%C3%A7on_mordu_par_un_l%C3%A9zard#Analyse)

[339]"*Parmi les sources d'inspiration les plus crédibles figure une ébauche connue sous le titre Asdrubale morso da un granchio («Asdrubal mordu par un crabe») ou Asdrubale morso da un gambero («Asdrubal mordu par une écrevisse») de Sofonisba Anguissola, datée de l'an 1554, qui lui a été expédiée pendant ses échanges avec le père de l'artiste.*" (https://fr.wikipedia.org/wiki/Gar%C3%A7on_mordu_par_un_l%C3%A9zard#Source_d'inspiration)

[340]http://emblems.let.uu.nl/ad1628053.html

[341]https://fr.wikipedia.org/wiki/L%27Enfant_au_toton

[342]https://commons.wikimedia.org/wiki/File:Jean-Baptiste_Greuze_-_The_Dead_Bird_-_WGA10679.jpg?uselang=fr

[343]"*Comme le Crocodil fuit celui qui le chasse,*
Et l'homme qui le craint cruellement pourchasse:
Ainsi ce vieil serpent, ennemi des humains,
Te craint si tu l'assaux, t'assaut si tu le crains."
(http://www.emblems.arts.gla.ac.uk/french/emblem.php?id=FBEb036)

[344]"*Le petit Stellion a quelques signes noirs*
Sur sa peau, & frequente és creux & vieux manoirs
Des cachots & tombeaux, en portant l'effigie
De l'envie mordante, & de la jalousie:
Lesard assez cogneu par les femmes qui sont
Jalouses des maris, & grand despit en ont.
Car qui boira du vin, dans lequel ceste beste
Estouffee sera, le mal se manifeste:
Des crustes sur la face alors apparoistront,
Et d'orde & salle ardeur des lentilles naistront.
C'est comme plus souvent les jalouses se vangent:
Car lors que les beaux teints de leurs garses se changent
Ceux qui les cherissoient si fort esperdument,
Les quittent tout à plat, voyans tel changement.
PLine escrit en son 29. livre 4. chapitre, que l'on faict un mauvais breuvage des Stellions. Car dit-il, quand on a faict mourir le Stellion dans du vin, ceux qui en boiront auront la face toute enlevee de laides taches rousses, pourtant les femmes jalouses & qui portent envie à la beauté de celles qui sont cheries & entretenues de leurs maris, le tuent dans l'onguent ou parfun. Le Stellion donques peust estre la marque d'une ame maligne, & de mauvais courage: & peust servir pour representer quelques cauteleux & trompeurs Sinons, desquels il se fault donner de garde, ainsi que le montrent tacitement certaines marques qu'ils ont en leurs corps: comme nature a esté provide, nous donnant enseignement, ayant donné certaines taches de malignité à aucunes bestes. Ainsi nous disons coustumierement, qu'il se fault donner garde de ceux qui sont marquez."
(http://www.emblems.arts.gla.ac.uk/french/emblem.php?id=FALc049)

[345]*Contre les flatteurs.*

INcessamment le Chameleon baaille,
Et à humer le vent tousjours travaille,
Changeant couleur aussi en toute sorte,
Ormis le blanc ou rouge qu'il ne porte:

Tout de mesme est le flatteur hume-vent,
Qui ravit tout cela qu'il va trouvant,
Car il prend garde à son seigneur & maistre,
Et ses façons il ensuit fort adextre,
S'accommodant au reste à son humeur,
Fors qu'en cela qui est pudic & pur.
CEcy est tiré du livre de Plutarque, de la différence d'entre le flatteur & l'amy. Il advient au Chameleon ainsi qu'au flatteur: car il se change en toutes couleurs, fors au blanc: ainsi le flatteur ne pouvant se rendre semblable en choses honnestes, il represente tout ce qui est vilain autant qu'il peust." (Les emblemes, 1584, Paris, http://www.emblems.arts.gla.ac.uk/alciato/emblem.php?showrel=y&id=FALc053#rel)
[346]"*Flateurs.*

Cameleon sousflant sans cesse,
Vivant clair, na fixes couleurs.
Adonc bleu, verd, ou jaulne, & laisse
Rouge & blanc, taincts de grandz valeurs.
Flateurs de Prince ont telz malheurs,
Mangeans peuple en ville & cite.
Des meurs du prince grands parleurs:
Fors de blancheur & purite." (*Livret des emblemes*, 1536, Paris, http://www.emblems.arts.gla.ac.uk/alciato/emblem.php?id=FALa088)
[347]"Ce type d'interpénétration entre le propos de l'emblème et la culture du droit romain est également à l'oeuvre au sein de l'emblème In Fraudulentos (Contre les fourbes).
L'épigramme évoque la figure du stellion, un lézard constellé, symbole de fourberie en raison de l'usage que l'on fait de sa dépouille: Le petit lézard, un stellion dont le corps est constellé de points noirs, qui niche dans des antres secrets et des tombes creuses, porte sur sa robe des symboles d'envie et de ruse dépravée, symboles qui ne sont que trop connus par les épouses jalouses. Car celui qui boit du vin dans lequel un lézard a été immergé est couvert sur son visage de taches honteuses. De ceci, une commune revanche: la maîtresse est abusée par le vin, la fleur de sa beauté perdue, son amant la quitte." (Valérie Hayaert, *Mens emblematica et humanisme juridique: le cas du Pegma cum narrationibus philosophicis de Pierre Coustau, 1555*, Genève, Librairie Droz, 2008, p. 151)
[348]Adolphe Duchalais, "*Études sur l'iconologie du Moyen Âge. Chasteté et luxure. Noblesse et vilenie*", Bibliothèque de l'École des Chartes, 1849, T. 10, pp. 31-44.
[349]Sur la comparaison entre ces deux animaus, cf. Louis Charbonneau-Lassay, "L'Iconographie emblématique de Jésus-Christ. Le Griffon - La Salamandre", *Regnabit*, 7ème année, No 11, Avril 1928, pp. 269-277, et No 12, Mai 1928, pp. 325-331; sur l'auteur du XIIIème siècle, *ibid*, No 12, p. 331.
On trouve, ainsi, associé les emblèmes du griffon et du lézard au château de Rambouillet: "*The chateau has remained in this family ever since. Exterior - The archway, flanked by two protruding turrets and bearing Jean Cottereau's arms (three lizards), leads to the inner court which is the starting-point for tours. The square 12C keep, now crowned with an elegant roof, is all that remains of the original stronghold. The adjoining wing was built by Mme de Maintenon and the narrow door set in the tower still sports the Marquises emblem, a griffin's head. A door depicting St Michael and and bearing the lizard emblem gives onto a staircase leading to Mme de Maintenon's suite. It consists of an antechamber, a bedroom - where Charles X spent the night on 3 August 1830 when he fled Rambouillet - and a small cabinet.*" (*Green Guide: Northern France and the Paris region*, Michelin Tyre PLC, Tourism Department, 2007, p. 287, repris de l'édition *Northern France and the Paris Region*, Michelin Tyre PLC, Tourism Department, 2001, p. 241)
[350]Cf. Éméric-David, pp. 235-250.
[351]"Engourdi tous les hivers, le lézard, dans cet état d'assoupissement, devint un emblème du sommeil. C'est en ce sens que nous le voyons employé auprès de différentes figures endormies: comme, par exemple, aux pieds d'une figure antique en ronde-bosse représentant le génie du sommeil, publiée par Alexandre Maffei; à côté d'une autre figure du Sommeil, publiée par Tollius; aux pieds d'une figure de l'Amour endormi de la Villa Borghèse; aux pieds d'une figure de la Mort, de la collection Mathei, et sur d'autres monuments que je m'abstiens de citer.
Il faut faire, à ce sujet, une remarque, c'est que dans tous les monuments, où le lézard est endormi, il est placé transversalement, et plus souvent la tête en bas. La figure, publiée par Tollius, est exceptée: cela vient de ce que le lézard s'est endormi à côté de deux têtes de pavots. Cette position renversée distingue le lézard endormi, qui est le lézard de l'hiver, d'avec le lézard grimpant qui est celui du

printemps et de l'été. Il ne me paraît pas que personne ait fait cette distinction: elle facilite cependant l'intelligence 'd'un assez grand nombre de monuments." (*Ibid.*, p. 242)
[352]*Ibid.*, p. 249.
[353]Il nous semble, en outre, que l'homme endormi porte une bure de moine à capuchon et a la tonsure propre des moines, ce qui, si tel était le cas, donnerait à cette allégorie un sens directement religieux.

"*The exquisite small sketch of a tondo on the recto of the Metropolitan sheet was undoubtedly intended for a medal on a theatrical costume, therefore perhaps related in theme to the verso sketches for the staging of Baldassare Taccone's La Danae or another festa. In its type of design and drawing style, the recto drawing on the Metropolitan sheet is closely comparable to two other sheets with small allegorical scenes inscribed within a tondo shape, one in Cambridge (Fitzwilliam Museum inv. PD.120-1961) and the other in Bayonne (Musée Bonnat inv. 656); all three sheets are rendered with the same style of quick, reinforced outlines and delicate parallel-hatching typical of Leonardo's drawings of the early to mid-1490s, and can be placed close enough to ca. 1496, as a terminus ante quem, based on the verso of the Metropolitan sheet with the Danae sketches.*

As Leonardo explained at the top in the accompanying inscription on the recto of the Metropolitan sheet, the sketch portrays a man sleeping by a tree, while to his right, a green lizard, or "ramarro," loyally attempts to overcome a grass snake ("biscia") that threatens him: "'*il ramarro . fedele allomo vede[n]do quello adorme[n]/ tato . co[n] batte . cholla bisscia esse vede no[n]lla potere / vincere core sopra il uolto dello mo . ello dessta accioche / essa . bisscia no no ffenda loadorme[n]tato . homo.*" *The specific fable of the lizard and the sleeping man (though no other allusions to it exist in Leonardo's notes) may be interpreted as an allegory on the virtue of fidelity, which is often defined by the attendant qualities of alertness and protectiveness. Cranes are described by Leonardo (Paris MS H, fol. 9r = H1, fol. 9r), as analogous examples of "fedeltà over lialtà," an idea he closely reprised from an edition of the popular, printed Fior di virtù. Such visual imagery of animal fables and allegorical compositions inspired Leonardo's work during the very late 1480s and 1490s, in reading Aesop's fables, Medieval bestiaries, and Pliny the Elder's Naturalis historia, together with two very popular books of his day, Cecco d'Ascoli's L'Acerba and the anonymous Fior di virtù, editions of which were printed in Venice in 1471, 1474, 1477, 1488, 1491, and later. Leonardo himself had owned exemplars of these books by the mid-1490s (see inventories in Codex Atlanticus, fol. 559r, of ca. 1493-95; and Codex Madrid II (inv. 8936, fol. 3r-2v), of ca. 1503-5: "plinjo," "fiore de uirtu," and "ciecho dasscholj"). He also copied passages from Pliny, Cecco d'Ascoli, and the anonymous Fior di virtù, sometimes almost verbatim, into the Paris MS H1 (fols. 5r-27v), of ca. 1493-94 (cfr. Marinoni 1986-90, MS H; Pietro C. Marani in Marinoni 1986, p. 141).*

The verso of the Metropolitan Museum sheet depicts sketches and notes intended for the staging of the musical comedy in rhyme, La Danae, on 31 January 1496. This comedy in five acts was written by Baldassare Taccone, chancellor to "Il Moro" and an amateur playwright himself; La Danae was performed at the house of Giovan Francesco Sanseverino, the count of Caiazzo and elder brother of Galeazzo. Based on Ovid's Metamorphoses (Book 4:611), the story line of the play follows the travails of Danae, daughter of Acrisius, king of Argos, seduced by Jupiter disguised in the form of a shower of gold, and eventually transformed into a star, hoisted into heaven. Taccone's text establishes the precise date of Leonardo's sheet, although the drawing on the recto may possibly be somewhat earlier, to judge from its affinity of subject matter with the bestiary notes of the Paris MS H, which firmly dates to ca. 1493-94. The verso of the Metropolitan sheet depicts a quick, working sketch of the actual design for the staging of the piece, drawn "con brevi segni," as counseled in Leonardo's note (Paris MS A, inv. 2185, fol. 27v), of ca. 1490-92.

At upper left, a list of names, including that of Danae, identifies the actors for the roles in the performance. As is usual for Leonardo, the sense of his notes is from right to left, so that the numbers and fractions indicating measurements for the positioning of each actor on stage precedes his name; it is possible that the Danae was staged on a moving platform, operated by machinery, which would have required a precise placement of the actors. The sketches render the stage design in an elevation, a plan, and a "bird's eye view." According to Leonardo's note on the verso of the Metropolitan sheet, Acrisius, king of Argos and the father of Danae, was to be played by Gian Cristofano, the gardener Sirus by Baldassare Taccone, while Danae, the headstrong princess and main character, was to be acted by a young man (not unusual for the time), Francesco Romano. The god Mercury, who was to descend from Olympus hoisted from a rope and pulley, was to be played by Gian Battista da Osimo. The lecherous god Jupiter, who transformed himself into a shower of gold to impregnate Danae, was to be portrayed by Gian Francesco Tanzio. The piece also included roles for a servant and for at least one "heavenly messenger" ("annuntiatore"). In the elevation sketch at left, the enthroned figure surrounded by an aureole of flames is Jupiter, the seducer of Danae.

(Carmen C. Bambach, 2015)" (https://www.metmuseum.org/toah/works-of-art/17.142.2/ et https://www.metmuseum.org/art/collection/search/339130)
"*This mysterious allegorical representation of a man asleep, with his head resting perilously near the entangled group of a lizard struggling with a serpent, is open to as many interpretations as Leonardo's own reversed left-handed inscription will allow. Popham, who entitled the composition Allegory of the Lizard Symbolizing Truth, offered the following translation of the text: "The lizard faithful to man, seeing him asleep, fights with the ser-pent and, if it sees it cannot conquer it, runs over the face of the man and thus wakes him in order that the serpent may not harm the sleeping man:' The circular form of the design suggests that it may have been intended for an emblem, possibly done for the Sforza court in Milan. On the reverse are Leonardo's notes on the cast of characters and his designs for (or records of) the staging of Danæ, a masque by Baldassare Taccone that was presented in Milan on January 31, 1496, in the house of Gian Francesco Sanseverino, Conte di Cajazzo. The floor plan and a perspective sketch of the setting are indicated at center; at left of center the anutiatore (heavenly messenger?) appears within a flaming mandorla in an arched niche.*" (Jacob Bean et Lawrence Turcic, *15th and 16th Century Italian Drawings in the Metropolitan Museum of Art*, New York, Metropolitan Museum of Art, 1982, p. 118, repris de Jacob Bean et Felice Stampfle, *Drawings from New York Collections*, The Italian Renaissance, Metropolitan Museum of Art, 1965, T. I *The Italian Renaissance*, p. 25)

[354]Ainsi:
"*Tenia el Moro una Hija,
que se llamava Zulema
de lindo donayre, y brío
hermosa como ella mesma,
que enamorada, y rendida
está Salamandra hecha
por el Cautivo Cristiano,
y un dia se fué resuelta
al Jardín donde él estava
trabajando en la floresta,
le dijo: noble Cristiano
deja este trabajo, y llega
á lo fresco de este árbol,
y pasa el rigor de la siesta:
á que respondió el Cristiano,
y dijo de esta manera:
Alá te pague Señora
esa voluntad que muestras;
á que replicó la Mora,
y dijo de esta manera:
es cierto Cristiano mió
que mucho mejor te fuera,
que dejaras esa ley,
y á la mia te volvieras,
y casándote conmigo,
gozarás muchas riquezas,
gobernarás mis Cautivos,
fueras dueño de mi hazienda,
que tengo muchos criados,
que á tu persona obedezcan;
á que respondió el Cristiano
con palabras muy resueltas;
no dejaré yo mi Ley,
.../...*" (*Romance nuevo y curioso en el qual se da cuenta de un prodigio que Maria santissima de Utrera obró con un caballero y una señora llamada doña Theresa Contreras, natural de la ciudad de Almeria, con todo lo demás que verá el curioso lector*, Murcia, Por Francisco Benedicto, 1783, s/n)

[355]"*Nous savons, en général, que les statuaires grecs descendirent rarement à cette imitation de sujets vulgaires, qu'on pourrait appeler sculpture de genre, et rien ne prouve que Praxitèle y ait jamais abaissé son ciseau. Si, d'ailleurs, ce maître eût voulu représenter un*

simple enfant, il ne lui aurait pas donné les formes épurées d'une divinité. L'antique a distingué, par de trop justes nuances, la nature humaine ordinaire, celle des faunes, celle des héros, celle des dieux, pour que nous puissions prêter à Praxitèle une erreur de ce genre. Mais il est, dans la statue même, une preuve non moins convaincante, c'est la bandelette qui noue les cheveux. Si l'élégance des formes n'annonçait pas que cette image représente un dieu, la bandelette le prouverait complètement. On sait que cette espèce de couronne n'appartenait qu'aux dieux, aux rois, aux prêtres, aux athlètes victorieux. Or, il ne pouvait exister aucun motif pour représenter un athlète tuant un lézard ou jouant avec un lézard: il suit de là que le personnage de Praxitèle est un dieu. Mais ce dieu, à peine adulte, ce dieu armé d'une flèche, ne peut être qu'Apollon ou l'Amour. Cette dernière option paraît avoir été celle de Martial. Elle se montre assez clairement dans ce distique, apparemment composé sur quelque répétition de la même statue: Cesse, cauteleux enfant, de tendre des pièges à ce lézard qui s'approche de toi: il ne désire que de mourir sous la main.
Ad te reptanti, puer insidiose, lacertea
Parce: cupit digitis illa perire tuis.
On voit bien que ces mots de *mourir sous ta main* sont pris au figuré. Martial pensait donc, comme nous, que le dieu ne tue point le lézard, mais, au contraire, qu'il le réveille, qu'il le pénètre de nouvelles ardeurs. Quand même, dans la pensée de Martial, ce ne serait pas un dieu, mais seulement un simple enfant qui stimulerait le lézard, il n'aurait pas l'intention de le tuer, par cela précisément que le lézard *désire* expirer sous ses doigts: il y aurait toujours dans cette expression une métaphore. Toutefois, dans cette alternative, nous devons préférer la version de Pline, suffisamment autorisée et plus conforme à d'autres caractères mythologiques, comme je vais le taire voir tout à l'heure.
Prouver maintenant qu'Apollon est le soleil: cette vérité se reproduit partout dans les écrits des anciens; mille monuments la confirment l'identité d'Apollon et du soleil est le fondement de toutes les fables relatives à Apollon, le motif de tous ses attributs, la source de presque toutes ses dénominations.
C'est donc le soleil que l'artiste a représenté, mais, de plus, c'est le soleil de l'équinoxe du printemps. Il faut ici que je rappelle en deux mots l'esprit des fables. Les anciens, voulant honorer le soleil à tous les degrés de sa carrière annuelle, le représentèrent sous des traits différents, suivant qu'il était plus ou moins avancé, soit dans son ascension, soit dans sa décroissance." (Ibid., pp. 237-238)
[356]https://fr.wikipedia.org/wiki/Apollon_sauroctone#Histoire
[357]Éméric-David, pp. 235-236.
[358]*Épigrammes de M. V al. Martial, Traduction nouvelle et complète, Par feu E.T. Simon*, Paris, Chez F. Guitel, 1819, T. III, No 172, pp. 292-293, ou *Toutes les Épigrammes de Martial, en latin et en français, distribuées dans un nouvel ordre, avec notes, éclaircissemens et commentaires; publiées par M.B.*, Paris, Chez l'Éditeur et Chez Gié-Boullay, 1843, T. II, No 250, pp. 364-365.
[359]Sur la salamandre comme symbole solaire à l'époque moderne, cf. les vers:
"*Que la lumbre feliz del sol reciba quebrada de las nubes por el tul,*
y no pretenda, salamandra altiva, eclipsar los fulgores de su luz." (*Obras literarias del precoz niño don Jesús Rodríguez Cao*, Madrid, Imprenta de R. Labajos, 1870, T. II *Leyendas en prosa y verso y Ensayos épicos*, "Blanca o el Ángel de la Campiña", XI, p. 113)
[360]"*Such a disciple is not to imagine that the wrong character of his frame of mind is something transitional—that its erroneousness will neutralize itself. Rather it produces itself ever mightier; and therefore at last it brings a man down to hell,—into that field of corpses, in which a twofold principle of destruction is consuming the dead without ever completing its work—in which they are evermore sepultured in a twofold manner, through the worm of rotting and through the flame of the pyre, without yet ever dying. It is a region in which sins and punishments kindle one another illimitably; in which the flame kills the whole life sooner than it destroys the worm of corruption, which has called that flame into existence, and which, like a genuine salamander, is kindred with it, and finds it its own congenial element { in which this worm of destruction consumes the life from within yet worse than the flame does from without. Thus fanaticism even in this world begins to produce in the soul these two destructions, the worm of death's coldness in the innermost being, and the fire of consuming passion.*" (*The life of the Lord Jesus Christ, a complete critical examination of the Gospels*, trad. de l'all. de J.P. Lange, éd. du Rév. Marcus Dods, Édimbourg, T. & T. Clark, Londres, Hamilton and Co., et Dublin, John Robertson and Co., 1864, Vol. III, p. 361. 1864, p. 361)
[361]"*In the time of Christ there was a great contention about who should have the garments of the high priests they wore, once a year, whether themselves, their kings, or the Romans, and generally the latter kept them and let them out. We should think the moths must have got at them, and perhaps it was to them Christ alluded, as likely to be in that predicament when they were making such a fuss about them. However, everything is possible with God, as Christ said, and Mr. Mill, with or without him, and God may have inspired them with preservation to appear every year fresh as the blood of St. Januarius, or he may have defended them against the moths and their god Beelzebub. The head of Jesus seemed full of these dresses in his addresses to the people. Solomon was not clothed as one of these, and he compared the fine garments of some one to the camel-clothing of John the Baptist, and therefore we must suppose*

Jesus wore something better, particularly as he compared his own eating and drinking, wine-bibbing, and gluttony, it was said, with the larder and the liquor of the Baptist in the desert, which he said the Jews did not like any more than they approved of Christ and his apostles—jolly companions every one—as long as he lived with them, and having the promise of suppers after in heaven. Sublime precepts and morality! Buckle, Renan, Farrar, Greg, the author of "Supernatural Religion," Mill, and others, cry out in chorus, whether they raise him up or lower him down in the scale of divinity. Oh, Mill, Mill such a wheel-about, and turn-about, and just do so, and such a getting upstairs, when the devil is coming downstairs—Jacob's ladder upset in getting up to the gods in the gallery, and all tumbling into the pit.

But to proceed with Christ's equipments for heaven or hell, there was Dives in fine garments, and Lazarus in those of a beggar, Dives, instead of his purple must have been clothed in an impermeable garment of asbestos and left in the fire to lead the life of a salamander. Lazarus was lifted up and found clothing, snug in Abraham's bosom. It is lucky there are few to be saved, as Abraham would have a nice time of it to all eternity with such bosom companions. Christ was not so hard upon the treasure, where moth doth corrupt, when the best robe was brought forth by the father for the prodigal son and sinner—a cut at the elder brother, the Jews.

The unfortunate fate of the man without the wedding garment, and this hatred of the robes of the Rabbi, and there are no doubt other instances, show the attention Jesus paid to dress.

And if Jesus was particular about clothes, the writers of the narrative equally were. It is not said in what attire Jesus went into Jerusalem, but when clothes were laid on the donkeys' backs, and under their feet, no doubt over them, Jesus must have dressed in appropriate costume.

There was no end of dressing and undressing him when they got him, and one would think they would not have clothed him in purple robes unless he had done something of the sort; they would not have done it probably unless he had made an exhibition of the sort, and at least he let himself out for it by saying he was a king, and Christ, and God, and the priests had no other way of showing their horror at his blasphemy than by tearing their own clothes, and Jesus, in return, tore the veil of their temple.

Farrar, in his Life of Christ, shows, great anxiety that Christ had something round his waist when he was crucified, and shows his scholarship in proving he had not. We must suppose the schoolmaster is thinking of the moral of his boys." (The Jesus Christ of John Stuart Mill. By *Antichrist*, Londres, Edward Truelove, 1875, pp. 38-39)

"*If Hell and Heaven be two different places the difficulty is insurmountable, but to me there is no difficulty—Christ went into Hell and he took the two thieves with him; to the one he promised paradise, to the other not, and the two fellows would, no doubt, be mightily pleased to meet together in the same comfortable place of rest, as Ezekiel describes it (xxxi. 16). Where this Hell is situated, whether in Leslie's imprisoned light in the centre of the earth, or Mr. Swinden's unimprisoned light in the centre of the system, I shall not attempt to decide; but it is evident, from the authority of an eminent philosopher on the one hand, and one of the chosen servants of the Lord on the other, that the presumption is in favour of a luminous place of residence for the wicked; and it is to be hoped that this redoubted fire in which they are to be enveloped, is of such a nature as only to prove destructive to evil, leaving all the good principles not only unhurt, but purified and refined, like gold in the furnace. Thus, Jesus Christ says of mankind, that they shall be all salted with fire, baptized with fire; and St. Paul says of this fire that it will burn up the evil deeds and thoughts of every man; but the man himself, the identical conscious principle shall be saved. God will purify all things, but destroy nothing. We have no occasion to fear hell-fire, if the Lord convert us into salamanders; and salamanders we must all become, for salamander means a man of peace, and a man of peace can live in the midst of fire without being burnt. The Messiah is a salamander, and the millennium is the kingdom of the salamanders.*" (Rev. J.E. Smith, *The Antichrist; Or, Christianity Reformed. In which is Demonstrated from the Scriptures In Opposition to the Prevailing Opinion of the Whole Religious World, that Evil and Good are from One Source; Devil and God One Spirit; and that the one is merely manifested to make perfect the other*, Londres, B.D. Cousins, 1833, p. 240)

"Section II. — La salamandre chrétienne.

Comme il ne respirait que l'amour de Dieu, il avait coutume de dire que l'élément et l'aliment du vrai chrétien c'était la charité, comme le feu l'était à la salamandre. Et quelquefois, quand il me demandait en quelle posture était mon cœur touchant ce saint amour, il me disait: Eh bien! sommes-nous toujours des salamandres? ou bien: Sommes-nous toujours logés à la salamandre.

Une fois en prêchant à Belley, il fort là-dessus une similitude qui me plût fort, et montra que comme la salamandre, qui se plaît et se plaît dans les brasiers à cause de sa froideur si extrême, que le feu ne peut agir sur elle pour la consumer, oui bien pour réchauffer, est un animal qui naît dedans les eaux en des contrées glaciales: «Le chrétien est comme cela, disait-il, car il naît dans la région de dissimilitude et dans un grand éloignement de Dieu; d'autant qu'il est conçu en iniquité, et enfanté en péché, et le salut est loin des pécheurs, étant plutôt damné que né: Damnatus antè quàm natus, dit saint Bernard. Il naît dans les ténèbres du péché de l'origine et dans la région d'ombre de mort. Mais étant réné dans les eaux du baptême, au milieu desquelles il reçoit l'habitude de la charité, et par conséquent le feu du saint amour de Dieu, il n'a plus de vie de grâce et d'esprit que tant qu'il demeure en ce divin amour: car celui qui n'aime point de cette sorte est en la mort, comme par cette dilection il est rappelé de la mort à la vie.»

Il ajouta cet autre que vous aurez encore, mes Sœurs, pour emplir la mesure de cette conférence. «La charité, disait-il, est comme un feu et un feu dévorant: celle que nous avons en cette vie est sujette à s'éteindre par les tentations violentes qui nous poussent, ou, pour *mieux dire, qui nous précipitent dans le péché à mort; mais celle de l'autre vie est une charité constante, uniforme, toujours égale, et qui ne défaut jamais. En quoi l'une et l'autre est semblable au feu, lequel en terre a besoin de matière pour se nourrir et entretenir, autrement il s'amortit; mais le feu qui est en sa sphère se nourrit de sa propre chaleur et n'a que faire d'autre aliment que de demeurer en son centre.»*" (*Œuvres complètes de Saint François de Sales Évêque et Prince de Genève*, Paris, Berche et Tralin, 1875, T. I Contenant *La Vie Du Saint, Par Dom Jean De Saint-françois Et Son Esprit, Par J.-P. Camus*, pp. 359-360)

"*Esta feliz Religiosa, que acompañó á la Santa en varios viages, y Conventos, fue la que siendo Novicia cantó en unas Pasquas aquella devota coplilla: Véante mis ojos, dulce Jesús bueno: Véante mis ojos, y muévame yo luego, á cuyos dulces ecos acometió á la Santa tan fuerte arrobamiento, que estuvo para morir de pena de no ver á Dios. Sobre lo que escribió á su Confesor un papel, que traen sus Historiadores Yepes, y Rivera, en que descubre un nuevo misterio de la Teología Mística. Esta fue la feliz ocasión en que compuso aquellos versos, que cada uno es una asqua de fuego, que comienzan: Vivo sin vivir, &e. Y siempre que volvía la Santa á Salamanca; la solía decir, como lo depone todo la misma Religiosa: Venga acá, mi hija, cánteme aquellas coplitas. No hay que extrañar que aquella enamorada Salamandra se quisiese saborear en las llamas de la Divinidad, para quedar quanto antes, como lo quedó; después, sagrada víctima del Divino amor.*" (*Cartas de Santa Teresa de Jesus, Madre y Fundadora de la Reforma de la Orden de Nuestra Señora del Carmen, de la Primitiva Observancia. Con notas del R.P. Fr. Antonio de San Joseph, Religioso Carmelita descalzo*, Madrid, En la Imprenta de don Joseph Doblado, 1793, note 5 de la "*Carta LXXVIII a la M. Ana de la Encarnación*", p. 502)

"*Queriendo unirse Jesucristo con el espíritu de Santa Teresa con el vínculo mas alto y mas estrecho de amor y amistad que pueda tener un alma con Dios en el destierro de esta vida, y el mas semejante á aquella atadura de amor eterno é indisoluble, que se deberá perfeccionar con ti mismo Dios en la patria bienaventurada; hizo primero con ella un pacto de amarse mutuamente en adelante con el amor mas fino que se pueda dar. ¿Pero qué cosa pensais que pidiese de ella el Redentor, habiéndosele aparecido visiblemente, para establecer perpetuamente esta santa ley de amor? Acaso, que en adelante estuviese siempre, como Salamandra bienaventurada, ardiendo en llamas de caridad? Nada de esto: solamente; le dijo, que ya era tiempo que ella tomase las cosas de ella como suyas, y que él miraría por las cosas de ella. Ved aqui el amor verdadero: tomar cada uno el promover como propias las cosas que son conformes á la voluntad del otro, y procurarse mutuamente con todo empeño sus adelantamientos y ventajas. Este es amor sobrefino, porque se funda todo en las obras agradables á la persona amada.*" (Giovanni Battista Scaramelli, *Directorio ascético, en que se enseña el modo de conducir las almas por el camino ordinario de la gracia á la perfeccion cristiana: dirigido à los directores de las almas*, trad. de Pedro Bonet, Gérone, Imprenta de la Viuda é Hijo de Figaró, 1853, T. III, p. 169)

"*Nunca le faltó una esperanza, y confianza en Dios certisima: los quilates de su caridad no se dexan tocar de quien no los ha esperimentado, porque no fue amor, sino fuego ardentisimo de Dios: en que ella como otro Serafin ardia de contino, y la que viviendo se sustentaba, y vivia (como otra Salamandra) con este fuego murió abrasada en él, como mas largamente contamos escribiendo su muerte.*" (Diego de Yepes, *Vida de la bienaventurada Virgen Teresa de Jesus*, Madrid, D. Manuel Martin, 1776, p. 254)

"*Celebrando David las maravillosas obras de Dios, cuenta como la mas principal aver quebrantado las siete cabeças de la Hidra infernal, de el Dragon rebelde, dandole à comer à los atezados Etiopes: Tu confregisti capta Draconis, dedisti eum escam Populis Etyopum (Psalm. 73 v. 14.). Llama mi Padre San Agustin Etiopes, à los que de las tinieblas obscuras de la gentilidad vinieron à la blanca, apacible luz de el Evangelio; pero admira, por singular, como explica el modo de aver sido su manjar el Demonio: Quomodo acceperunt isti in escam Draconem istum? Puto, quia magis Christum acceperunt in escam; sed Christum quo se consumarent, Diabolum quem consumerent (S. Agust. Enar. in Psalm.). Porque recibieron como à manjar à Christo, se pudieron tragar al Demonio. Christo como manjar es Christo Sacramentado, para recebirle es menester singularissima pureza; pues como se puede en tender de este Sacramento, llamandoles Negros atezados Etiopes? Veamos la propiedad de este nombre. El Griego le llama Ardens. Incensus (Ex vers. Graeca. Lorin. hic.). El Literal entiende los habitadores de ambas riberàs de el Mar Vermejo, tanto la Asiatica, como la Africana. La verdad, yà en nuestra edad mas descubierta en prolixas navegaciones, tiene por Etiopes los Africanos, que habitan la Torrida Zona, ò cerca de ella las Regiones Méridionales, donde la demasiado calor de el Sol, y la disposicion de su arenoso suelo tiene tostada la téz de sus habitantes. En que fin violencia se significan los Hombres, en quienes haze mas impresion el fuego de el Divino Amor. Pues a estos se dà Christo como manjar, que solamente habita gustoso en la Torrida Zona, ò al Medio dia de fogosos pechos, de amantes, y ardientes coraçones; y á estos entrega como manjar al Demonio, con la diferencia que advirtió mi Gran Padre: que el coraçon cariñoso con su fuego, y el manjar Divino se consuma, y perficiona; consume los ardides del Demonio: à Christo lo actua como alimento de vida; al Demonio lo deshaze como Ministro de la muerte. A Christo lo recibe en estrecha afectiva union; arroja al Demonio vencido de su ardiente caridad. Quedando en tan fogosa région este Sacramento, como en su mas delicioso Tabernaculo. Esta es la verdadera Salamandra, que tiene por habitacion los incendios, que busca en las asquas de incendios sus delicias. Dispongamos à tanto favor el pecho, diziendo con mi amantissimo Padre: O ignis qui semper ardes, & non exangueris! Charitas Deus meus, accende me (S. August. lib. I. Cós. caq. 29.). O fuego Divino de inextinguible caridad! Encended nuestros coraçones, para que bien hallados en los incendios, sea como de el Fenix vuestra cuna, y sepulcro tan Sagrada hoguera, habiteis gustoso nuestros coraçones.*" (Diego Gracia, *Sermones de Christo, sv Santisima Madre y algvnos de los Primeros Santos de la Iglesia. Panegiricos en*

qve con varia ervdicion se discvrren svs mas singvlares grandezas. Ideas sagradas, ajvstadas a los Evangelios,y a la mayor propriedad de los assvntos, Saragosse, Por Manvel Roman, 1708, "*Del Santissimo Sacramento*", p. 11)
"*Eſpantanſe los hombres de grande juyzio y entendimiento. como Plinio, y & grande fatuidad, como ſan Auguſtin, de que aya vn animal, que llaman Salamádra (ſi es verdad que lo ay) que tenga naturaleza tan fria, que tocando al fuego, le apague, y viva en las llamas ſin quemarſe. Coſa admirable, que vn animal de naturaleza fenſitiua, ardiendo en llamas, no ſe duela, no ſe ſienta, ni ſe gima: Ceſſen todos los eſpantos, que ha auido; callen todos los que eſcriuen coſas naturales, y vayan al ſanto ſenaculo del monte de Sion, y alli veran otra coſa, que le poma mas grima y eſpanto: veran a vn hombre, de condicion mas frio, que la miſma Salamandra, y veran que anda metido en las llamas de tanto amor, que toca carbones encédidos, que come carne de Dios, que es fuego Diuino, que bebe no agua ardiéte, ſino ſangre ardiente de Dios humanado, y todauia no ſe mueue, no ſe muda, no llora ni gime. Es la coſa mas digna de admiracion, acompañada con lagrimas de quantas ſe han vino en el mundo. O Iudas, grande es tu mal, pero mayor es el amor del medico, que te cura, que aun no acaban, ni acabarán tan preſto ſus medicinas.*" (Juan Rebello, *Vida y Corona de Christo Nvestro Salvador*, Lisbone, Francisco de Lyra, 1610, Lib. VI cap. II art. II, pp. 204-205)
"*Es muy desenfrenada la concupiscencia; tiene mucha fuerza para tirarnos la presencia del bien amado, tiene mucho Impetu para empujarnos el demonio; y finalmente aquella misma temeridad con que nos ponemos á riesgo de caer, merece justamente que seamos abandonados de Dios; de donde al fin es moralmente imposible caminar siempre sobre los precipicios mas horrorosos, y no precipitarse jamás. Y fuera desmentido últimamente por los Santos, pues el mismo Rey David pedia de corazon á Dios, que no solamente alejase de él la maldad, sino tambien el camino que lleva á ella: tan dificultoso juzgaba aun en sí, que á largo andar no se juntasen el camino y el viaje; la vivora y el veneno; la ocasion y la culpa. No vale, pues, el decir: Hasta ahora he galanteado sin pecado; lo mismo me sucederá en adelante. Pase por concedido, que hasta ahora habeis practicado este uso sin pecado grave, ó por tener el natural frio, ó por no tenerle aun pervertido con la malicia. Creed como cierto, que no será siempre así, si prosiguiéreis. Ningun animal se puede conservar largo tiempo vivo en el fuego; porque la vida de todos los animales, consiste en cierto temperamento del calor natural, y del húmedo radical, el cual en llegando á desconcertarse con la fuerza del fuego destruidor, es menester, que presto ó tarde perezca dentro de aquellas llamas. Es verdad que la salamandra, por ser de un temperamento muy frio, resiste mas largo espacio al ardor de las fraguas: mas al fin queda tambien abrasada, si está allí mucho; y es fábula el decir que triunfa. La vida del alma consiste en un temperamento del calor de la caridad, y de la humedad de la devocion; y las ocasiones son un fuego, que aunque al principio, con algun natural frio, ó bien inclinado no muestra toda su eficacia, la muestrán á largo andar, destruyendo la caridad y la devocion, y dando muerte á todas las almas muy atrevidas. Lo cual se debe temer mas en la edad lozana, cuando la virtud no bien sólida, es mas superficial que sustancial; y como el olor de los jazmines, que con poco que se manoseen, pierden su fragancia: de donde es, que de ordinario la juventud, en tanto no obra mal, en cuanto no halla comodidad de poderlo obrar. Estar siempre con la muger, y no conocer á la muger, por ventura no es mas que resucitar un muerto? Decia San Bernardo. No puedes lo que es menos, y quieres que te crea lo que es mas? El querer persuadirme que os podeis entretener largo tiempo en estas peligrosas conversaciones, sin pasar jamás á pecar, es quererme persuadir que podeis hacer milagros, iguales á los de quien resucita un muerto, y aun mayores: de 3onde. es, que no viéndoos obrar lo menos, no os hago agravio en no teneros por hábiles para lo mas.*" (Pablo Segneri, *El Cristiano instruido en su ley: Discursos morales y doctrinales*, trad. de Juan de Espinola Baeza Echaburu, Madrid, Imprenta de Higinio Reneses, 1859, T. IV, pp. 112-113)
"*Judas in amore Jesu Salamandrae in igne non ardenti comparatur*", Sebastian Textor, *TRIAS PANEGYRICO-MORALIS, Das ist: Auserlesene, in drey Theil verschiedene Lob- und Ehren-Predigen: Deren der erste Theil Extraordinari-Marianische; der andere Allegorische, in Figur- und Gleichnussen verfaßte; der dritte unterschidliche auf absonderliche Solennitaeten, Fest, udn Andachten, mit raren Concepten, Eruditionen und Historien eingerichte Panegyres, samt beygefügten Moralischen Lehren in sich begreiffet. Mit vierfachen Registern versehen, als I. Rerum memorabilium, 2. Conceptuum SS. Scripturae, 3. Historiarum. 4. Concionum in omnes totius anni Dominicas, & solenniores Festivitates &c. applicabilium*, Augsbourg, Im Verlag Martin Veith, und Jodoc. Heinrich Müller, 1735, c. 8, p. 1, n. 6.
Finalement, une indirecte, mais, à notre sens, pas moins importante relation entre Jésus et la Salamandre est l'identification de cette dernière avec "*l'herbe Asbestine*" dont est fait le linge qui conservele Saint Suaire, selon *La Chine d'Athanase Kirchere de la Compagnie de Jesus, illustrée de plusieurs monuments tant sacrés que profanes, et de quantité de recherchés de la nature & de l'art*, Amsterdam, Ches Jean Jansson à Waesberge, & les Heritiers d'Elizée Weyerstraet, 1670, pp. 279-280, d'après le témoignage de Marco Polo, tel qu'on le trouve reproduit dans *Voyageurs anciens et modernes, ou Choix des relations de voyages les plus interessantes et les plus instructives depuis le cinquième siècle avant Jesus-Christ jusqu'au dix-neuvième siècle avec biographies, notes et indications iconographiques par M. Édouard Charton*, Paris, Aux bureaux du Magasin Pittoresque, 1855, T. II *Voyageurs du Moyen Âge depuis le sixième siècle de l'ère chrétienne jusqu'au quatorzième*, pp. 299-301.
[362]http://www.gracegems.org/Brooks/crown_and_glory_of_christianity.htm

[363] *The Complete Works of Thomas Brooks*, éd. du Rév. Alexander Balloch Grosart, Édimbourg, James Nichol, Londres, James Nisbet and Co., et Dublin, G. Herbert, 1867, T. IV, p. 266; repris dans: "*I have read of Nero, that he had a shirt made of a Salamander's skin, so that if he went through the fire in it, it would keep him from burning: Oh, sirs, a suffering Christ is this Salamander's skin, that will keep the saints from burning in the midst of burnings, from suffering in the midst of sufferings, from drowning in the midst of drownings. In all the storms that beat upon your inward or your outward man, eye the sufferings of Christ, lean upon the sufferings of Christ, plead the sufferings of Christ, and triumph in the sufferings of Christ.*" (*The Earthen Vessel and Christian Record & Review for 1848*, Londres, James Paul, et George, John & Robert Banks, 1848, T. IV, p. 34).

[364] Jean Séry, L'évolution de la statuaire mariale du Moyen-Age à nos jours: l'exemple des Ardennes, Charleville, Impr. J.-M. Lenoir, 1977, pp. 60-61.

[365] Emmanuel Le Roy Ladurie, *La sorcière de Jasmin: avec la reproduction en fac-similé de l'édition originale bilingue (1842) de la "Franéouneto" de Jasmin*, Paris, Seuil, 1983, p. 255.

"Dans le Registre de l'évêque Jacques Fournier (Le Registre d'Inquisition de Jacques Fournier, évêque de Pamiers, éd. par J. Duvernoy, 3 vol., Toulouse, 1965. Voir ce qu'en a tiré E. Le Roy Ladurie dans: Montaillou, village occitan de 1294 à 1324, Paris, 1975.), directeur de l'Inquisition à Pamiers (Ariège) de 1318 à 1325, l'hérétique Pierre Maury rapporte, à l'aide d'un exemplum apparenté à la légende du roi Guntram (cf. p. 100), comment les cathares se représentent les rapports de l'âme et du corps: «*Deux croyants se trouvaient un jour au bord d'une rivière; l'un s'endormit, l'autre resta éveillé. De la bouche du dormeur, il vit sortir un être semblable à un lézard. Soudain, ce lézard profitant d'une planche, ou d'un fétu de paille, qui s'étendait d'une rive à l'autre, passa la rivière. Il y avait, sur l'autre rive, le crâne décharné d'un âne; le lézard entrait et sortait par les orifices qui trouaient ce crâne. Ensuite, il revenait jusqu'à la bouche du dormeur en repassant la rivière par-dessus la planche. Il fit cela une fois ou deux. Voyant cela, l'homme éveillé usa d'une ruse: il attendit que le lézard passe de l'autre côté de la rivière et s'approche de la tête d'âne, et enleva la planche. Le lézard quitta le crâne de l'âne, revint à la rive. Impossible de passer! Partie, la planche! Du coup, le corps du dormeur s'agitait énormément, mais sans parvenir à se réveiller malgré tous les efforts que déployait le veilleur pour le tirer de son sommeil. Enfin, le veilleur remit la planche sur la rivière. Le lézard put alors revenir sur ses pas et réintégrer le corps du dormeur en passant par la bouche. Aussitôt celui-ci s'éveilla et raconta à son ami le rêve qu'il venait de faire:*
— *J'ai rêvé que je passai une rivière sur une planche et que j'entrai dans un grand palais avec beaucoup de tours et de chambres; quand je voulus revenir au point d'où j'étais sorti, plus de planche! Impossible de passer. Je me serai noyé dans la rivière. D'où mon agitation (dans mon sommeil) jusqu'à ce qu'on remette la planche et que je puisse revenir. Les deux croyants s'émerveillèrent beaucoup (le cette aventure et allèrent la narrer à un parfait qui leur donna la clé du mystère:*
— *L'âme, dit-il, demeure en permanence dans le corps de l'homme; au contraire, l'esprit entre et sort du corps humain, tout comme le lézard qui va de la bouche du dormeur à la tête de l'âne et vice versa.*» (Montaillou..., op. cit., supra, p. 608.)

Un autre passage du Registre de Jacques Fournier, qu'Emmanuel Le Roy Ladurie ne cite pas dans Montaillou, éclaire le texte ci-dessus, déjà remarquable par la notion d'esprit jouissant d'indépendance, quittant et réintégrant le corps à sa guise:
«*Avez-vous entendu des hérétiques déclarer, et avez-vous cru qu'il y a en l'homme deux substances rationnelles, c'est-à-dire deux âmes, ou un esprit et une âme ainsi faits que l'un demeure dans le corps pendant la vie et que l'autre, l'esprit, aille et vienne et ne reste pas toujours dans l'homme, — que ces impressions, rêves éveillés, réflexions et autres phénomènes touchant la conscience soient produits en l'homme par l'esprit, et que l'homme posséderait l'âme du seul fait qu'il vive? J'ai entendu l'hérétique feu Philippe de Coustaussa et la croyante Mersende Marty dire que, de son vivant, l'homme aurait toujours une âme, mais quand on devient croyant ou hérétique, un bon esprit viendrait, si bien qu'entre la première âme et l'esprit se célébrerait une sorte de noce dont le promoteur serait Dieu. Si, par la suite, le croyant ou hérétique reniait sa foi ou l'hérésie, ce bon esprit quitterait l'homme et serait remplacé par un esprit malin. C'est ainsi, dirent-ils, que l'esprit entre et sort de l'homme. Par contre, l'âme resterait en l'homme tant qu'il est en vie. Je n'ai pas entendu préciser s'il s'agit d'un esprit humain, d'un esprit créé (spiritus creatus) ou du Saint-Esprit, donc de Dieu; pourtant, ils appellent diable l'esprit malin qui entre dans l'homme.*» (Le Registre..., op. cit., supra, p. 243.)

Entre les lignes se lit le message suivant: l'âme correspond plus ou moins au principe vital, ce qui explique la confusion de certains habitants de Montaillou pour qui «*l'âme, c'est le sang*»; l'esprit se rapproche du daimôn grec et du genius romain, mais il ne se joint à l'homme qu'après sa conversion à la foi que prêchent les parfaits, concession faite au dogme cathare ou mise en conformité d'une croyance populaire avec la religion locale. Quoi qu'il en soit, pour les Montalianais du XIVe siècle, l'homme est habité par deux entités appelées «âme» et «esprit»." (Claude Lecouteux, *Fées, Sorcières et Loups-Garous au Moyen Âge*, Paris, Imago, 2012, "7. Les cathares et le double")

[366] "*While Altdorfer's Rest on the Flight into Egypt does not contain insects, lizards, or salamanders, the winged phoenix egg in Apollo's hand signifies the very same process of regeneration through destruction and putrefaction, for the phoenix, like the salamander, emerges resurrected out of fire.' Like Jamnitzer's Merkel Centerpiece, Altdorfer's votive picture appears to have three overlapping themes: the correspondence between spiritual and natural powers, the transformative power of nature, and the place of art in the great work of spiritual and material redemption. Transformation itself is indicated by the arrows in Cupid's hands, those same arrows that eventually caused Daphne to be transformed into a tree. Altdorfer points to the transformational powers of nature in his allusion to the alchemical theory in which Apollo could be seen as sulfur, Mary as mercury, and the fountain as the water of life, the generative principle of nature.*
At the same time, Mary, mirror of God and fountain of life,' is the vehi-cle of the macrocosmic transmutation of the world, the process of redemption set in motion by Christ's birth, life, and death. In microcosm, the individual artisan replicates these processes of transformation and redemp-tion. By giving over his painting to the Virgin, Altdorfer allu-des to the role that the practice of his art plays in redeeming the "health of his soul." He employs the knowledge of nature, gained by a bodily experience of nature itself, to imitate nature's creative processes and to transform natural materials into a work of art. The powers of nature—inextricably intertwined with divine power—are the wellspring of his own artistic creativity, and the painting as a whole conveys the message that, as an artisan, he is both a knower and a redeemer of matter." (Larry Silver et Pamela H. Smith, "*Splendor in the Grass - The Powers of Nature and Art in the Age of Dürer*", Merchants and Marvels: Commerce, Science, and Art in Early Modern Europe, New York et Londres, Routledge, 2013, p. 52)

[367] https://commons.wikimedia.org/wiki/File:Albrecht_Altdorfer_-_Rest_on_the_Flight_into_Egypt_-_WGA0209.jpg

[368] "*The Virgin is shown resting in a throne-like chair by a richly ornate Renaissance fountain, while Joseph proffers a basket of cherries. Several angels are playing in and around the basin of the fountain, and the child Jesus tries to reach into the water. The fountain-pillar is lavishly decorated with sculpture. The significance of the group of figures at the top - a bearded man with a boy shooting an arrow - is not clear, but appears to relate to ancient mythology. Beyond the fountain the wooded shores of a lake stretch far into the distance. The rocks are crowded with gateways, fortified roads and towers, houses with pointed gables, ruins and decaying roofs - all so intricately interwoven with trees and foliage that it is difficult to detect the relationship of any one building to the other. The element of fantasy, which so dominates the landscape, is also apparent in the fountain, in which the figures seem to be drawn both from reality and from the artist's imagination. There is no prototype or parallel in Altdorfer's time for the bizarre appearance of the fountain. The painter's artistic invention was sin this case at least a generation ahead of his time.*
At the foot of the fountain is a stone tablet bearing the Latin inscription: 'Albertus Aldorfer pictor Ratisponensis in salutem animae hoc tibi munus diva maria sacravit corde fideli 1510 AA' ('*Albrecht Altdorfer, painter from Regensburg, for the salvation of his soul dedicated this gift to thee, divine Mary, with a faithful heart*'):*this indicates a very personal confession on the part of the painter, his appeal to the Virgin Mary. The dedication must also be taken as an explanation of the central feature of the picture, the fountain, which - though symbolic of a heathen place - is nonetheless the water of life for the Holy Family. The motif recalls the legend, according to which a spring appeared from the earth when the Holy Family in its flight sought a place to rest. A few years earlier Cranach had treated the same theme;this fact establishes a singular bond between the two paintings.*
It is assumed that the landscape reproduces impressions from the country near Regensburg, and in particular the hamlets of Scheuchenberg, Lerchenhaube and Wörth, which are also recognizable in Altdorfer's Crucifixion in the gallery at Cassel. The painter settled in Regensburg in 1505 and twenty years later was appointed the city's master-builder. Most of his pictures point to a predilection for architecture and architectural décor. An example of this is the highly imaginitive construction of the fountain and - on another panel in Berlin painted somewhat later - the ruin in the darkness which serves as the setting for the birth of Christ." (https://www.wga.hu/html_m/a/altdorfe/2/02egypt.html)

[369] Joseph Zoller, ConCeptVs ChronographICVs De ConCepta saCra DeIpara. Septingentis Sacrae Scripturae, SS. patrum, ac rationum, nec non historiarum, symbolorum, antiquitatum, et anagrammatum suffragiis roboratus. Ac totidem praefixis chronographicis, annum currentum prodentibus copiose instructus. Occasione saeculi, hoc eodem anno septima viæ absoluti, et celebrati, a patribus Benedictinis liberi, ac imperialis monasterii ad SS. Udalricum & Afram Augustae Vindelicorum, Augsburg] Typis Joannis Michaëlis Labhart, 1712, pp. 94-97; plus développé que dans la version en allemand, où les Emblèmes se réduisent au *motto*, accompagnant l'image en latin au recto et traduit en allemand au verso de chaque page: *Mariae höchst-wunderbarliche und ohne alle Sünden-Mackl gnaden-reich beschehene Empfängnuss: in hunderterley Sinn-Bildern vorgestellet, mit minder... durch gleich-lauffende Vers deutlich erkläret: anbey mit einer anmüthigen Melodey versehen...*, Augsbourg, Gedruckt bey Iohann Michael Labhart, Hoch-Fürstl: Bischöffl: Buchdrucker, 1712, p. 29.

[370] Dans la version latine, nous venons de le dire, note précédente, plus développée. Si l'ensemble de l'Emblème a ce sens, la p. 97 correspondant plus concrètement à l'illustration le dit explicitement:
"*Vix tumidas fentit Polypus faevire procellas,*

Mox fugit ad Scopulum, nil fibi trifte timens,
Nil fibi trifte timet, maculae fpumante procellâ
Virgo, quam Scopulus, Gratia prima, tenet.
Mihi autem adhaerere DEO bonum eft. Pfalm. 72. v. 28.

§. 6. Antiquitas.
202. Conftans MatrIs gratIa CVr renoVanDa?
REfert Valerius Maximus, de pietate erga Parentes: Pompeium Atticum gloriari frequenter folitum fuiffe, his verbis: Cum Matre meâ nunquam in gratiam redij. Idem etiam Matrem faepiùs dixiffe: In gratiam cum Filio meo, nunquam redij. Ac fi diceret ille: nunquam exercui lites, aut difcordias, cum Matre meâ. Et illa viciffim nunquam offendi Filium meum: conftanter placui oculis ejus: nunquam illi fui inimica, vel ille à me averfus, &c.
Hoc laudat in Pompeio, ejusdemque Matre, Antiquitas. Et nos dicemus, inter Filium DEI, & Matrem ejus Sanctiffimam fuiffe aliquando inimicitias, mox compofitas? Fuiffe illam, aliquo momento, extra Filij gratiam, fed in eandem paulò poft gratiam fuiffe receptam? Abfit tam malefona pijs auribus propofitio! Devotis MARIAE cultoribus fimiles potiùs arrident propofitiones: Fuit illa prorfus immaculate Concepta: gloriari illa & dicere etiamnùm poteft: cum Filio meo JESU, nunquam redij in gratiam, quia nunquam fui peccato alicui obnoxia, nunquam illum offendi, femper pura, femper fine labe, femper, & tota pulchra, &c. & ille viciffim: Inter me, & Matrem meam, nec minima unquam interceffit difcordia, quae non nifi ab originali caufari poterat peccato, &c.
§. 7. Anagramma.
CaftI AgnI, DeVota, aC pVra Mater.
203. Cafti Ani Emmanuel, ô Diva, pura Mater!
Verfio litteralis
Ave Maria, gratiâ plena, Dominus tecum."
[371]Ibid., "§. 1. Scriptura", pp. 94-95.
[372]"Et elle dit: Oh! que je trouve grâce à tes yeux, mon seigneur! Car tu m'as consolée, et tu as parlé au coeur de ta servante. Et pourtant je ne suis pas, moi, comme l'une de tes servantes." (http://saintebible.com/ruth/2-13.htm)
[373]Cf. Louis Ellies Dupin, Nouvelle bibliotheque des auteurs ecclesiastiques, contenant l'histoire de leur vie, le catalogue, la critique, et la chronologie de leurs ouvrages: Le sommaire de ce qu'ils contiennent, un jugement sur leur style, et sur leur doctrine; et le denombrement des differentes editions de leurs oeuvres, Amsterdam, Chez Pierre Humbert, 1710, T. XV, p. 24.
[374]Zoller, ConCeptVs ChronographICVs De ConCepta saCra Delpara, "§. 2. Authoritas", pp. 95-96.
[375]The Renaissance engravers: fifteenth - and sixteenth - century engravings, etchings and woodcuts, L'Hermitage et Bournemouth, Parkstone/Aurora, 1996, p. 21.
[376]Tommaso Maria Bracchi, Discorsi predicabili sopra l'imagine del Giusto Beato, Bologne, Giacomo Monti, "Difcorfo Settimo", p. 192.
[377]"Un Renard avoit perdu fa queue dans un piege qu'on lui avoit tendu. Comme il s'en vit privé pour toujours, il s'affligea extrèmement de fe voir fans le plus bel ornement de fon corps, & dans le défefpoir où il étoit, il vouloit deja fe tuër lui-même; mais avant que d'effectuer fa réfolution, il crut que par finesse il pourroit obliger les autres Renards, à fe défaire de la leur. Les ayant donc tous fait assembler dans un lieu, il commença à leur dire: mes chers Freres, fi vous voulez être en fûreté de votre vie, & plus legers à la courfe, coupéz vous la queue, outre qu'elle vous peut nuire, il eft encore honteux d'avoir fur foi une chofe inutile & incommode. Un de la compagnie lui répondit: tu ne nous donnes un tel confeil, que parce que tu es fans queue.
Sens Moral.
Plufieurs fous prétexte de charité, confeillent aux autres ce qui leur eft utile à eux-mêmes." (Fables d'Esope avec leur sens moral, Västerås, Aux dépens & dans l'imprimerie de Jean Laurent Horrn, 1790, p. 48)
[378]Fables choisies Traduites du François en Italien par le Sieur Veneroni, Maitre des fûdites Langues à Paris: Et puis aprés en Allemand, par Mr. Balthafar Nickifch, Maître de Langues à Aûgsbourg, Augsbourg, Chez Jeann Ulric Kraus, 1715, pp. 71-73.
[379]Malcolm Haydn Jones, The Misericords of Beverley Minster: a Corpus of Folkloric Imagery and its Cultural Milieu, with special
reference to the influence of Northern European iconography on Late Medieval and Early Modern English Woodwork, thèse doctorale, sous la dir. de Sam Smiles, Polytechnic South West Faculty of Arts and Design et University of Cambridge, Octobre 1991, inédit, p. 369.

380 Adam Bartsch, *Le peintre graveur*, Venise, De l'Imprimerie de J.V. Degen, 1813, T. XIV *OEuvres de Marc-Antoine, et de ses deux principaux élèves Augustin de Venise, et Marc dee Ravenne*, No 372, pp. 283-284.
381 https://www.metmuseum.org/art/collection/search/342655
382 http://parismuseescollections.paris.fr/es/node/244069#infos-principales
383 "*Both sides of the Manchester stall-elbow show the fool's head in traditional close-fitting (ass-)eared hood, but with a different adornment to each side of it; on one side the hood terminates -- as commonly -- in a bell [pl.250), while the other side of the hood has no point as such, but bears an attached bushy tail, clearly intended as that of a fox [pl.251]. This is a most interesting iconographic detail for an English fool representation, and it is worth spending some time to discuss what in England, at any rate, is a rare motif.*
We are fortunate to have two recent studies of the fool's foxtail by two European scholars: a section in Paul Vandenbroeck's important Bosch-based cultural history, the short title of which is far from doing justice to the work's wide-ranging encyclopedicity, and Werner Mezger's important new book on the fool, which includes a similar section. The foxtail is not one of the fool's commonest attributes -- especially in England -- but even so, it is a well-attested optional part of his costume.
Vandenbroeck has pointed out that in the earliest literary reference to this costume-accessory, in the into 14thC. Middle English "Robert of Sicily", there is mention of several such tails, presumably attached to the fool's tunic:
'The fole Roberd
Clad in ... a fulle sympulle garment
blithe foxe tayles to renne abowte'
A Bruegel painting (dated 1568) of a group of cripples, -shows them wearing simple overshirts to which acvoral foxtails aro hung, and modern carnival-fools also seem to favour a number of tails.
The most interesting exemplum, christened by F. J. Furnivall, "'The Sage Fool's Testament", in which a household fool pointedly bequeathes his various attributes to the various members of his Lord's household and then explains the relevance of each in the hope of their reformation, has been shown by Wenzel to derive ultimately from the English Franciscan collection of exempla known as the "Fasciculus Morum" compiled in the opening years of the 14th century. In the 'standard' and earliest version found in all manuscripts of the "Fasciculus", the fool bequeathes his bauble to his master's steward, his bowl to the butler, and his soul to hell -- in order to be with that of his master! In the nature of such 'mock testaments' (a popular European genre, only very sparsely represented in English), the basic Latin story was soon subject to elaboration and variation, so that by the time of the 15thC. English vernacular translations, we hear in addition, for example, of the fool's hood being left to his Lord's steward, 'and later still (in an instance of this motif unknown to Wenzel) of the bequest of his coxcomb, in a most interesting piece of real-life popular theatre, which took place in Lincolnshire in 1601 as part of the Dymoke case, and which is, indeed, of such great intrinsic interest, but still so surprisingly little known that it deserves to be quoted in full here:
'Roger Baiard in annother part of the plaic Did the parte... represent... of the foole, and the part of the vice see B. III. a. far their earlier connexion]... and theire acting the... parte did declare his last will and testiament and... did bequeath his wodden Dagger to... the Earle of Lincoln, and his Cockscome and hable unto all those that would not go to Horncastle with... Sir Edward Dimocke against him.'
The version of the tale which most concerns us here, however, is found in one of the 15thC. Latin manuscripts of the "Fasciculus"; writing in 1477, the scribe, a chaplain named Thomas Olyphant, improved on his original by adding the following two items to the fool's bequest in the margin of his copy:
'I further bequeath my fox-tail [caudam vvlpis] to your servants, that is, those who cover their faces with their hair, etc. And I bequeath my bells [nolas] to the keepers of your horses who are so proud, etc. '
Clearly Thomas Olyphant regarded a fox-tail as a characteristic part of the fool's costume by 1477.
There is an almost contemporary vernacular English reference to the fool's single fox-tail -- though no detail as to its precise location -- in the description of Godfrey Gobelyve in Stephen Hawes' Pastyme of Pleasure (1508):
'A folysshe dwarf ...
.. O with a hood, a bell,
a foxtayle and a bagge,
in a pyed cote he rode
brygge a bragge. '
Presumably he carried the bag, but perhaps the foxtail hung from his belt, as is the case with the astrologising fool in Dürer's woodcut illustration to cap. 65 of Grant's Narrenschiff (1494)? In a fragmentary Tudor play of mid-16thC. date entitled "Albion Knight", the Vicefigure, Injury, has a foxtail on his coat (as is attested -- admittedly, much later -- for the fool in the morris-dance). Or, as the bell was presumably on the tip of the hood as on the Manchester elbow, was the tail also attached to the hood?
The earliest illustration of a foxtail in connexion with the fool is that found dangling from a stick held by a fool in a mid-15thC. English psalter, while in a contemporary French manuscript, an illuminated translation of Boccaccio's "De casibus virorum

illustrium", a hairy male figure (? wild man) wears a hood, at the tip of which is a bell, and to the back of which is attached a foxtail, thus demonstrating precisely the same dual hood-decoration as the Manchester elbow (p1.252).
Closely contemporary with the Manchester elbow are two depictions of the tail attached to the fool's hood in the work of Bosch (d. 1516) -- in a drawing in Brussels now attributed to him [pl. 253], and in the Albertina version of his "Shaving the Fool" drawing, where the barber wears a foxtail attached to his head.
Although not given to a fool, the third woodcut illustrating the Letter of Bernard de Clereville published for the English market in Antwerp by the printer Jan van Doesborch c. 1518 [STC 5405] depicts a longhaired messenger delivering the letter, a foxtail hanging down his back.
Despite earlier English literary attestations -- none of which, however, specifies exactly where the fool's foxtail is worn -- the Manchester elbow is the only English fool to show the tail attached to the hood, known otherwise only from the Continental instances cited above.
Given the well-attested fool's practice of striking bystanders with his bladder-stick, and the definite foxtail-on-a-stick wielded by the mid-15thC. parti-coloured fool in the English psalter referred to above, we may well suspect some connexion with the expression recorded in English from c. 1530, 'give someone a flap with a fox-tail'. While there are perhaps some doubts about the native origin of the first recorded instances of this expression, it certainly seems naturalised by the mid-16th century, and a significant allusion to the practice appears in the Tudor play "King Darius" (1565) where the Vice-figure, Iniquity, strikes a 'blows with a foxe tayle'. It seems that the 'flap with the foxtail' was considered a peculiarly demeaning assault: from the late 15thC., at least in Germany, in both art and literature, being beaten with a foxtail -- derisory in itself -- seems, from the circumstances which attend the act, to carry with it a special opprobrium.
The virago uses it to beat the bare buttocks of her feeble husband, dissatisfied with his prowess at winding yarn, as seen on a copper dish manufactured in Germany c. 1480. Disobedient nuns are similarly punished by being struck three times with a foxtail in an exemplum in the contemporary German collection known as the "Mensa Philosophica", and shown subjected to this humiliation at the hands of monks in the visual arts of the 16th and 17th centuries. Most significantly of all, however, the foxtail is used in the Scourging of Christ as depicted in an early 14thC. North German altarpiece now in Toresund, Sweden.
The same sense of something shameful or ridiculous about wearing a foxtail as a part of one's costume is vividly brought out by a passage in chapter 16 of Rabelais's Pantagruel (1532), which gleefully describes the student japes of Panurge at the expense of the M. A. 's and Doctors of the University of Paris:
'Et, au regard des pauvres maistres es ars, il les persecutoit sur tous aultres. Quand il recontroit quelc'un d'entre eulx par la rue, jamais ne failloit de lour faire quelque mal; maintenant leurs mettant un estronc dedans leers chaperons au bourlet, maintenant lour attachant de petites quehues de regnard ou des aureilles de lievres par derriere ou quelque aultre mal.'
It is surely significant that the two animal parts Panurge attaches to the backs of their garments in order to make fools of the pedagogues are both traditional attributes of the fool, the fox's tail and
the hare's ears (which were sometimes seen as the original of the ears on the fool's hood, rather than the more usual ass's ears).
In contemporary idiom, however, the foxtail on the fool's hood could also allude to the expression mit dem Fuchsschwanz streichen [stroke with the foxtail], which must be the original form of den Fuchsschwanz streichen [stroke the foxtail] (thith no human object), also found contemporaneously. A most interesting substitution can be observed in the way In which Peter Floetner adapted the original illustration to chapter 33 of ßrant's Narrenschiff (1494), 'Vom Ehebruch' (Of Adultery), for his own single-leaf print of the same title issued c. 1532 (0.827). Brant's illustration depicts the complaisant cuckolded husband in fool's ass-eared hood 'looking through his fingers' while his adulterous wife draws a straw through his mouth. Floetner replaces the straw through the mouth with the semantically equivalent gesture of the foxtail being stroked across the foolish husband's coxcomb. s. v. Fuchsschwanz, Röhrich cites a passage from a sermon by Geiler von Kaisersberg which similarly transposes the foxtail into the idiom which properly requires the straw:
'Christus hat den Juden nit den Fuchsschwanz durch das Maul gezogen..." (Haydn Jones, "*Appendix II. The Manchester Fools-Head Elbow-Rest and the Fool's Foxtail*", pp. 364-369)
[384]https://www.pinterest.com/pin/389068855286472281/?lp=true
[385]https://fr.wikipedia.org/wiki/Les_Mendiants_(Brueghel)
[386]http://gutenberg.spiegel.de/buch/das-narrenschiff-2985/34
[387]Œuvres de Rabelais édition variorvm, augmentée de pieces inédites, des Songes Drolatiques de Pantagruel, ouvrage posthume, avec l'explication en regard; des remarques de Le Duchat, de Bernier, de Le Motteux, de L'Abbé de Marsy, de Voltaire, de Ginguené, etc.; et d'un nouveau commentaire historique et philologique, par Esmangart et Éloi Johanneau, Membres de la Société Royale des Antiquaires, Paris, Chez Dalibon, Libraire, T. I, 1823, pp. 354-356 et note 30 pp. 355-356.
[388]Cf. par ex. (voir note suivante): "Louis XII, veuf depuis neuf mois, serra de nouveaux nœuds et négocia une alliance personnelle avec son ennemi Henri VIII, par l'intermédiaire du comte de Longueville, prisonnier en Angleterre. Les flambeaux de

l'hymen qui fut célébré à Abbeville le 9 octobre 1514, se changèrent bientôt, selon l'expression consacrée, en torches funéraires; car, soit différence de régime, le roi «ayant changé à cause de sa femme toute sa manière de vivre et dînait à midi et se couchait à minuit, ou il soulait dîner à huit heures et coucher à six heures, soit, comme le suppose Brantôme, en parlant de la jeune Guilledrine, qui le mena en paradis tout droit, excitation amoureuse nuisible à son âge et à sa santé débile, le 1er janvier suivant, premier anniversaire de la mort d'Anne de Bretagne, les vingt-quatre crieurs jurés parcouraient la ville, criant avec accompagnement de clochettes: «Le bon roi, père du peuple, est mort.»" (Alexandre Du Sommerard, *Les arts au moyen Age en ce qui concerne principalement le palais romain de Paris, l'hôtel de Cluny issu des ruines Et les objets d'art de la collection classée dans cet hôtel*, Paris, à l'Hôtel de Cluny, et Chez Techerev, 1838, T. I, p. 174)

[389]"On dit parfois d'un fou, en langage familier, qu'il est «timbré». Mais cela n'a rien à voir avec les envois de courriers.
Ce terme fait en effet référence à certaines cloches utilisées durant le Moyen Age. Appelées timbres, ces cloches étaient frappées avec un marteau pour donner un signal à la population, notamment pour annoncer l'arrivée d'une personnalité ou pour clore des débats publics. Il arrivait qu'à force d'être martelées, ces cloches finissent par se fissurer, donnant ainsi un son dissonant.
Par extension, les personnes simples d'esprit ou celles ayant perdu la raison ont été comparées à ces timbres fêlés, leur tête ne fonctionnant plus normalement. Le terme est ensuite resté dans le langage courant au fil des siècles. A noter que c'est pour cette même raison que l'on peut également qualifier – toujours en langage familier – un individu déséquilibré de «fêlé»." (https://www.cnews.fr/racines/2016-03-23/pourquoi-dit-dun-fou-quil-est-timbre-725620)

[390]"Dans l'antiquité romaine, un tintinnabulum est un objet muni de clochettes, et suspendu à l'entrée des maisons. C'est le nom latin d'une sorte de carillon.
Il semble bien que les moines et les moniales furent les premiers à se servir des cloches pour leur vie religieuse ainsi qu'il est rapporté dans la règle de saint Césaire d'Arles datant de 513 (Vita lupi, c.v, n°21, dans Acta sanct. sept.t.I, p.292) et dans une lettre d'un diacre de l'Église de Carthage, écrite en 515 (Regula sanctarum virginum, II, 843).
La cloche s'appelle alors «signum» d'où l'expression «signum tangere» qui se traduit par «toucher la cloche». Son emploi est mentionné sur plusieurs documents hagiographiques du VI°-IX° siècle. On traduira le latin tangere «toucher» par «sonner» (Dictionnaire d'Archéologie Chrétienne et de Liturgie, T.3, Letouzey-Ané, p. 1960)." (http://lesportesdutemps.canalblog.com/archives/2017/12/23/35983231.html)

[391]"A Paris, elle commençait par la fête des sous diacres. Elle avait lieu le 26 décembre. On y voyait alors des diacres totalement ivres cherchant à élire parmi eux un évêque des fous. L'heureux élu était alors béni et une procession démarrait vers Notre Dame. Coiffé d'une mitre et tenant une crosse, il faisait mine de bénir la foule, avant de s'asseoir sur le siège épiscopal.

La fête des fous à proprement parler
Cette cérémonie était suivie par la fête des fous à proprement parler. Elle se déroulait du 1er janvier jusqu'à l'Epiphanie. Le clergé en grande pompe venait chercher l'évêque des fous pour le conduire à Notre Dame. Au moment de son entrée dans la cathédrale, les cloches sonnaient très fortement. On pouvait alors commencer une parodie de messe.
Contrairement aux fêtes religieuses, le clergé était vêtu en comédien, en femme… Les clercs avaient recouverts également leurs visages de suie ou portaient des masques affreux. L'intérieur de l'église avait perdu toute sa superbe. En effet, on y voyait des hommes jouer aux dés sur l'autel, d'autres mangeant boudins et saucisses. Certains faisaient bruler leurs chaussures dans les encensoirs.
Une fois la messe finie, l'alcool coulait encore plus à flot. On dansait dans la nef, se laissant à toutes sortes de jeu. Puis on sortait. Ce petit monde poursuivait sa fête dans les rues, dans la même veine." (https://www.histoires-de-paris.fr/fete-fous/)

[392]"Dans la ville de Ham, en Vermandois, il y eut fort long-temps une compagnie de Fous, qu'on nommait les Sots de Ham, sobriquet demeuré aux habitans. Le chef de cette compagnie avait le titre de prince des Sots; ses suppôts l'accompagnaient dans les cérémonies de la Sottise, montés sur des ânes, dont ils tenaient la queue en guise de bride. On ne pouvait faire de folies dans la ville sans la permission du prince. A ces renseignemcns, qu'on peut lire dans le Mercure de France de février 1735, on doit ajouter les suivans, extraits d'une lettre écrite par un conseiller au parlement de Paris (Brochant du Breuil), exilé à Ham, en 1771:
«Le prince des Sots portait un costume de Momus, un bonnet à grelots et une marotte en guise de sceptre; ses sujets n'étaient pas costumés d'une manière uniforme; ils étaient masqués, et avaient des habits de fantaisie. La cavalerie se servait de ces chevaux d'osier qui s'attachent à la ceinture, et le drapeau de la troupe était semé de croissans avec des marottes en sautoir.
»Les trois derniers jours gras, et au jour de marché, le prince partageait sa compagnie en différentes escouades, dont trois se tenaient aux portes de la ville; le chef de l'escouade portait une marotte faite de chiffons noircis à la cheminée ou au four: chaque femme qui entrait dans le marché était obligée de baiser cette marotte noircie, ou de mettre dans le bassin quelque pièce de monnaie. Si quelque vieille se mariait, il lui revenait un chariuari, dont le prince des Sots et sa troupe étaient les acteurs. Si quelque mari patient se laissait dominer et mal mener par sa femme, le prince des Sots assemblait sa troupe, à la suite de laquelle était un tombereau, et, en ce bel équipage, on allait du matin éveiller ce bon mari, le tirer de son lit, le mettre dans le tombereau, et lui faire faire ainsi des promenades dans les rues.

»Nonobstant d'anciennes lettres patentes des seigneurs de Harn, qui autorisaient, à ce qu'on prétend, ces folies, elles furent supprimées en 1648.
»Les descendans du dernier prince des Sots de Ham conservaient encore en 1771 les noms de Prince et de Princesse; on ne les connaissait alors que par ce sobriquet, qui n'était pas leur vrai nom de famille. La seule chose qui, à cette époque, subsistait sur cette folle compagnie, était une chanson, composée pour la fille du dernier prince des Sots, qui avait eu le malheur de devenir mère avant le sacrement. On apprend par cette chanson que le père et l'aïeul de la demoiselle avaient été rois (licence poétique pour princes), et on en dit entre autres choses:
«Si jamais d'en fiu aile enfante,
»Les Sots pariront ils sitot?»
»On présume que cette confrérie a pu être instituée à Hain par Philippe-le-Bon, duc de Bourgogne, qui a possédé les villes de la Somme, le même qui, en 1454, a confirmé la compagnie de la Mère-Folle de Dijon.»
Vers ce temps, à Amiens, en 1450, à l'occasion de succès remportés sur les Anglais par le roi de France, l'Hôtel-de-Ville décida qu'on ferait, le 1er janvier, la fête du Prince des Sots, comme on avait coutume de faire par le passé, et qu'il y aurait de grands divertissemens." („Monnaies inconnues des évêques des innocens, des fous, et de quelques autres associations singulières du même temps, recueillies et décrites par M. M. J. R. d'Amiens, avec des notes, et une introduction sur les espèces de plomb, le personnage de fou, et les rébus dans le Moyen Age, par M. C. L., Paris, Merlin, Libraire, 1837, "Ham", pp. 37-40)
[393]Cf. notre ouvrage sur Mantegna.
[394]https://www.youtube.com/watch?v=lhnCxSz42J8
[395]Kenneth Varty, "Sur le comique du Roman de Renart: des premières branches à Renart et le vilain Liétard", Le goupil et le paysan: Roman de Renart, branche X, Paris et Genève, Champion-Slatkine, 1990, p. 189.
[396]John Flinn, Le Roman de Renart: Dans la littérature française et dans les littératures étrangères au Moyen Age, University of Toronto Press, 1963, p. 58.
[397]"Primitivement les chasseurs se communiquaient entre eux par des cris (huer, jupper). Quand la trompe et le cor de chasse furent introduits, le terme mot, qui s'appliquait à l'origine aux cris des chasseurs, fut employé en second lieu avec rapport aux sons du cor et de la trompe .
Le mot allemand Hift, qui correspond au sens cynégétique de mot (Hift blasen), contient le même radical que les verbes gothique hiufan, anglo-saxon heófan, a. h. ail. hiufan «crier» et signifie à l'origine «cri», avec rapport aux cris des chasseurs. Plus tard on s'est servi du mot Hift uniquement pour indiquer les sons du cor et de la trompe.
Le substantif latin muttum, qui exprimait à l'origine un son faible, a donc été employé dans la langue cynégétique pour exprimer les cris forts des chasseurs. Cet emploi secondaire de mot avec rapport aux cris forts s'observe aussi en dehors de la langue de la chasse:
Et puis s'escria à plain mot:
Traï vos a cil ki vos ot
A guier et à maintenir,
Mouskes, p. 189, dans La Curne, art. mot (écrit vers 1240-50)." (Gunnar Tilander, "Ne sonner mot, ne tinter mot et l'évolution sémantique du substantif mot", Romania, T. 64, No 255, 1938, p. 359)
[398]"From head to toe, a medieval jester looked a part of his job of entertaining. The head of a medieval jester was typically shaved. During the early medieval period, a jester would wear a hat with the ears of an ass on top of the shaved head. Towards the later medieval period, jesters began wearing a monk's cowl on their head which fell over the shoulders and gave them a comical look. By the late medieval period, a standard type of hat, called the "Fool's hat" had become popular among court jesters. This type of hat comprised of three points protruding in different directions with a bell attached to each point so that the hat jingled whenever the jester bobbed his head." (http://www.medievalchronicles.com/medieval-clothing/medieval-jesters-costumes/)
[399]"En parlant de Pulcinella, M. Ch. Magnin dit: «Le Pukinella de Naples, grand garçon aussi droit qu'un autre, bruyant, alerte, sensuel, au long nez crochu, au demimasque noir, est coiffé et pyramidal, à la camisole blanche, sans fraise, au large pantalon blanc plissé et serré à la ceinture par une cordelière à laquelle pend une clochette, Pulcinella, dis-je, peut bien à la rigueur rappeler le Mimus albus et, de très-loin, le Maccus antique; mais il n'a, sauf son nez en bec et son nom d'oistau, aucune parenté ni ressemblance avec notre Polichinelle. Pour un trait de. ressemblance, on signalerait dix contrastes.»" (Maurice Sand, Masques et bouffons: (comédie italienne), Paris, Michel Lévy Frères, 1860, pp. 140-141)
[400]"La présence des bouffons dans les cours italiennes est amplement docu-mentée. Cependant, à la différence de son homologue français, doté d'un titre officiel à partir de 1316 et très vite affublé d'attributs spécifiques (le sceptre, la marotte, les clochettes, les oreilles d'âne), le bouffon italien ne sera jamais pourvu ni d'un statut ni d'un costume attitrés. Autre différence, marquante, entre les deux: dans la langue italienne, le bouffon n'est pas le fou. En Italie, ces deux termes, et partant ces deux personnages, peuvent être associés dans une même réprobation — et ils le sont souvent —, mais ils ne sont jamais superposables ou interchangeables. C'est

d'ailleurs le fou, et non point le bouffon, qui est doté d'un attribut vestimentaire, la tenue bigarrée, qui le rend immédiatement reconnaissable.
La figure du bouffon, issue d'une transformation de ce qu'on appelait à l'époque l' «homme de cour», fait son entrée en littérature à la fin du XIVe siècle, dans le Trecentonovelle de Franco Sacchetti. C'est là que s'exhibe pour la première fois Gonnella, qui deviendra le bouffon italien par antonomase. En tant que personnage narratif, le bouffon garde quelques traces de son archétype folklorique et carnavalesque (celui dont Bakhtine a restitué la silhouette), mais ce sont des résidus d'une image qui s'estompe et non pas des traits distinctifs." (Anne Fontes-Baratto, "*Le bouffon et le courtisan*", *De qui, de quoi se moque-t-on?: rire et dérision à la Renaissance*, Presses Sorbonne Nouvelle, 2004, p. 41)

"*En effet, si la fin du moyen âge fut cette ère heureuse où, s'inspirant de l'image contemporaine du bouffon de cour, l'exubérance tumultueuse des diacres et sous-diacres d'abord, puis du menu peuple, éleva le type du fou à marotte et clochettes au rang d'une véritable institution, dans cette fête qui justement portait son nom, c'est aussi l'âge où de sévères moralistes songèrent à flétrir la sottise de l'homme et la vanité des choses mondaines sous les traits de cette même silhouette à grelots qui était alors si populaire. Incarnation haute en couleurs d'une liesse plébéienne, le fou devient ainsi, parallèlement et progressivement, le symbole de tous les errements de la créature humaine, voire de sa perversité. Nul n'a décomposé aussi finement que B. Swain, ni illustré avec autant de compétence, ce double processus où tient tout entière la destinée du fou au moyen âge.*" (Victor Bourgy, *Le bouffon sur la scène anglaise au XVIe siècle (c. 1495-1594)*, Villeneuve d'Ascq, Presses Universitaires du Septentrion, 1969, p. 42)

[401]http://www.medievalchronicles.com/medieval-clothing/medieval-jesters-costumes/

[402]Pourtant symbole aussi de puanteur, comme on le retrouve encore écrit par Rabelais (chez qui la queue de renard est, en outre, citée dans ses comparaisons entre le monde animal et végétal comme nom donné, pour sa similitude avec la chose nommée, à l'alopecuros ou vulpin, cf. Lazare Sainean, *L'histoire naturelle et les branches connexes dans l'oeuvre de Rabelais*, Paris, H. Champion, et Auch, F. Cocharaux, 1926, pp. 120-122, et François Rigolot, *Les langages de Rabelais*, Genève, Librairie Droz S.A., 1996, p. 148), et l'argot l'utilisera pour cela comme synonyme de vomissement:

"*Renard (cracher un) (Hayard, 1907)*
Vomir étant ivre.

Renard (faire un) (Rossignol, 1901)
Vomir.

Renard (le lâcher) (Virmaître, 1894)
Dégueuler. Expression ancienne; dans les ateliers, quand un ouvrier a trop bu, il lâche son renard; un camarade charitable dit alors quand il est copieux: il en a une de queue. Une vieille chanson de compagnon dit:
Quand je sens que ça me gargouille,
Je lâche le renard. (Argot du peuple).

Renard (piquer un) (Larchey, 1865)
Vomir. — On a commencé par dire écorcher le renard. — Le renard est une bête si puante qu'on s'expose à vomir de dégoût en voulant l'écorcher. V. Gaz.
Et tous ces bonnes gens rendoient leurs gorges devant tout le monde, comme s'ils eussent escorché le regnard.

Rabelais.

Le voyageur Jacques Lesaige dit en faisant allusion aux effets du mal de mer:
Loué soit Dieu! Javons bon apétit car je n'avois fait que escorchier le regnart. (1518)

Renard, Queue de renard (Rigaud, 1888)
Résultat d'une indigestion. Les queues de renard s'étalent les samedis de paye, le soir, le long de certains trottoirs. — Renarder, vomir.

Renarder (Larchey, 1865)
Vomir.
Je suis gris... Vous me permettrez de renarder dans le kiosque.

Balzac

On disait autrefois renauder. V. Roquefort.

Renarder (Delvau, 1867)

v. n. Rendre le vin bu ou la nourriture ingérée avec excès ou dans de mauvaises dispositions d'estomac.

Renarderie *(Rigaud, 1888)*
Vomissement.
Après cette renarderie
Qui ne fut qu'une raillerie.

(Voyage de Brême.)"
(http://www.russki-mat.net/page.php?l=FrFr&a=Renard)
"Piquer un renard *(Larchey, 1865)*
Vomir. — V. Renard. — Piquer un soleil: Rougir subitement. — Piquer l'étrangère: V. ce mot. — Piquer une tête: S'élancer ou tomber la tête la première. — Piquer un laïus: V. ce mot. — Piquer une carte: Lui imprimer certaines marques imperceptibles, et susceptibles de ne les faire connaître a d'autres qu'à vous.

Mornand.
Piquer sur quatre: Gagner une partie d'écarté presque perdue, lorsque votre adversaire a sur vous quatre points d'avance. — Se piquer le nez: V. ce mot. — Pas piqué des vers, des hannetons: Vigoureux, intact, frais, sain.
C'est qu'il fait un froid qui n'est pas piqué des vers ici!

Gavarni.
Une jeunesse entre quinze et seize, point piquée des hannetons, un vrai bouton de rose.

Montépin.
C'est qu'elle n'était pas piquée des vers, Et oui, morbleu ! C'est ce qu'il faut à Mahieu.
Les amours de Mahieu, ch., 1832.

Piquer un renard *(Rigaud, 1888)*
Restituer forcément un bon ou un mauvais repas.

Queue de renard *(Larchey, 1865)*
Trace de vomissement. V. Renard.

Queue de renard *(Larchey, 1865)*
Longue trace de vomissement.
Un homme sans éducation qui a fait une queue de renard dans le plat de son voisin.
Cabaret de Paris, 1811.

Queue de renard *(Delvau, 1867)*
s. f. Témoignages accusateurs d'un dîner mal digéré. Argot du peuple." (http://russki-mat.net/find.php?l=FrFr&q=Renard&c=lem)
[403]https://www.metmuseum.org/art/collection/search/336238
[404]Charmian A. Mesenzeva, ""Der behexte Stallknecht" des Hans Baldung Grien", Zeitschrift für Kunstgeschichte, Bd. 44, H. 1, 1981, pp. 57-61.
[405]"*Da wurde der Raubritter von Angst und Reue gepackt. Er überließ sein Pferd dem Knecht und begab sich in das nächstgelegene Kloster. Dem Prior erklärte er, seine Sündhaftigkeit erlaube es ihm nicht, das Mönchsgelübde abzulegen, doch bitte er, ihm eine beliebige Arbeit im Kloster zuzuweisen. Er wurde in den Stall geschickt, wo er die Pferde des Abtes versehen sollte. Es verging auf den Tag genau ein Jahr, da stürmte das wilde Herr ins Kloster herein, und im Handgemenge wurde der Stallknecht (also der Junker) mit einer Heugabel oder einem Bratspieß erschlagen.*" (Ibid., p. 59)
[406]https://www.gettyimages.fr/detail/photo-d'actualit%C3%A9/the-devil-kidnapping-a-witch-engraving-from-the-photo-dactualit%C3%A9/466299509#/the-devil-kidnapping-a-witch-engraving-from-the-history-of-the-by-picture-id466299509 https://www.gettyimages.fr/detail/photo-d'actualit%C3%A9/the-devil-kidnapping-a-witch-engraving-from-the-photo-dactualit%C3%A9/466299509#/the-devil-kidnapping-a-witch-engraving-from-the-history-of-the-by-picture-id466299509
[407]http://web.mclink.it/MH0077/LeStagionidellaFollia/stagioni%202/del%20re%20satanismo.htm
[408]https://ia801201.us.archive.org/BookReader/BookReaderImages.php?zip=/17/items/LiberChronicarum/Liber%20Chronicarum_jp2.zip&file=Liber%20Chronicarum_jp2/Liber%20Chronicarum_0450.jp2&scale=7.317343173431734&rotate=0

[409] https://ia801501.us.archive.org/BookReader/BookReaderImages.php?zip=/18/items/A335110/A335110_jp2.zip&file=A335110_jp2/A335110_0565.jp2&scale=3.6187929717341483&rotate=0

[410] https://www.alamyimages.fr/photos-images/the-witch-berkeley.html

[411] "... *a witchy story told in The Deeds of the Kings of England (De Gestis Regum Anglorum) by William of Malmsbury circa 1125. (The monk responsible for the Historia Novela, dedicated to Robert of Gloucester and a chronicle pro the Angevin cause during the anarchy). It's an anecdotal account, but William presents it as being just as true as the details of the kings whose lives he is chronicling...*

... At this time and event occurred in England which was not a celestial miracle, but an infernal wonder. I am sure none of my listeners will doubt the story, although they might in fact wonder at it. I heard of these events from a distinguished man who swore he had seen them for himself, and I will be ashamed not to believe him...

... In Berkeley there was a woman who, so it was later said, was accustomed to wickedness and to the practice of ancient methods of augury and soothsaying. She was a creature of immodesty, who indulged her appetites. She had taken no heed scandal throughout her life but she was beginning to grow old and fearful of the battering footsteps of death. One day, as she was dining, a little crow which she kept as a pet uttered a cry that sounded like human speech. This startled her so much that she dropped her knife. Groaning sorrowfully, her face suddenly grown pale, she said: 'Today my plough has turned its final furrow. I am about to hear and undergo great sorrow.' At that moment, a messenger arrived, and hesitantly gave her the news of the death of her son, and the catastrophic annihilation of all her family's hopes.

Wounded to the very heart, the woman took to her bed and, pained by a deadly sickness, summoned her remaining children, a monk and a nun. In a gasping voice, she said: 'My children, I have enslaved myself to the artifice of the devil and have been the mistress of forbidden things. But despite my evil doings, I have always been accustomed to hope that my miserable soul might be eased in the end by the comforts of your religion. In my desperate straits, I always thought of you both as my champions against the demons, and my guardians against the most savage enemy. Now, as I end my life, I am likely to face the prospect of being tortured and punished by those very beings who used to be my advisers in sin. I implore you, therefore - I who brought you into the world and suckled you - to do all that you can from faith and pity to alleviate my coming torment. I do not expect that you can deflect the true judgement from my soul, but perhaps you can help me by attending to my body in the following way. Sew me up in the hide of a deer, and then place me face upwards in a stone sarcophagus, the lid sealed with lead and iron. Bind the stone with three heavy iron chains, and let there be 50 Psalms sung each night, and masses said each day to lessen the ferocious attacks of my enemies When I have lain secure in this way for three nights, bury me on the fourth day - although so grave are my sins, I fear the Earth itself might refuse to receive me to it's warming bosom.'

All was done as she directed, her children attending the matter with great zeal and affection. But such had been her wickedness that no amount of piety and prayer availed against the violence of the devil. On the first and second night in vigil when choirs of clerics had gathered to sing melodious psalms around her bier, demons pulled apart the outer edges of the door of the church, which had been bolted with an iron bar, although the central part of the door which was of a more elaborate construction held fast). On the third night, around cock-crow, the enemy arrived making the most terrible noise, and all of the monastery was shaken to its foundations. One demonic creature larger and more terrible than the others, threw down the entrance door which was shattered into fragments. The priests stood rigid with dread, hair on end and voices stopped in their throats as the creature approached the sarcophagus with an arrogant swagger. The creature called the woman by name and ordered her to rise up, to which the reply came she was unable to do so because of the chains that bound the sarcophagus. 'By the power of your sins you will be unbound,' said the demon, and at once pulled apart the iron chain as though it were no more than a cord of flax. The coffin lid was thrown off, and the woman was seized and dragged out of the church before the horrified gaze of the observers. Outside the portals of the church a fierce black horse stood neighing with iron barbs protruding from along the length of its back. Onto these hooks the woman was placed, and the entire demonic retinue quickly disappeared from sight, although their cries of triumph and the woman's pleas for mercy could be heard up to 4 miles away. These events will not be thought incredible by anyone who has read the dialogues of the blessed Pope Gregory, who tells of the wicked man who was buried in a church and who was then passed out of it by demons. Among the French also the story is often told of Charles Martel, a man of such great prowess during his life that he forced the Saracens to retreat to Spain after their invasion of Gaul. Ending his days, he was buried in the church of St Denis, but because he had plundered the estates of almost all the monasteries of Gaul to pay his soldiers, his body was snatched from his tomb, and has never been seen since. This was later revealed by the Bishop of Orleans and the story has become widely known..."
(http://livingthehistoryelizabethchadwick.blogspot.com/2011/10/witch-of-berkeley-12th-century-shiver.html)

[412] "*English art apparently had no latitude for such imaginative exploration of imputed witch practices, but is largely functional. This 1643 woodcut shows a wretched fugitive apparently surfing on a plank across the River Kennet at Newbury. Shot at by Parliamentarian soldiers, she reportedly caught and ate the musket balls, until finally being brought down. Witches, having rejected baptism (as the demonologists saw it) could not sink in water, which rejected them. Hence their ability to sail in sieves (News from*

Scotland), and the notorious swimming test promoted by the 1613 pamphlet, Witches Apprehended, Examined and Executed, for notable villanies by them conducted both by Land and Water: With a strange and true triall how to know whether a woman be a Witch or not ('being throwne in the first time shee sunke some two foote into the water with a fall, but rose againe, and floated upon the water like a planke'). A special inducement to purchasers of the 1643 pamphlet lies in the promise to give her 'propheticall words and speeches'. The witch in the 1643 pamphlet is entirely generic. These English woodcuts often reflect the preoccupations of the pamphlets by individuating their witches via attention to the familiar. Imps in various animal or fantastic shapes are given a lot of attention. The following title page depicts Matthew Hopkins, a self-appointed witchfinder, whose brief but horrible inquisition (some 200 victims) shows what could happen where the usual simmering local hatreds could be encouraged into a conflagration in the absence of the Anglican church's more sceptical hierachy, and during the collapse of the normal judiciary. His victims are depicted naming their familiars, the motley menagerie which parades before them, kitten, cony, dog and indescribable. Hopkins secured his convictions through (effectively) torture. The accused would be kept awake, the aim being to have the familiar appear. Curiously, though this never happened, but that did not stop the hangings. (1645, Essex and Suffolk)." (http://personal.rhul.ac.uk/uhle/001/Witches'Sabbath.htm)
[413]Peut-être à rapprocher su "*Conte du Franklin*" des *Contes de Canterbury* de Geoffrey Chaucer, cf. https://lhscanterburytales.wikispaces.com/The+Franklin
[414]http://personal.rhul.ac.uk/uhle/001/1643witch.gif
[415]"*Das ungewöhnliche Sujet kennt keine Analogien unter den Werken anderer Meister. Es blieb unklar, ob Baldung dabei eine Legende, eine Volkssage vorgeschwebt hat, oder ob es sich ausschließlich um eine Schöpfung seiner reichen Einbildungskraft handelte. In der Literatur gibt es keine Hinweise auf eine schriftliche Quelle, aus der Baldung den Stoff zu dieser seltsam erregenden Szene geschöpft haben könnte. Es wurden allerdings m. E. wenig einleuchtende Versuche unternommen, den Sinn des Dargestellten zu deuten, indem man es anderen Werken der deutschen Druckgra-fik gegenüberstellte. So will G. Radbruch, — in Anlehnung an einen Holzschnitt des Petrarca-Meisters — Baldungs Holzschnitt»Der behaue Stallknecht«als eine Allegorie des Zorns gedeutet wissen. Angespielt wird dabei auf eine der 277 Illustrationen zur deutschen Fassung eines Werkes von Petrarca:»Von der Artzney bayder Glück des guten und widerwärtigen«(Augsburg 1532, Buch II, Kap. 107 - Mu. 2944), die vom sogen. Petrarca-Meister um 1520.15235 geschaffen wurden. In der Folgezeit wurde G. Radbruchs Deutung auch von anderen übernommen.*" (*Ibid.*, pp. 57-58)
[416]https://www.mfa.org/collections/object/groom-bridling-a-horse-36737
[417]"*Einer weiteren Variante gemäß kam ein ungesat-teltes Pferd in den Klosterhof getrabt und versetz-te dem Stallknecht einen solchen Stoß, daß der auf der Stelle tot umfiel. Nach Sonnenuntergang wurde er von den Mönchen begraben. Um Mitternacht näherte sich seinem Grab ein schreckenerregender Reiter, den bösen Gaul am Zügel führend. Diesmal war das Pferd gesattelt, ein Paar Hand-schuhe hingen am Sattel. Der Sünder entstieg sei-nem Grab, streifte die Handschuhe über, bestieg das Pferd und wurde von diesem weggetragen. Aus zahlreichen, auf mittelalterliche Quellen zu-rückgehenden Varianten dieser Sage entstand im 16.Jh. ihre literarische Versionu. In diesem Zusammenhang sei der Schriftsteller Hans Wilhelm Kirchhof (Hansz Kirhof, Kirhhoff) genannt, dessen kompilatorisches Werk»Wendunmuth«(Frankfurt 1563), einer Sammlung»höflicher, züchtiger und lustiger Historien, Schimpffreden und Gleichnüssen«, entstand 1562 in Kassel, auch die Geschichte eines kecken Raubritters ent-hält, der für seinen Übermut bestraft wird.*" (Mesenzeva, pp. 59-60 et Fig. 2)
[418]https://www.robinhalwas.com/200209-hans-baldung-woodcuts-of-wild-horses-in-the-woods-and-mountains-of-alsace et https://www.metmuseum.org/art/collection/search/381347
[419]https://en.wikipedia.org/wiki/Perspective_(graphical)#Foreshortening
[420]https://en.wikipedia.org/wiki/Lamentation_of_Christ_(Mantegna)
[421]Voir notre ouvrage, dans la présente Collection, sur Mantegna.
[422]"*Ce bois gravé aussi célèbre qu'énigmatique est généralement placé à la fin de l'existence de Hans Baldung Grien. Il est parfois considéré comme le testament artistique et spirituel de l'artiste dont le cheminement vers le pessimisme est indéniable. Iconographe raffiné, retors dit Jean Wirth, Hans Baldung Grien ne laisse rien au hasard, et chaque détail a sa signification souvent multiple, qu'il s'agit de retrouver ou de découvrir. Le palefrenier vient de s'écrouler comme foudroyé. Il se présente à nous dans cette perspective raccourcie dramatique propre à la Renaissance. La fourche à foin et la brosse à étriller se sont échappées de ses mains. Le cheval à l'arrière se retourne comme intrigué. Il soulève la queue en signe d'attente. À droite en haut, sans être vue, une hideuse sorcière jette la torche de l'incendie. La gravure est doublement signée: d'une part par le monogramme HB (le G habituel a disparu), et d'autre part par l'écusson à la licorne de la famille Baldung.*" (Théodore Rieger, *Hans Baldung Grien en Alsace pour le 500e anniversaire de sa naissance*, Langue et Culture Régionales Cahier N°8, Canopé Académie de Strasbourg, 1987, 2014, p. 50)
[423]Daniel de La Feuille, *Devises et Emblemes Anciennes & Modernes, tirees des plus celebres Auteurs*, Augsbourg, Lorenz Kroniger und Gottlieb Göbels, 1699, No 1, p. 22.
[424]*Ibid.*, No 3, p. 14.

[425]"*Et Dieu veüille que ceux n'en ayent pastant contre l'estat present de la France qui sont journellement envoyez de Bruxelles, ou qu'il se trouve des personnes assez capables & affectionnées, pour defendre vigoureusement les interests du Roy contre les mutinez, comme le Pere Paul l'Hermite a courageusement defendu la cause des Venitiens; & Pibrac & Monluc celle de Charles IX & de Henry III, contre les plus furieuses médisances de tous les Calvinistes.*

Mais aprés avoir amplement discouru de tous ces moyens pour accommoder la Religion aux choses Politiques, il ne faut pas oublier celuy qui a tousjours esté le plus en usage, & le plus subtilement pratiqué, qui est d'entreprendre sous le pretexte de Religion ce qu'aucun autre ne pourroit rendre valable & legitime. Et en effet le proverbe communément usurpé par les Juifs, in nomine Domini committitur omne malum, ne se trouve pas moins veritable, que le reproche que fit le Pape Leon à l'Empereur Theodose, private cause pietatis aguntur obtentu, & cupiditatum quisque suarum religionem habet velut pedissequam. Dequoy puis que les exemples sont si communs que tous les livres ne sont pleins d'autre chose, je me contenteray, aprés avoir assez parlé de nos François, de m'arrester ici sur les Espagnols & de suivre ponctuellement ce que Mariana le plus fidele de leurs Historiens en a remarqué. Il dit doncques en parlant des premiers Goths, qui occuperent les Espagnes, & des guerres qu'ils faisoient pour se chasser les uns les autres, qu'ils se servoient de la Religion comme d'un pretexte pour regner, & son refrain ordinaire est, optimum sore judicavit religionis praextum, (1. 6. c. 5.) en parlant du Roy Josenand qui se fit assister des Bourguignons Arriens pour chasser le Roy Suintila; & lors qu'il est question des Roys de Chintila, cum speciesreligionis obtenderetur; (c. 6.) comme aussi décrivant en quelle façon Ervigius avoit chassé le Roy Wamba, optimum visum est religionis speciem obtendere; (c. 7.) & quand deux freres de la Maison d'Arragon violento imperiosi Pontificis mandato (c'estoit Boniface VIII) s'armerent l'un contre l'autre, ce bon Pere remarque fort à propos, qu'il n'y avoit rien de plus inhumain, que de violer ainsi les loix de la nature, sed tanti fides religioque fuere; (lib. 5 1. c. l.) & le même encore parlant de la Navarre, que Ferdinand immensâ imperandi ambitione, osta à sa propre Niepce, il ajouste pour excuse, sed species religionis praetexta fatto est, & Pontificis jussa. (lib. 25. cap. ult.)" (*Considerations politiques sur les coups d'Estat. Par Gabriel Naudé, parisien*, Sur la copie de Rome [D. Elzevier], 1667, pp. 270-273)

"*Le grand Pape Leon escrivant à l'Empereur Theodose, disoit ce que nous ne voyons estre que trop veritable tous les iours; Privatae causae pietatis aguntur obtentu, & cupiditatum quisque suarum Religionem habet velut pedissecam. Les affaires des particuliers sont poursuivies sous le pretexte de la Religion, & chacun fait servir & valeter la pieté aprés ses passions. C'est en particulier le vice de certaines nations, comme une maudite influence & constella-tion, qui les rend sujettes à ceste hypocrisie & piperie publique. Morbus est quod virtutem putamus. Ils ne sçauroient s'empescher de faire valoir le proverbe des Juifs, qui est aussi, comun aujourd'huy parmy les Mahometas; In nomine Domini fit omne malú. L'on couvre du nôm de Dieu les plus horribles crimes. Le Pere Mariana dás l'Histoire d'Espagne le remarque une infinité de fois; & il en est bié croyable, puisque le Cardinal Baronius luy rend ce témoignage honorable: Il estoit grand amateur de la verité, Espagnol, mais sans passion. Ce sont ses reprises ordinaires parlant des importátes affaires de ce pays-là, outre celles que nous avons déja remarqué cy dessus; Pietatis specie. Optimum visum est Religionis speciem obtendere. Cùm species Religionis obtenderetur, qua nihil est in speciem fallacius. Et cela devant que les Mores, les Juifs, & les Mahometans eussent inondé ces florissantes Prouinces, & lors que les Goths devenus Catholiques les tenoient, & en estoient les maistres. Mais depuis en la suite du temps il décrit tousjours ce mauvais air, fiderum vaporem, cette maladie fatale. Nihil minus mouet quàm Religionis studium. Rien ne les touche moins que le soin de la Religion. Le pretexte de la Religion osmeut facilement le peuple. Ceux-là en ont le moins, qui en sont plus de bruit, & c'est n'en avoir point du tout, que de s'en servir à mal-faire. Quand les deux freres de la Maison d'Arragon violentez Imperiosi Pontificu mandato, dit le Pere, par les commandemens de Boniface VIII, s'armerent l'un contre l'autre, il n'y avoit rien de plus inhumain. De voir armer le frere contre le frere? De voir violer les loix de la nature? Sed tanti fides Religióque fuere, est-il adiousté. Ce n'est pas Religion, mais couleur & feinte, qui ne se trouve point és ames genereuses, qui donnent le coeur à Dieu avec la face, au lieu que les hypocrites ne luy donnent que le front, & luy ostent le coeur. Parlant de la Nauarre, que Ferdinand osta à sa propre niepce; Cela est basmé en ses actions, d'auoir offé à sa niepce le Royaume de ses ayeuls, par une immense ambition de dominer (immensâ imperandi ambitione) sans auoir aucun égard à ce qu'ils estoient sort proches parens. Il adiouste l'excuse; Sed species Religionis praetextu facta est, & Pontificis jussa. Mais ils'est servy du pretexte de Religion, & des commandemens du Pape. Si nous voulons sçavoir ce que le Pere Jesuite en croit, le voicy. Il traitte la question d'Estat pourquoy c'est que les Mores ont tant demeuré en Espagne? Nous n'avons aucun sentiment (dit-il) des affaires publiques, si ce n'est quandily va de nostre profit particulier. Religionis amor parùm mouet, pre cupiditate iniurias vlciscendi, proferendi imperium. L'affection de la Religion nous touche fort peu, au prix du desir de venger les iniures qu'on nous faict, & du desir d'accroistre nostre Estat. Et ailleurs; Nos Roys sont plus de soin de leur profit, que de la Religion. Ce qu'il redit plusieurs fois. Magis vtilitati quàm amicitiae aut Religioni servire solent.*" (*Recueil de diverses pieces pour servir a l'histoire*, sans auteur, ni éditeur, ni lieu d'édition, 1635, pp. 105-106)

[426]"*Le commun va prisant cela qui vient de loing,*
Et que dessus la mer on porte avec grand soing;
Mais c'est une folie & digne de risee:
Car pour l'utilité la licorne est prisee.

Ceux qui ont entrepris de donner le venin
Sont descouverts, meslant la corne dans le vin.
Ainsi les Rois l'ont prise aux païs plus estrange
Et de coust pour ce bien est digne de louange." (*Les Emblemes dv Signevr Iehan Sambvcvs*, pp. 166-167)
[427]"*Confiderada anduvo la Naturaleza con el Vnicornio. Entre los ojos le pufo las armas de la ira. Bien es menefter, que fe mire a dos luzes efta pafion tan tyrana de las acciones, tan feñora de los movimientos del animo. Con la mifma llama, que levanta, fe deflumbra. El tiempo folamente la diferencia de la locura. En la ira no es vn hombre el mifmo, que antes, porque fale de fi mifmo.*" (Diego Fajardo Saavedra, *Idea de vn principe politico christiano representada en cien empresas*, Monaco, En la emprenta de Nicolao Enrico, 1640, pp. 47-48)
[428]"Según afirma la versión castellana del lema latino de esta empresa 7, Saavedra quiere que el gobernante «reconozca las cosas como son, sin que las acrecienten o amengüen las pasiones». Las cosas, pues, nos engañan porque las miramos con los anteojos de nuestras pasiones que nos las agrandan o disminuyen. Y esto resulta especialmente grave en el caso del príncipe, pues de él dependen muchas y graves decisiones y ha de hacer perfecto juicio de las situaciones, sin dejarse llevar de sus impulsos y realizando un examen desapasionado, de manera que sus afectos estén dominados por la razón:
«En las resoluciones de mover la guerra, en los tratados de paz, en las injurias que se hacen y en las que se reciben, sean siempre unos mismos los cristales de la razón, por donde se miren con igualdad».
La empresa 8, Prae oculis ira, previene al príncipe contra la ira que oscurece la razón y lleva a tomar resoluciones equivocadas: «Delicada es la condición de los príncipes; espejo que fácilmente se empaña»." (José María González García,".*Saavedra Fajardo, en los múltiples espejos de la política barroca*", http://www.cervantesvirtual.com/obra-visor/saavedra-fajardo-en-los-multiples-espejos-de-la-politica-barroca/html/b380b8b0-069d-4d62-b6ac-02954d956232_8.html)
[429]Fajardo Saavedra, pp. 38ss.
[430]*Ibid.*, pp. 54ss.
[431]http://emblems.let.uu.nl/f1691433.html
[432]*Quand l'homme fol est par ire enflammé*
Et vient à tort faire à son frere outrage,
Comment seroit le batu estimé,
De luy bailler à souhait son visage?
Car ce seroit luy accroistre sa rage
Comme le feu en le souflant s'allume.
Que veut donc Christ de luy en ce passage?
Qu'en patience à peine on s'accoustume." (http://emblems.let.uu.nl/av1615092.html)
[433]https://www.emblems.arts.gla.ac.uk/french/emblem.php?id=FBEb009
[434]https://www.emblems.arts.gla.ac.uk/french/emblem.php?id=FBEb003
[435]https://www.emblems.arts.gla.ac.uk/french/emblem.php?id=FBEb010
[436]*Hadriani Ivnii Medici Emblemata*, p. 44.
[437]*Ibid.*, p. 55.
[438]https://fr.wikipedia.org/wiki/La_Conversion_de_saint_Paul_(Le_Caravage)
[439]Laquelle rarement se présente sous forme de groupes complexes, comme dans les versions d'Hans Sebald Beham (c.1543, http://parismuseescollections.paris.fr/fr/petit-palais/oeuvres/hercule-et-les-chevaux-de-diomede#infos-principales) et d'Antonio Tempesta (1608, https://commons.wikimedia.org/wiki/File:Hercules_and_the_Mares_of_Diomedes-_Hercules_grasps_the_bridle_of_a_rearing_horse,_a_second_horse_tramples_a_figure_in_at_right,_from_the_series_%27The_Labors_of_Hercules%27_MET_DP832520.jpg).
[440]http://www.pbcfineart.co.uk/2016/12/08/man-eating-horses-diomedes-16th-century-copper-engraving/
[441]https://www.photo.rmn.fr/archive/94-000685-2C6NU00GXIHT.html
[442]*Copie du tableau 'Hercule terrassant Diomède' peint par Le Brun, entre 1638 et 1641, pour le Palais Cardinal (Palais Royal) où résidait Richelieu. La peinture est conservée au Castle Museum and Art Gallery de Nottingham. Elle s'accompagnait de deux autres tableaux commandés par le cardinal; 'Le Ravissement de Proserpine' et 'Hercule sur le bûcher', aujourd'hui disparus. Le musée Bonnat de Bayonne conserve une esquisse peinte d'Hercule terrassant Diomède' (inv. RF 1997-2). '(...) Comme l'a noté J. Thuillier (1963, n° 3), il ne présente aucune variante par rapport à l'œuvre définitive et il ne correspond pas au style de Le Brun vers 1670, ni d'ailleurs à aucune des manières de l'artiste. C'est ce qui ressort, à l'évidence, de la comparaison avec deux dessins de la main de Le Brun, en rapport avec la peinture (Paris, Bibliothèque nationale de France, Estampes, B6 rés. Anon. f. 33; Montagu, 1963, n° 58 et Bayonne, musée Bonnat, inv. RF 50952; Méjanès, 1997, n° 164). La date d'exécution de cette copie aux trois*

crayons, entrée au Louvre par saisie révolutionnaire, est nettement postérieure à celle du tableau.' (L. Beauvais, Musée du Louvre, Département des Arts graphiques, Inventaire général des dessins, Ecole française, Charles Le Brun, 1619-1690, tome I, Paris, RMN, 2000, n° 1635, p. 452)" (http://arts-graphiques.louvre.fr/detail/oeuvres/0/213520-Hercule-terrassant-Diomede-max)

[443] https://www.harvardartmuseums.org/art/241081

[444] https://www.metmuseum.org/art/collection/search/399350

[445] A.P.F. Robert-Dumesnil, *Le peintre-graveur français: ou Catalogue raisonné des estampes gravées par les peintres et les dessinateurs de l'école française*, Paris, Chez Mme Bouchard-Huzard; Rapilly; et Leipzig, Chez Rudolph Weigel, 1865, T. IX, p. 44.

[446] *La Cité de Dieu de saint Augustin, Traduite en français. Nouvelle édition, revue et corrigée par deux Hommes de Lettres*, Bourges, Chez Gille, Libraire, 1818, T. III, pp. 205-208.

[447] ("Livre Dix-Huitième: Histoire des Deux Cités", http://www.abbaye-saint-benoit.ch/saints/augustin/citededieu/livre18.htm

[448] *Sainct Avgvstin De la Cité de Die: contenant le commencement et progrez d'icelle Cité, auec vne Defenfe de la Religion Chreftienne contre les erreurs & mefdifanfes des Gétils, Heretiques, & autres ennemis de l'Eglife de Dieu: Illuftrée des commentaires de Iean Loys Vives, de Valance. Le tout faict François par Gentian Hervet d'Orleans, chanoine de Rheims*, Paris, Chez Nicolas Chefneau, 1570, Livre XVIII, cap. XVI, pp. 615-616.

"*L. VIVES.*

(d) Diomedes.] Sonne to Tydeus and Deiphile: A foldior before Troy and almoft equalized with Achilles by Homer. Hee maketh him foyle Mars, He was King of Aetolia, but would not returne thither, becaufe of his wife Egiale that playde the whore with Cylleborus, Sthenelus his fonne, fo went he into Apulia, where he built Adria, Argyripa, Sipunte and Salapia, and there are Diomedes, a bloudy King of Thrace that fed his horfes with mans-flefh, and Hercules fe them with him-felfe. His fifter Abdera built thatcitty in Thrace where Democritus was borne: Neare vnto which was Diomedes tower, the Greekes fay thofe horfes were his filthy daughters, whome hee made ftrangers to lye withall, and then killed them. Palaphatus referreth it vnto the wafting of his patrimony vpon horfes, as Acteon did his vpon dogs. (e) Became birdes.] Becaufe Agmon Diomedes his fellow had rayled on Venus. Ou.Met.4 or, becaufe Diomedes had hurt both Uenus and Mars, before Troy, the later the likelier. Homer.Ili.5. Pliny faith thefe birds are called Catarectae (by Iuba) and that their teeth and eyes are of the collour of fire: teihr bodies are white, one euer leadeth the fhole, and another followes it: and they are onely feene in the Ile Diomedea, where his tombe and his Temple is, ouer againft Apulia. If any ftranger come there, they fet vp a monftrous cry; But if a Greeke come, they will play with him, that you would wounder to fee how they feem to acknowledge their country-men. Origen faith their wafhing of his temple is but a fable. They were tranfformed (fayd Seruius) through their impatient forrow after the loffe of their leader, and that they will fly in flocks to the Greekes fhips ftill, as knowing their old kindred, but do the Babarians all the Greefe they can, for that Diomedes was killed by the Illyrians. In Geor.2. yet Ariftotle faith AEneas flew him. In Pfyl. Seruius faith the GReekes called them ἰοαὸύς, which Gaza tranflateth, Hearons. Suidas faith they were like ftorkes, or ftorkes them-felues. They may be like ftorkes or hearons, or fwans as Ouid faith, but they are neither ftorkes, hearons nor fwans. (f) In the Ile.] Some (as Auguftine here, Suida,s feftus, &c.) will haue but one Ile thus called: but there are two, in one of which Diomedes lies buried. Some will haue fiue or fixe of them. But Pliny and Strabo do name onely two, ouer againft the promontory Garganus which lyes three hundred furlongs intro the fea, the one of them is inhabited, in which they fay Diomeds as loft and neuer feene more: fo the Venetians both there and in there owne feate, gaue him diuines honours." (S[t]. *Augvstine, of the Citie of God: with the learned comments of Io. Lod. Vives. Englifhed by J.H.*, sans lieu d'édition, Printed by George Eld, 1610, Chap. 16, pp. 692-693)

[449] Jean Gagé, "Les traditions "diomédiques" dans l'Italie ancienne, de l'Apulie à l'Étrurie méridionale, et quelques-unes des origines de la légende de Mézence", *Mélanges de l'Ecole française de Rome. Antiquité*, T. 84, No 2, 1972, p. 756.

[450] Pierre Sauzeau, "*Les guerriers hiboux dans l'imaginaire grec archaïque*", Φιλολογία. *Mélanges offerts à Michel Casevitz*, Lyon, Maison de l'Orient et de la Méditerranée Jean Pouilloux, 2006, p. 85.

[451] André Bernard, "*Les animaux dans la tragédie grecque*", *Dialogues d'histoire ancienne*, Vol. 12, 1986, p. 254 et note 95 p. 267.

[452] Sur la figure féminine liée au mythe des chevaux de Diomède, qui nous intéresse ici, cf. aussi celle d'"*ABDERE, mignon d'Hercule, qui lui donna à garder les cavales de Diomede qu'il avoit enlevées, pour aller contre les Biftons, qui avoient pris les*

armes. A son retour, il trouva que les cavales avoient mis Abdere en pieces. Pour se consoler, il bâtit une ville auprès du tombeau de ce jeune homme, & lui donna le nom d'Abdere. * Bayle, dict critiq.

ABDERE, *ville maritime de Thrace, située près de l'embouchure du fleuve Nestus. Quelques-uns veulent qu'elle ait été bâtie par Abdera sœur de Diomede, ancien roi de Thrace, qui nourrissoit, dit-on, ses chevaux de chaire humaine. D'autres croient qu'elle devoit son origine à Hercule, qui, selon eux, la surnomma Abdere, en faveur d'Abdere, l'un de ses compagnons, qui avoit été dévoré par les jumens de Diomede: quoi qu'il en soit, elle fut rebâtie par Timesius chef d'une colonie de Clazomeniens, habitans d'une ville d'Ionie, la seconde année de la XXXI. olymp. 655. ans avant J.C. Les Clazomeniens ne purent néanmoins jouir de leur nouvelle fondation; car avant même que de l'avoir achevée, ils surent chassés par les Thraces. Ainsi ce ne fut que 112. ans après, qu'Abdere sut veritablement rétablie. Ses nouveaux fondateurs furent les Teïens, qui voïant leur ville sur le point d'être prise par Harpagus, lieutenant du jeune Cyrus, abandonnerent tous l'Ionie, & passerent dans la Thrace, où ils choisirent Abdere pour séjour, la seconde année de la LIX. olympiade, 543 ans avant J.C. Cette ville est celebre dans l'histoire pour les playes dont elle a été frappée en differens tems. L'air en étoit contagieux, & communiquoit aux hommes une espece de folie extraordinaire: les bêtes mêmes qui goutoient les pâturages des environs, & les eaux du fleuve Cossinite, entroient dans une espece de rage, fleaux qui peut-être donnerent lieu au proverbe ironique des Grecs sur le nouvel établissement des Teïens... Abdere la belle colonie des Teïens, quoique Strabon semble néanmoins citer cet éloge très-serieusement. On remarque encore que sous le regne de Cassander roi de Macedoine, les Abderitains furent inondés d'un déluge de grenouilles & de rats, qui les contraignit de déserter pour un tems; mais rien n'est plus étonnant que la maladie dont ils furent affligés sous le regne de Lysimachus dans la Thrace. Un certain Archelatis excellent acteur avoit représenté à Abdere l'Andromede d'Euripide. Ce spectacle qui se donna dans l'été, remua tellement l'imagination des Abderitains, qui pendant sa durée avoient été exposés à de violentes chaleurs qu'au sortir du theatre la plûpart furent saisis d'une fievre ardente. Les symptônes en étoient extraordinaires; car ceux qui en étoient saisis couroient les ruës, en déclamant des morceaux entiers d'Euripide à l'imitation d'Archelaus. Cette maladie, qui ne cessoit qu'au bout de sept jours par une espece de crise, passa des uns aux autres, & regna dans cette ville jusqu'à l'hiver suivant. Si l'on en croit Ovide, les habitans de cette ville avoient coutume de dévouer à certain jour pour le salut de tous les autres quelques malheureux citoiens qu'on assommoit à coups de pierre. On sçait le jugement peu favorable que plusieurs anciens ont porté des Abderitains, qui passoient pour des gens grossiers & sans genie, à cause, sans doute, de la grossiereté de l'air qu'ils respiroient: d'où est venue cette expression de Martial.*

Abderitane pectora plebis habes.

pour dire, vous êtes un stupide. Leur ville a néanmoins donné naissance à de grands hommes, tels que Democrite, Anaxarque, Hecatée, le poète Nicanetus, &c * Herodot, lib. 1. cap. 2.168, l.7.c 109. & 126. Solin, c. 10. Pompon. Mela, l. 2. &6. Strabon, l. 14. Apollodor. Justin. l. 15. c. 2. Plin. Lucian. in tractatu quomodo historia fit scribenda. Cicero, de natura deorum, in epist. ad Attic. l. 4. epst. 16. & l. 7. epst. 7, Juvenal, satir. 10. M. Bayle, dict. crit." (Louis Moreri, *Le Grand dictionnaire historique, ou le Mélange curieux de l'histoire sacrée et profane*, Paris, Chez Pierre-Augustin Le Mercier, 1732, T. I, p. 22)

[453]"Whether Shakespeare's "Weird Sisters" or "Witches" are seen as Elizabethan hags (merely ugly old women), classical fates (parcae), goddesses of destiny (Anglo Saxon fairies, Norns of Nordic literature, Northern Fates, or Valkyries), classical Circes, classical sibyls, classical furies, or medieval and Renaissance witches and/or demons, Shakespeare uses them as instruments of evil throughout the drama." (D. Douglas Waters, *Christian Settings in Shakespeare's Tragedies*, Londres et Toronto, Associated University Presse, 1994, p. 142) Quant à Ben Jonson, cf. *Renaissance Perspectives*, éd. de Grahan Callum et Jan Lloyd Jones, Melbourne, Australian Scholarly Publishing, 2006, notes 19 "*Jonson included the three Parcae in his entertainment for the king and queen at Theobald's on 22 May 1607.*" et 26 "*The stage direction ("enter three witches") and the naming of them as First, Second and Third witches may be misleading*" p. 151. Postérieurement, "*However, artists of the fin de siècle consciously took up the depiction of witches from pre-Christian and archaic examples, as Stekzl discovered (1983: 11), and rehabilitated them by blending witches with the iconography of the Parcae.*" (Claudia Müller-Ebeling, Christian Rätsch et Wolf-Dieter Storl, *Witchcraft Medicine: Healing Arts, Shamanic Practices, and Forbidden Plants*, New York, Simon and Schuster, 2003, note 69 p. 552)

[454]Laurence Harf-Lancner, "*La métamorphose illusoire: des théories chrétiennes de la métamorphose aux images médiévales du loup-garou*", Annales. Économies, Sociétés, Civilisations, 40ᵉ Année, No 1, 1985, pp. 212-214.

[455]Linda C. Hults, "*Baldung and the Witches of Freiburg: The Evidence of Images*", The Journal of Interdisciplinary History, Vol. 18, No. 2 (Autumn, 1987), pp. 249-276.

[456]"The woodcut shows the secret chamber of a Wizard in the Swedish province of Norrbotten. The wizard has manufactured a magic snake and a toad of copper at the anvil. This magic work has sent into a trance. His right hand is resting on a skull. Above him stands his wife, guarding him. A dragon is also seen near the window." (https://commons.wikimedia.org/wiki/File:Olaus_Magnus_-_On_Magic_Utensils_in_Bothnia.jpg)

[457]Olaus Magnus, *Historia de gentibus septentrionalibus*, Anvers, Apud Ioannem Bellerum, 1562, pp. 39r. et v.

[458]Hults, Fig. 2 p. 261.

⁴⁵⁹*Ibid.*, Fig. 8 p. 272.
⁴⁶⁰"*En ciertas representaciones artísticas se da cuenta de estas ideas expuestas previamente. Así, es muy interesante un grabado italiano de principios del siglo XVI que representa a un hombre maduro que sujeta un caballo encabritado por las riendas, encabezado por el lema: «Semper sia Padrona la Ragione»; es decir, la razón debe domeñar las pasiones. En este sentido, es muy ilustrativa la tabla atribuida a Piero di Cosimo conservada en la National Gallery de Washington en la que una figura alada — según Wind «la casta diosa Hippo» — sujeta con un delicado cordel a un caballo enfurecido; como sabemos, la obra se ha leído como una Alegoría de la Castidad en pugna con los instintos desordenados, brutales. La misma lectura se desprende del grabado CXVII de Symbolicae quaestiones (1555) de Achule Bocchi, interpretado por Wind como la «doma de las pasiones», el cual aparece registrado con el siguiente epígrafe: «Semper Libidini Imperat Prudentia», es decir, la prudencia siempre domina a la lujuria.*" (Ana Avila, *Imágenes y símbolos en la arquitectura pintada española (1470-1560)*, Barcelone, Anthropos, 1993, pp. 177-178)
⁴⁶¹*Achillis Bocchii Bonon. Symbolicarum quaestionum, de vniuerso genere, quas serio ludebat, libri quinque*, Bologne, Apud Societatem Typographiæ Bononiensis, 1574, p. CCXLVII.
⁴⁶²http://1.bp.blogspot.com/-ViTTgNVbL7I/UJJ9_m2cKhI/AAAAAAAABYo/SWdurjTCRUw/s1600/Du%CC%88rerDasgro%C3%9FePferd.jpg
⁴⁶³https://www.metmuseum.org/art/collection/search/391118
⁴⁶⁴https://fr.wikipedia.org/wiki/Melencolia_(D%C3%BCrer)
⁴⁶⁵http://3.bp.blogspot.com/-4x16avv_cgY/VgF3bWL3AlI/AAAAAAAAFXI/2uLHTdLiLc4/s1600/BehamAlexanderMagnus.jpg
⁴⁶⁶"*Zunächst zu Dürers Kleinem Pferd: In strenger Seitenansicht steht das jugendlich wirkende Tier auf einem Bodenstreifen vor einer perspektivisch angelegten Bogenarchitektur. Nervös hat es die rechte Vorderhand erhoben; dabei zeigen die Nüstern das typische Flehmen eines Hengstes beim Anblick einer Stute. Auch der aufgerichtete Hals und die vorgeschobene Oberlippe, die die Schneidezähne entblößt, sind eindeutige Anzeichen eines sogenannten „Erwartungsgesichtes" des Hengstes. Seidig glänzt das gestriegelte Fell. Der Schweif ist, wie damals bei Turnieren üblich, geknotet, die Hufe sind beschlagen. Das Ross steht versammelt, wirkt gehalten, ist aber ungezäumt. Es wird von einem Hellebardier in Rüstung begleitet, der zwar einen zeitgenössischen Dreiviertelharnisch, darüber hinaus aber auch einen phantasievollen Schmetterlingshelm und geflügelte Schuhe trägt. Das prächtige Tier verdeckt den Soldaten weitgehend, „weist ihn bedeutungsmäßig in die zweite Reihe" (Mende 2001, S. 69). Den Hintergrund bildet eine wuchtige, etwas verfallene und antik anmutende Quaderarchitektur; der Blick, durch einen Rundbogen fällt dort auf ein mittig platziertes, rauchendes Feuerbecken. Die Jahreszahl 1505 darüber findet ihre Entsprechung in dem bearbeiteten würfelförmigen Stein am unteren Bildrand, auf dessen hell beleuchteter Oberseite Dürer sein Monogramm gesetzt hat. Jens Sroka deutet das Motiv der rauchenden Feuerschale in Dürers Stich als „verschlüsselten Hinweis auf die Triebhaftigkeit und Wollust des Hengstes" (Sroka 2004, S. 254). Thema des Kleinen Pferd ist für ihn die Mäßigung menschlicher Sinnlichkeit durch die Vernunft. Matthias Mende ist von dieser Interpretationslinie, die auf Erwin Panofsky zurückgeht, allerdings nicht überzeugt: „Die denkmalhafte Ruhe des Tieres widerlegt solche Gedanken. Und wie bändigt der Kriegsmann in der Realität – ohne Halfter oder Zügel! – ein solches Tier? Ersichtlich aus freiem Willen steht es an dieser Stelle, nicht von Banden gehalten. Im Vorausblick auf Darstellungen wilder Pferde bei Hans Baldung Grien oder Sebald Beham kann animalische Sinnlichkeit nicht Thema der Dürer-Stiches B. 96 sein" (Mende 2001, S. 71).*
Mende ist der Ansicht, dass Dürer mit seinem Kleinen Pferd das berühmteste Ross der Antike zeigen will: Bukephalos. Dieses sagenumwobene Tier wurde von Alexander dem Großen gezähmt und als Leibpferd auf seinen Kriegszügen geritten; Alexander könnte mit dem Ritter hinter dem Ross gemeint sein. Möglicherweise zeigen dann sogar beide Kupferstiche das gleiche Pferd, „einmal im Zenit seiner Lebenskraft und in größtmöglicher Schönheit, dann mit gedunsenem Leib, knotigen Gelenken und teigigen Nüstern" (Mende 1983). Hans Sebald Beham (1500–1550) hat das Blatt seines Lehrers jedenfalls rund zwanzig Jahre später zitiert und mit dem erklärenden Titel „ALEXANDER MANGNVS" versehen. Wie unter Kunstwissenschaftlern üblich, gab es auch Einwände gegen Mendes These: „Die derbe Physiognomie und die knechtische Helmbarte, der gegenüber sogar auf das Schwert verzichtet wurde, sprechen allerdings vehement dagegen, daß hier ein König dargestellt werden sollte" (Schauerte 2003, S. 147).
Thomas Schauerte erinnert daran, dass der Humanist Conrad Celtis Dürer Ende 1500 als „zweiten Apelles" bezeichnet hatte. Nach Plinius d.Ä. war Apelles der berühmteste Maler der Antike. Dürer könnte nun, so Schauerte, mit seinem Kleinen Pferd auf diesen Ehrentitel reagiert haben, und zwar in einer Art Ekphrasis: „Er schuf ein verlorenes Bild des Apelles neu, das gemäß der allzeit verfügbaren Naturgeschichte des Plinius (Hist. nat. 35,96) den gerüsteten Antigonus neben seinem Pferd einherschreitend zeigte" (Schauerte 2003, S. 148).
Das Kleine Pferd basiert auf den jahrelangen Bemühungen Dürers, die Darstellung des Pferdes mathematisch zu konstruieren. Wahrscheinlich hat sich Dürer um 1500 nicht nur mit der menschlichen Proportion, sondern auch mit der des Pferdes befasst. Sein mathematisches Proportionsschema, bei dem das Tier in die Felder eines Quadratnetzes eingefügt wird, lehnt sich an italienische

Vorbilder an (z. B. an Studien Leonardo da Vincis). Wichtige Modelle für Das Kleine Pferd fand Dürer auch in der Tradition des Pferde- und Reiterstandbildes wie bei den Pferden von San Marco, dem Reiterdenkmal des Gattamelata von Donatello (siehe meinen Post „Der Söldnerführer von Padua") und des Colleoni von Andrea del Verrocchio.
Andrea del Verrocchio: Reiterstandbild des Bartolomeo Colleoni (1480–88); Venedig, Campo Santi Giovanni e Paolo Das Große Pferd (Abb. ganz oben) ist im gleichen Jahr wie Das Kleine Pferd entstanden (1505) und gilt als dessen Pendant. Die Bildmotive entsprechen sich, doch im Gegensatz zur Profilansicht zeigt Dürer das Tier jetzt aus dem perspektivisch anspruchsvolleren Blickwinkel von schräg rückwärts. Seine Hinterbeine stehen erhöht, Kruppe und Hinterbacken treten so besonders deutlich aus der Fläche. Das beschlagene Ross mit zum Knoten gebundenem Schweif trägt ein Stallhalfter, an dem es offenbar von einem Hellebardier mit Knieschutz und Raupenhelm gehalten wird. Hatte Dürer mit dem Kleinen Pferd „ein rassig temperamentvolles Idealpferd orientalischen Einschlags vorgestellt, so führt er nun mit dem stoisch gelassenen, nordalpinen Arbeitstier einen anderen Pferdetypus vor" (Scherbaum 2000, S. 121). Die wollige Mähne, die stark behangenen Köten, die krummen Hinterbeine und der schwere Leib verweisen darauf, dass es sich um einen kraftstrotzenden Kaltblüter handelt. Das Ross entspricht dem typischen Kampfpferd der damaligen Zeit und war ohne weiteres in der Lage, einen gerüsteten Mann zu tragen." (http://syndrome-de-stendhal.blogspot.com/2012/11/durers-pferde.html)

[467]https://www.beaux-arts.ca/collection/artwork/le-chevalier-et-le-lansquenet
[468]Cf. les gravures de la page de recherche: https://www.gettyimages.fr/photos/landsknecht?sort=mostpopular&mediatype=photography&phrase=landsknecht
[469]https://en.wikipedia.org/wiki/File:Wechtlin_Ritter_und_Fu%C3%9Fknecht.jpg
[470]https://www.gettyimages.fr/detail/photo-d'actualit%C3%A9/knight-and-halberdier-found-in-the-collection-of-photo-dactualit%C3%A9/520714495#/knight-and-halberdier-found-in-the-collection-of-albertina-vienna-picture-id520714495
[471]http://1.bp.blogspot.com/-rVKi-tSCQ88/UJKCnWWXg8I/AAAAAAAABZg/kTqGA5ziuRU/s1600/Du%CC%88rerDerheiligeGeorgzuPferdKupferstich.jpg
[472]https://www.pinterest.com/pin/331929435006891235/
[473]http://cartelfr.louvre.fr/cartelfr/visite?srv=car_not_frame&idNotice=26238
[474]Stijn Alsteens et Freyda Spira, *Dürer and Beyond: Central European Drawings in the Metropolitan Museum of Art, 1400-1700*, New York, Metropolitan Museum of Art, 2012, No 48, p. 105.
[475]https://fr.wikipedia.org/wiki/Juments_de_Diom%C3%A8de
[476]"*Un trait mythologique, emprunté aux juments mangeuses d'hommes de Diomède le Thrace, roi fils d'Arès et de Cyrène, s'ajoute ici à la légende de Bucéphale, banalement herbivore (Voir Plutarque, 6). Cependant Diodore (IV, 15, 3) assure qu'après leur capture par Héraclès, les juments de Diomède ont eu des descendants jusqu'à l'époque d'Alexandre.*" (Pseudo-Callisthènes, *Le roman d'Alexandre: la vie et les hauts faits d'Alexandre de Macédoine*, Paris, Les Belles Lettres, 1992, note 39 p. 232)
[477]Cf. notre ouvrage, dans la présente Collection, sur *Le Songe du Docteur*.
[478]*Ibid.*
[479]http://utpictura18.univ-montp3.fr/GenerateurNotice.php?numnotice=A4465
[480]https://www.metmuseum.org/art/collection/search/351295
[481]"*Dürer's representation of "Hercules at the Crossroads" stands half-way on the path from the mediaeval view of life towards the humanistic view. Instead of a struggle between divine virtue and devilish evil (i.e. the world), Dürer gives a psychomachia: Hercules chooses the side of Virtus against Voluptas. The latter is sin, represented in the mediaeval manner as naked, the former is pictured as a strong peasant woman.*" (H.A. Enno Gelder, *The Two Reformations in the 16th Century: A Study of the Religious Aspects and Consequences of Renaissance and Humanism*, La Haye, Martinus Nijhoff, 2012, p. 222)
[482]https://fr.wikipedia.org/wiki/Fichier:D%C3%BCrer,_Le_songe_du_docteur.jpg
[483]https://fr.wikipedia.org/wiki/Amour_sacr%C3%A9_et_Amour_profane

PLANCHES

Albrecht Dürer, *Ritter, Tod und Teufel (Der Reuther)*

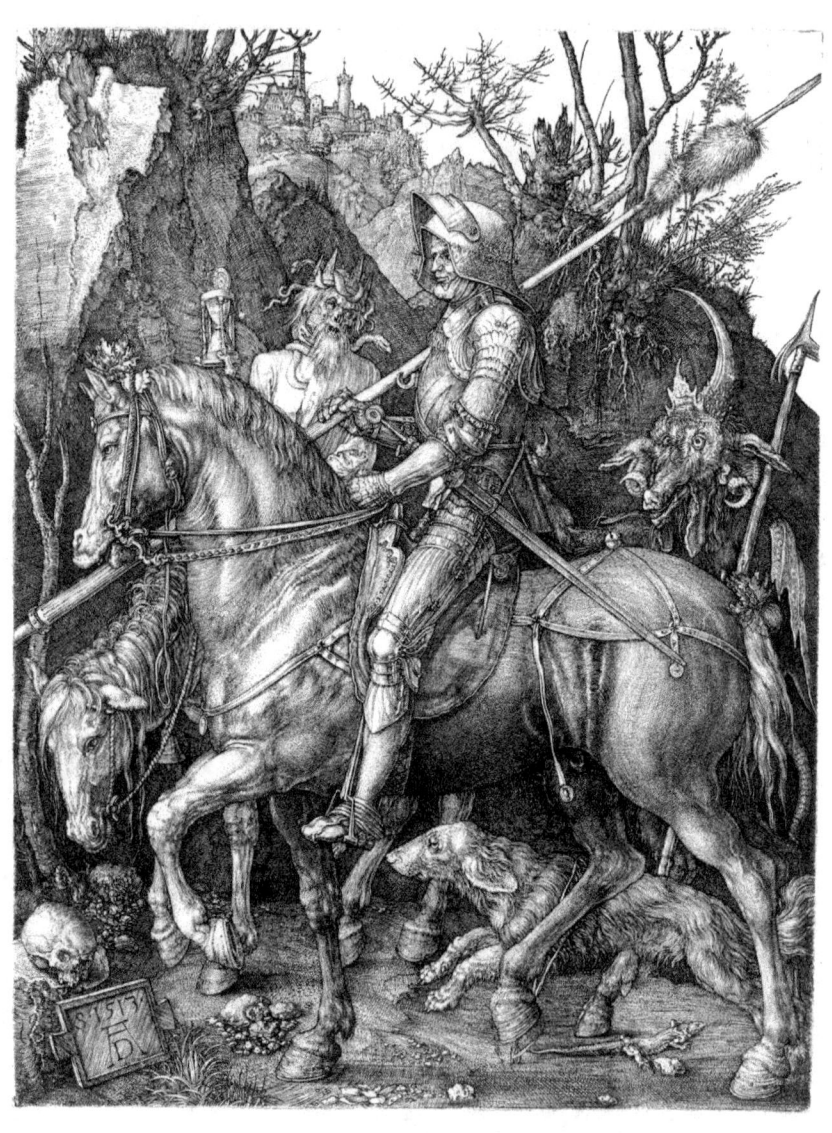

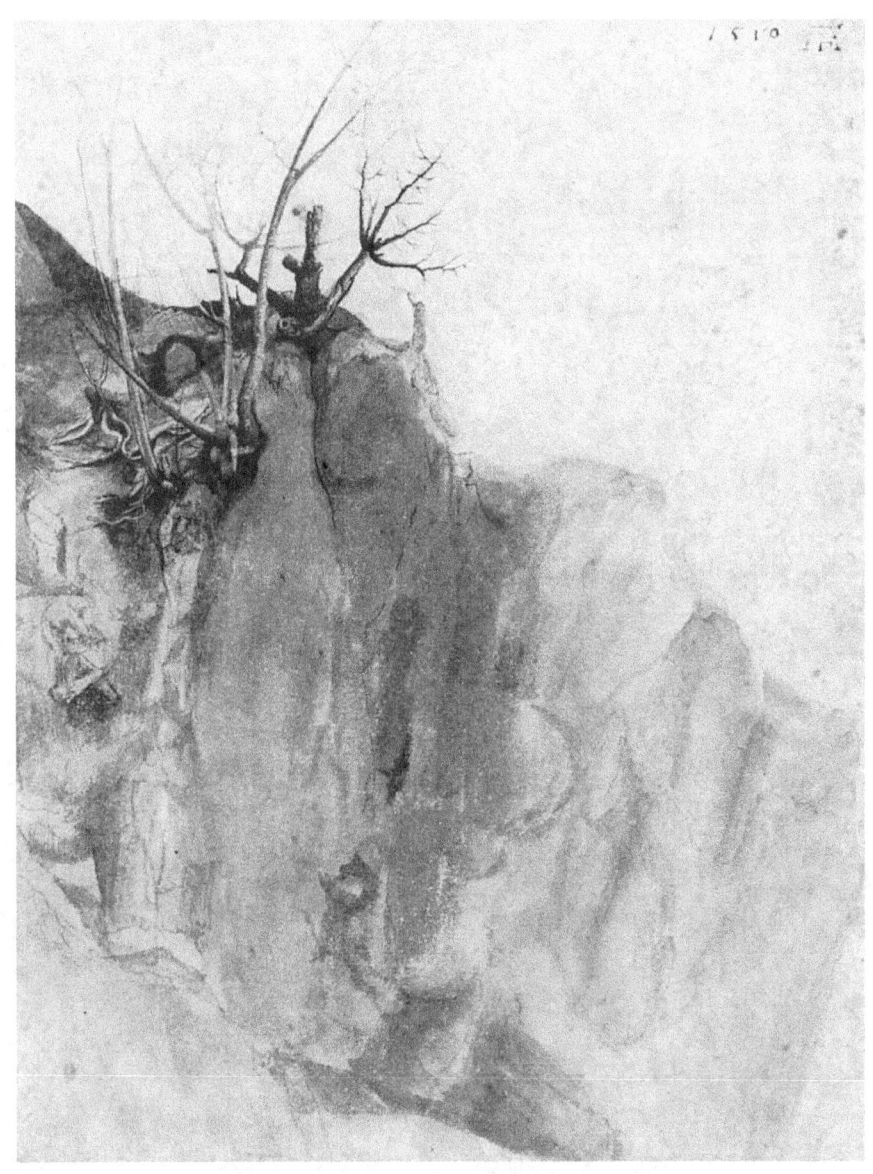

Albrecht Dürer, *Ravin*, 1510

Lucas Cranach l'Ancien, *La loi et la Grâce*, versions de Nuremberg, Prague, Gotha, gravée, copie, réduite

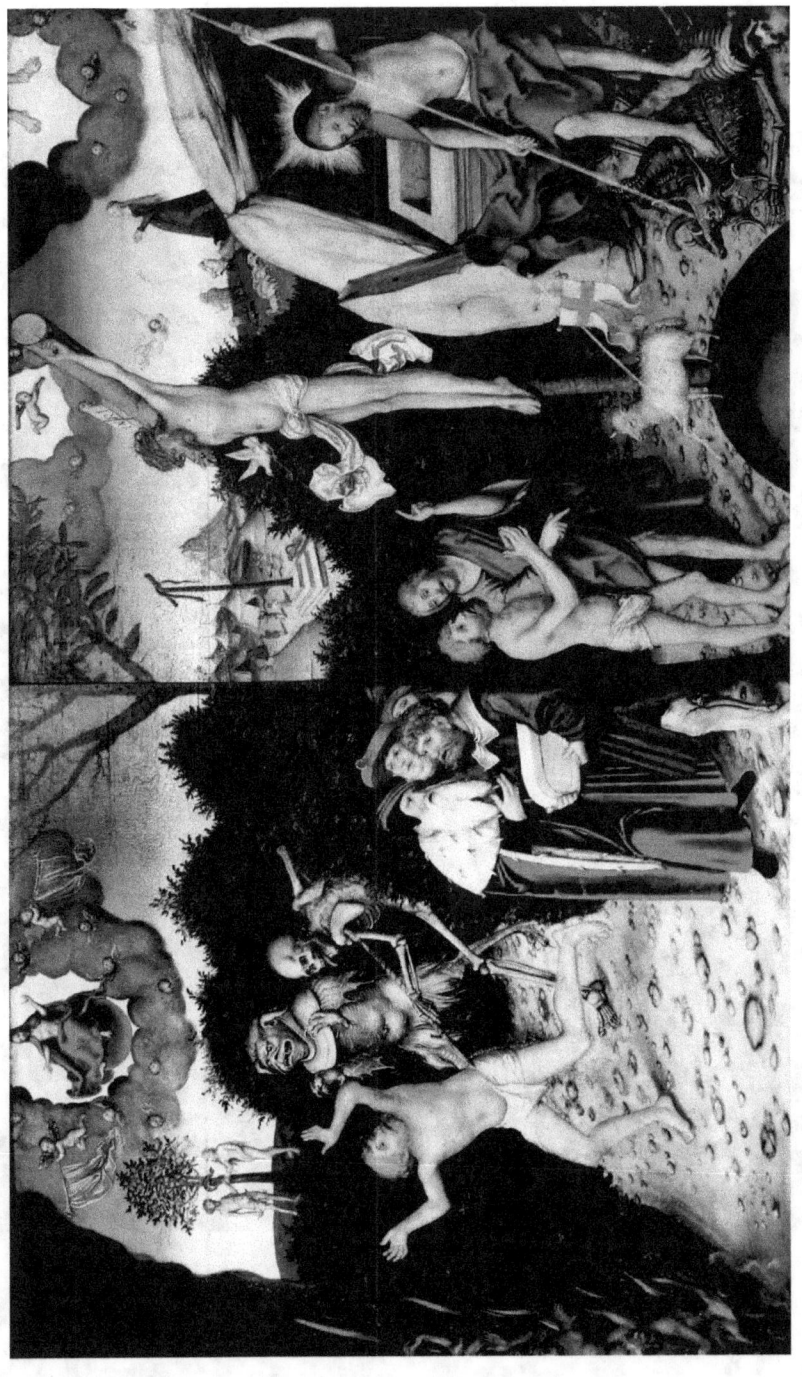

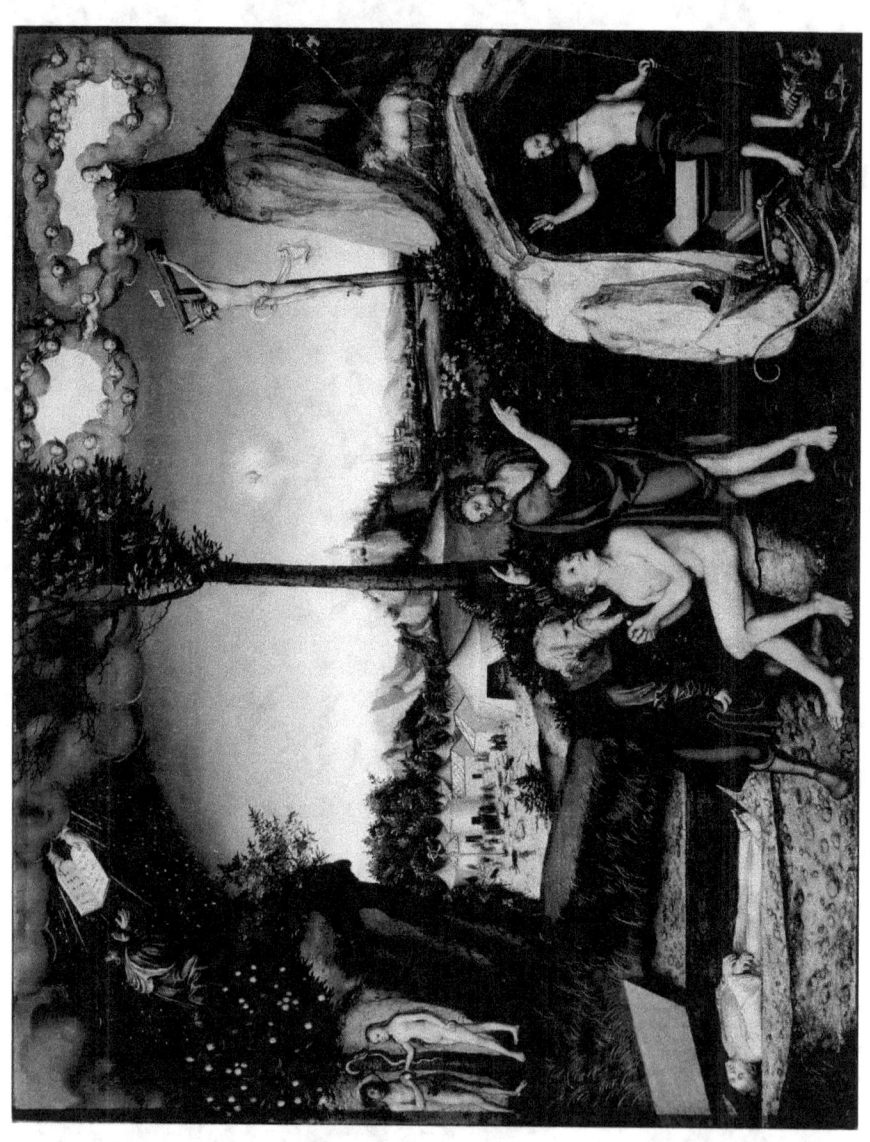

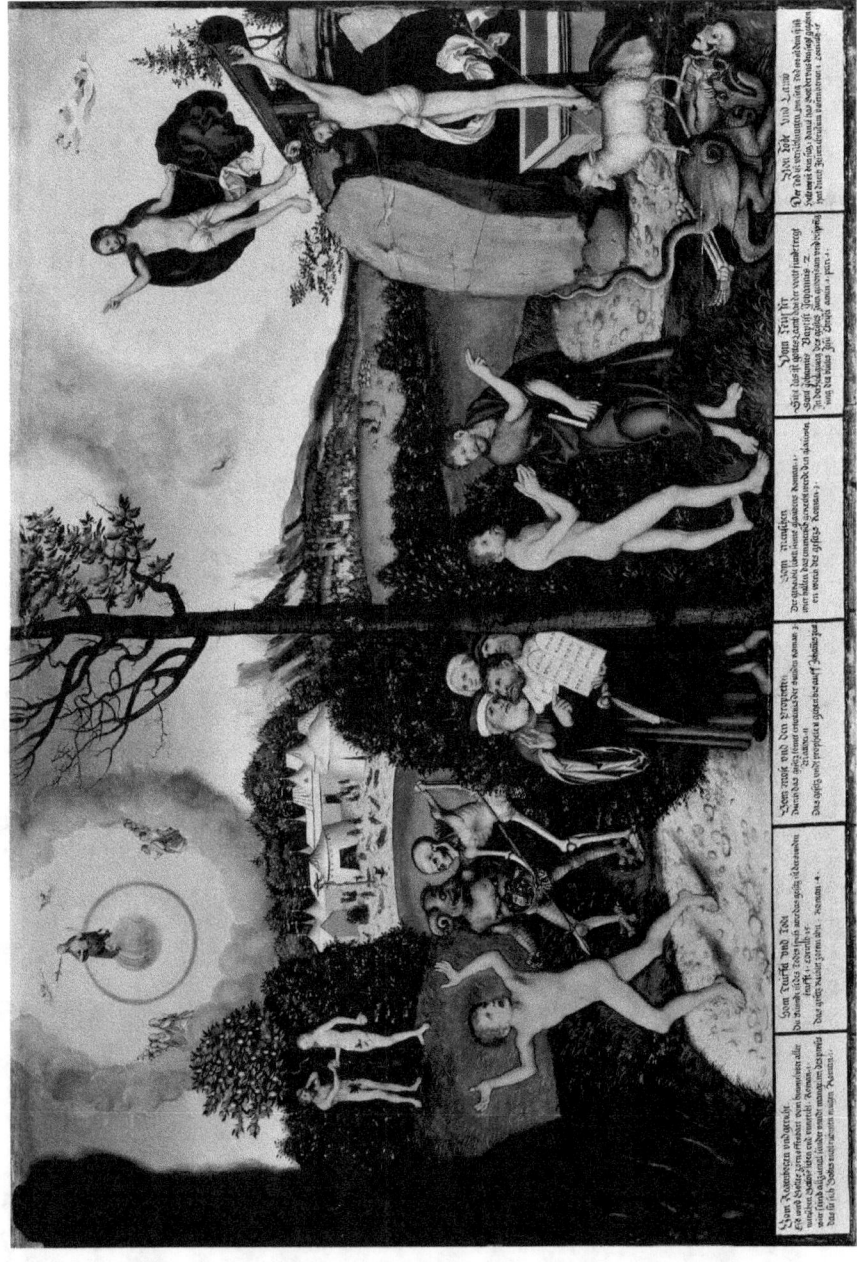

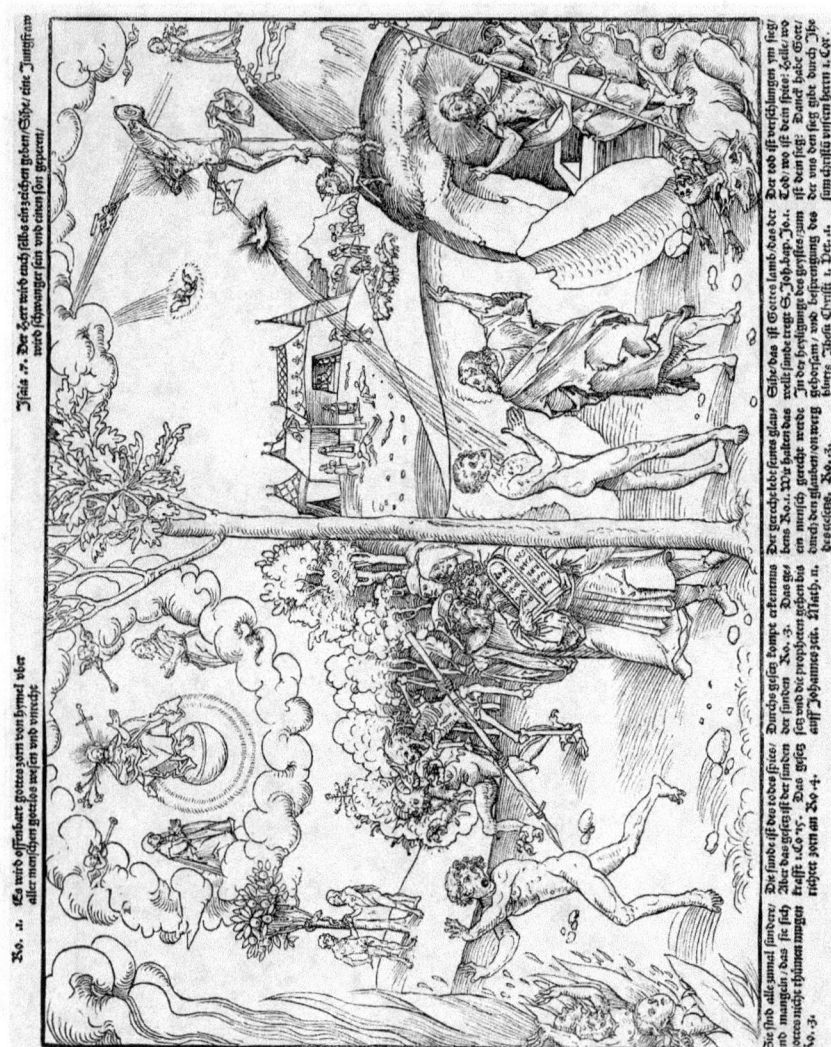

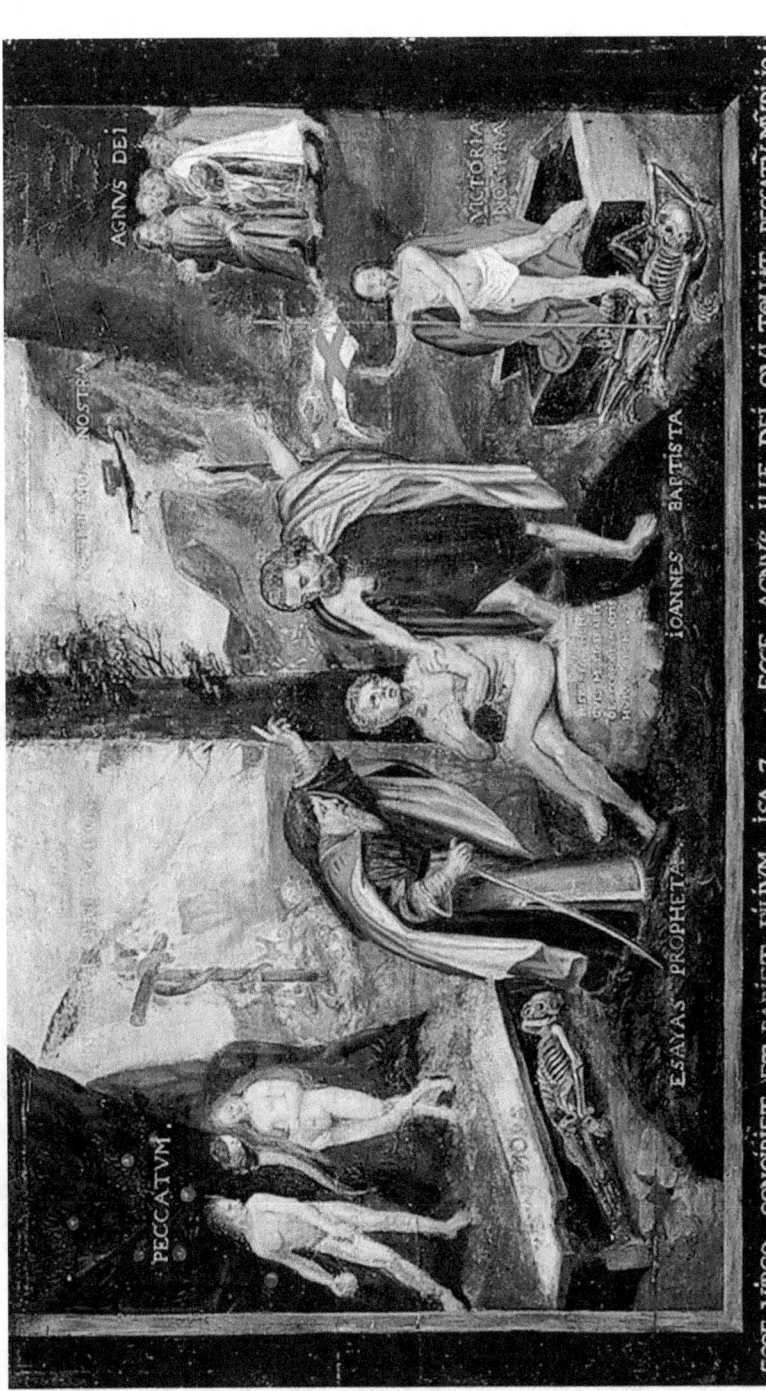

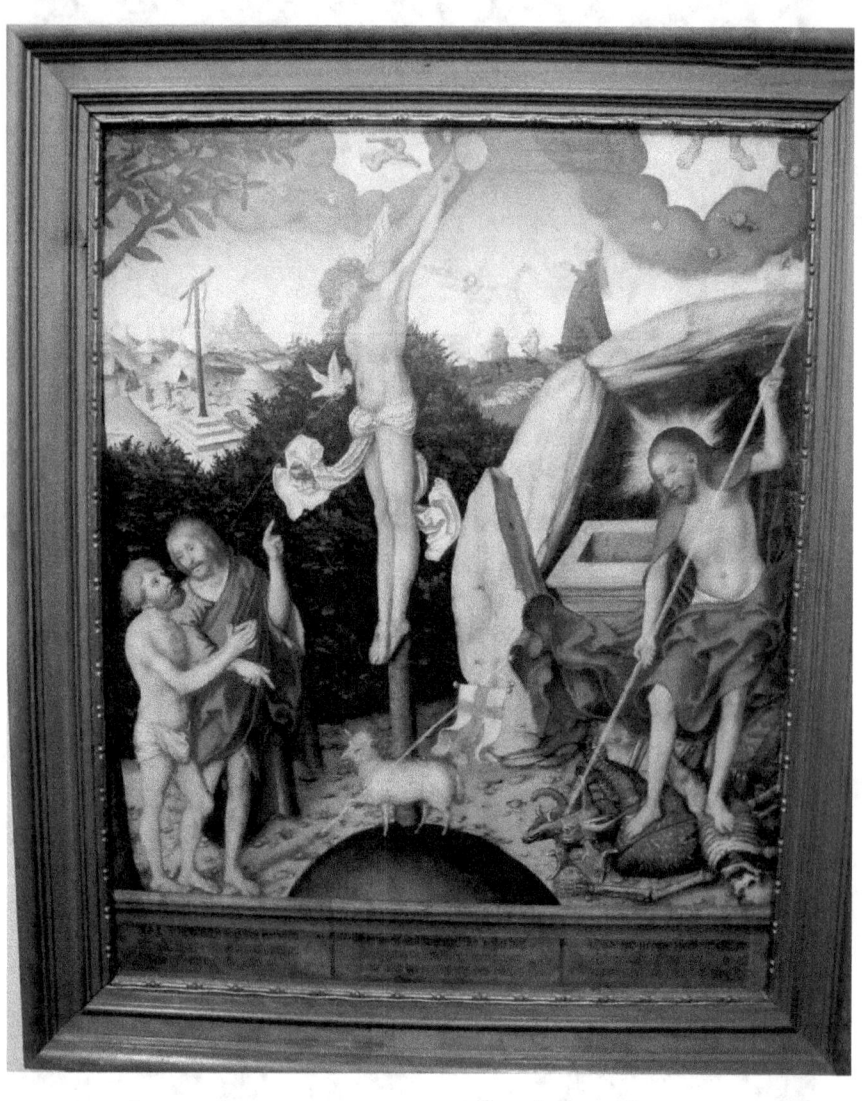

Albrecht Dürer, *La Mort et le lansquenet*; *Saint Jérôme dans son étude*, 1511; Mario Cartaro, *Allégorie du Temps et de la Mort*; Abraham Bosse, *Pense à ta fin dernière*; Philipp Sadeler, *Der Tod*; *Chroniques* de Jehan Froissart, British Library, Royal 15 D V, f. 36; Andries Jacobsz, *Memento Mori*; Urs Graf, *Deux mercenaires et une femme avec la mort dans un arbre*; Daniel Hopfer Kaufbeuren, *La Mort et le démon menaçant la femme mondaine qui se regarde dans un miroir*; Anonyme du XVème siècle; Maître S, *Cogita Mori*; Andreas Planer, *De methodo medendi liber unus*; *Le vers de la dent comme démon de l'Enfer*, anonyme français; Arcane XIII La Mort: Pamela Coleman Smith, Arcus Arcanum (version allemande), 1 version italienne; Albrecht Dürer, *Memento Mei*; Rembrandt Harmensz van Rijn, *Squelette cavalier*; Alfred Rethel, *Décès sur les barricades*; Livre d'Heures du Maître d'Édouard IV, Free Library of Philadelphia, Lewis E108, f.109r.; *Le Dict des Trois Morts et les Trois Vifs*, églises Saint-Pierre de Lancôme et Saint Germain, La Ferté-Loupière, Yonne; Peter Brueghel l'Ancien, *Le Triomphe de la Mort*; *Triomphe de la Mort*, Palerme, XVIIème siècle; Alfred Rethel, *Décès sur les barricades*; Hans Holbein le Jeune, *Der Ritter*; Lucas Cranach l'Ancien, *La Crucifixion avec le Centurion Converti*; Otto van Veen, temple de Cébès; Andreas Friedrich, *Par trop chaffer, on peut devenir fauvage*; Maurice Scève, *LX. Asses mevrt qvi en vain ayme*; *CLXXVII. Chasse Fortvne par les miens*; *CXXIII. Contre le ciel nvl ne pevlt*; Chicart Bailly, pendants de rosaire; Figure duelle pour rosaire, France ou Belgique, 1500; Gian Lorenzo Bernini, *Anima Dannata*

Keyn ding hilfft für den zeytling todt
Darumb dient got frw vnd spot

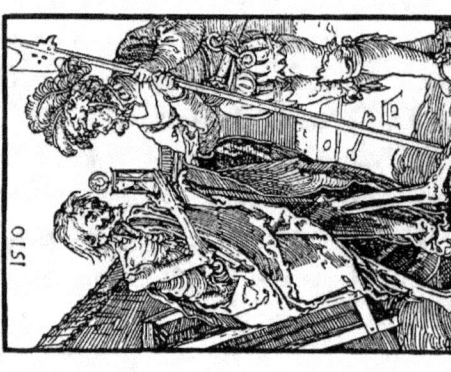

1510

Das mag wir all wol erspehen
Das bald vnd seinmenscht ist gschehen
Dann so wir haut ein menschen haben
Vileicht wirt er morn vergraben
Warumb O menschlich hertigkeyt
Gedu doch wol püß vernemen
Das es all puß wirt Beschemen
In ewigkeit durch sein streng gbrichs

Do entpfleucht keyner dem richter nicht
Durch allein du furchtest hye got
Dardurch entrinst dem ewing tod
Drum byß an noch Cristo zsehen
Der kan dir ewige lebn gebn
Das halt kain zeytliche ding an sich
Aber noch künfftigem richt dich
Vnd thu stag noch gnaden werben
Also soltestu all stund sterben

Spar dein pesserung nit auff morn
Dann vngwiß ding ist pald verlorn
Daß ist von sunden zisehen
Wer ein lauters gewissen hat
Der furcht den tod nit frü vnd spat
Vnd fragt nit vil noch langer zeyt
Dye vns hye got auff erden geyt
Gar selten gschicht es in langem leben
Das sich blaub in pesserung geben
Hye men aber dich dye sind
Wölt got das ich kurtz woll lebn künt
Wye wolls solch sam ist zusterben
Doch thut mit alweg erwerben
Werr aber dise das heillig layd
Den dye stund seines tods alweg
Wolbetracht in seim hertzen leg
Vnd sich all tag zum sterben schick
Der pet göttlich gnad anplick
Vnd wird in dem rechten fryd stan
Den gots geist vnd welt mit gots kan
Darumb welcher rechtt lebn thut
Der vßatrumpt ein starcken mut
Vnd in sterbens des tods stund
Es furcht auch nit got den richter
Das er waß hye sein selbe schlichter
Durch büß do mit er hye erwarb

Gotes gnad auff erdrich er starb
Welcher die welt thut auffsehen
Vnd verschmecht sich in dem leben
Dem kumpt ein solch starck hoffnung ein
Das er ynynang den gots muß sein
Wer aber güte werck will sparn
Biß er schir von hynnen soll farn
Vnd verleßt sich auff meß lesen
Vnd verhofft dardurch zu gnesen
Der salte man mit glocken than
Domit lauft sein verthoff dor son
Also wirt hye vergessen
Wyelang zeyt er sey gesessen
In der hell oder fegfewer
Vnd leyd do groß vngehewer
Wer nit noch fursüchtigkeyt steht
Der rechnet rew pey sein selbs helt
Der dassf nymant seyn schuld gebn
Ob er in seim tod vnd lebn
Von got vnd menschen glassen wirt
Dann er hat sich hye selbs verfirt
Darumb welcher woll sterben will
Der thu willig güter werck vill
Vnd sey sein getraw gantz in got
So kan er mit werden zu spot
Got hat auch nymer got gestrafft
In furcht got in hymlisch glüschafft
Das soll vns frölich all begern
So würt vns gots erbarmit gewern

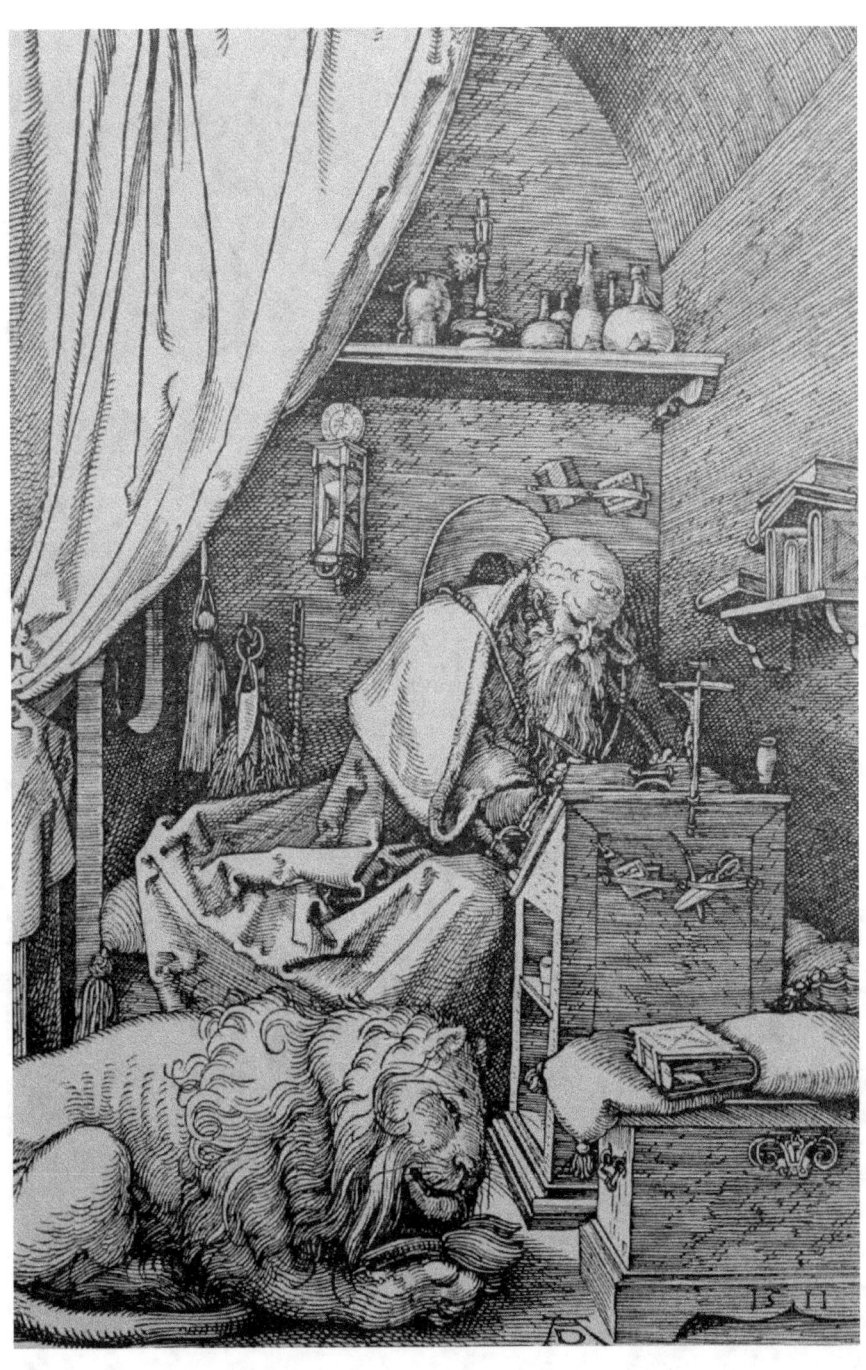

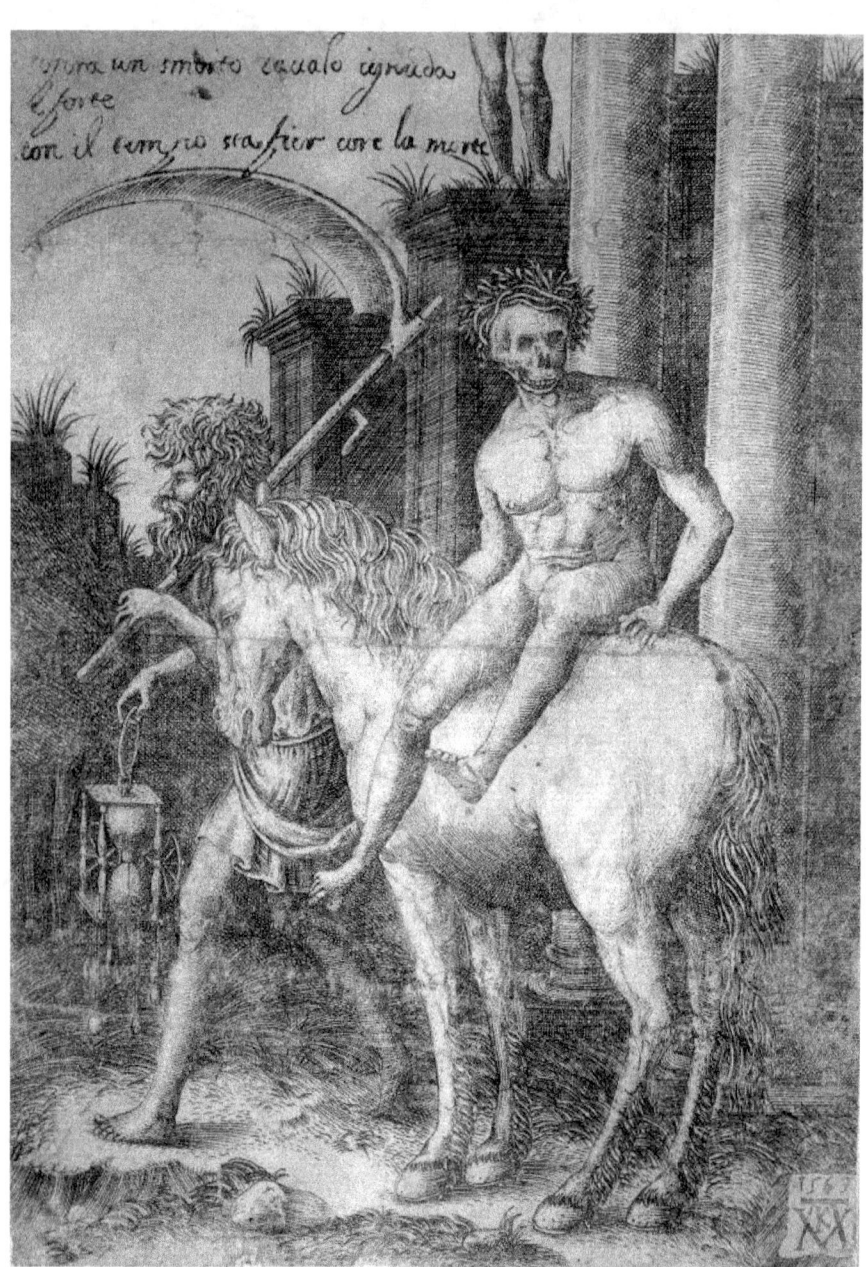

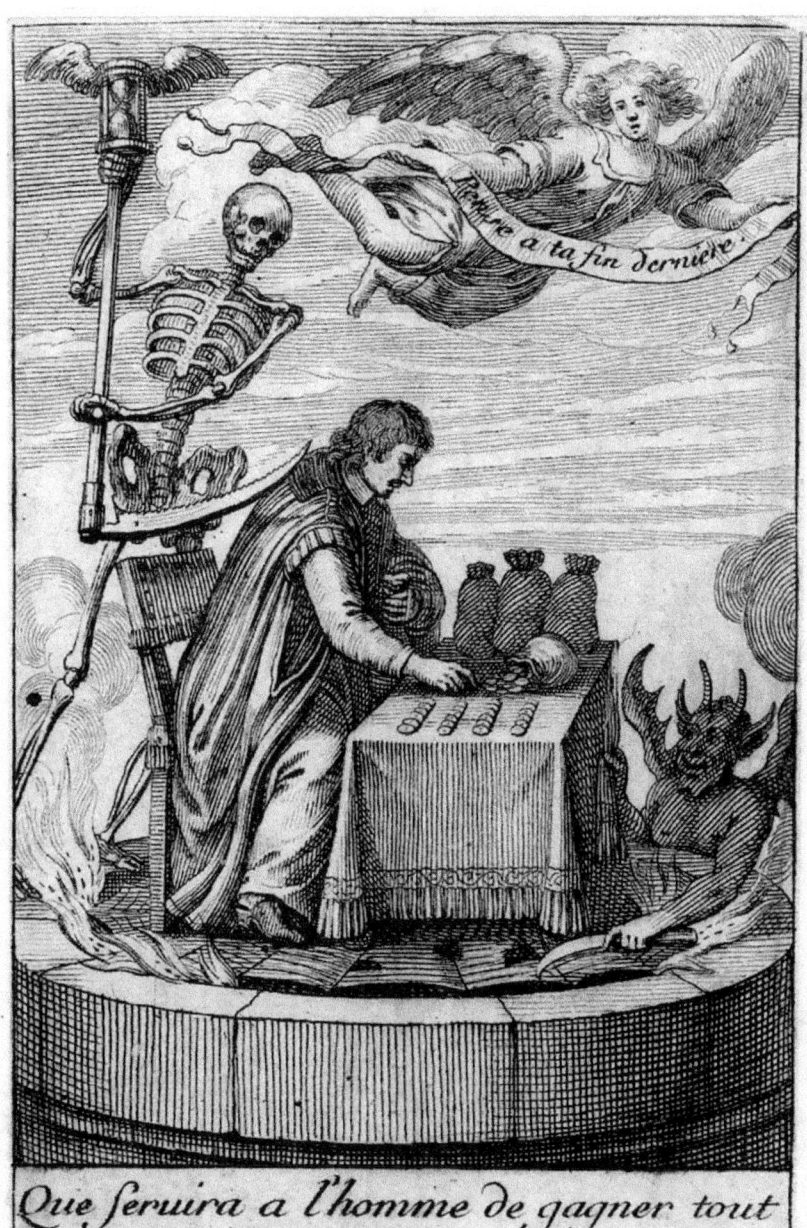

Que seruira a l'homme de gagner tout le monde, s'il fait perte de son Ame.

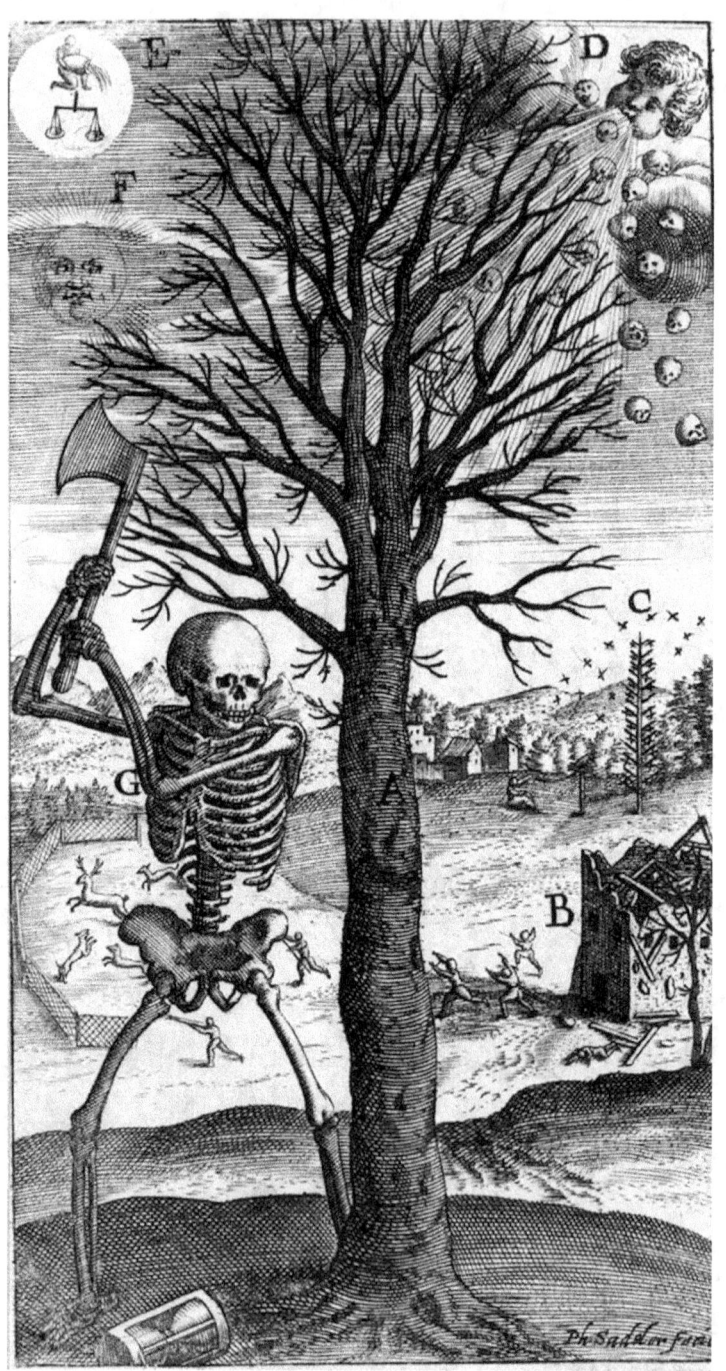

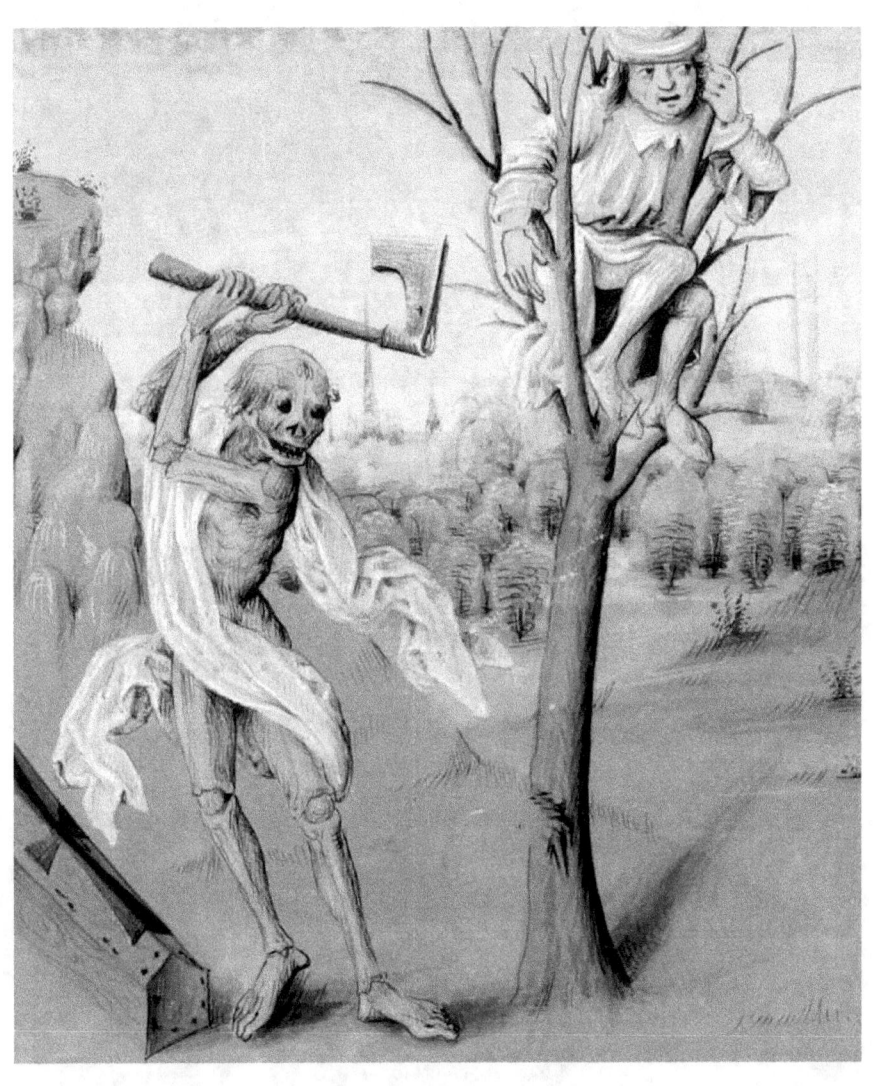

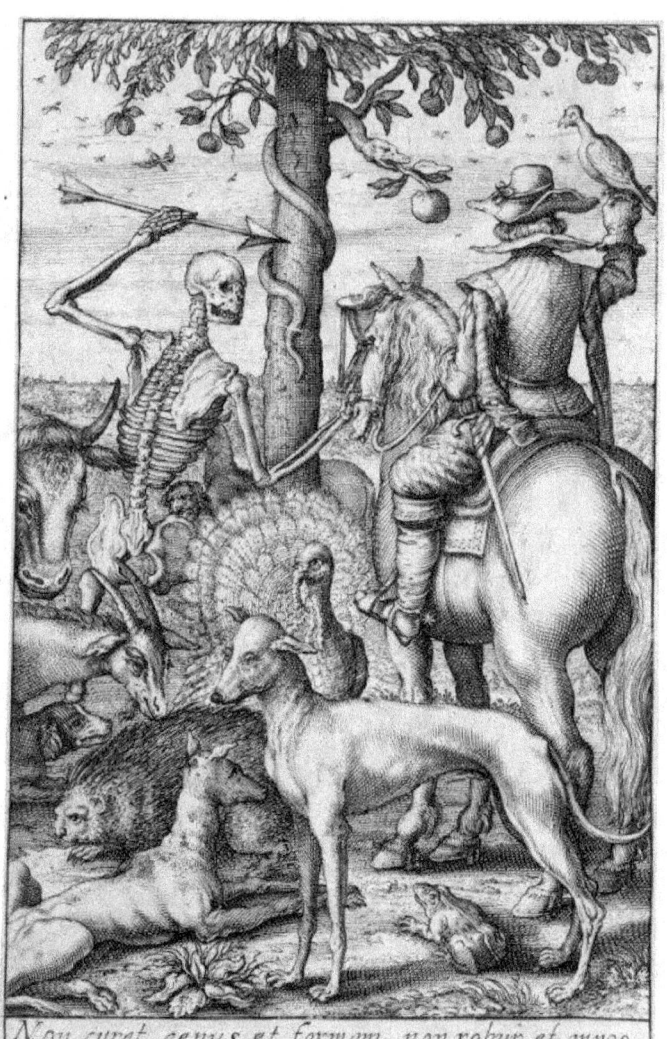

*Non curat genus et formam, non robur, et annos
Nescia Mors ulli parcere, cuncta necans.*
Ih: inv. A.S. sculp. 1626.

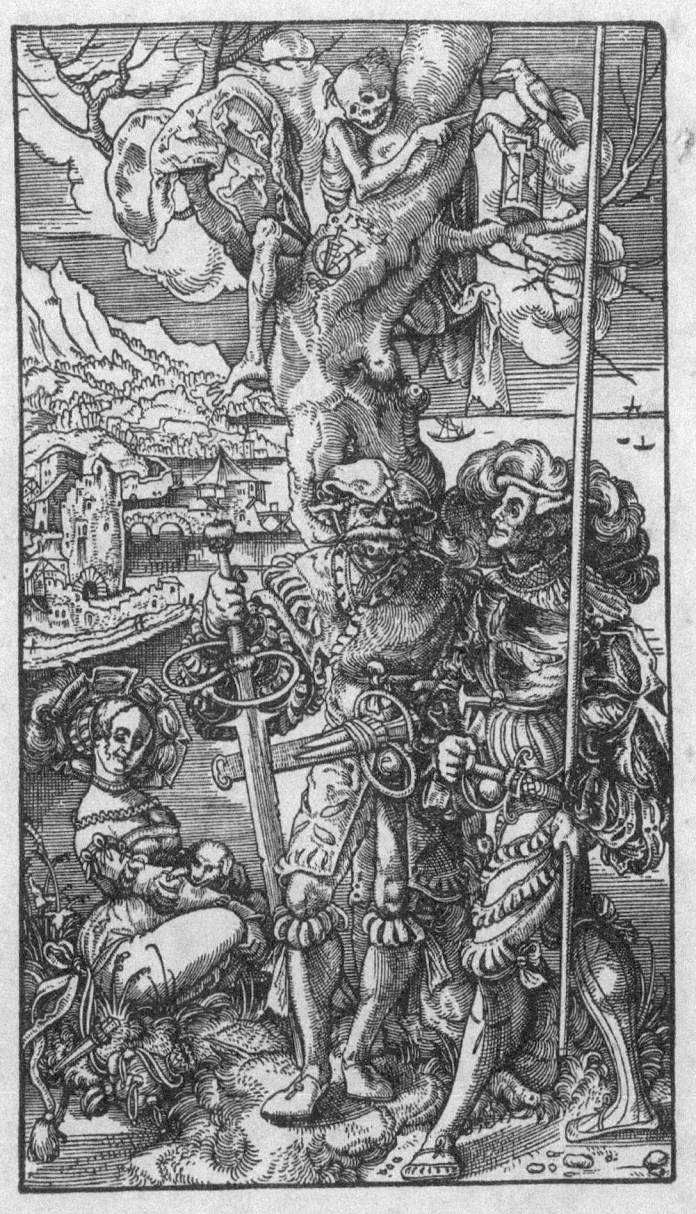

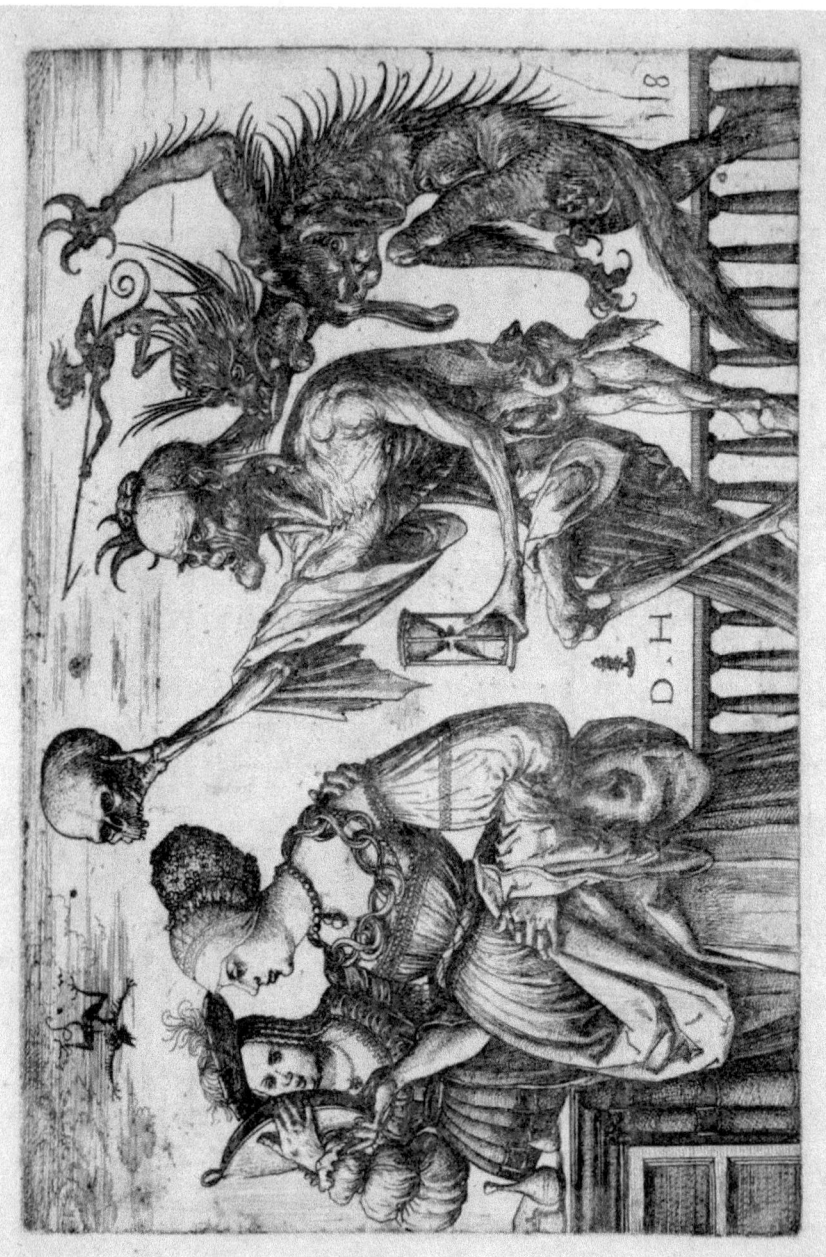

Diser spiegel ist gemain
Reich arm groß vnd klain
Edel gepurt iung vnd alt
Werdend all also gestalt.

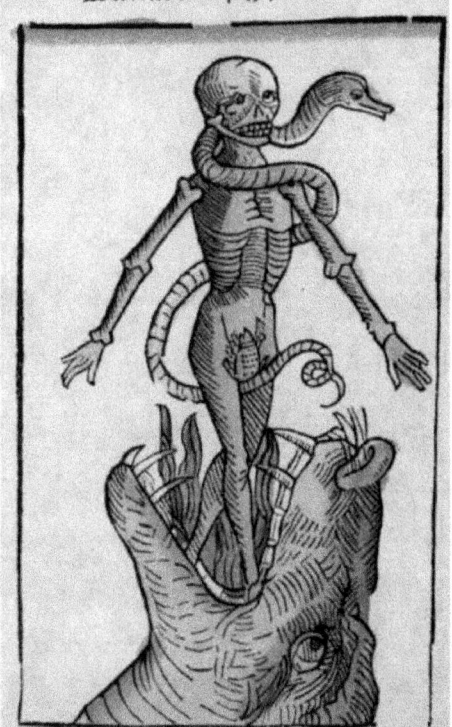

Hie richt got recht
Hie leyt der herr bey dem knecht
Reich vnd arm nun gond herbey
Vñ schawent wer ö herr od knecht sey

Cogita mori

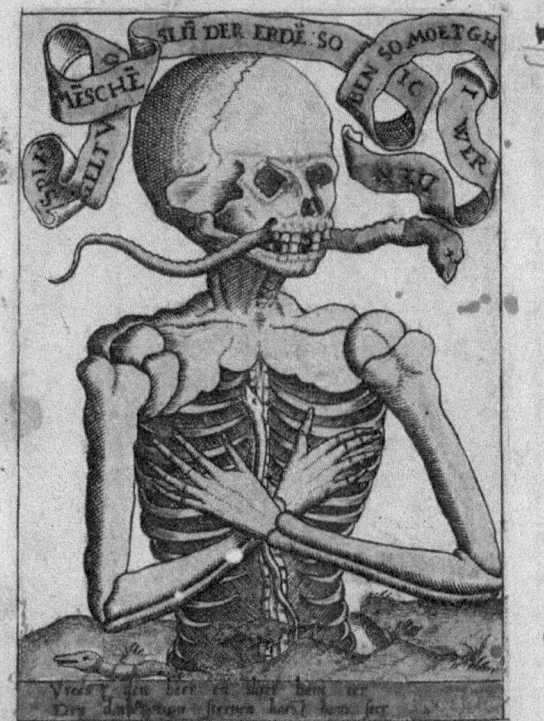

Ipse iubet mortis te meminisse Deus.

Ora, caput, nares, oculos, ct brachia, ventrem
Inspicitam turpem tertia fata dabant.

cinæ Doctore & Professore eius publico,

ΓΝΩΘΙ ΣΑΥΤΟΝ

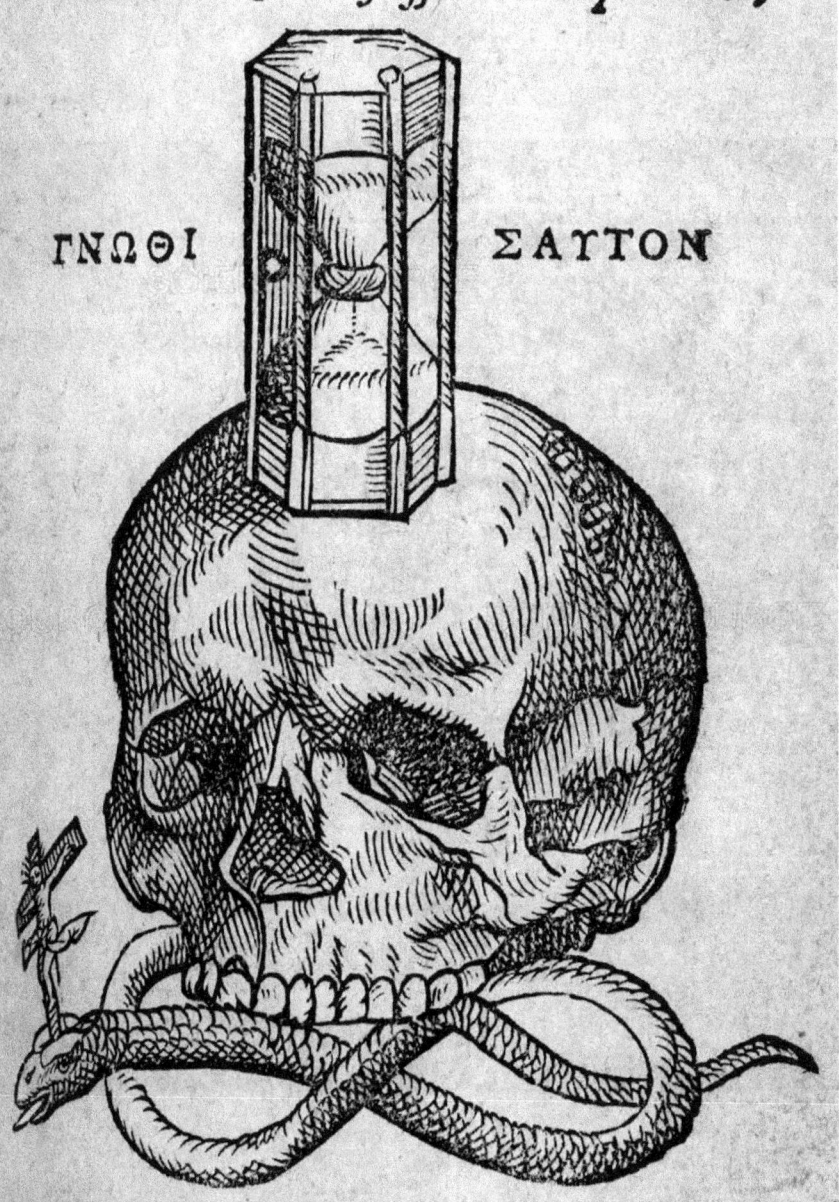

VITAE BERGAE.

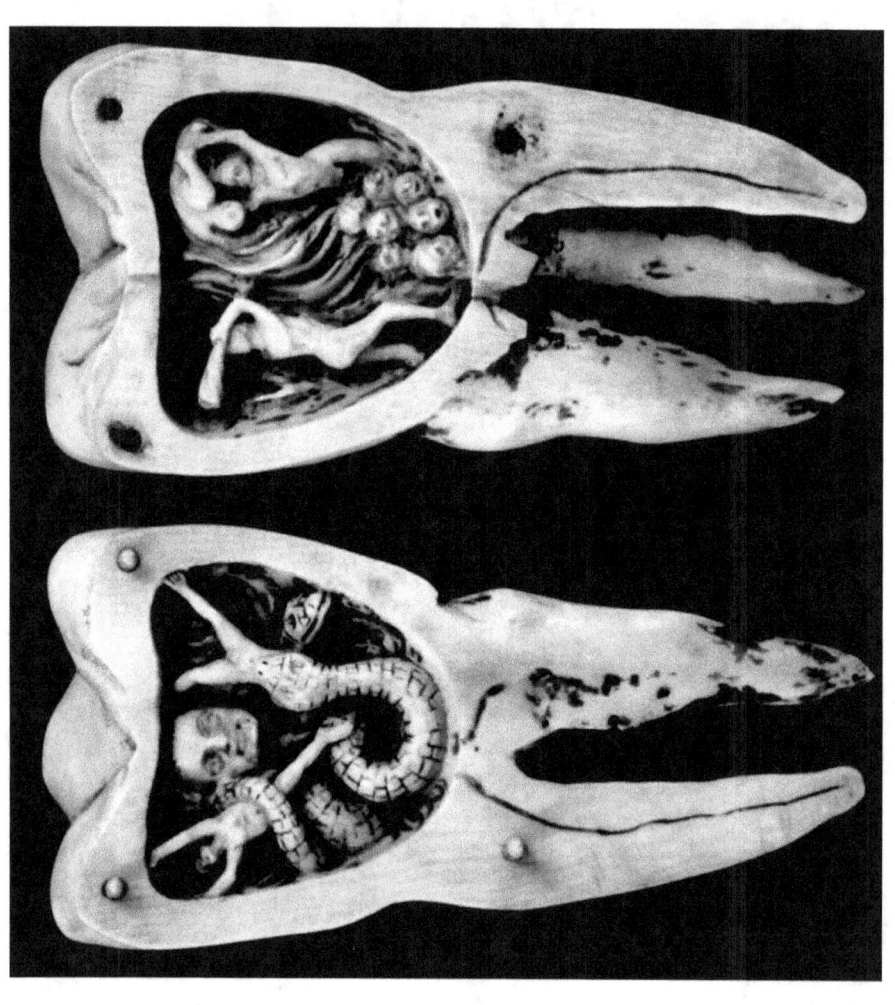

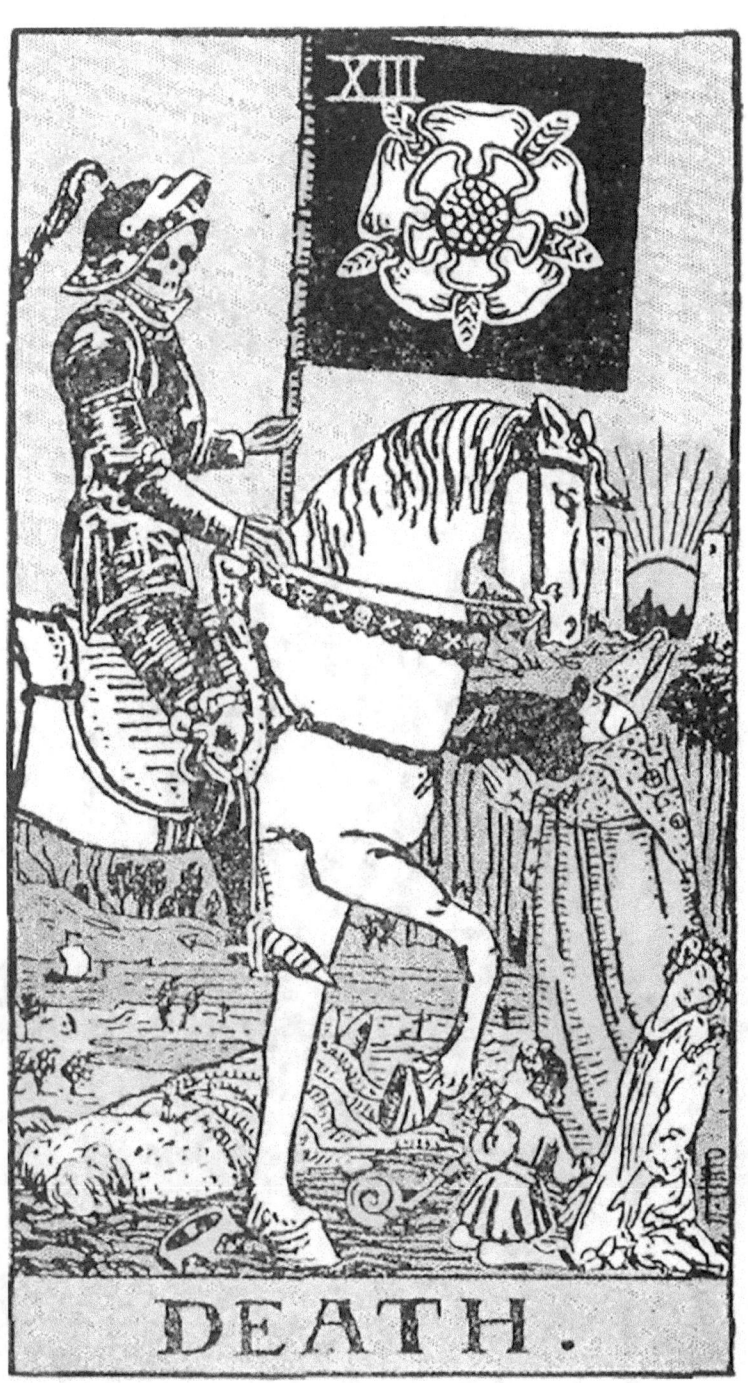

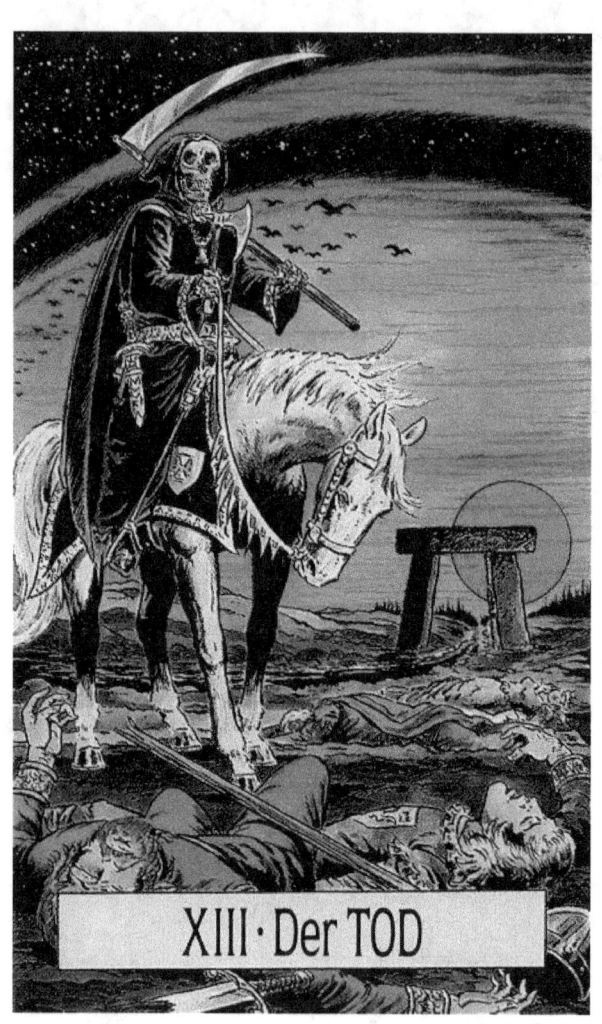

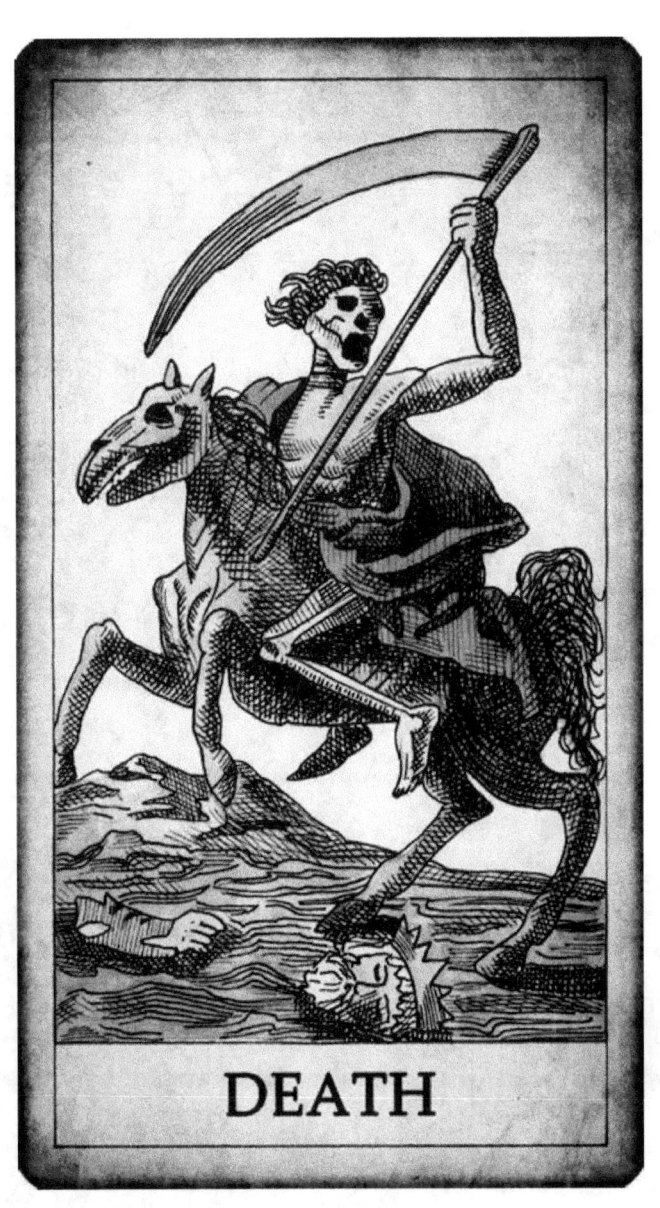

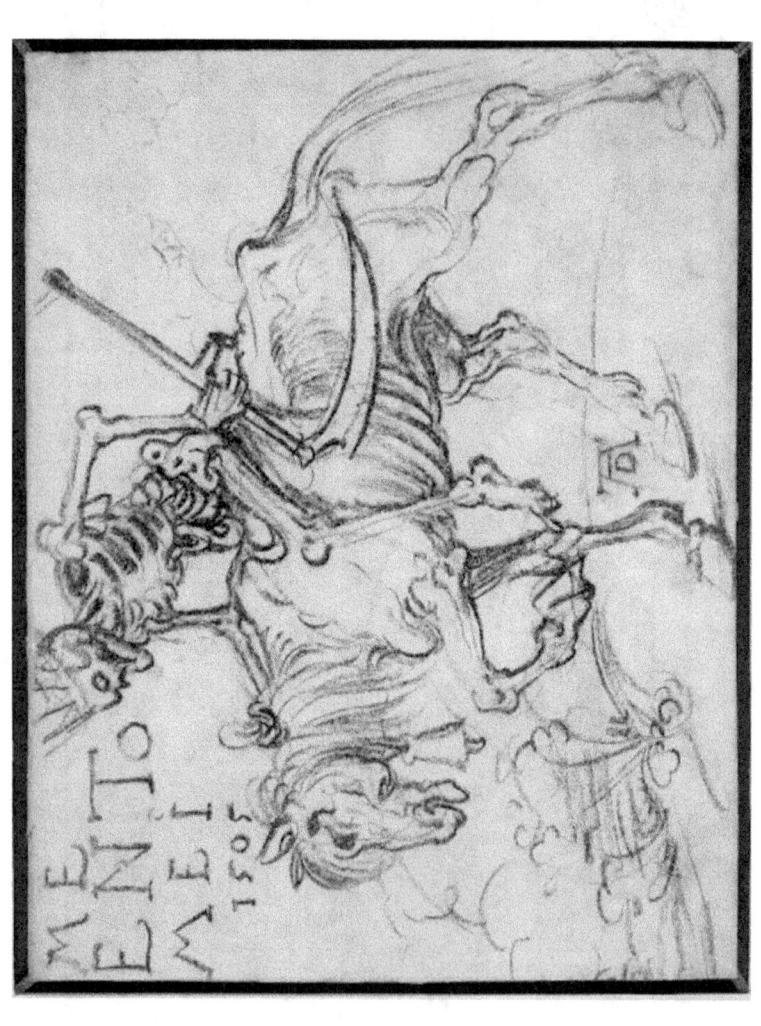

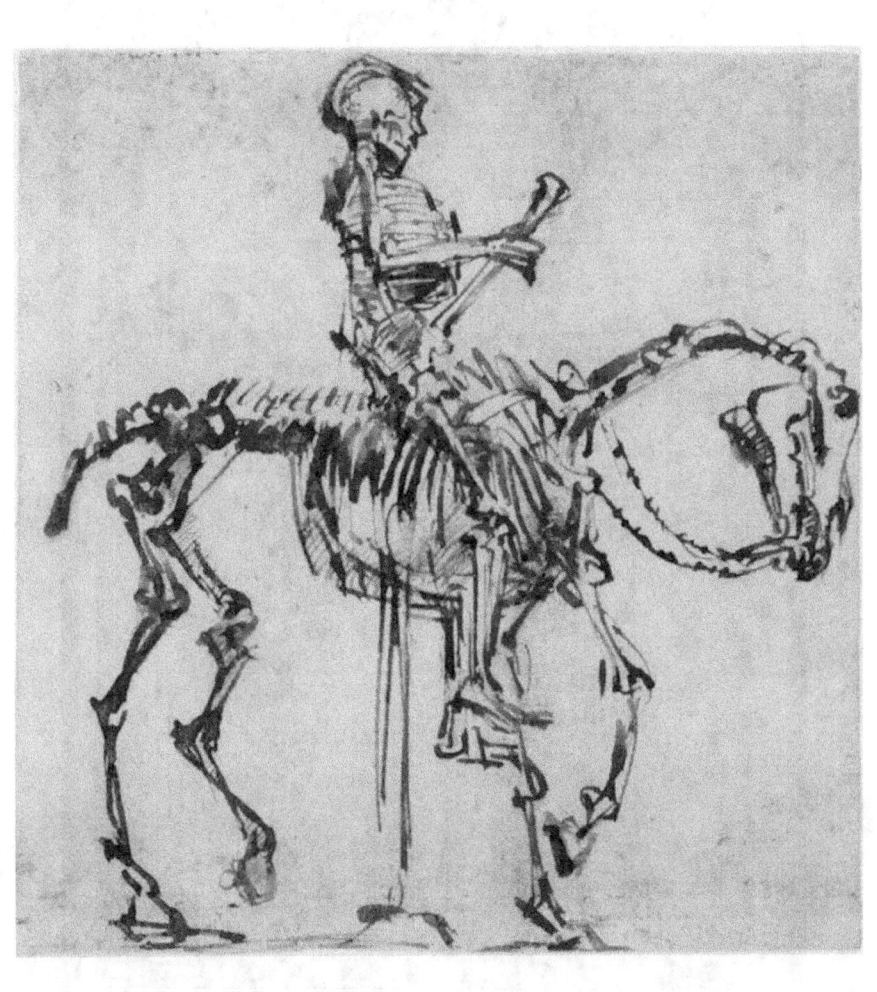

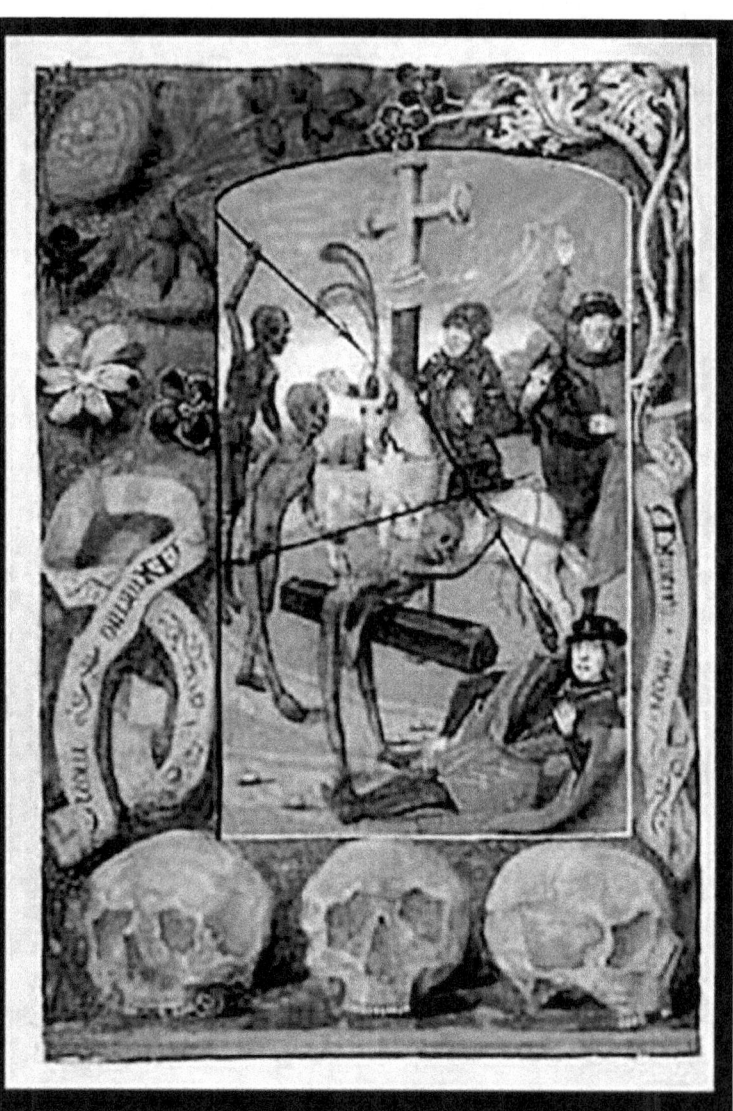

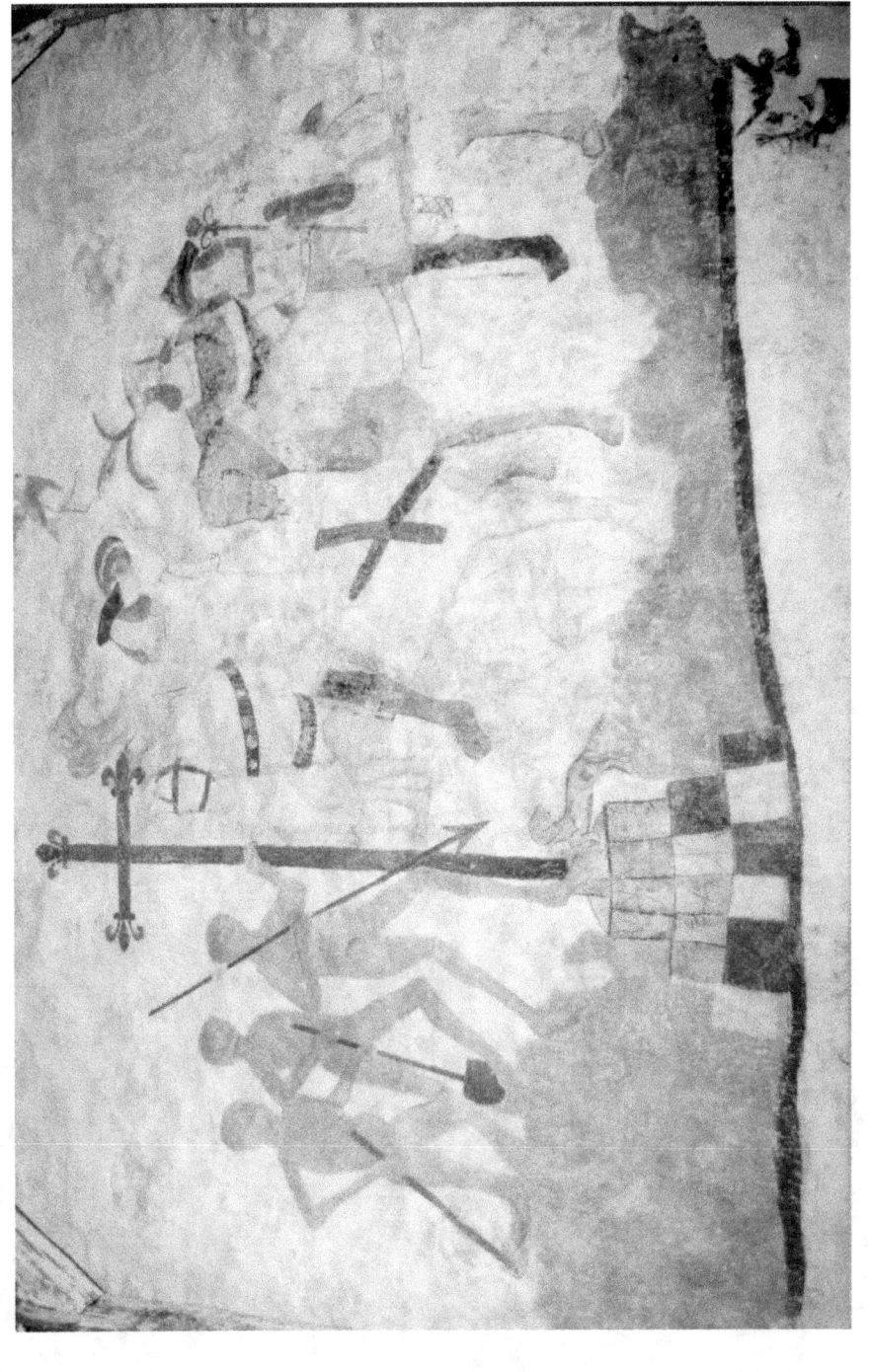

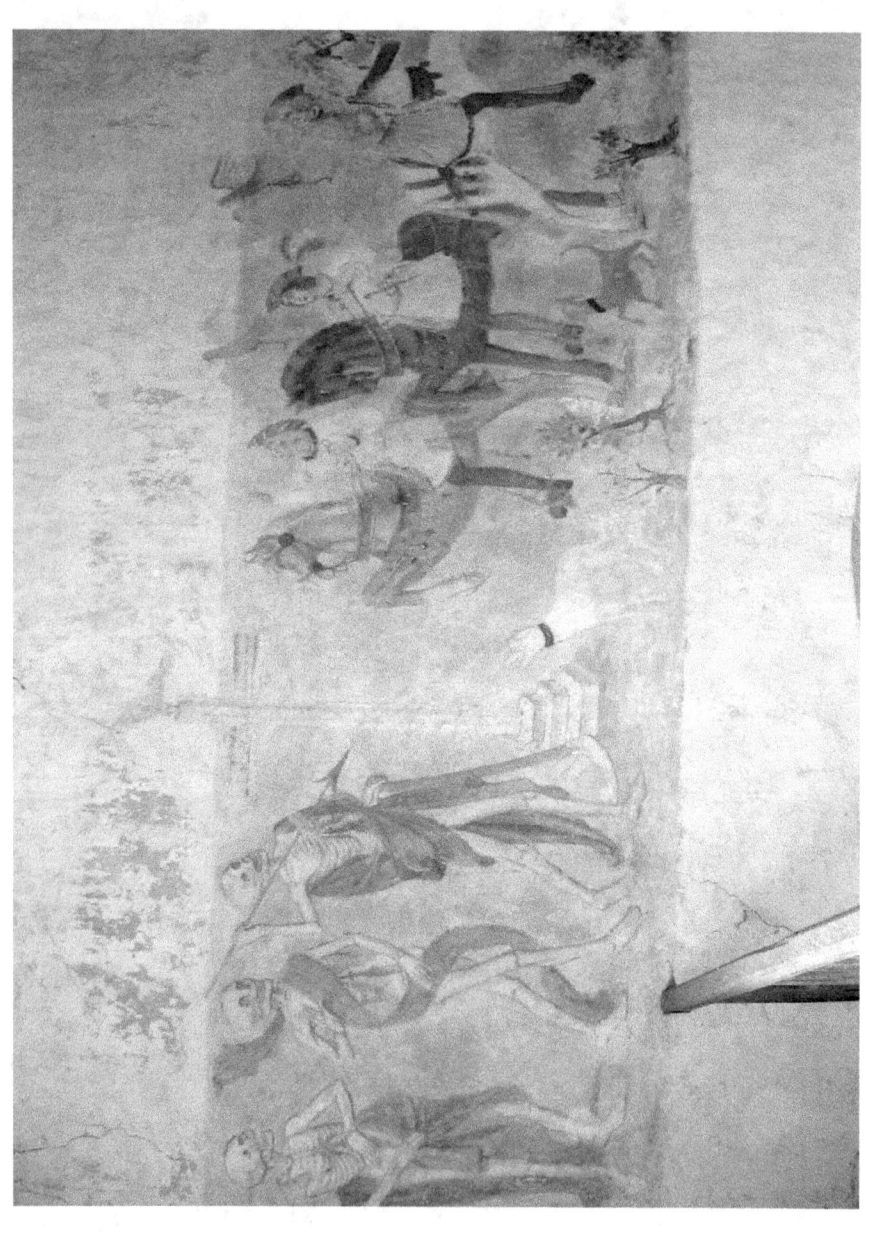

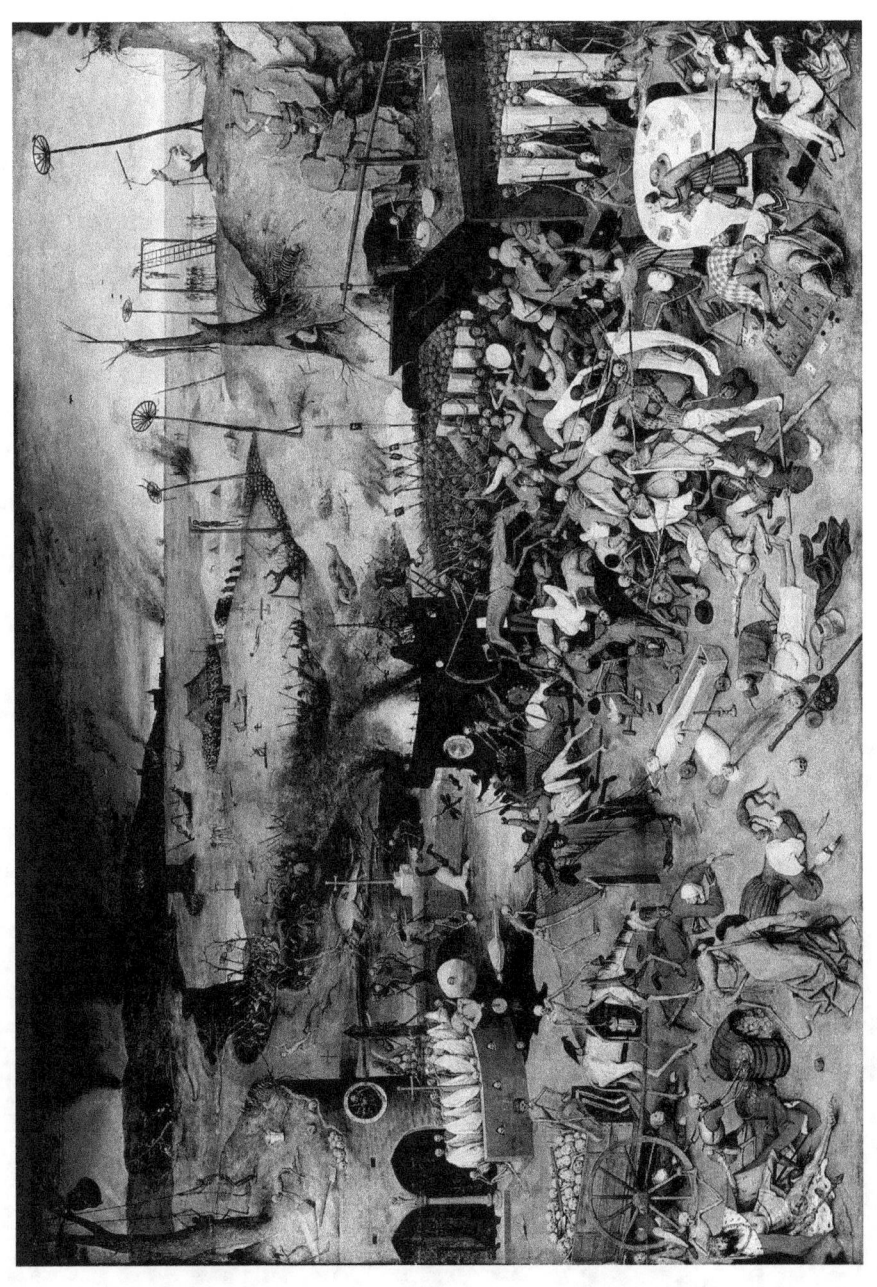

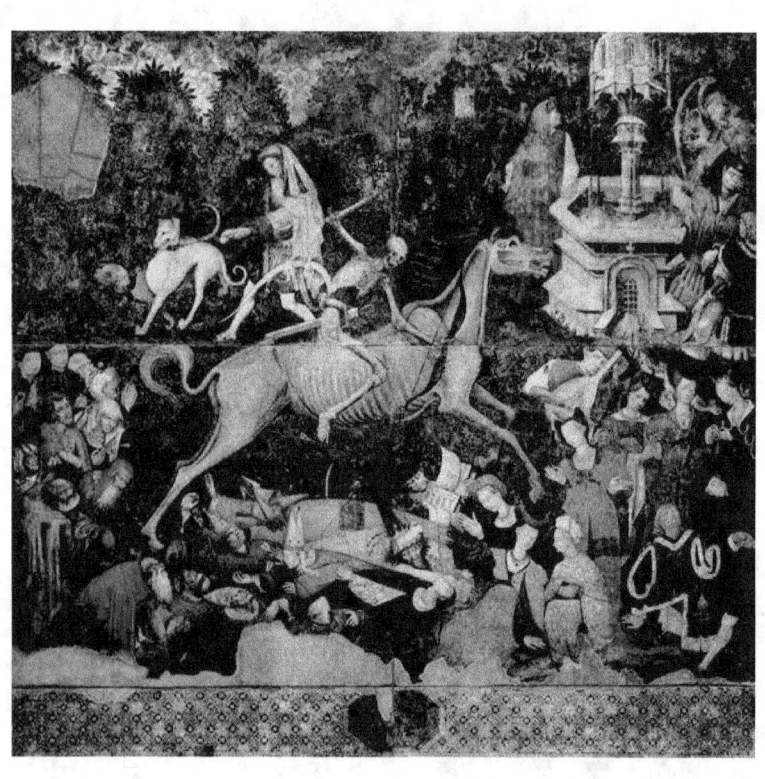

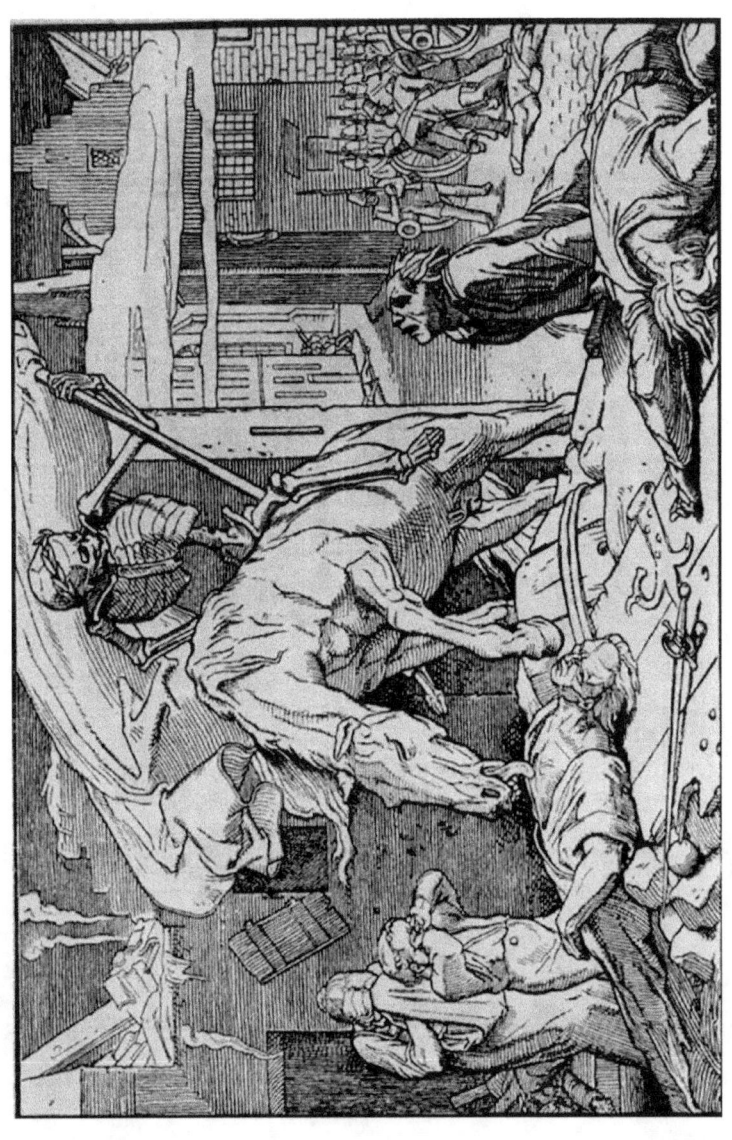

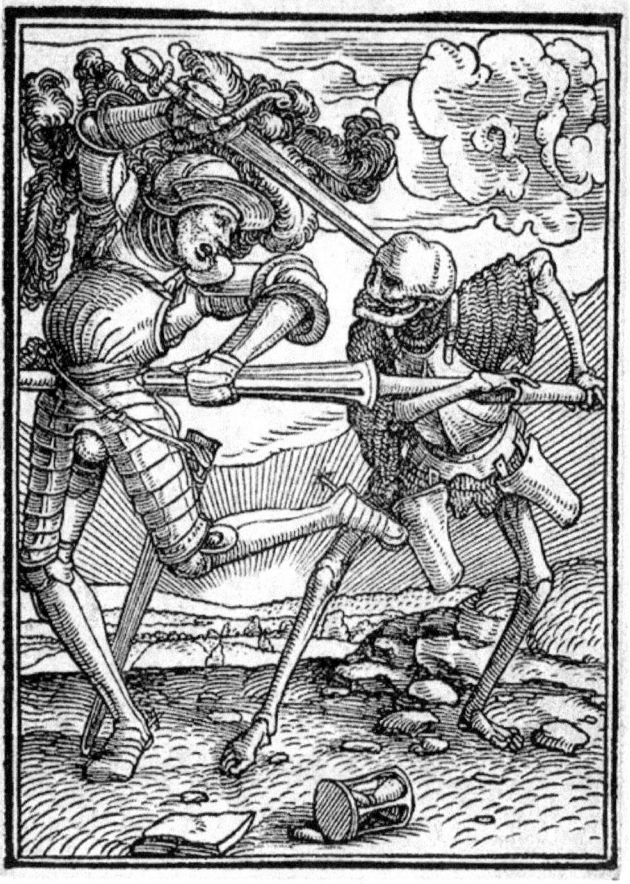

Der Ritter.

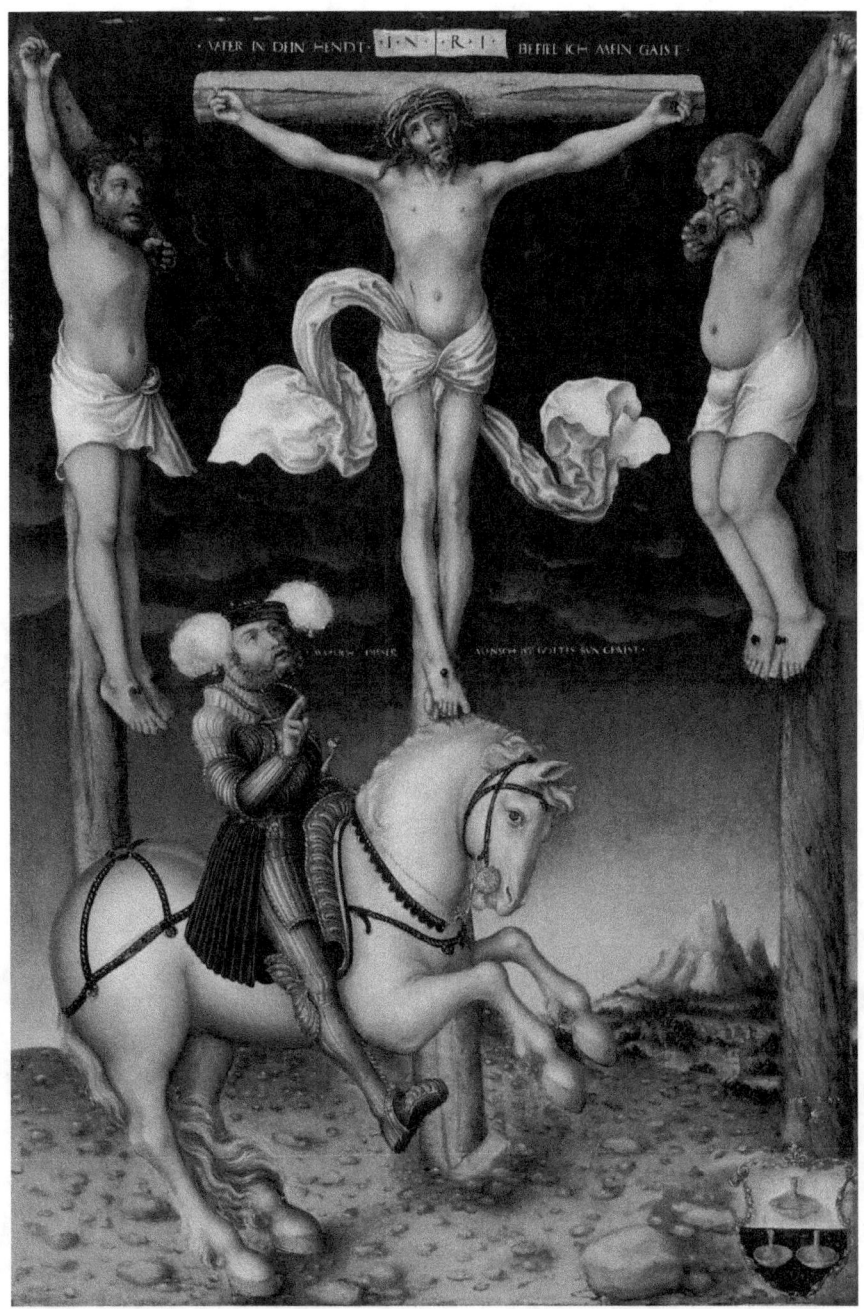

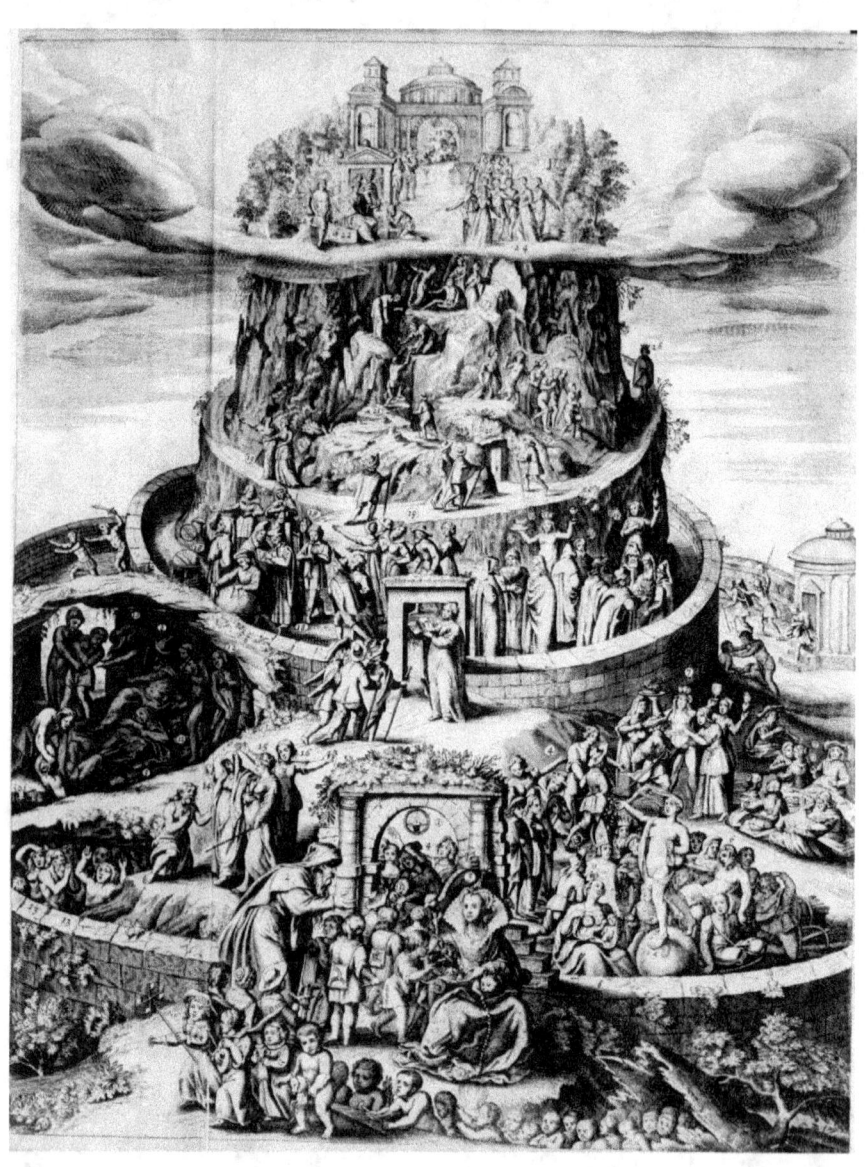

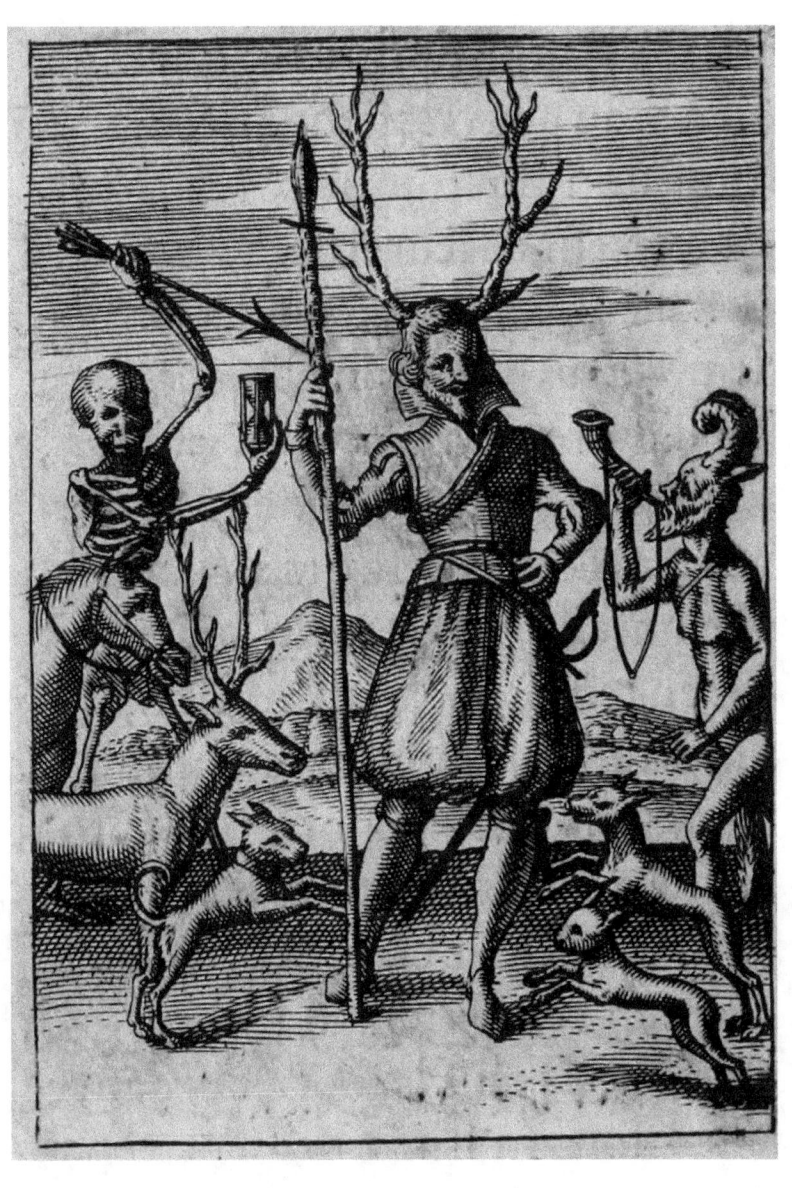

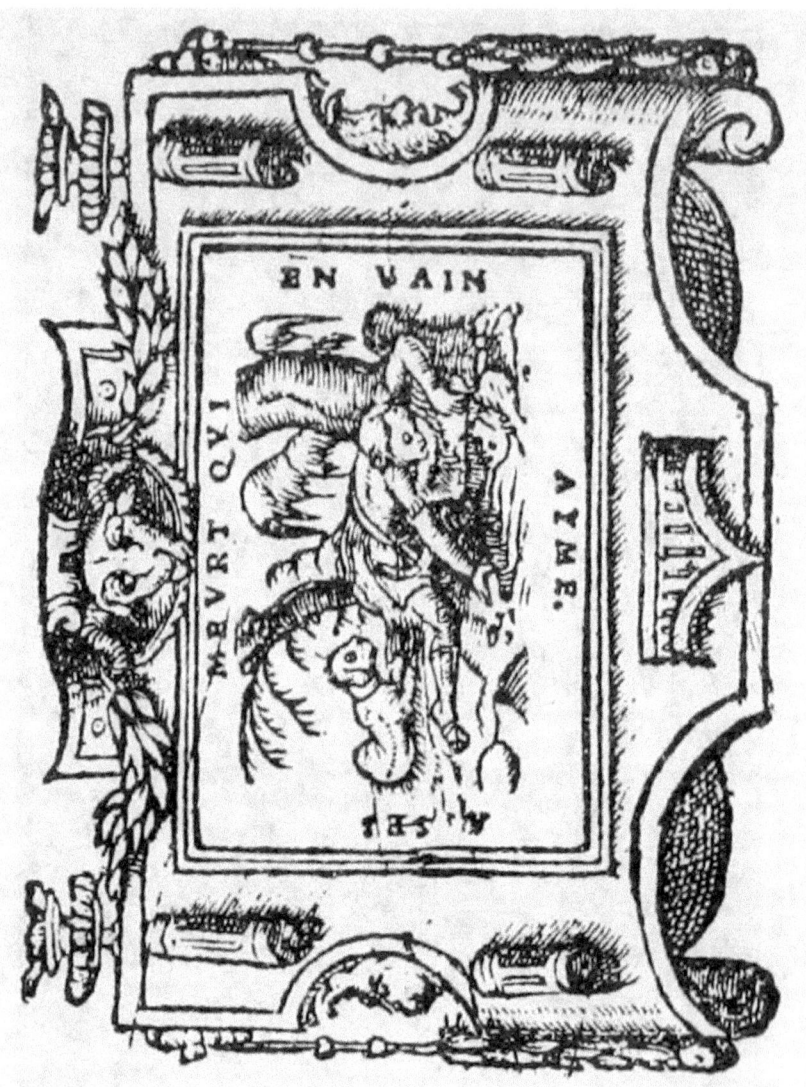

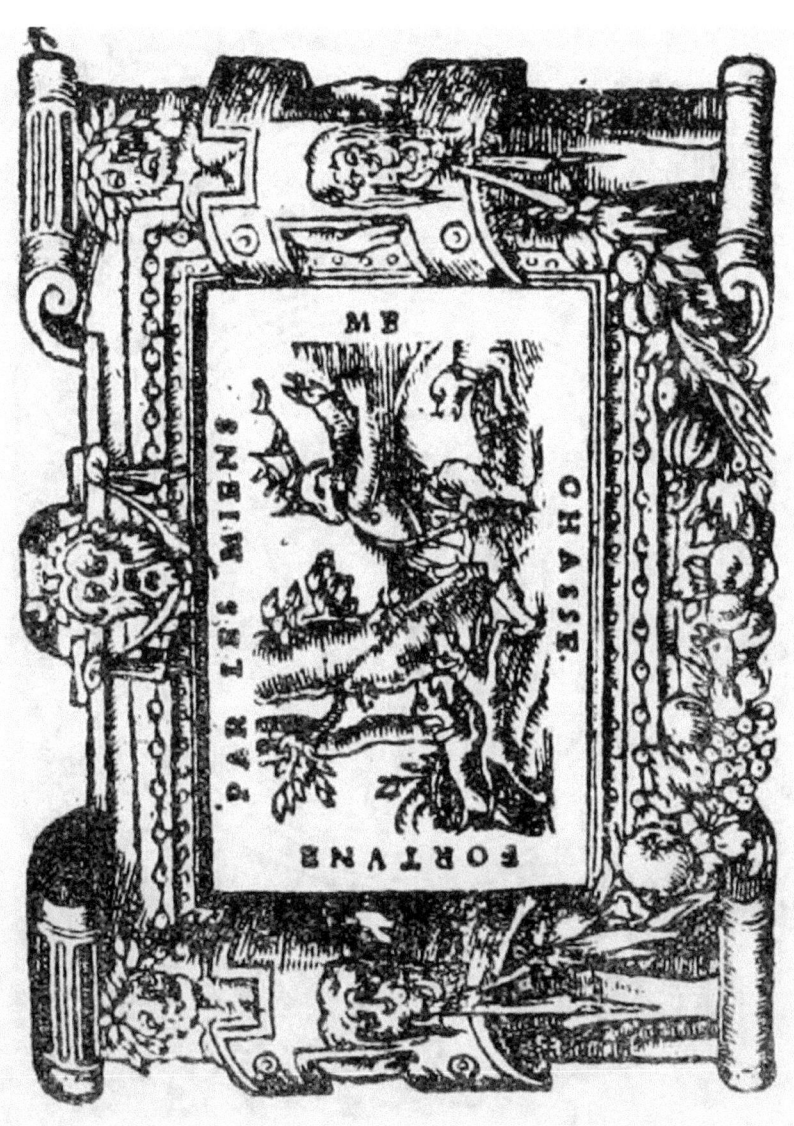

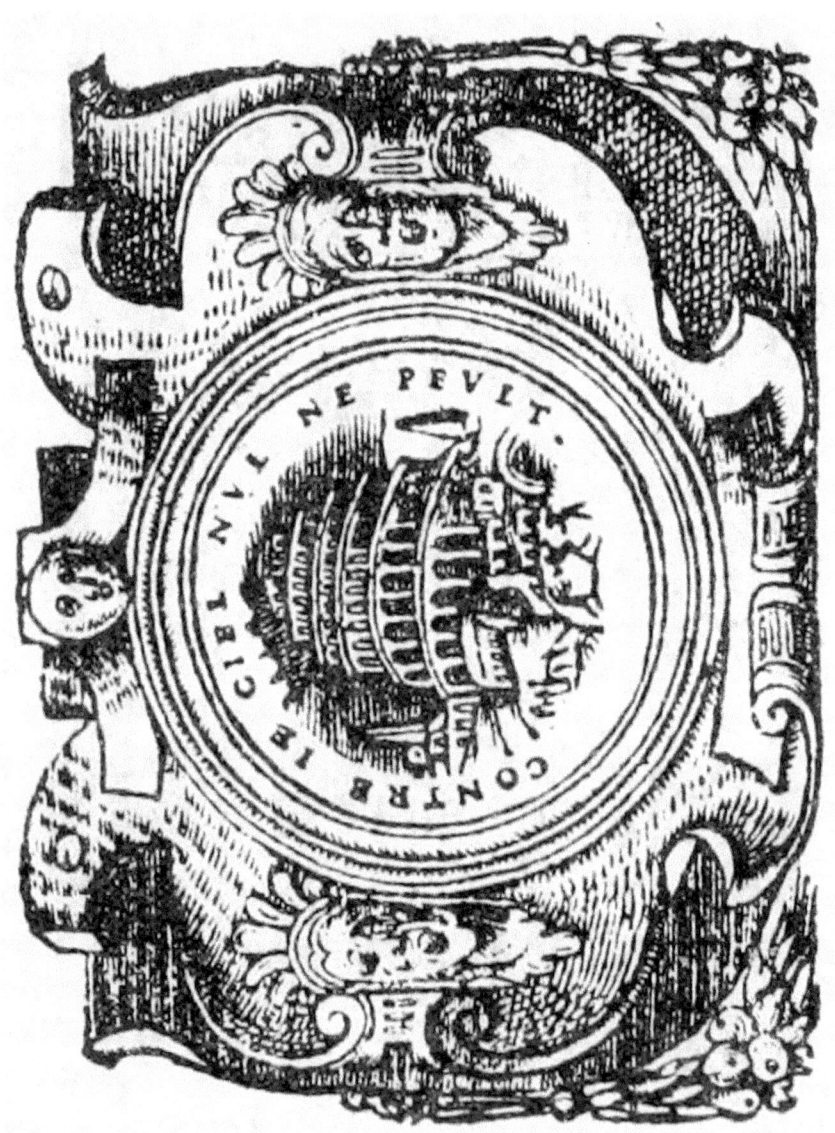

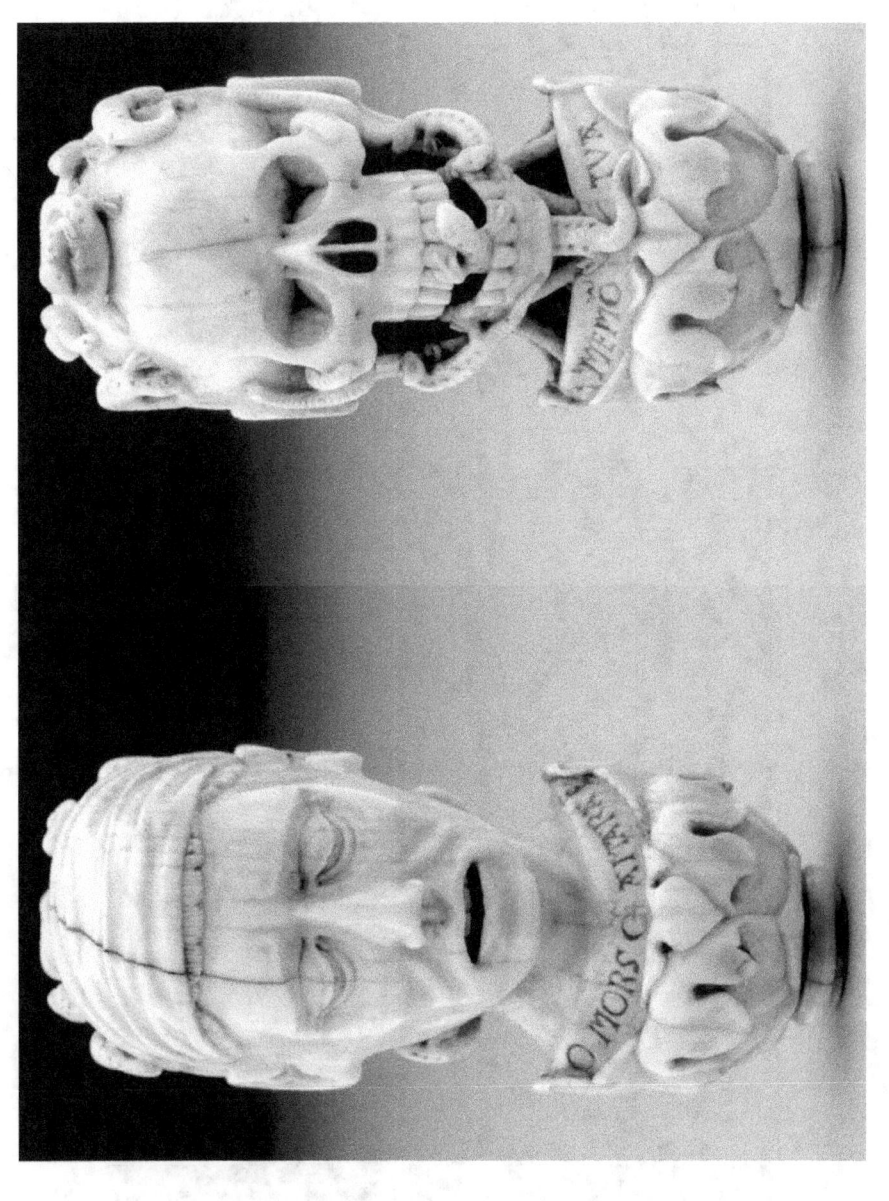

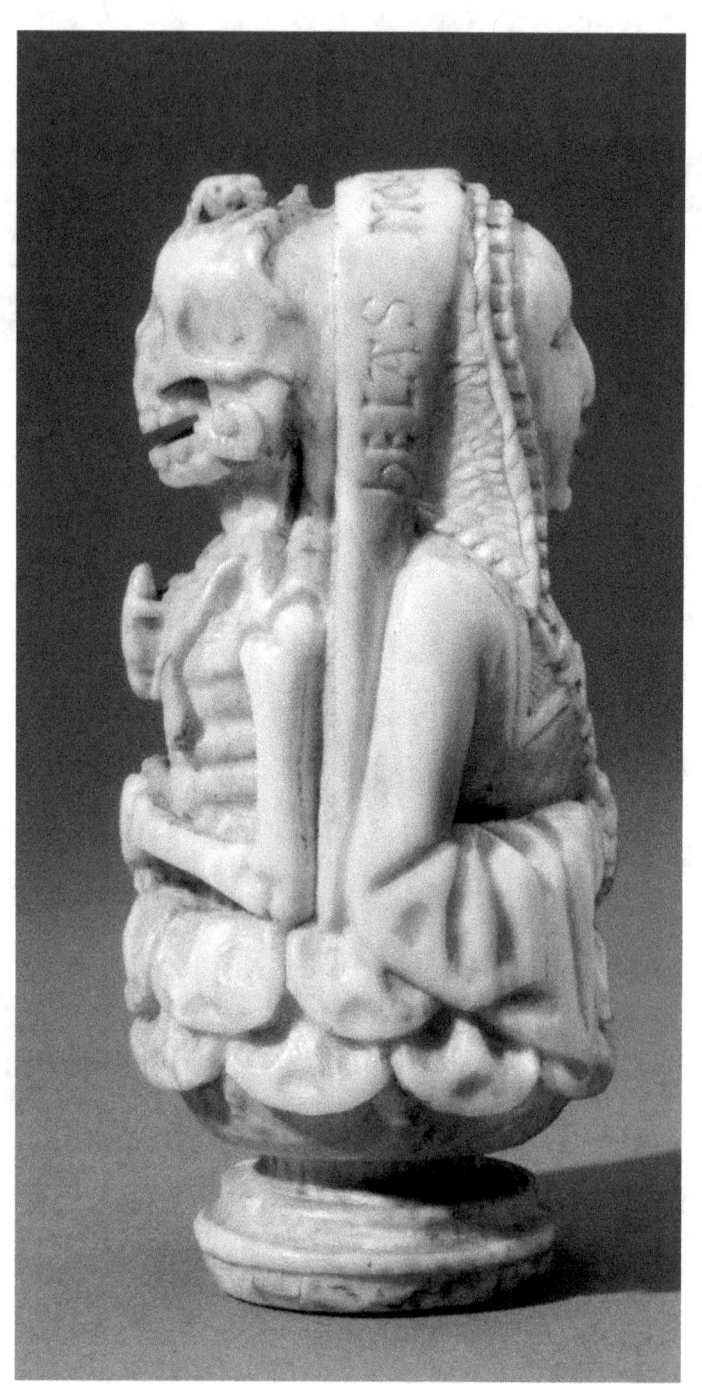

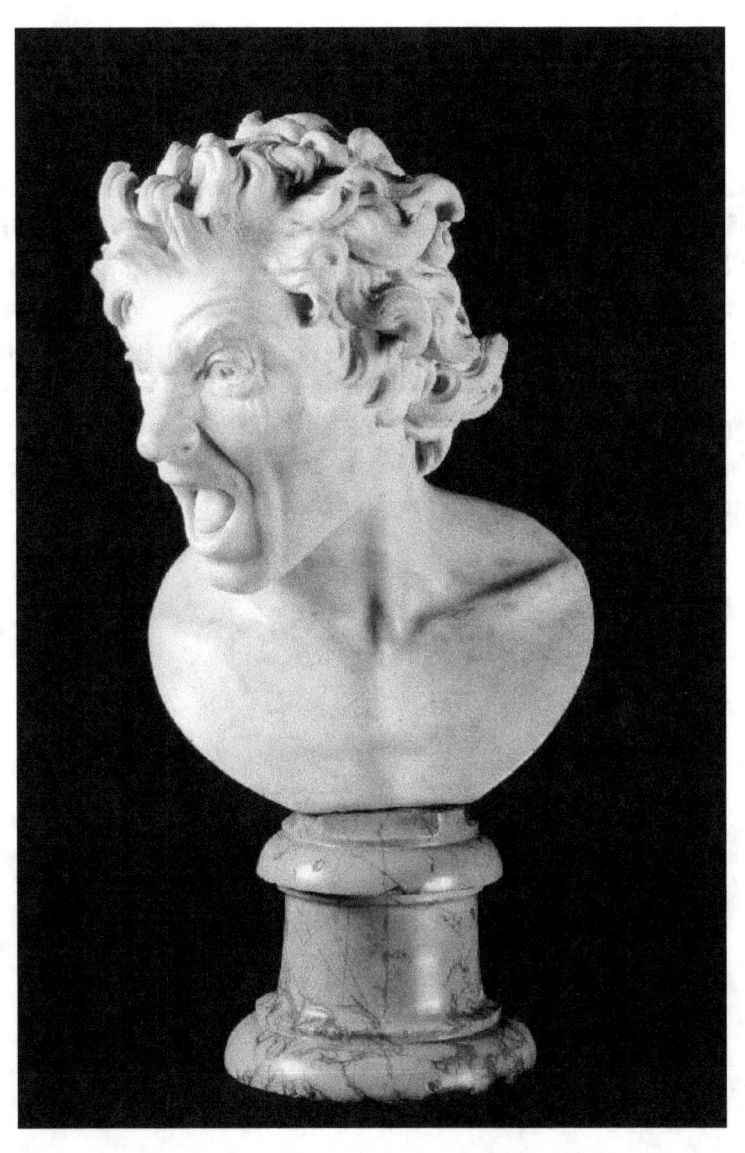

La Descente aux Limbes: Paris, Arsenal 3479, BnF; l'École de Savoie, Chambéry; Église Saint Clément, Rome; Fra Angelico, couvent San Marco de Florence et *Scènes De La Vie du Christ de l'Armoire en Argent* ; *La Maestà* de Duccio; Martin Schongauer; Atelier de Martin Schongauer; Atelier du Maître aux grands fronts; Hans Schaüfelein; 2 images byzantines, la seconde de la 2ème moitié du XIIIème s.

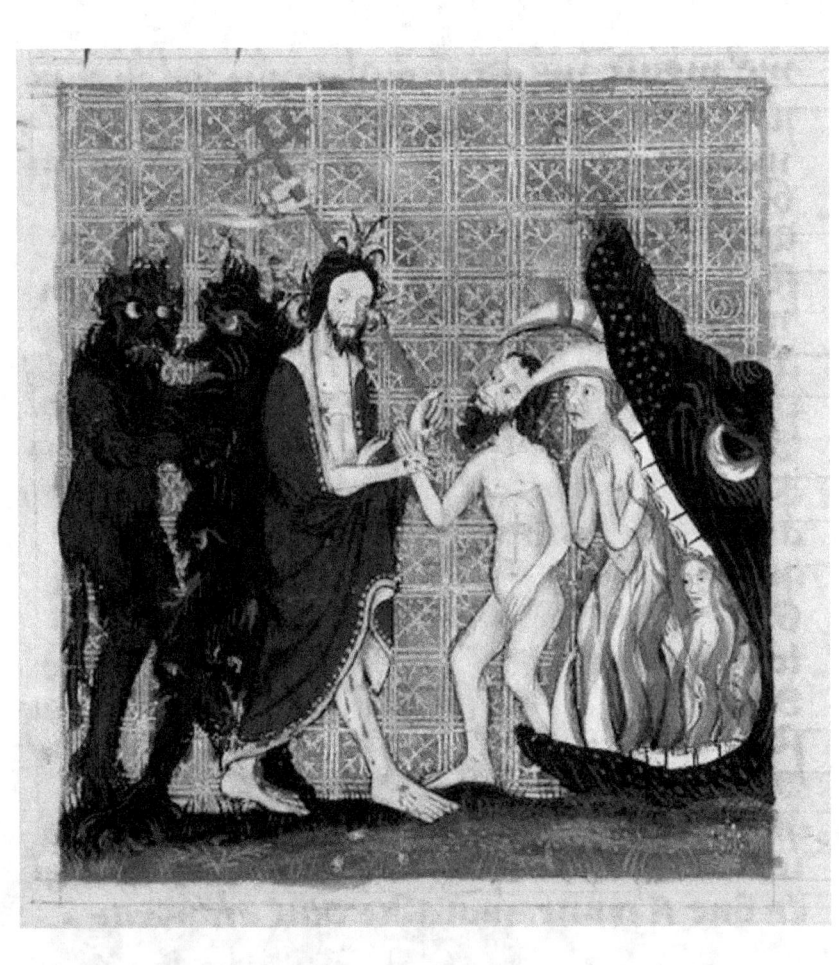

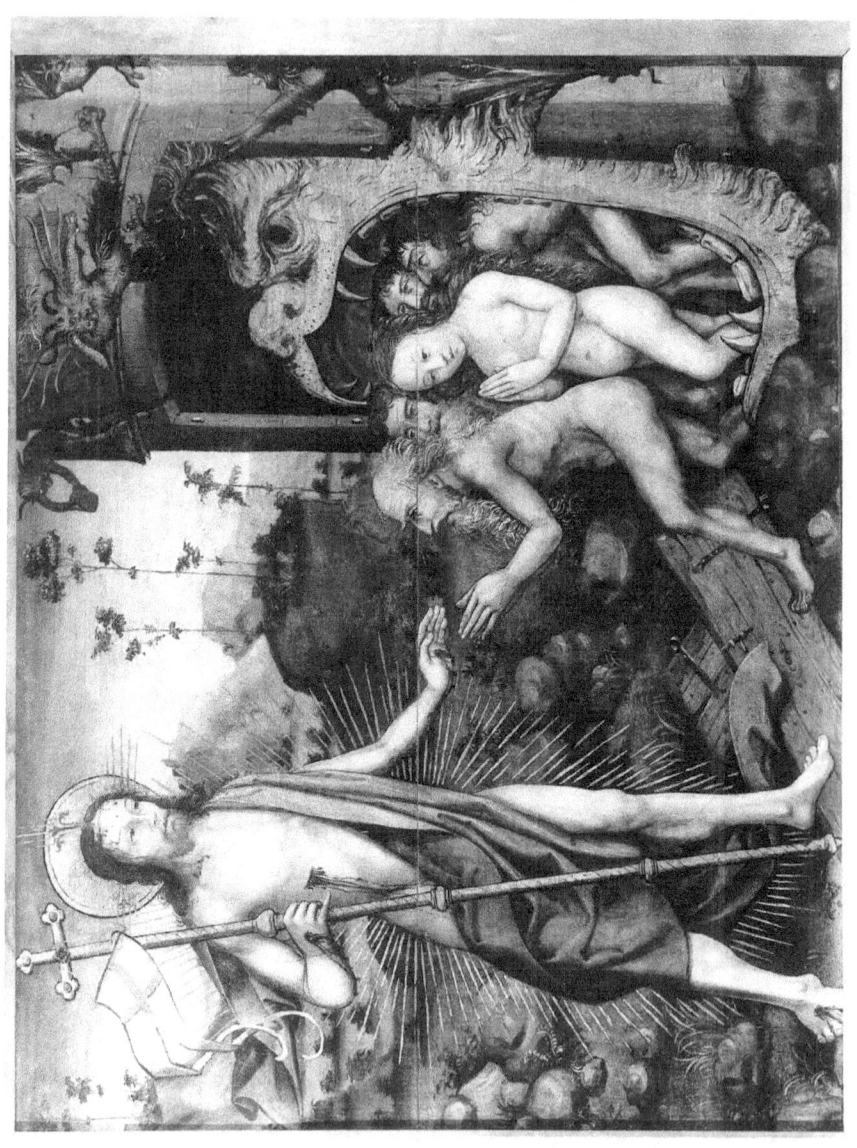

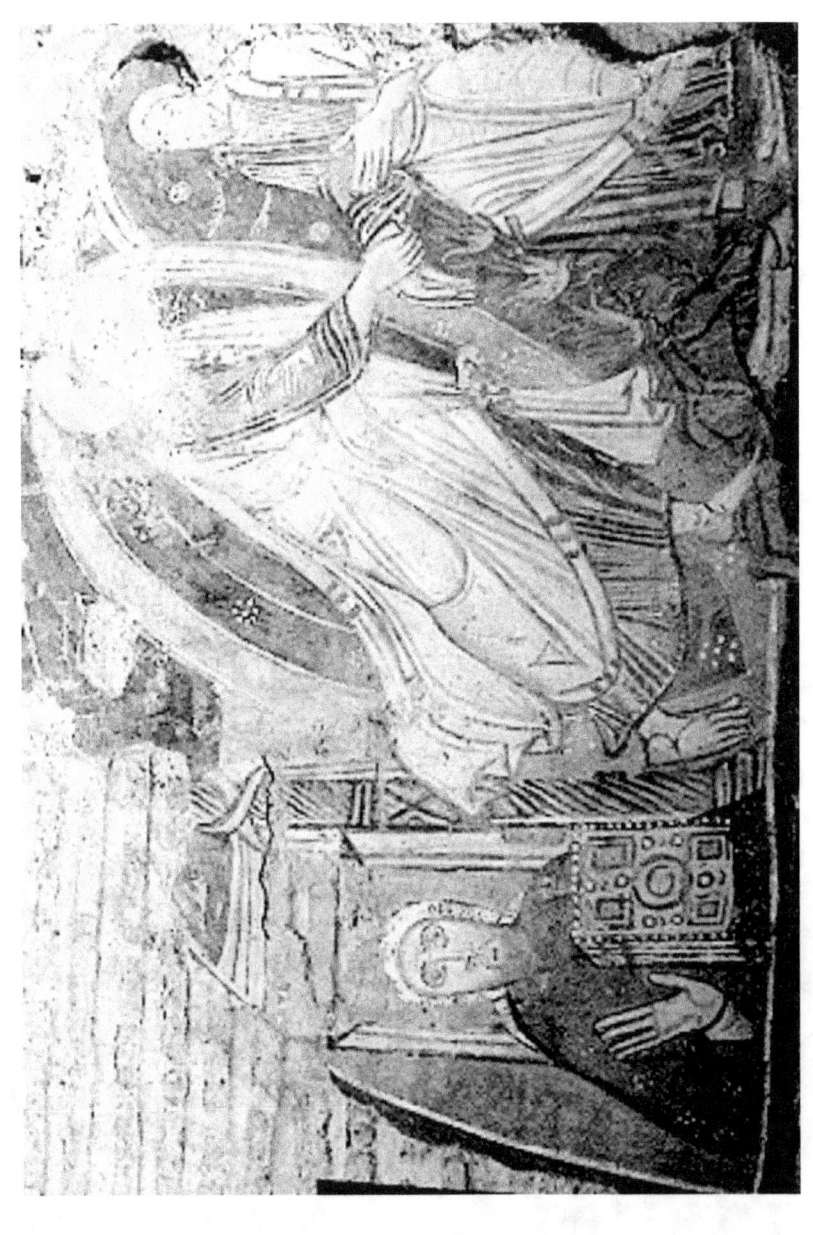

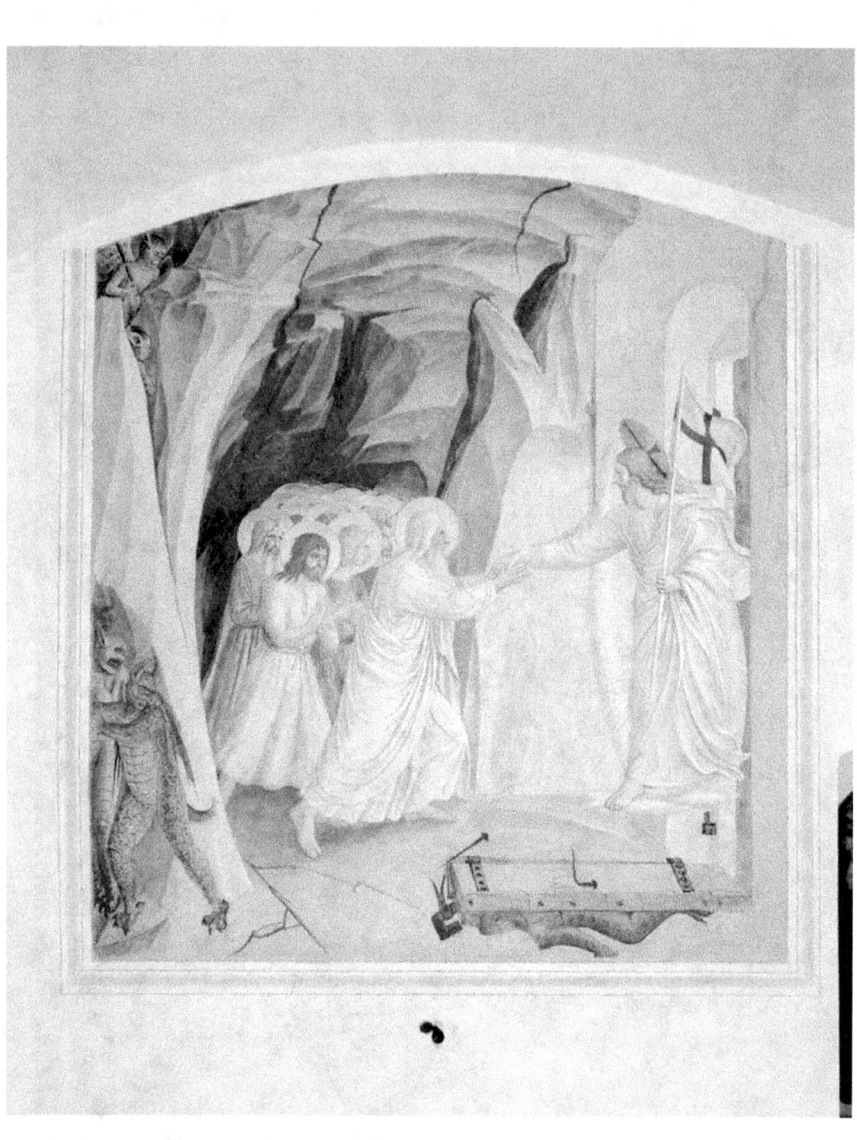

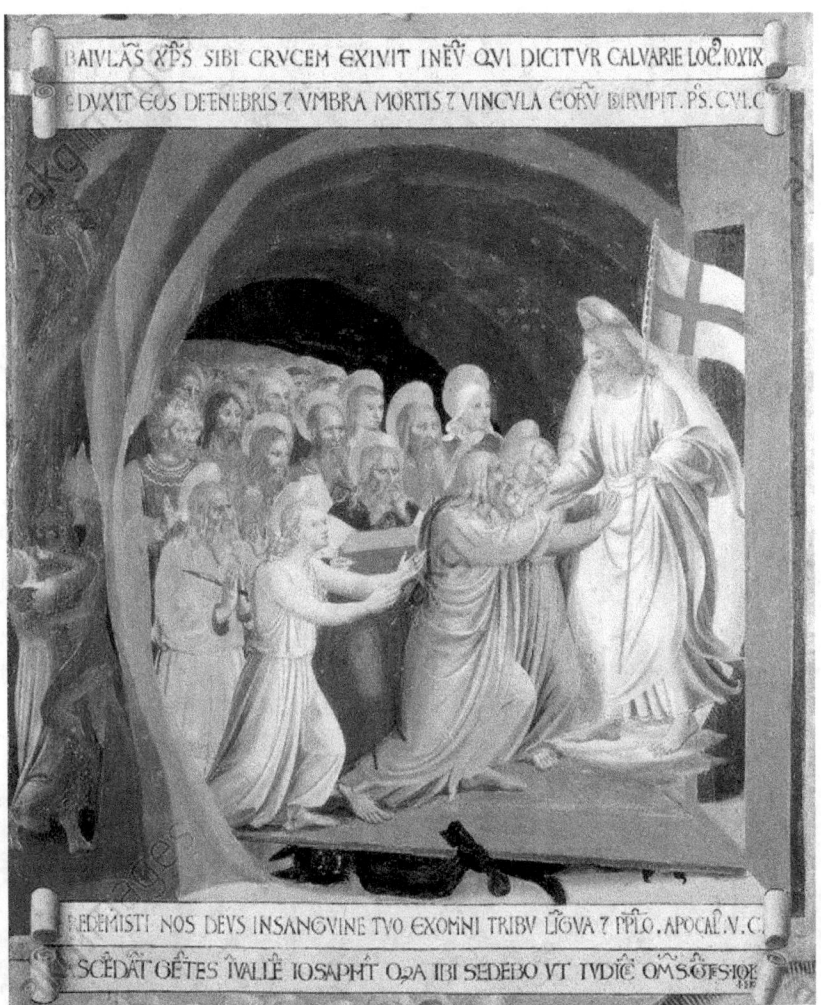

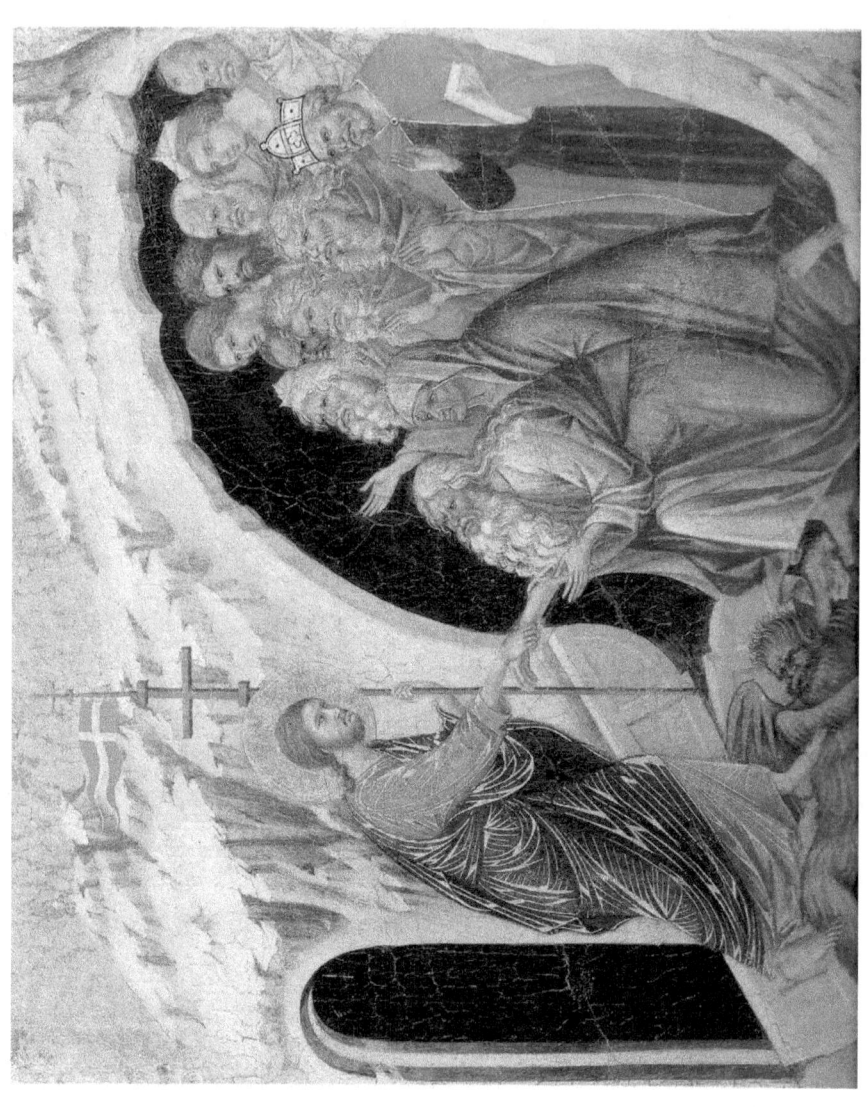

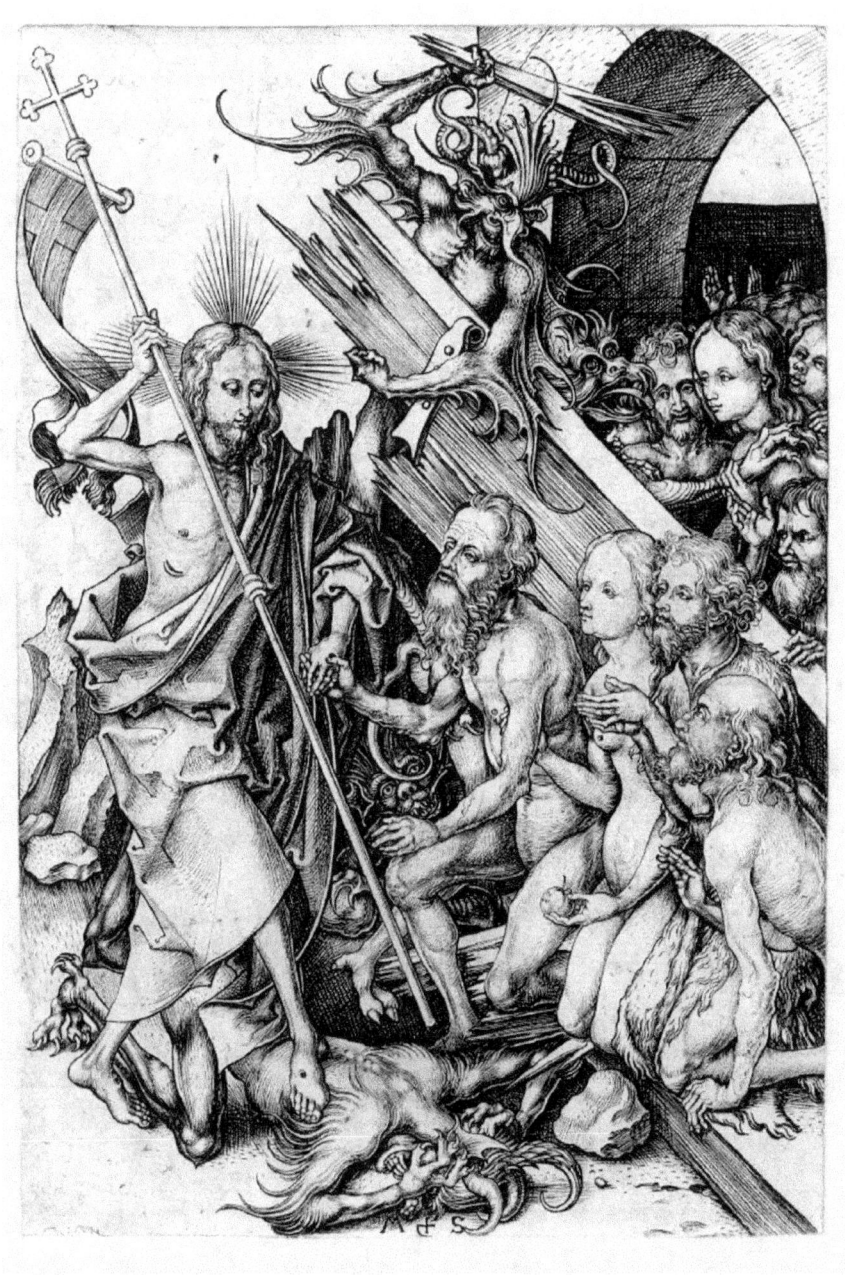

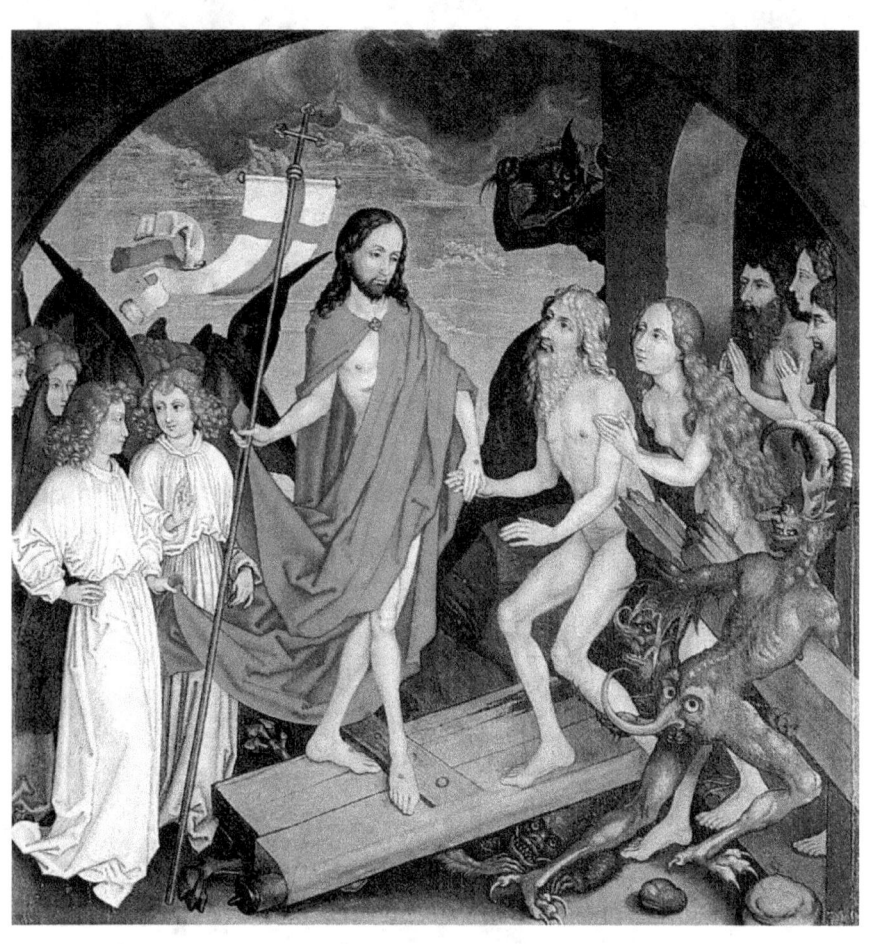

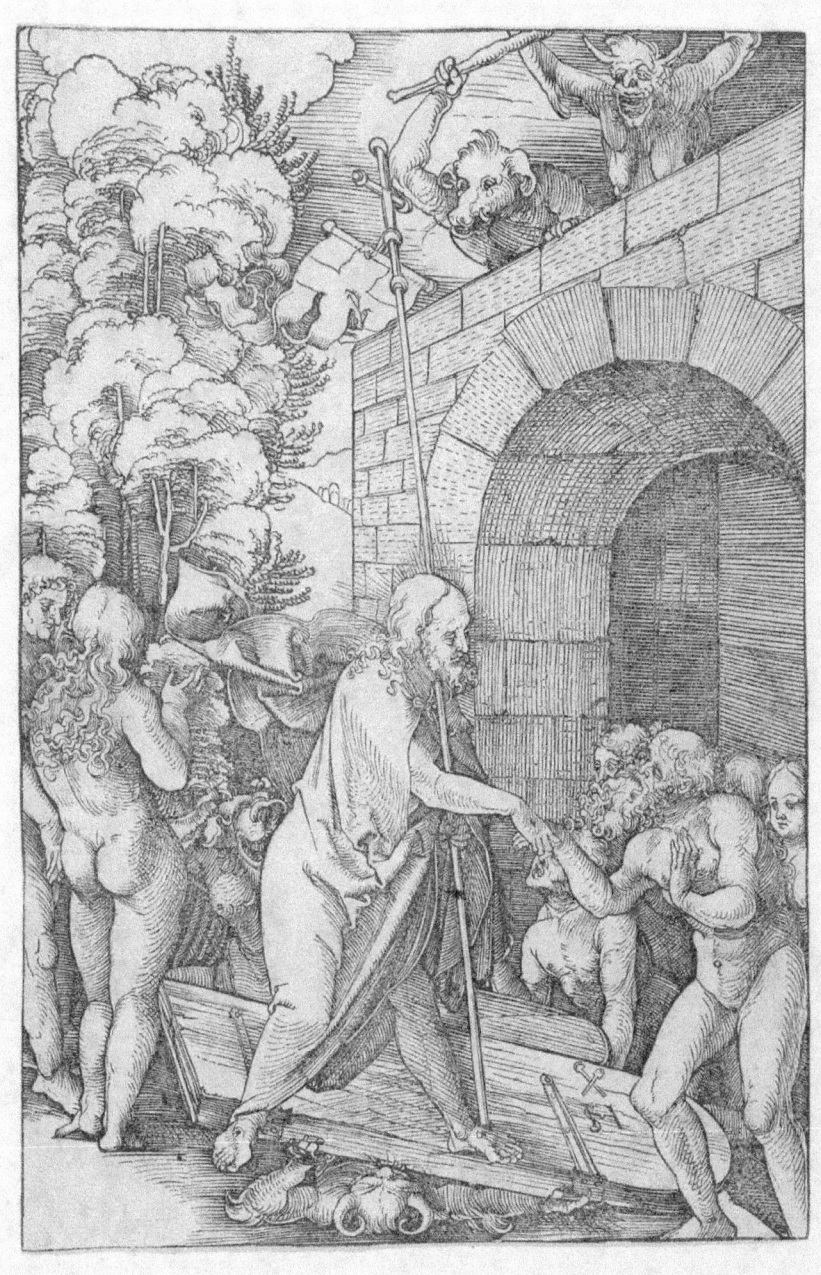

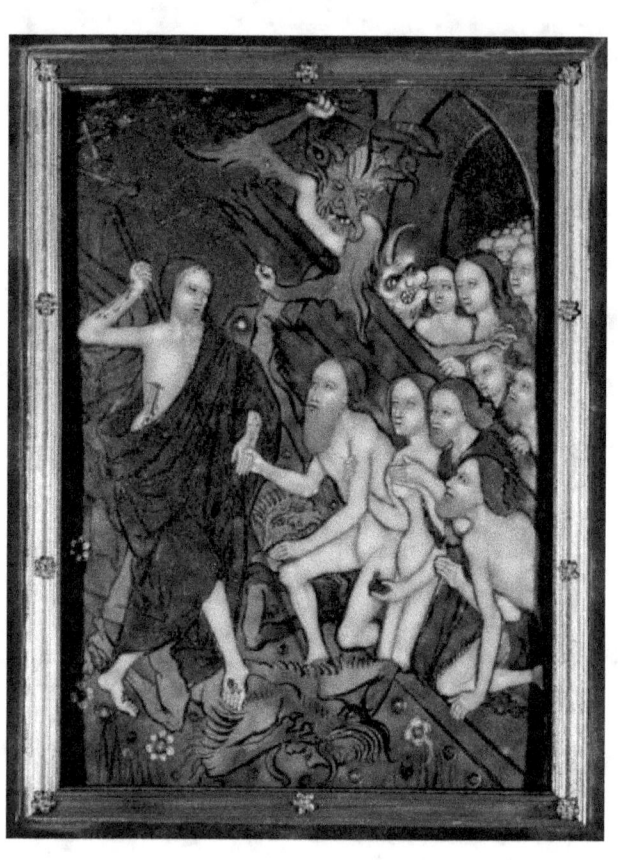

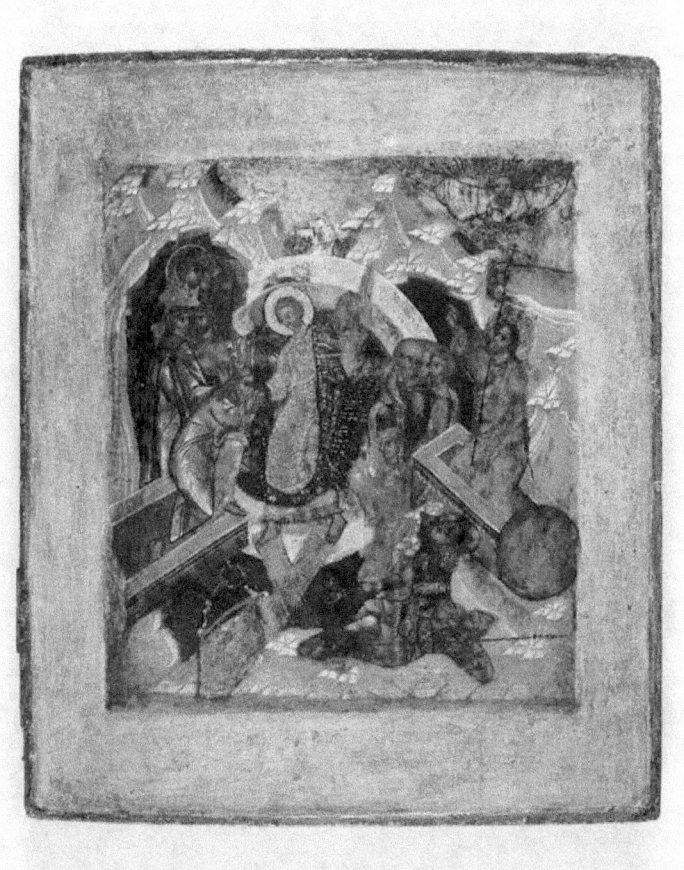

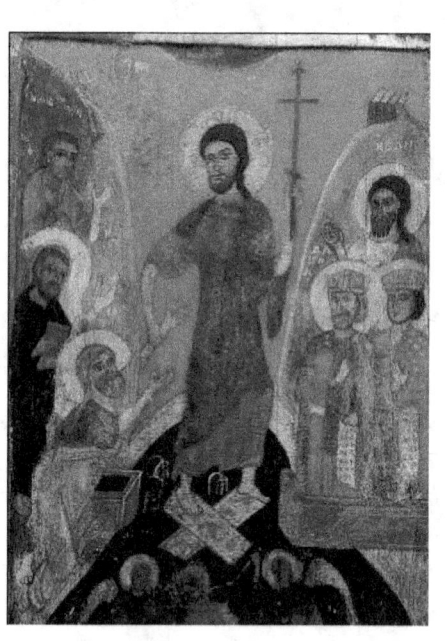

Francis Quarles, Emblème IX du Livre III, éditions de: Alex. Hogg; 1800

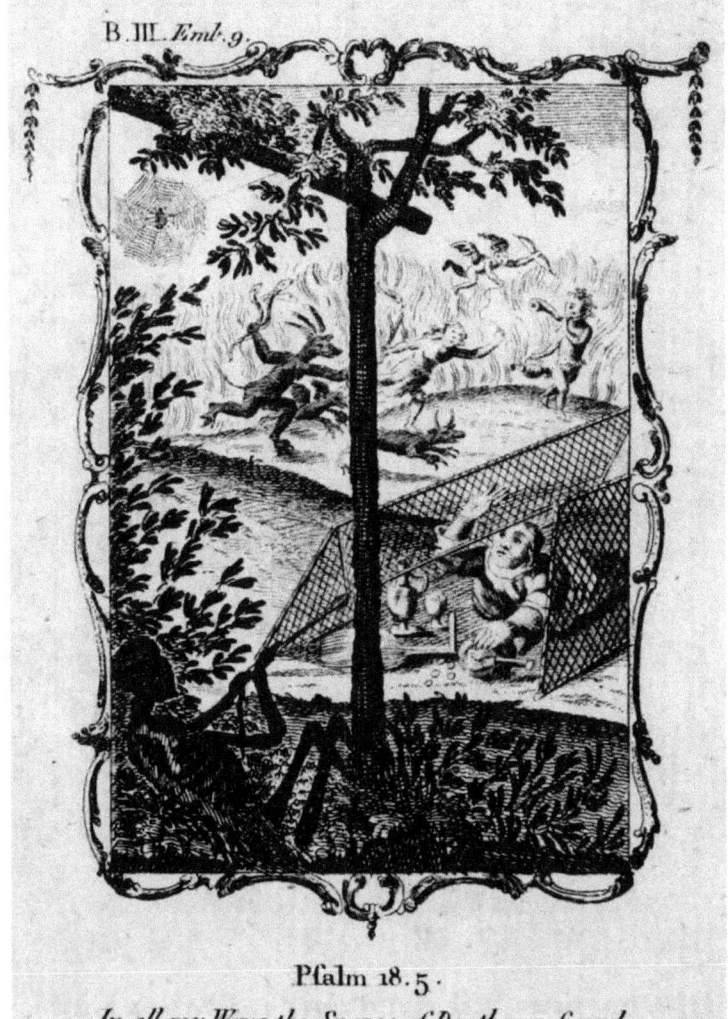

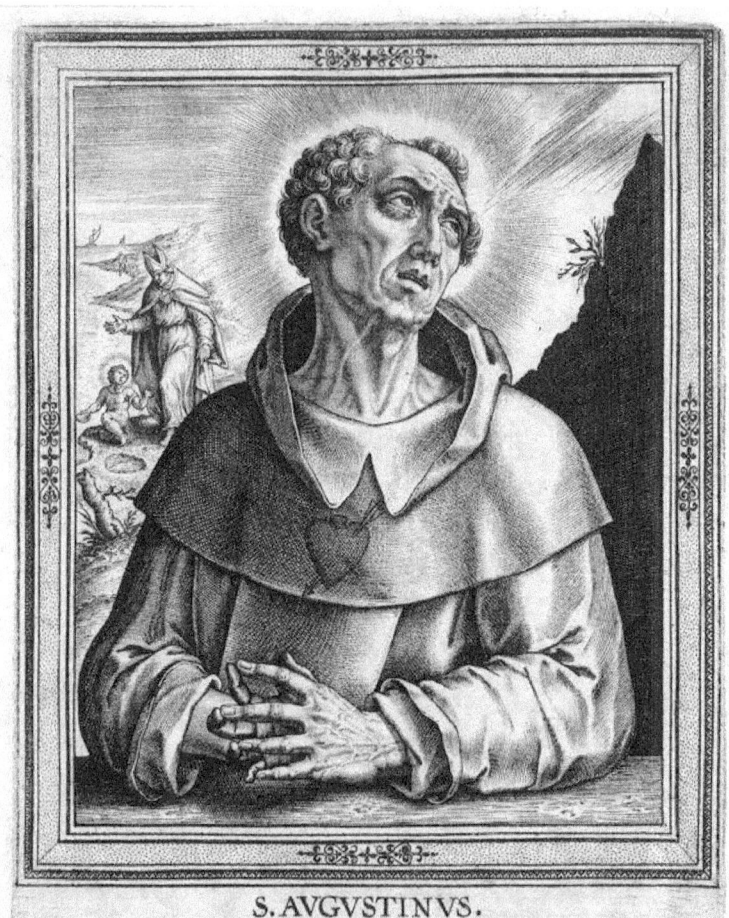

Hieronymus Wierix, d'après Philips Galle, *Saint Augustin*

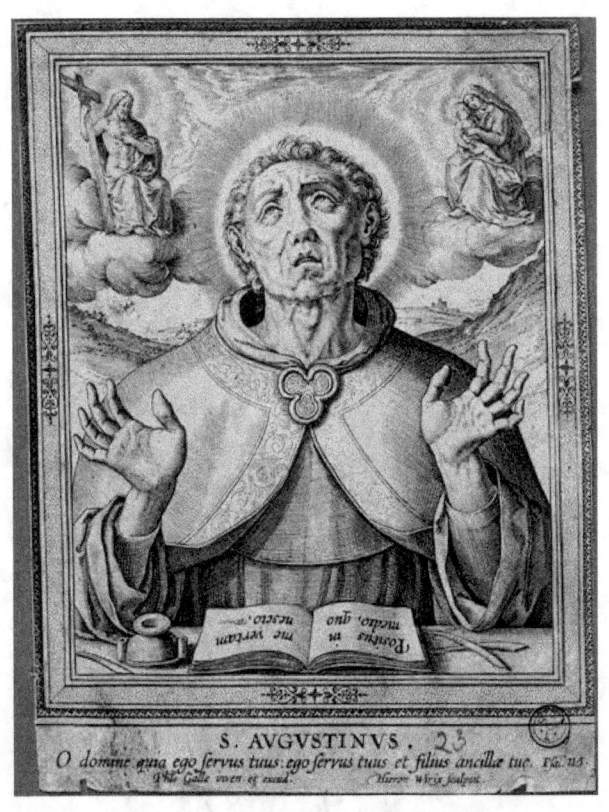

Hieronymus Wierix, d'après Philips Galle,
Saint Augustin

Choice Emblems,

Emblem II.

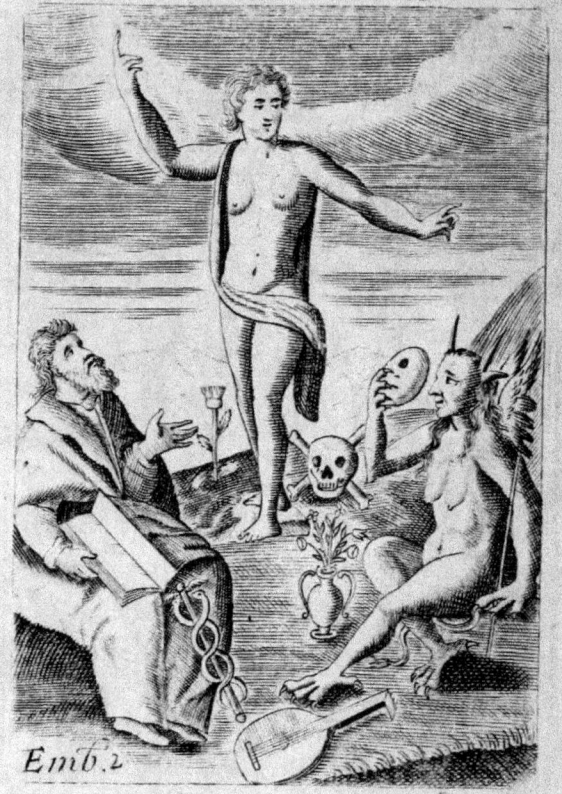

Quo me vertam nescio.

The

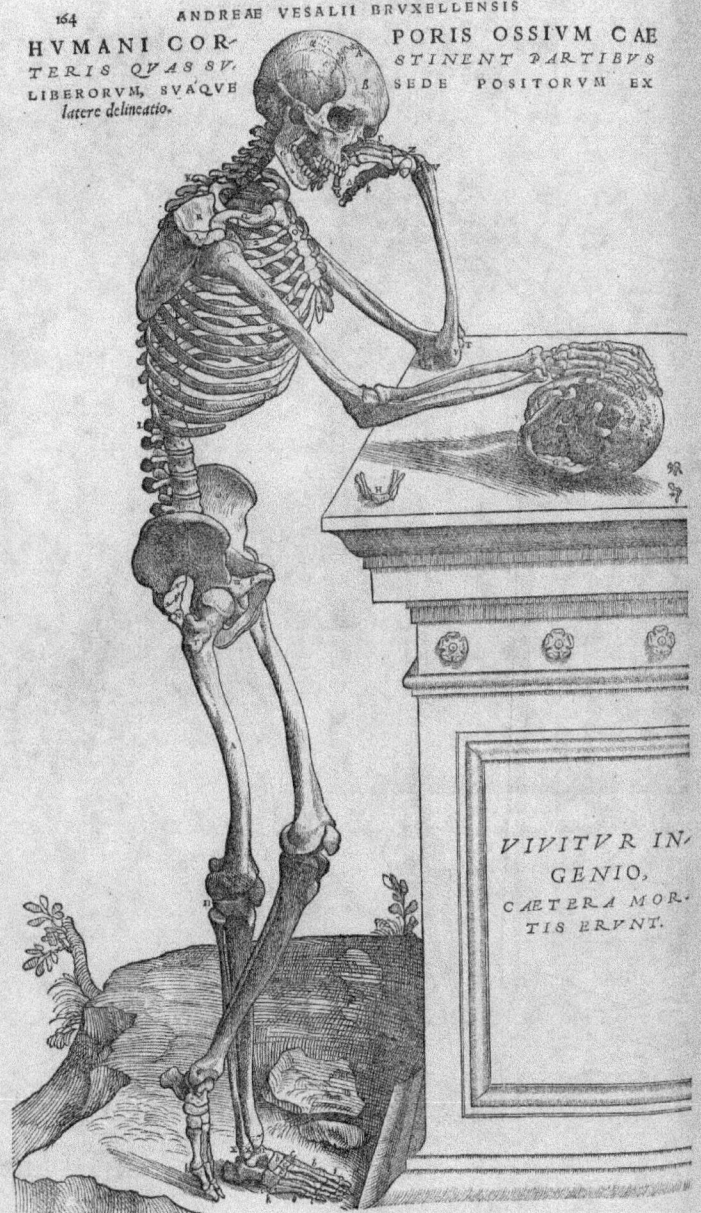

Andreas Vesalius, *De humani corporis fabrica*

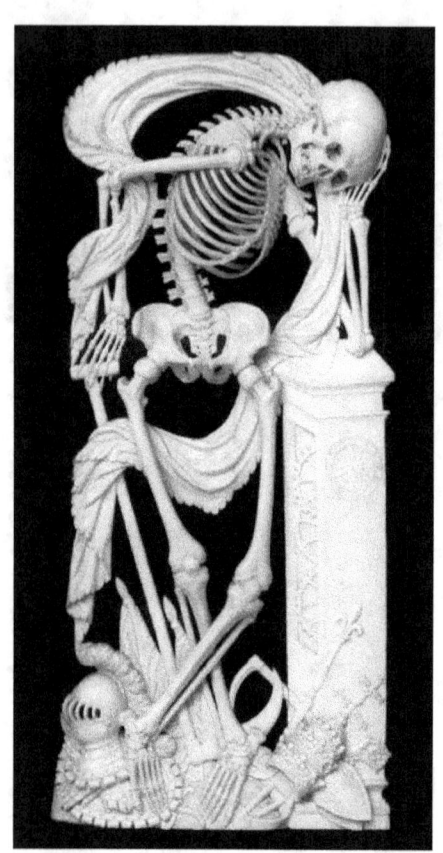 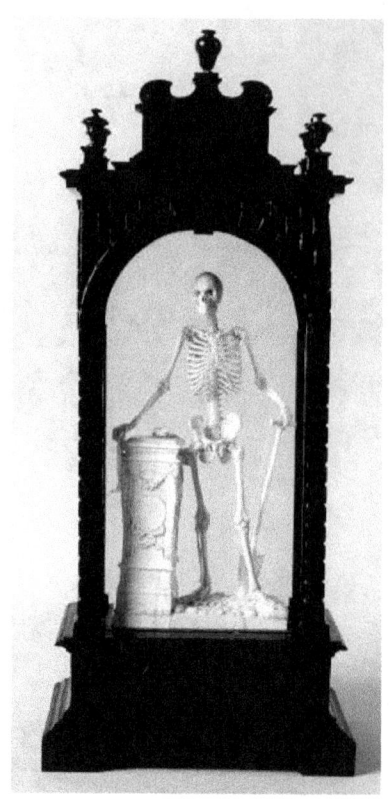

Ivoires du XVIIème siècle, à droite ivoire par Christof Angermair

Le Choix d'Hercule/Hercule à la croisée des chemins: Geffrey Whitney, Emblème 40; Annibale Carracci; Giovanni Baglione; Gérard de Lairesse; Paolo de Matteis; Nicolas Poussin; Pompeo Batoni; Emmanuel Michel Benner; Justus Tiel, *Allégorie de l'Éducation de Philippe III*

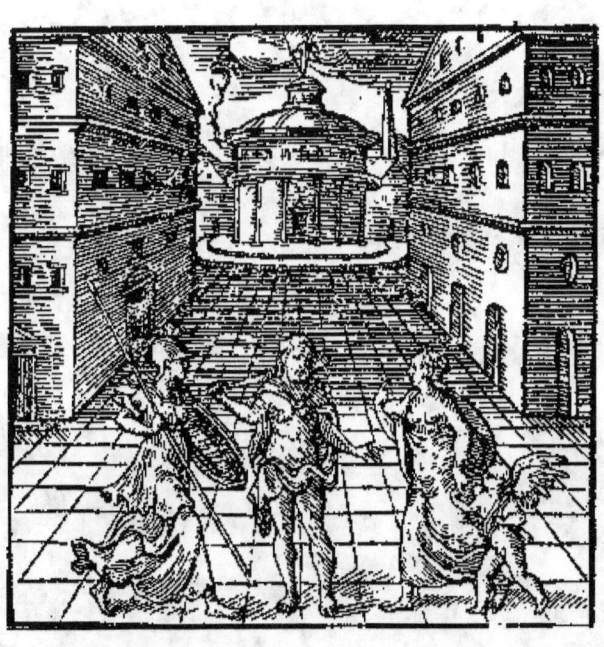

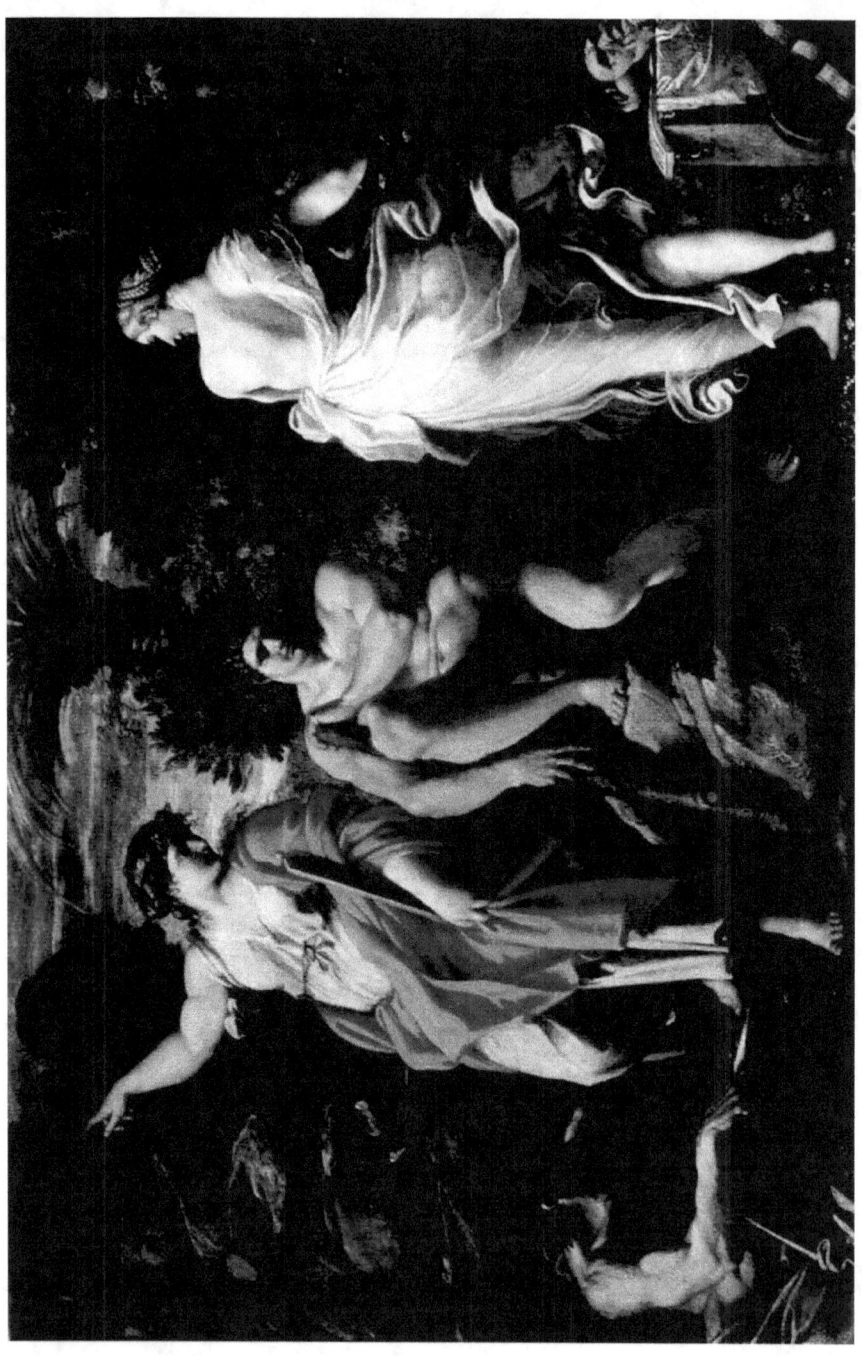

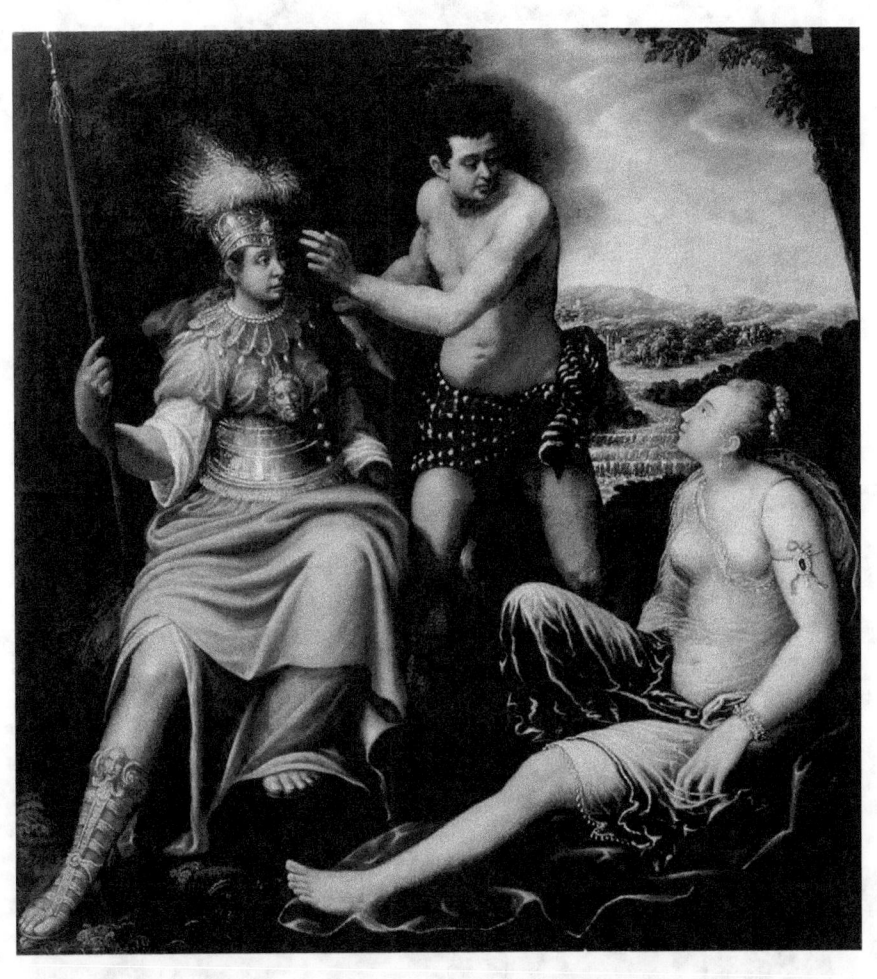

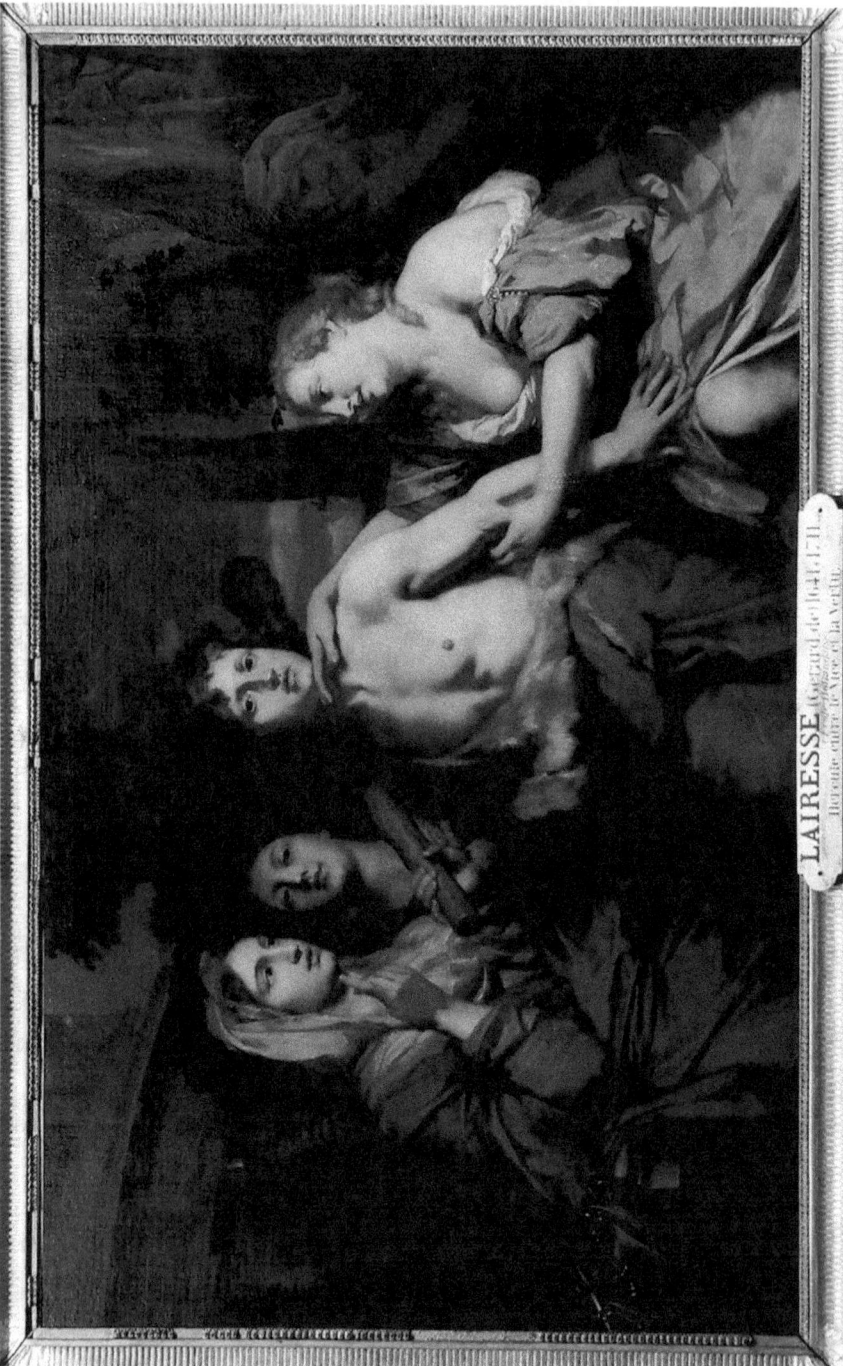

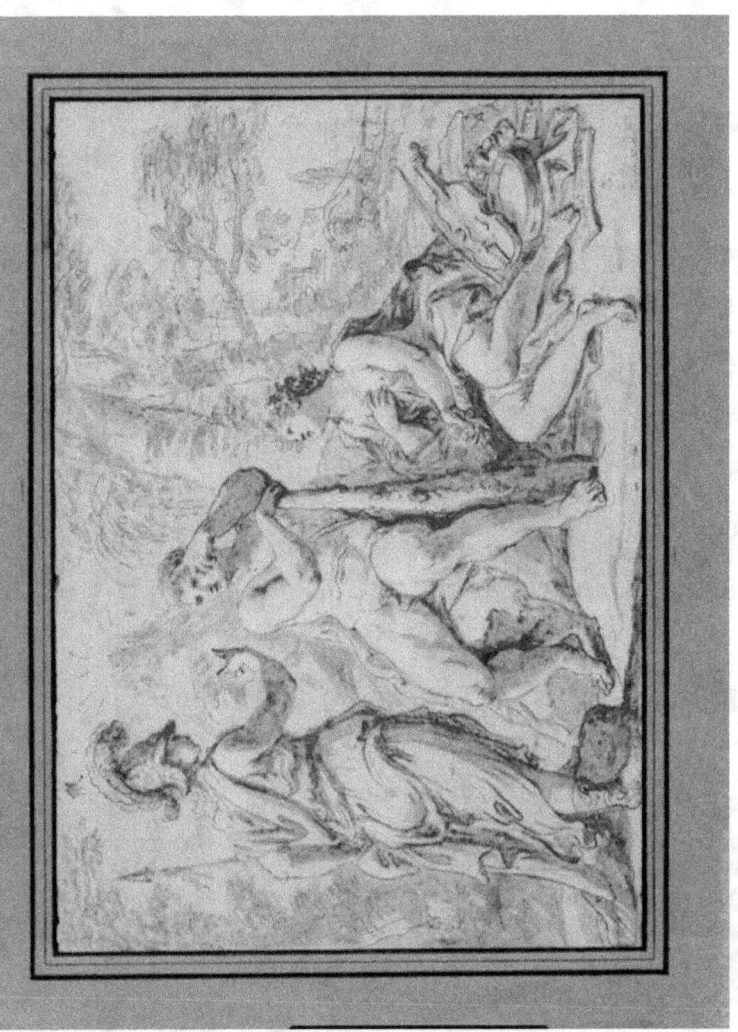

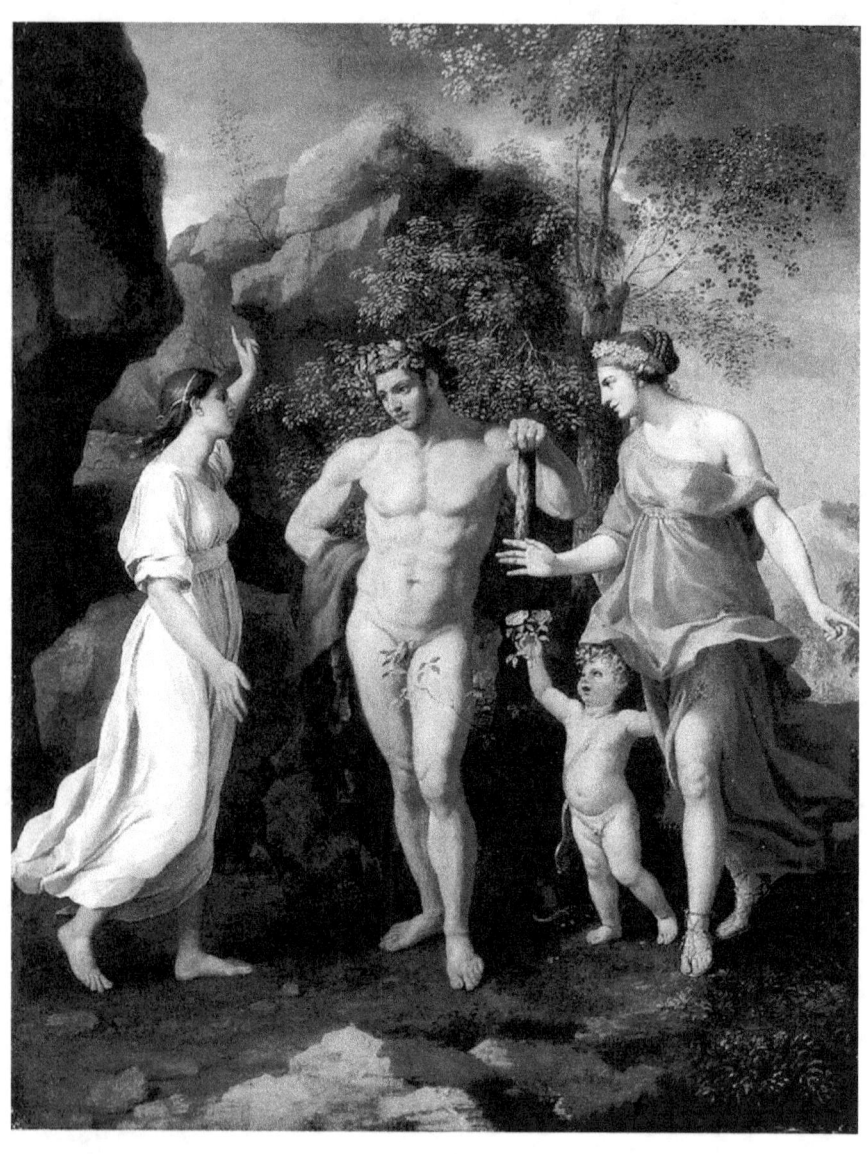

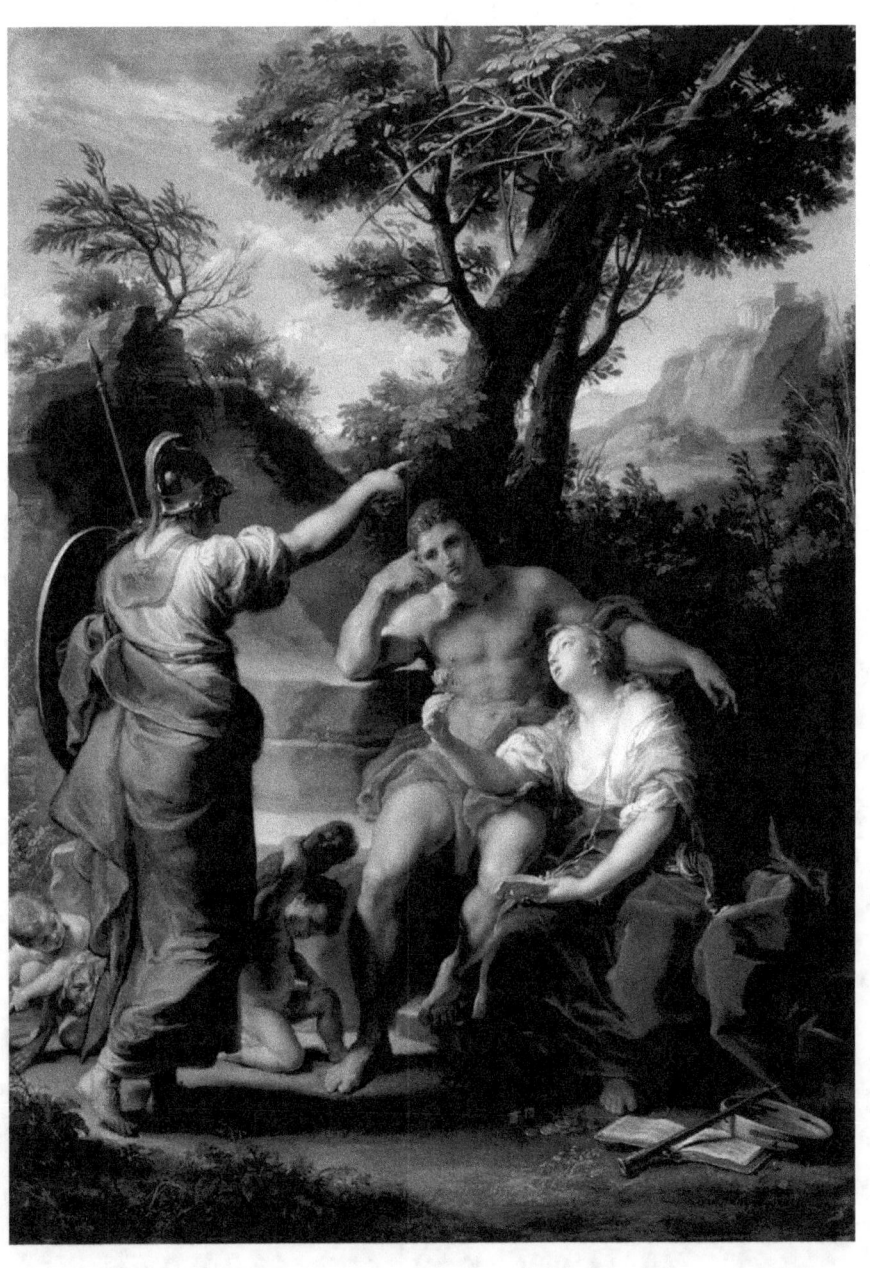

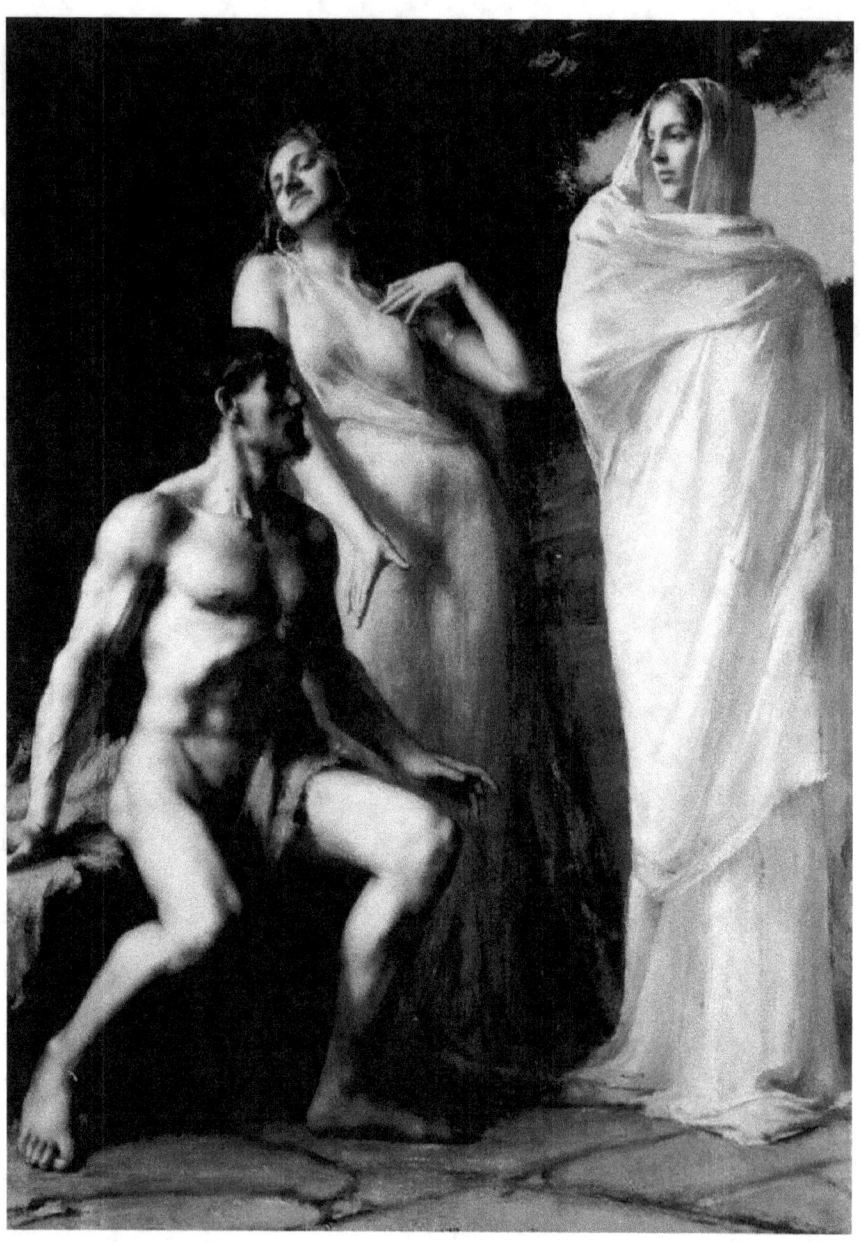

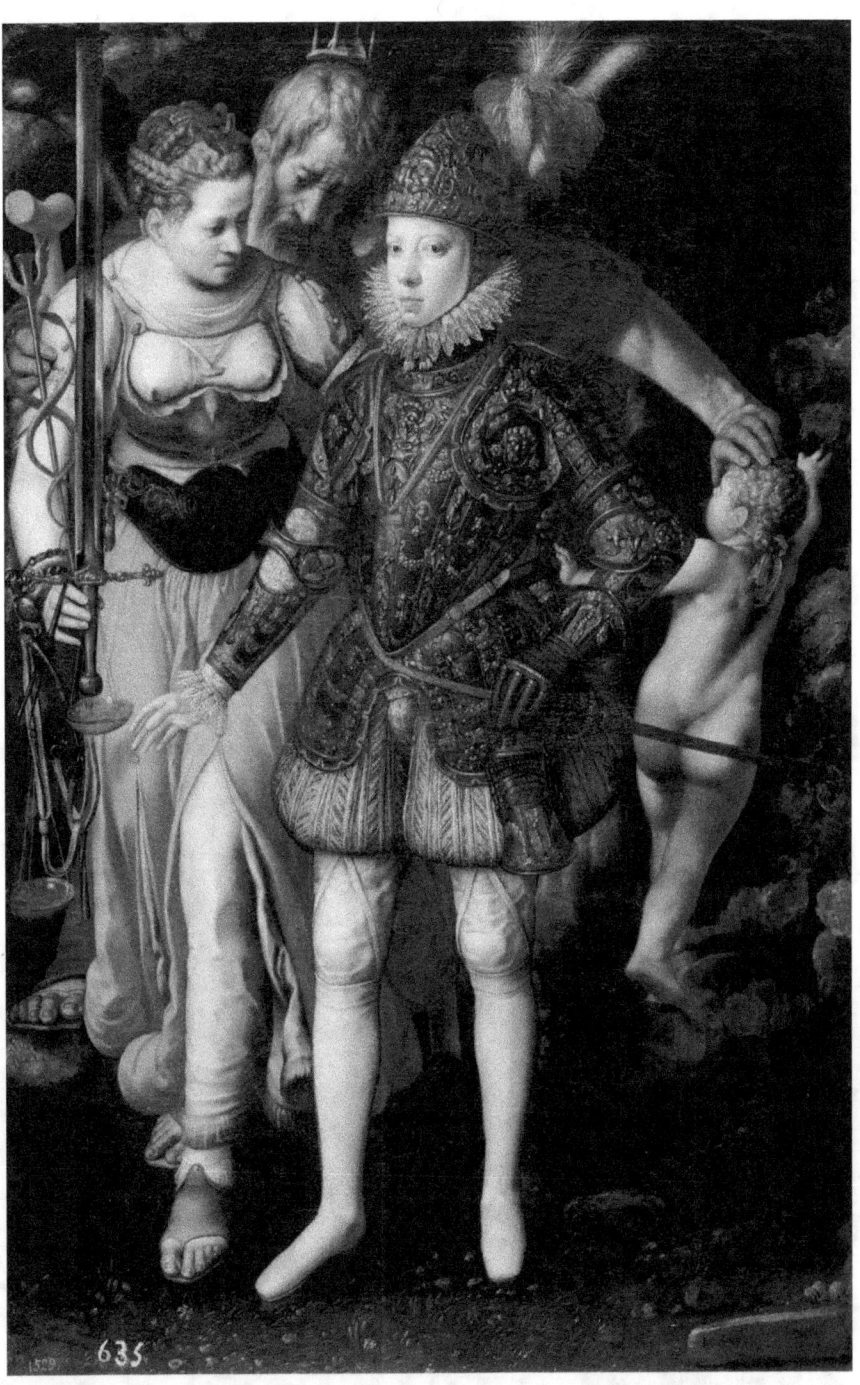

Gabriel Rollenhagen, Emblème 1

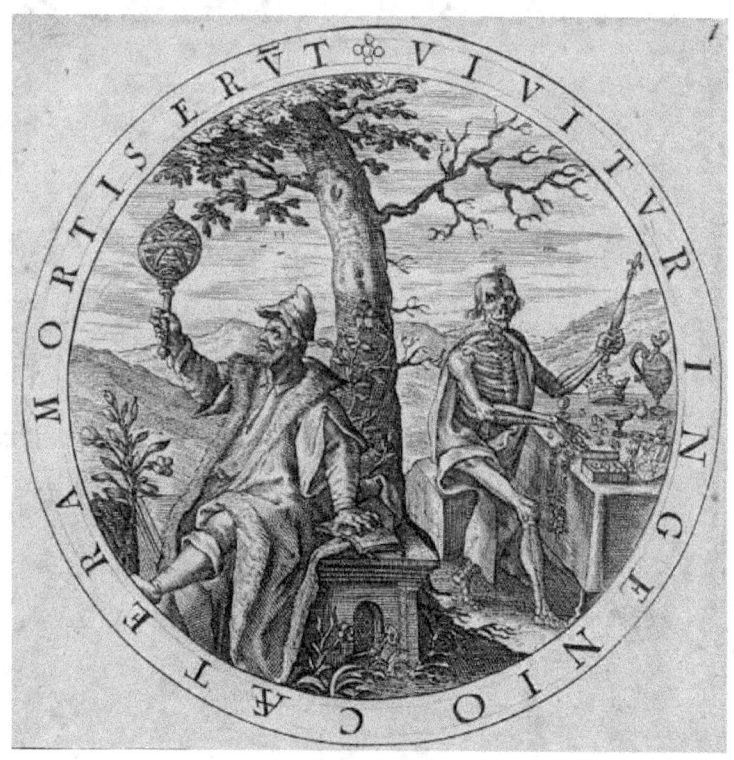

Gabriel Rollenhagen, Emblème 12

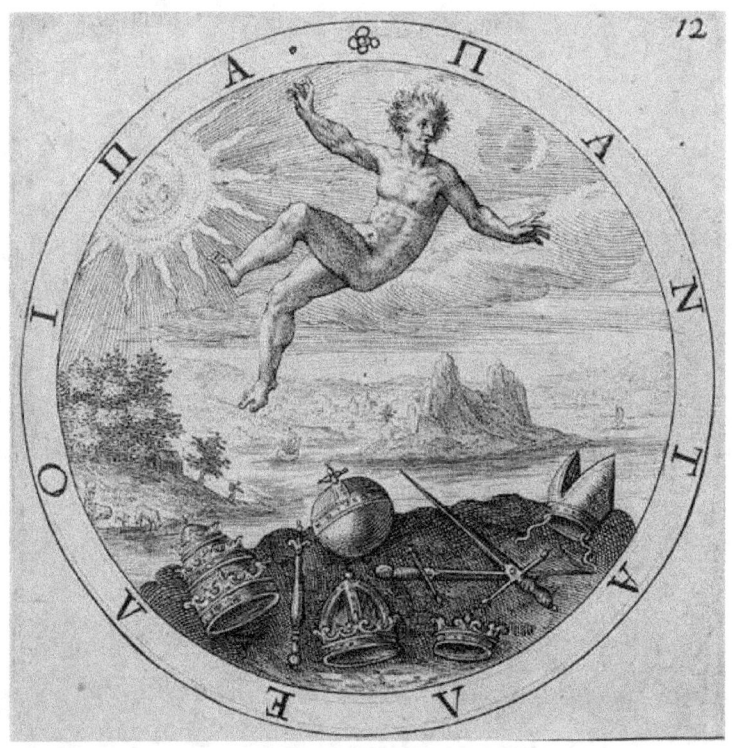

Gabriel Rollenhagen, Emblème 14

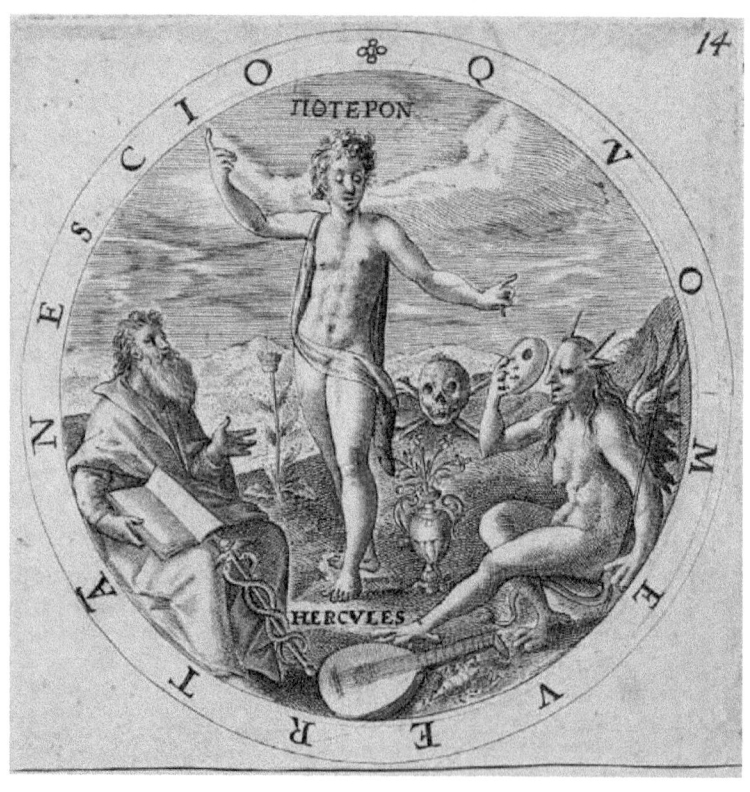

Gabriel Rollenhagen, Emblème 48

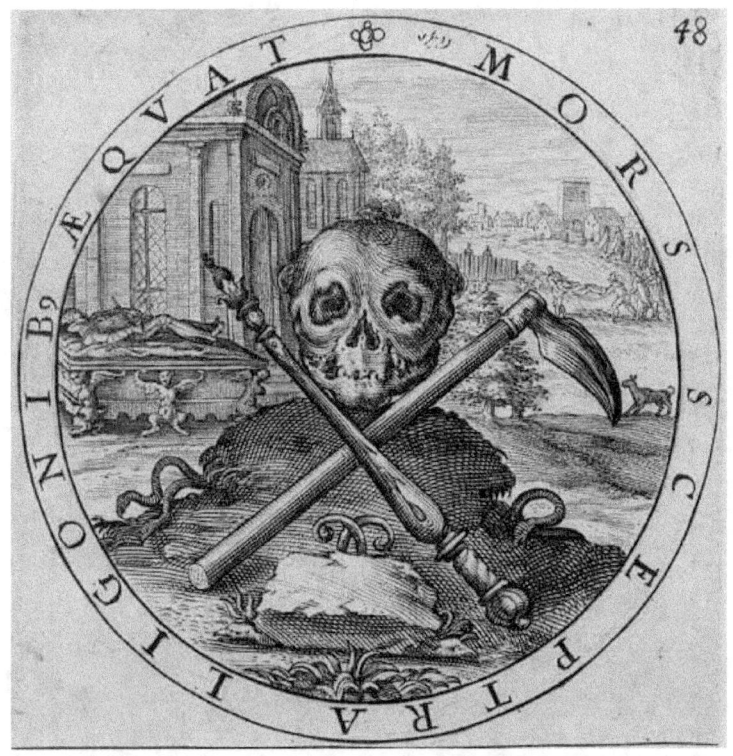

Gabriel Rollenhagen, Emblème 84

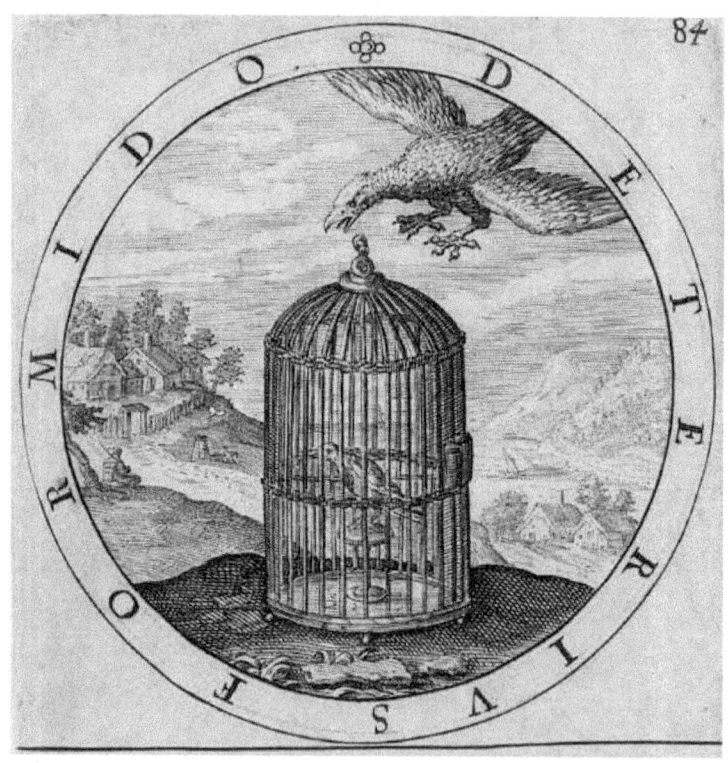

Gabriel Rollenhagen, Emblème 86

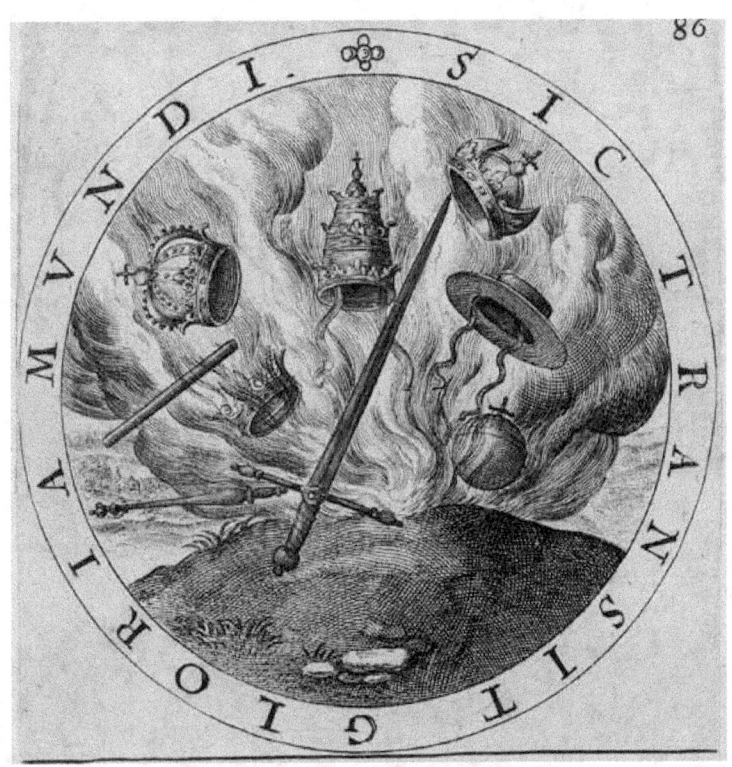

Jean-Adam Seupel,
Vivitur. Ingenio; Caetera. Mortis. Erunt

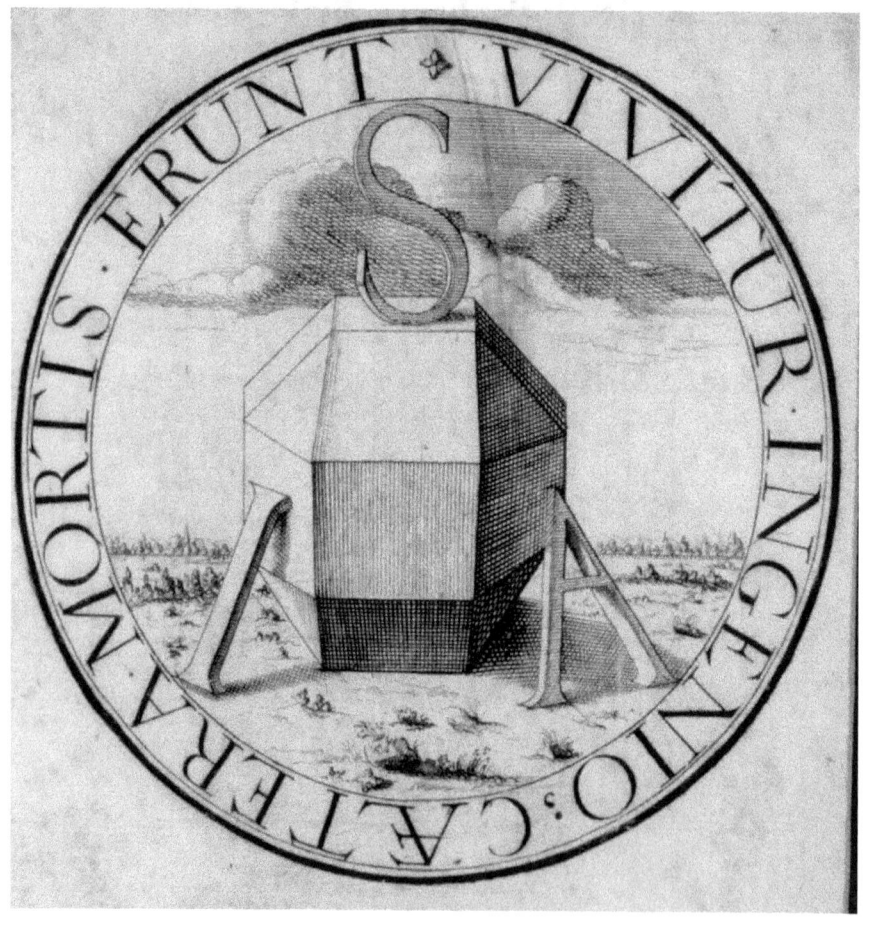

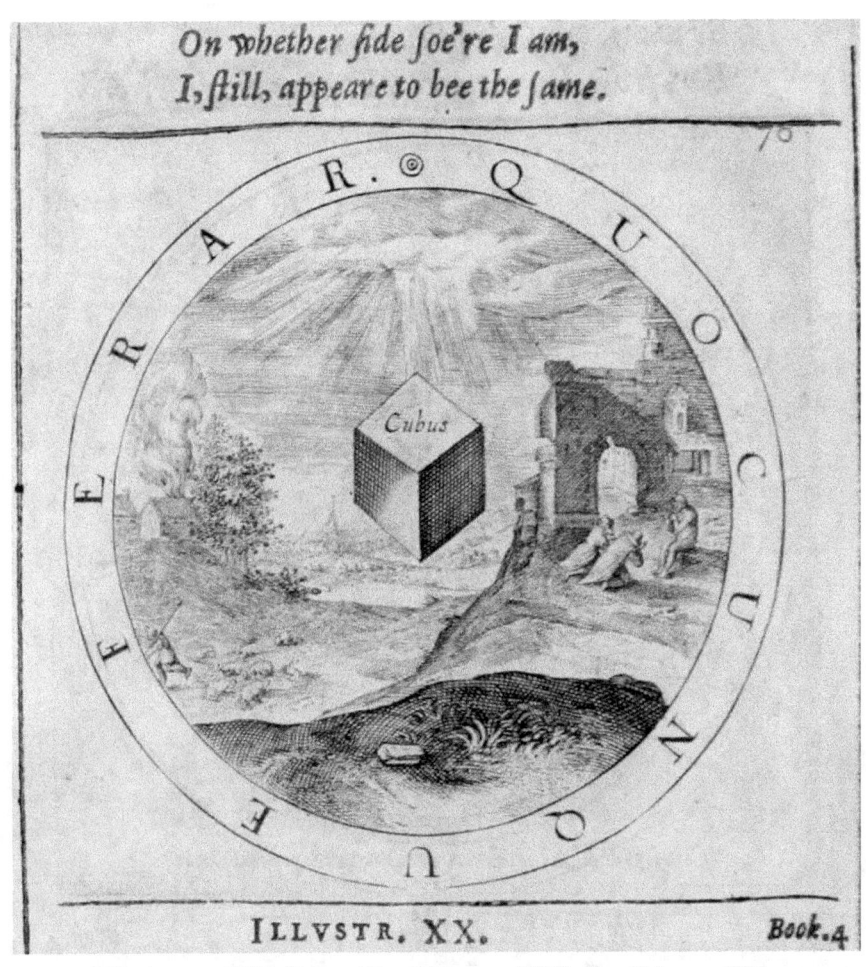

George Wither, Emblème XX du Livre IV

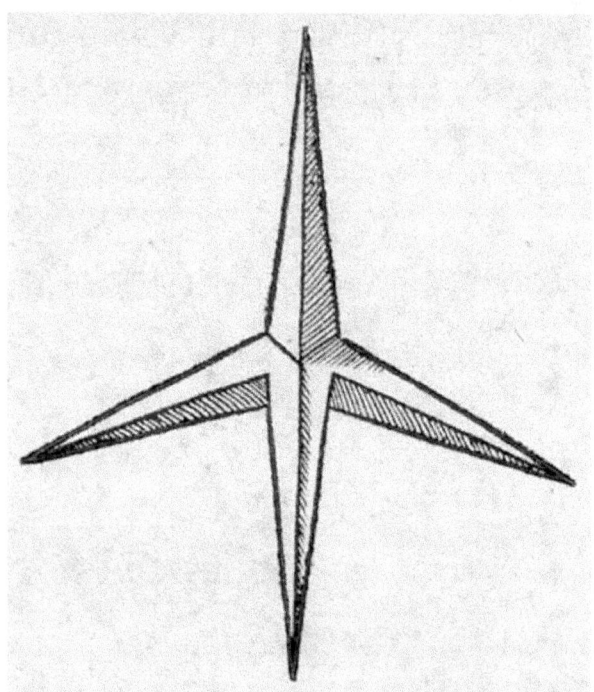

Claude Paradin, *Quocunque ferar*

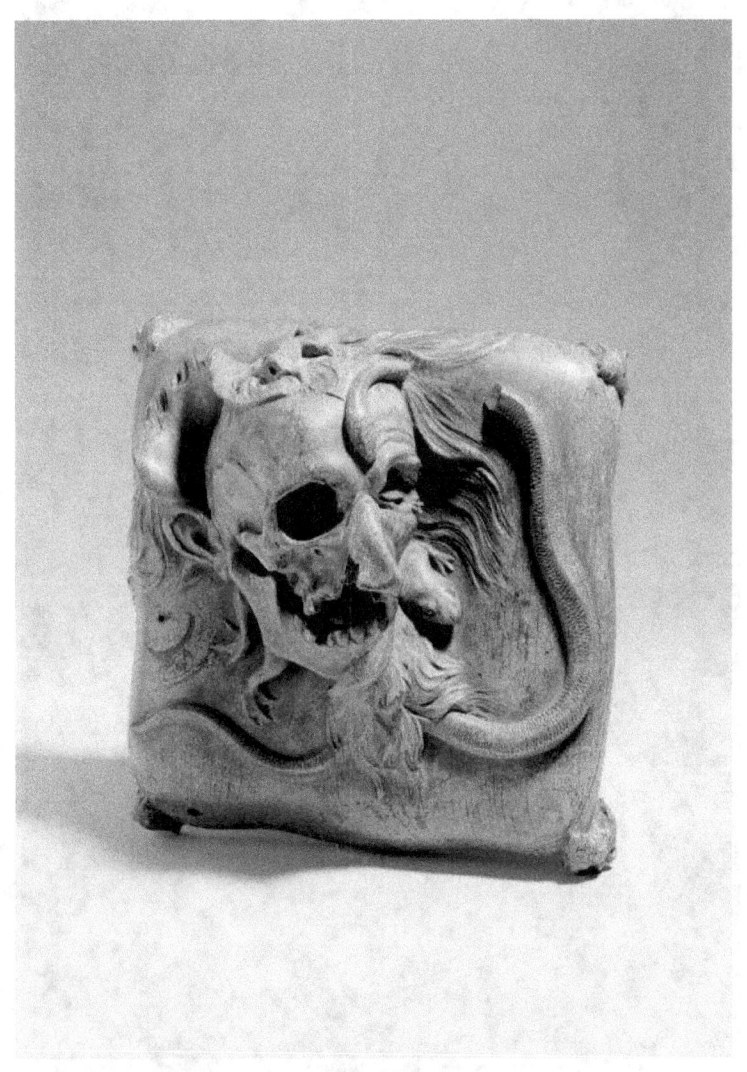

Paul Egell, *Memento Mori*

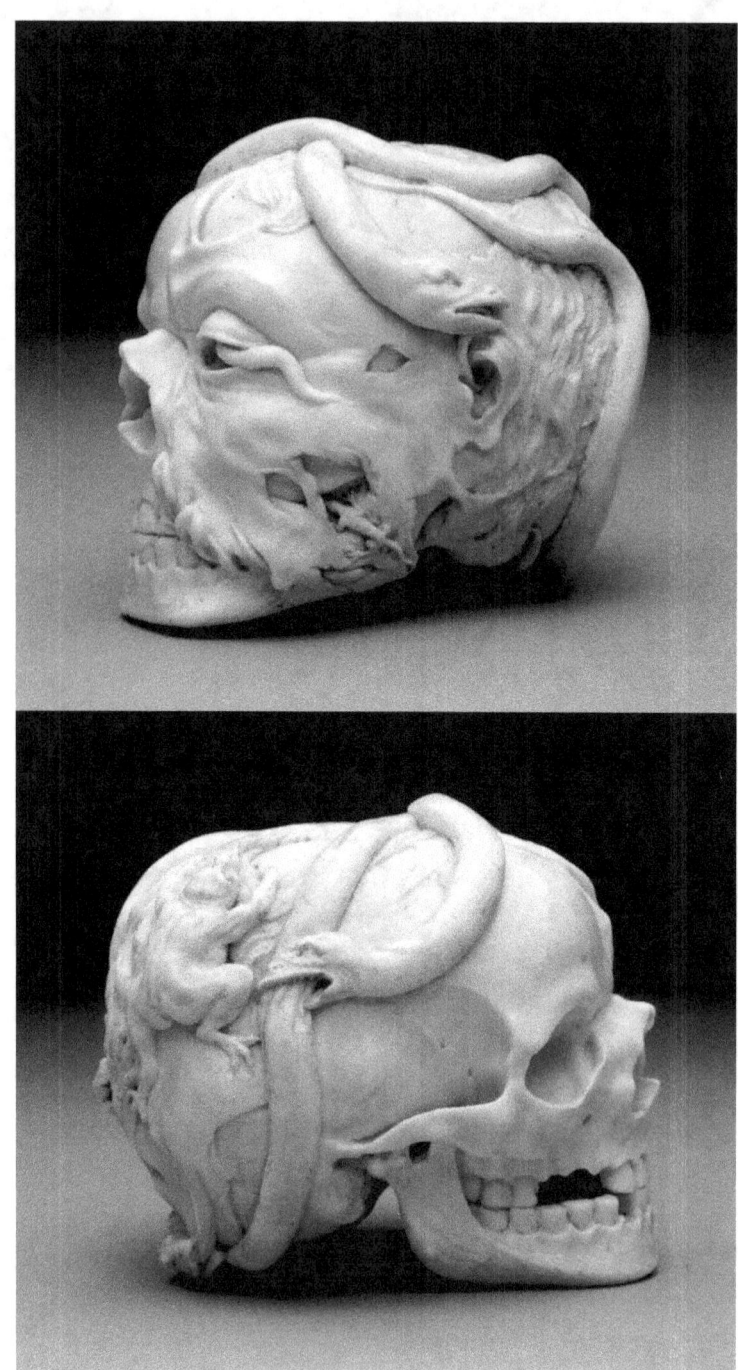

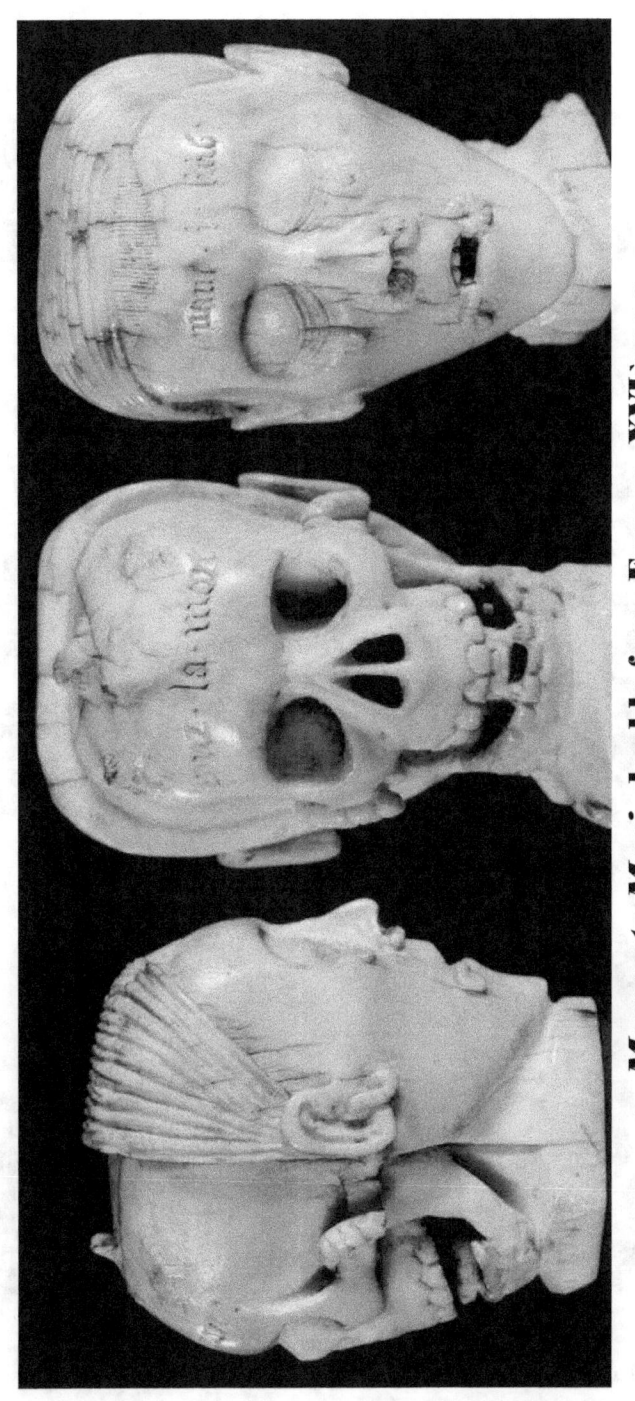

Memento Mori, double face, France, XVIème s.

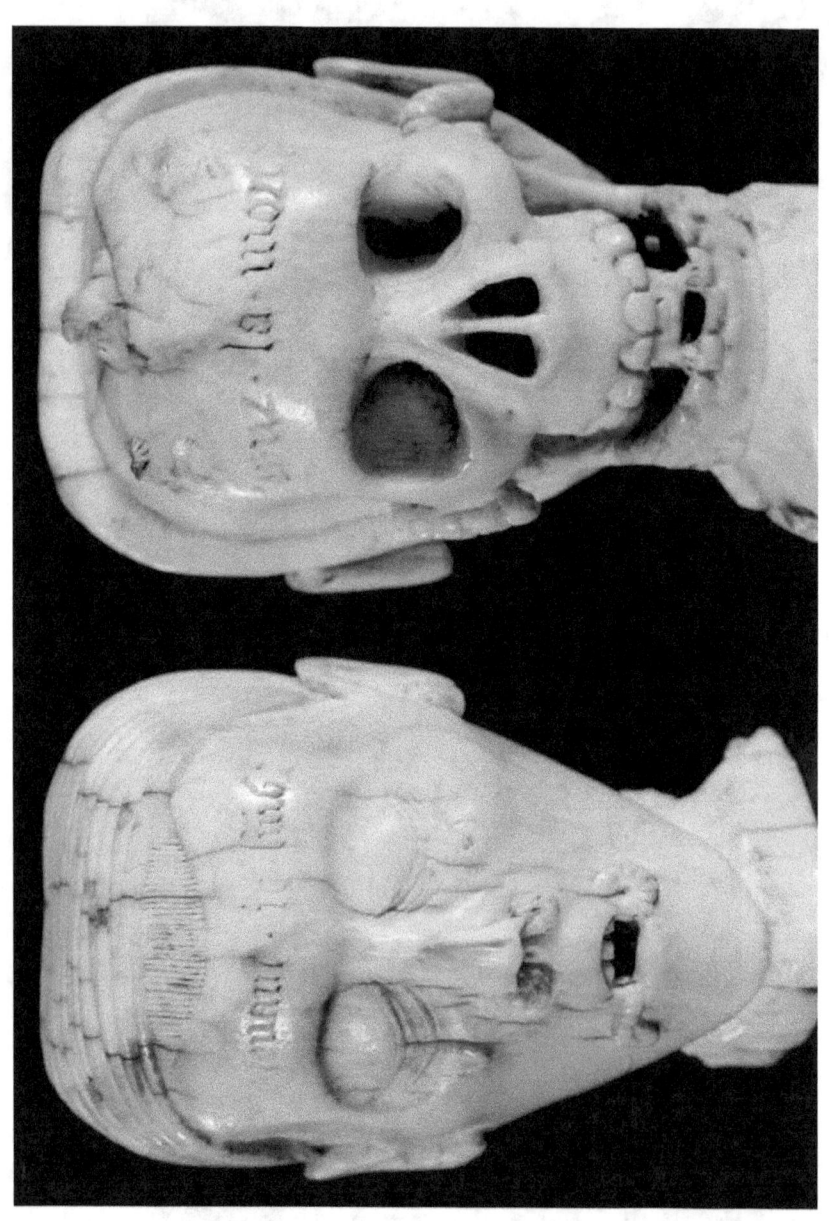

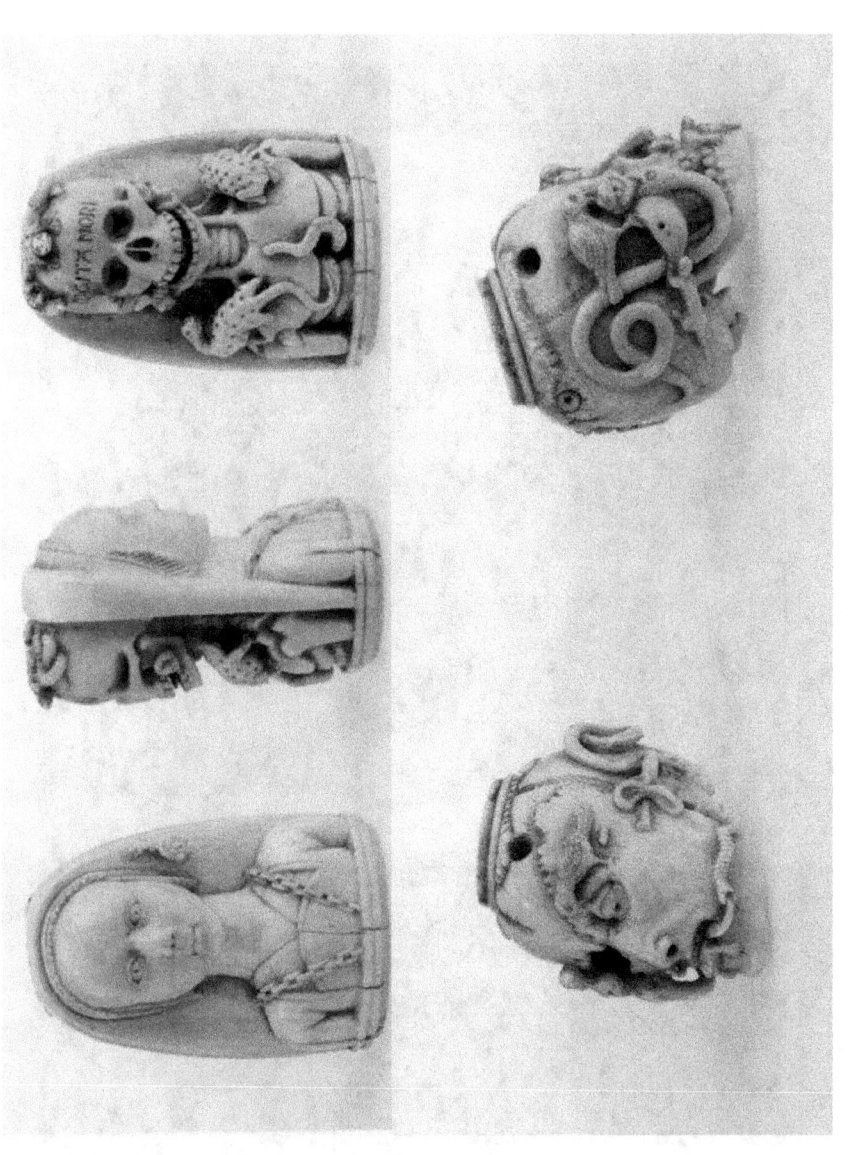

2 *Memento Mori*, Fonds F. Bouquillon

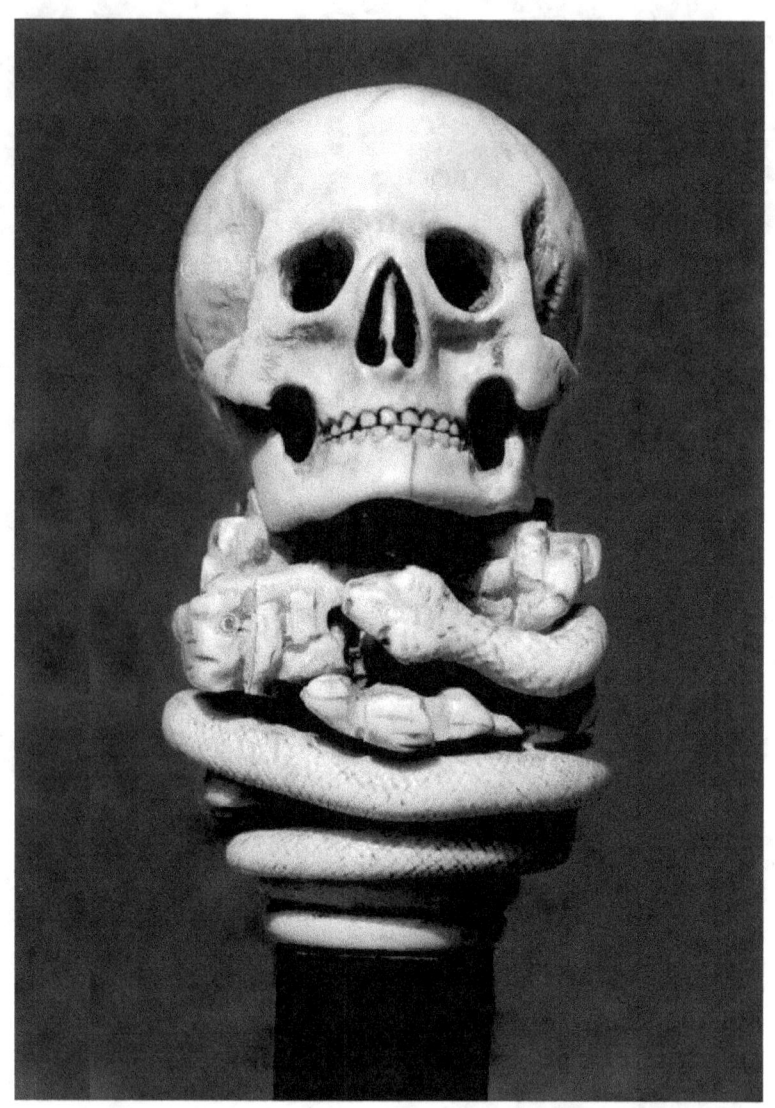

Pommeau de canne en ivoire, XIXème s.

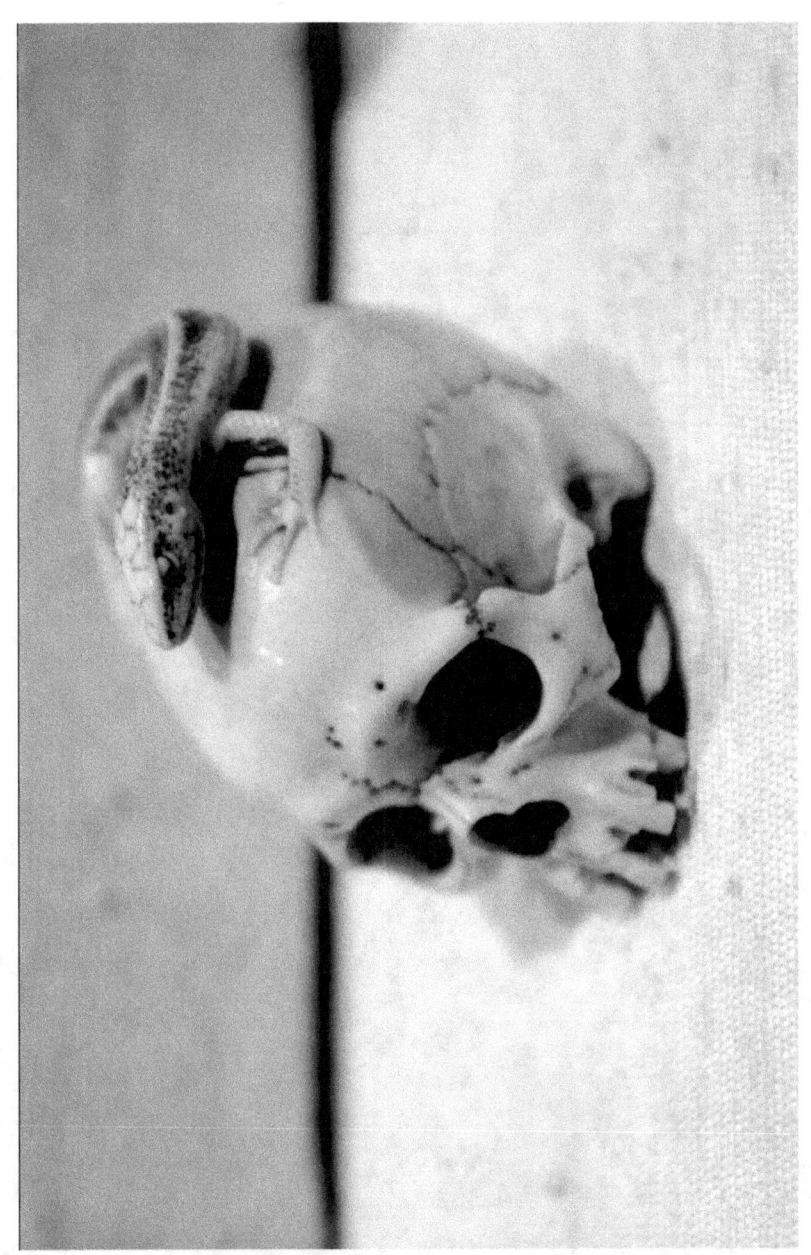

Ivoire d'Hanryu, pupille de Gyokuzan

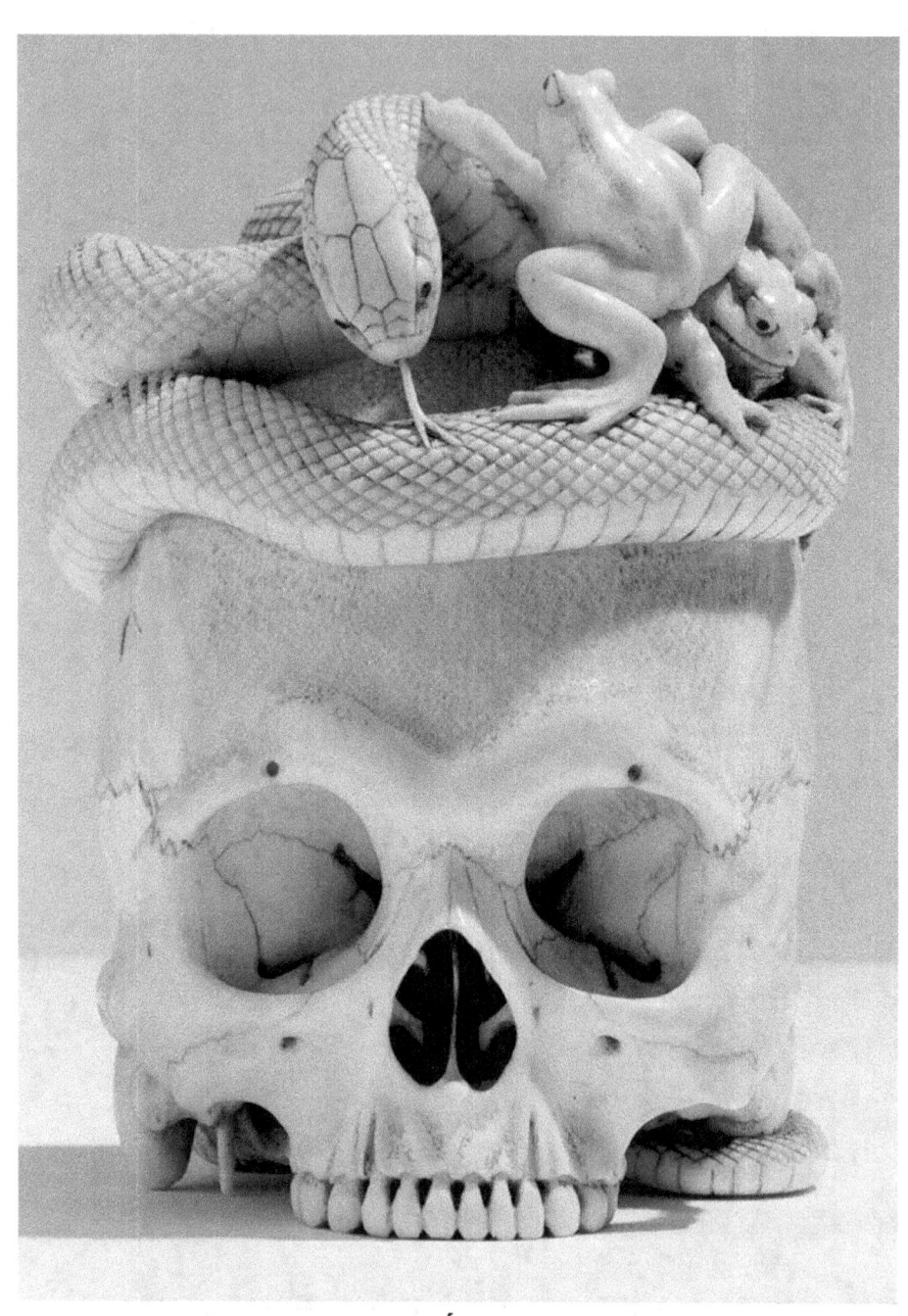

Okimono en ivoire, École de Tokyo, c.1890

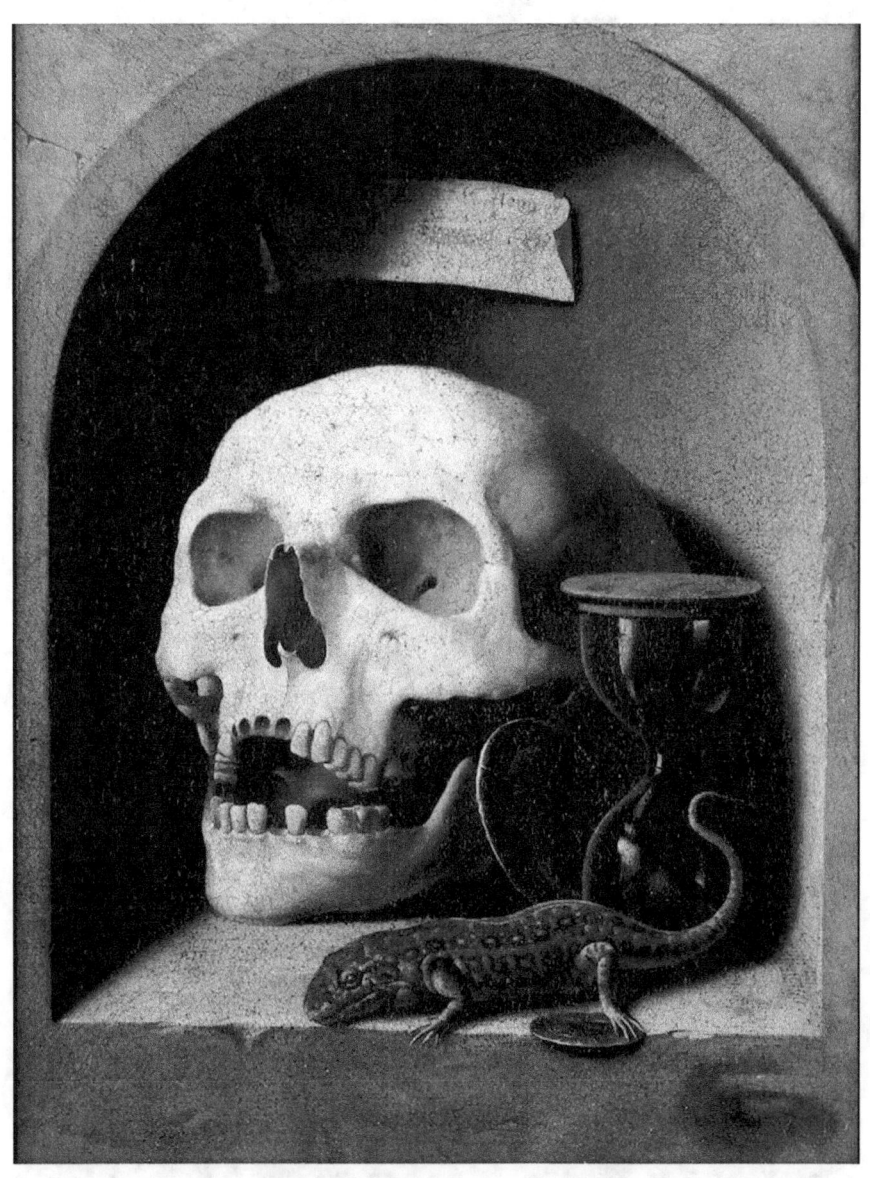

Cercle de Cornelis Norbertus Gysbrechts, *Vanité*

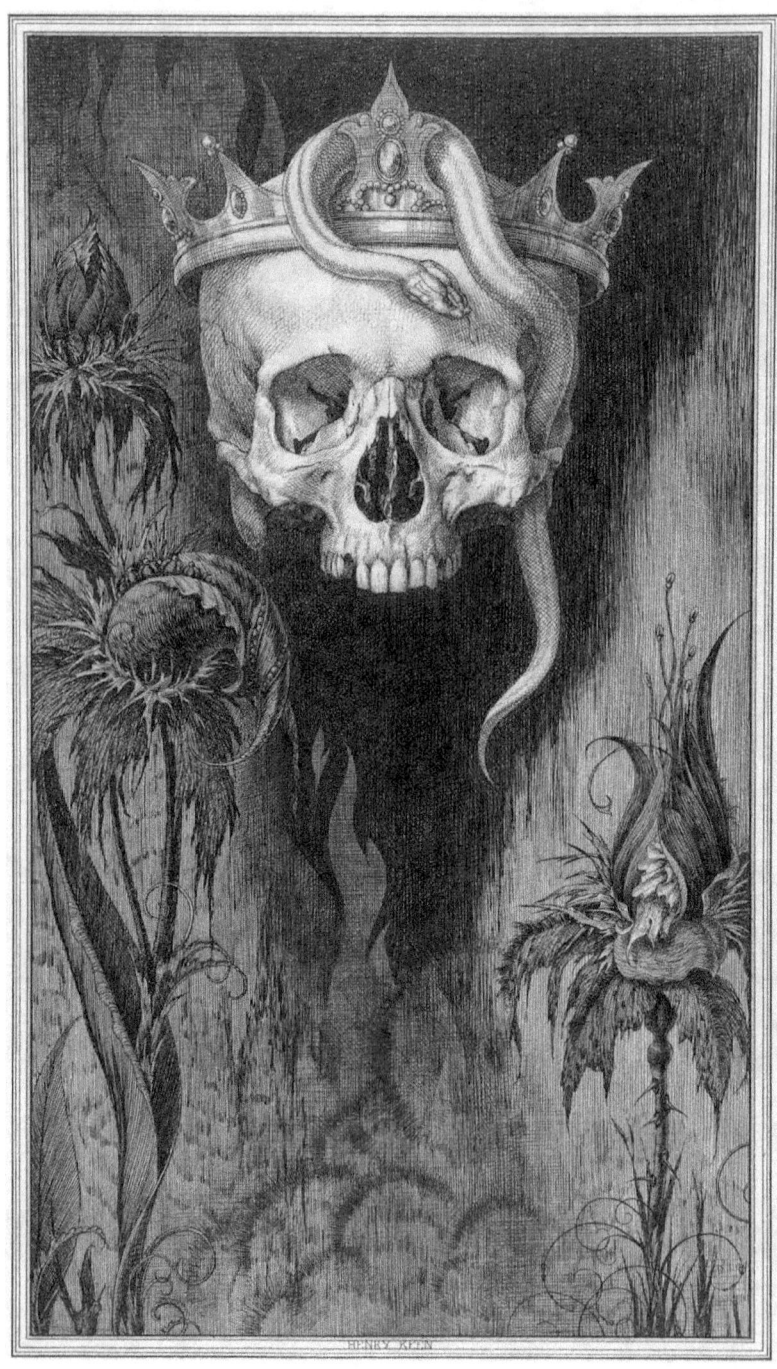

Henry Weston Keen, *Skull Crowned with Snakes and Flowers*, illustration pour *The Duchess of Malfi*

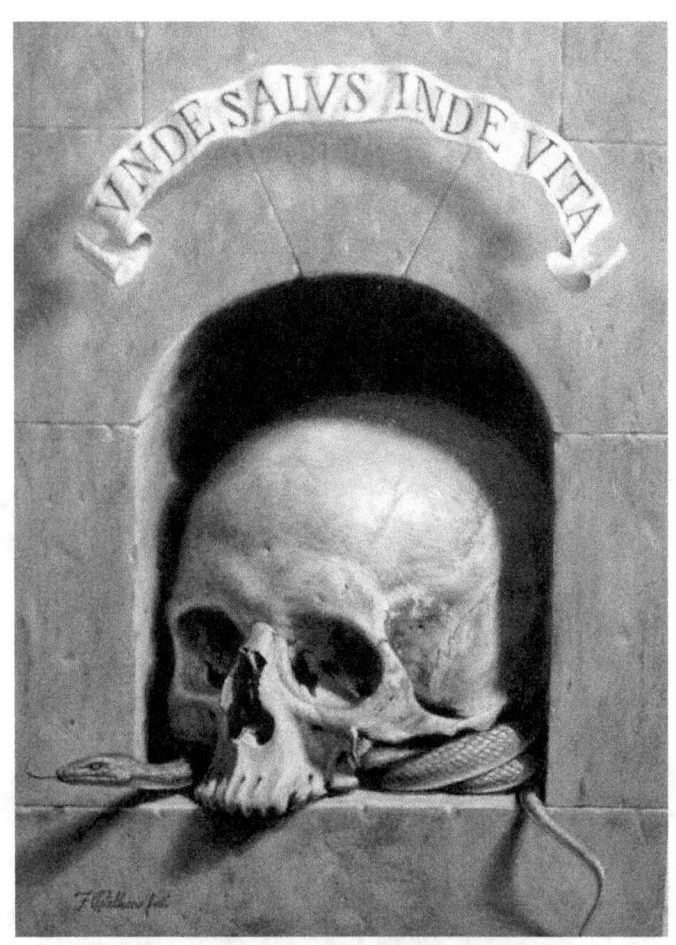

***Memento Mori* contemporain**

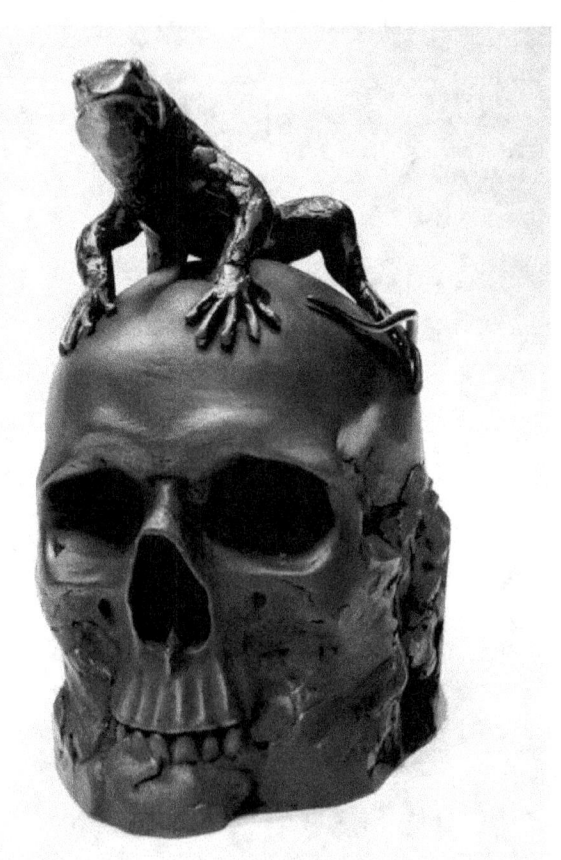

Philippe Guillemet

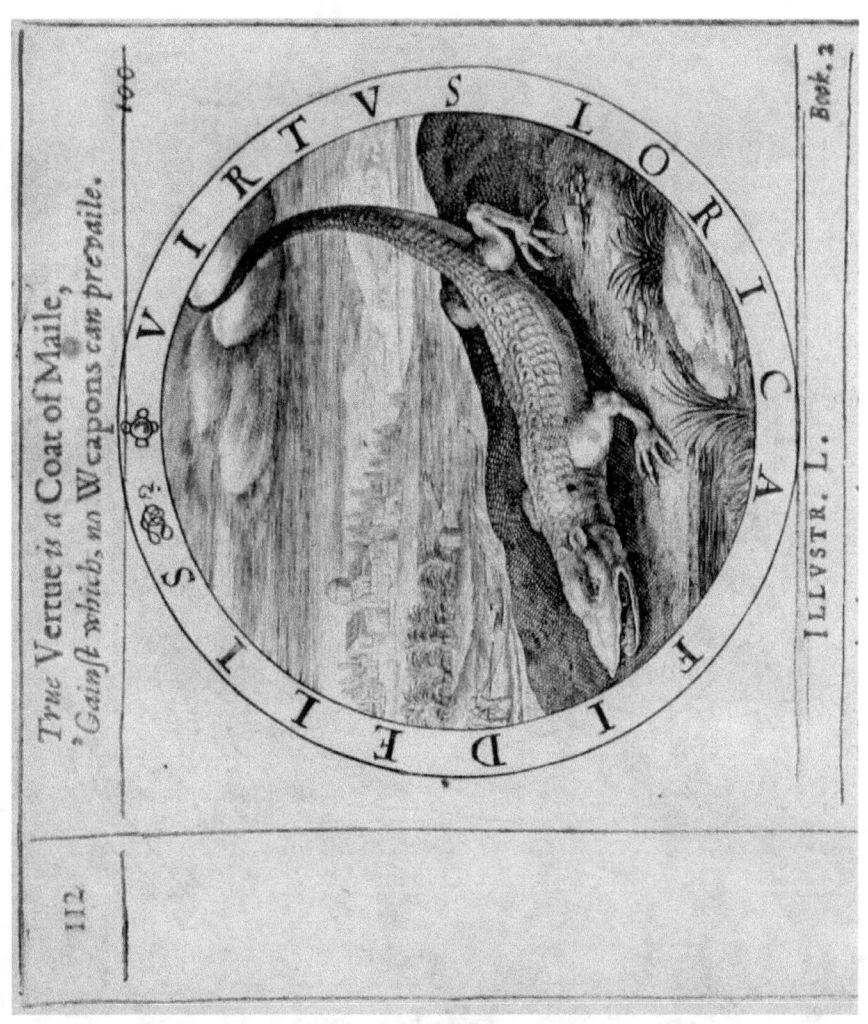

George Wither, Emblème L, Livre II

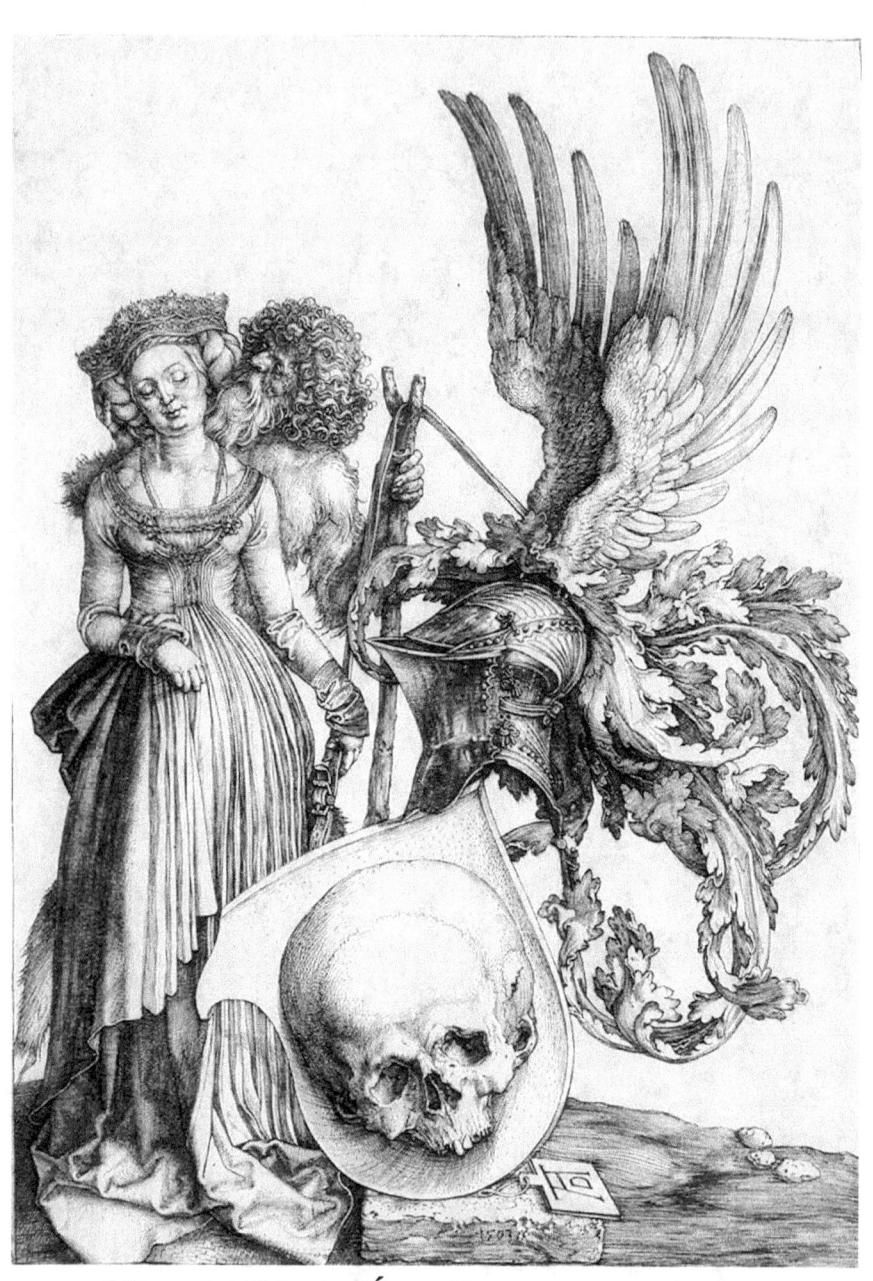

Albrecht Dürer, *Écu d'armes avec crâne*

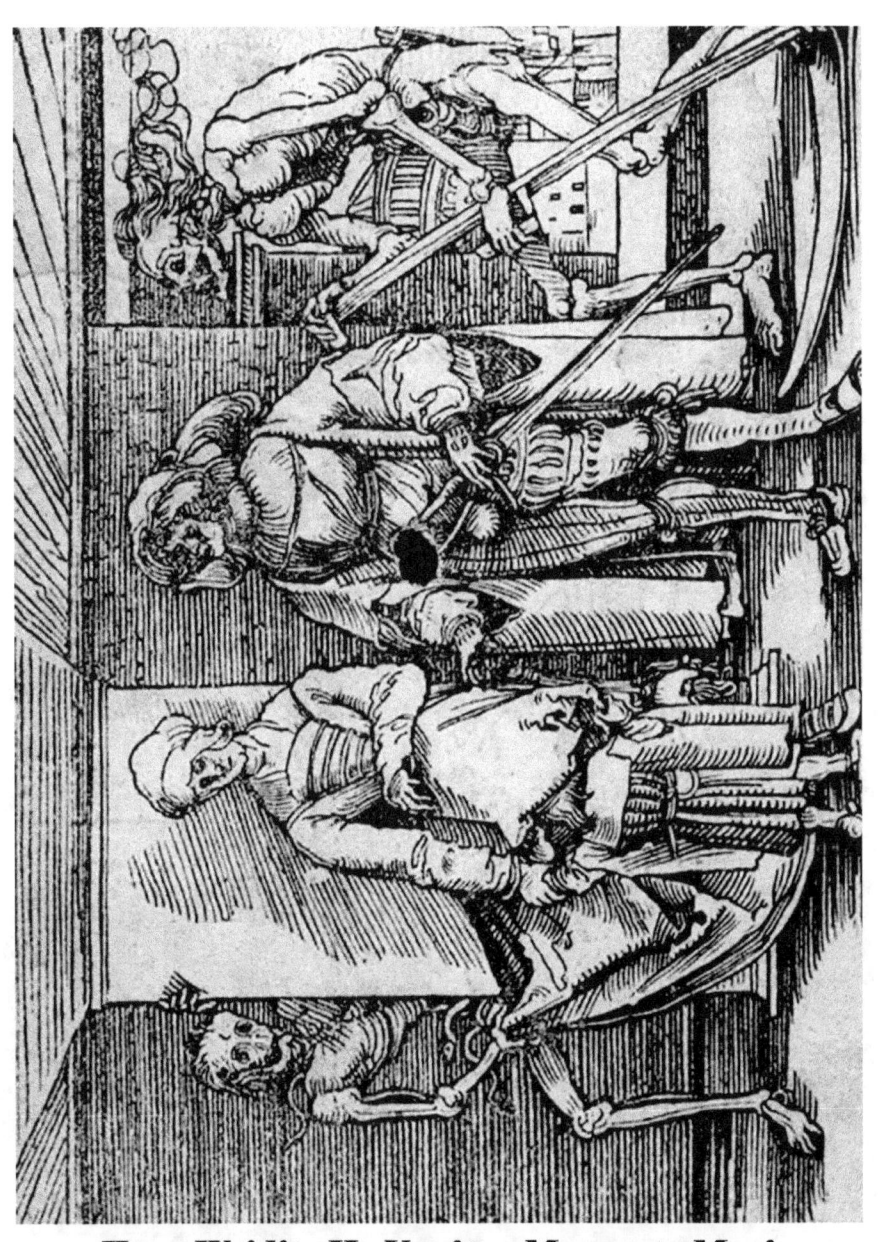

Hans Weiditz II, *Vanitas Memento Mori*

Jacob Cammerlander, *Chemin de Damas avec le Pape en Saul*; Hans Weidtiz, Marque d'imprimeur pour J. Schott; *Prière du Roi Ézéchias*; *Prière du Roi Manassé*; Heinrich Vogtherr l'Ancien, *Scène cosmique*; *Le Christ au glaive*, *Tenture de l'Apocalypse*; *Les Très Riches Heures du duc de Berry*, fol. 90v.; *Kalédrier et compoſt des bergiers*, Paris, Guy Marchant, 1496; Michel-Ange, *Jugement Dernier*, détail; Albrecht Dürer, *Der Endkrift*; *Livre de prières de Maximilien*, fol. 23v., 33, 39, 57, 62, 68, 75, 78, 80, 88, 91, 84, 94, 103, 106, 116, 120

Lebendige abcontrafactur deß gantzen Bapsthumbß.

Sampt einer tröstlichen ermanung an die freien/starcken Helden Teutscher Nation/das sie doch ein mal das vatterlandt von diesem hellischen hundt gar errettẽ/ Kurtzweilig vnnd tröstlich zůlesen.

Hanes Huttens.

Jetzunt von newem außgangen.

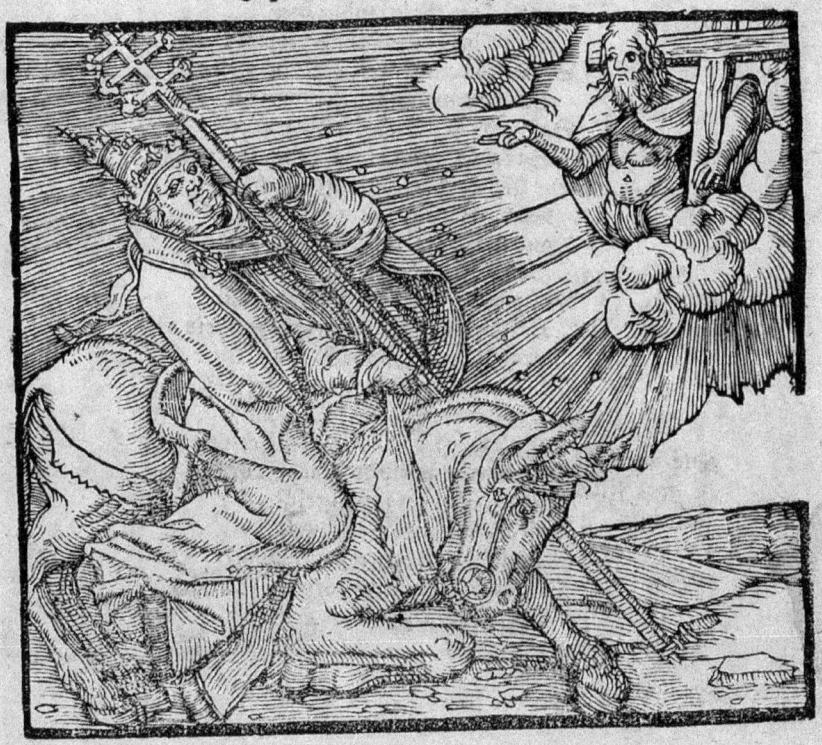

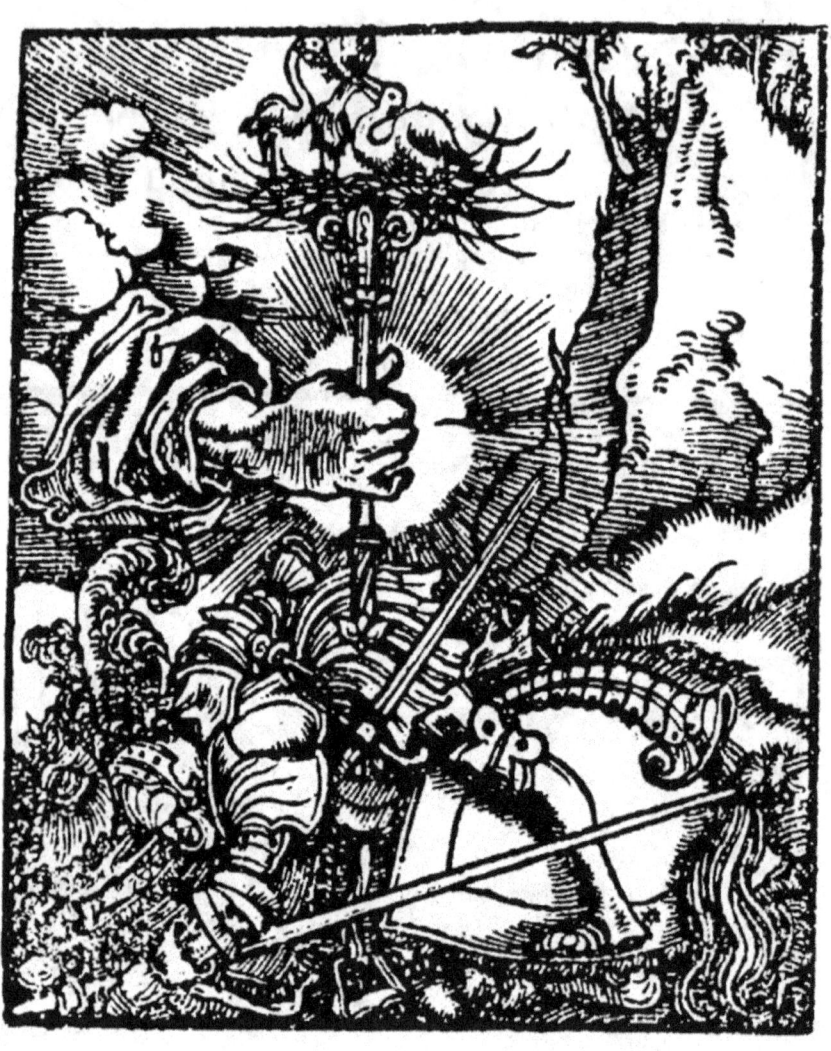

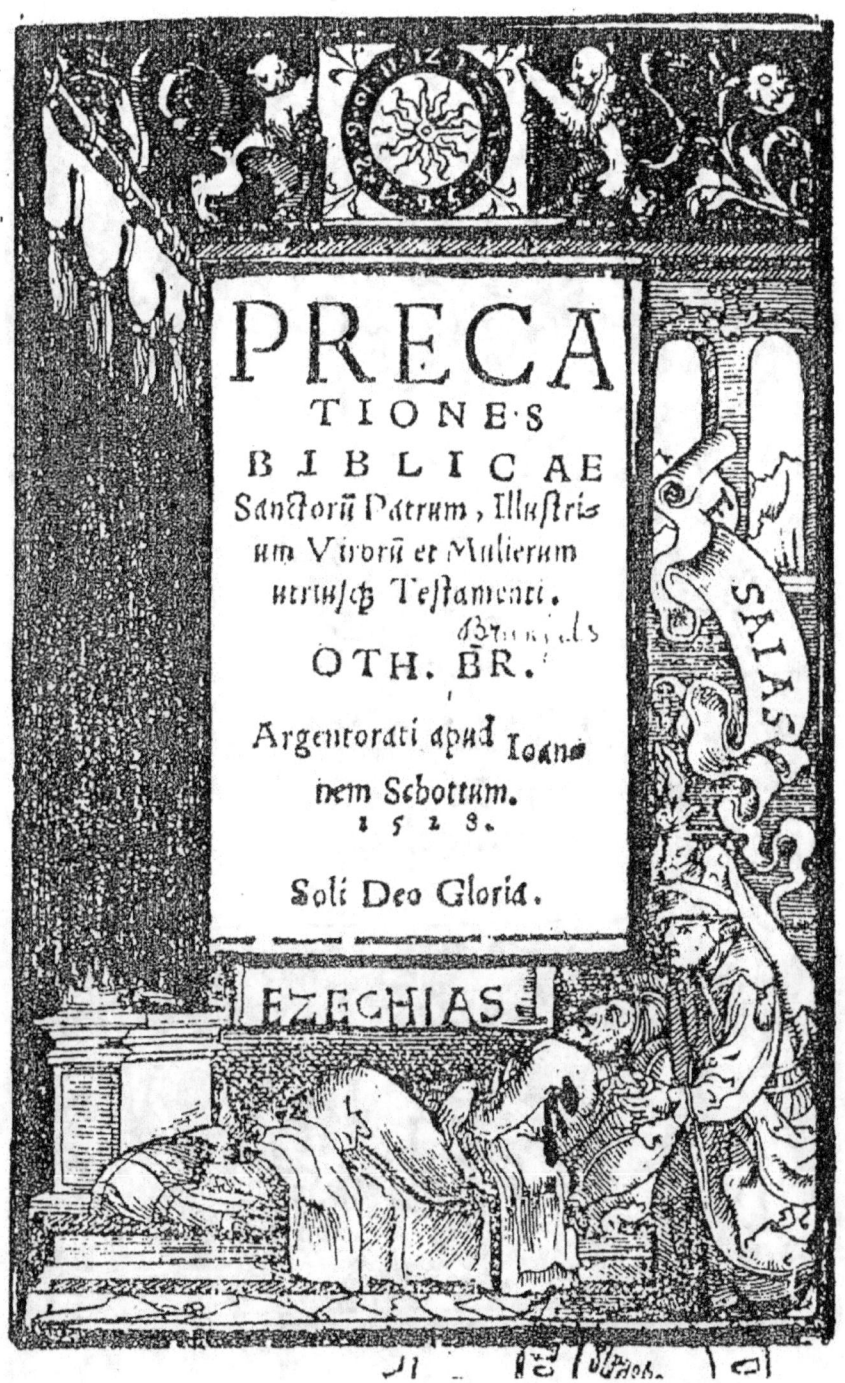

PRECA
TIONES
BIBLICAE
Sanctorū Patrum, Illustri-
um Virorū et Mulierum
utriusq; Testamenti.

OTH. BR.

Argentorati apud Ioan-
nem Schottum.
1528.

Soli Deo Gloria.

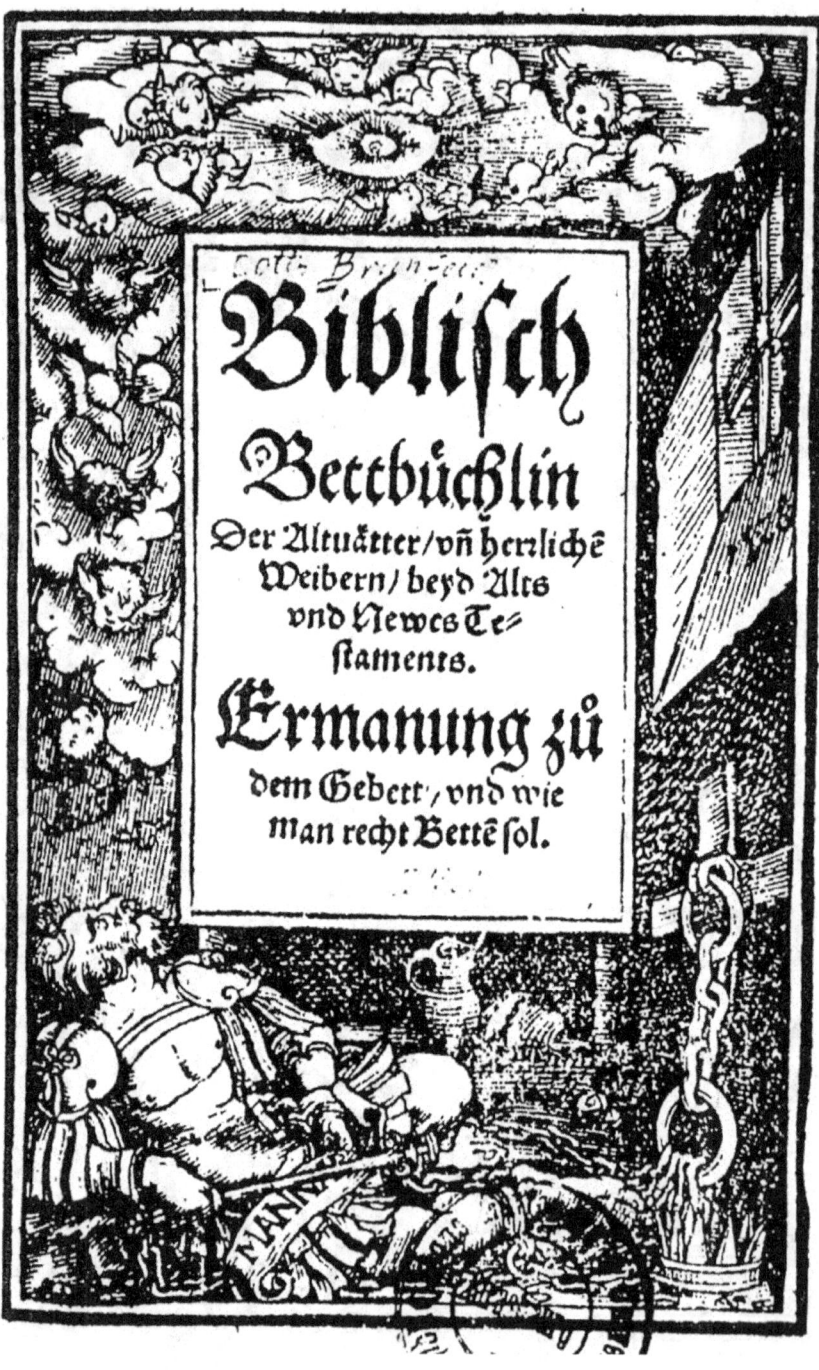

liche thayl / nemlich die den waſſern nahe gelegen ſeyndt /
beſchädigen.

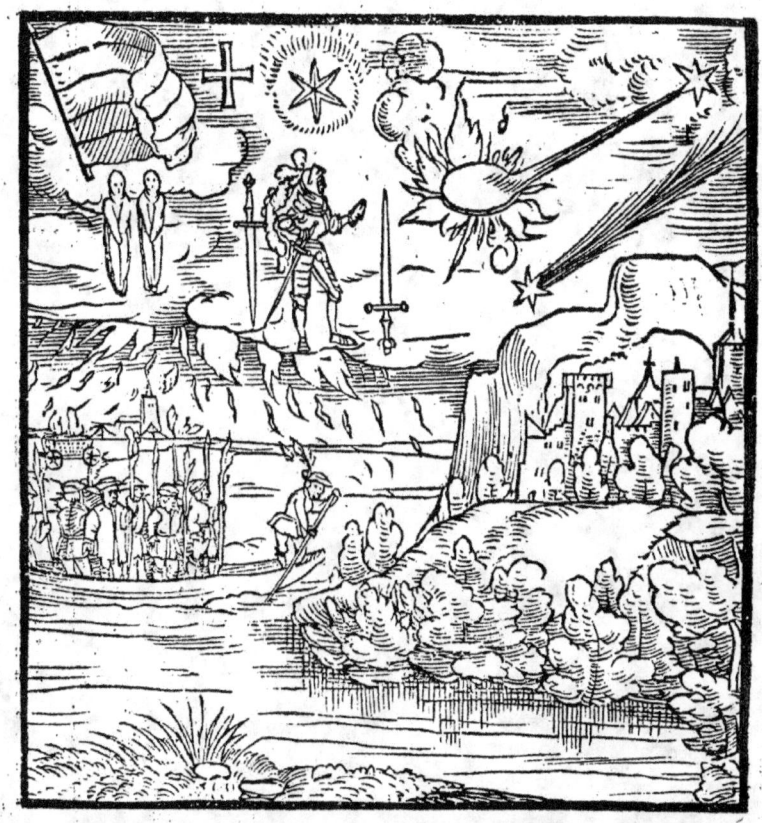

Diſe Coniunction wirt auch bewegen werdenn inn
der lüfft / vil wunderbarliche geſicht / Als do ſeyndt flye-
gent ſewr / ſewrige drachenn / fallende Stern / Wirt auch
bewegen ein grauſamen Cometenn / der ſeynen ſchwantz
außſtrecken wirt inn mancherlay ort der welt / vnd durch
lauffen die zwölff zaychen / vnd iſt zaigen vil wunderbarliche / erſchröckliche ding.

Wañ er wirt ſchedigen den mechtigen menſchen. Vnd
es werdent auff ſtehen menſchen inn der welt ſnen fürzüne-
men

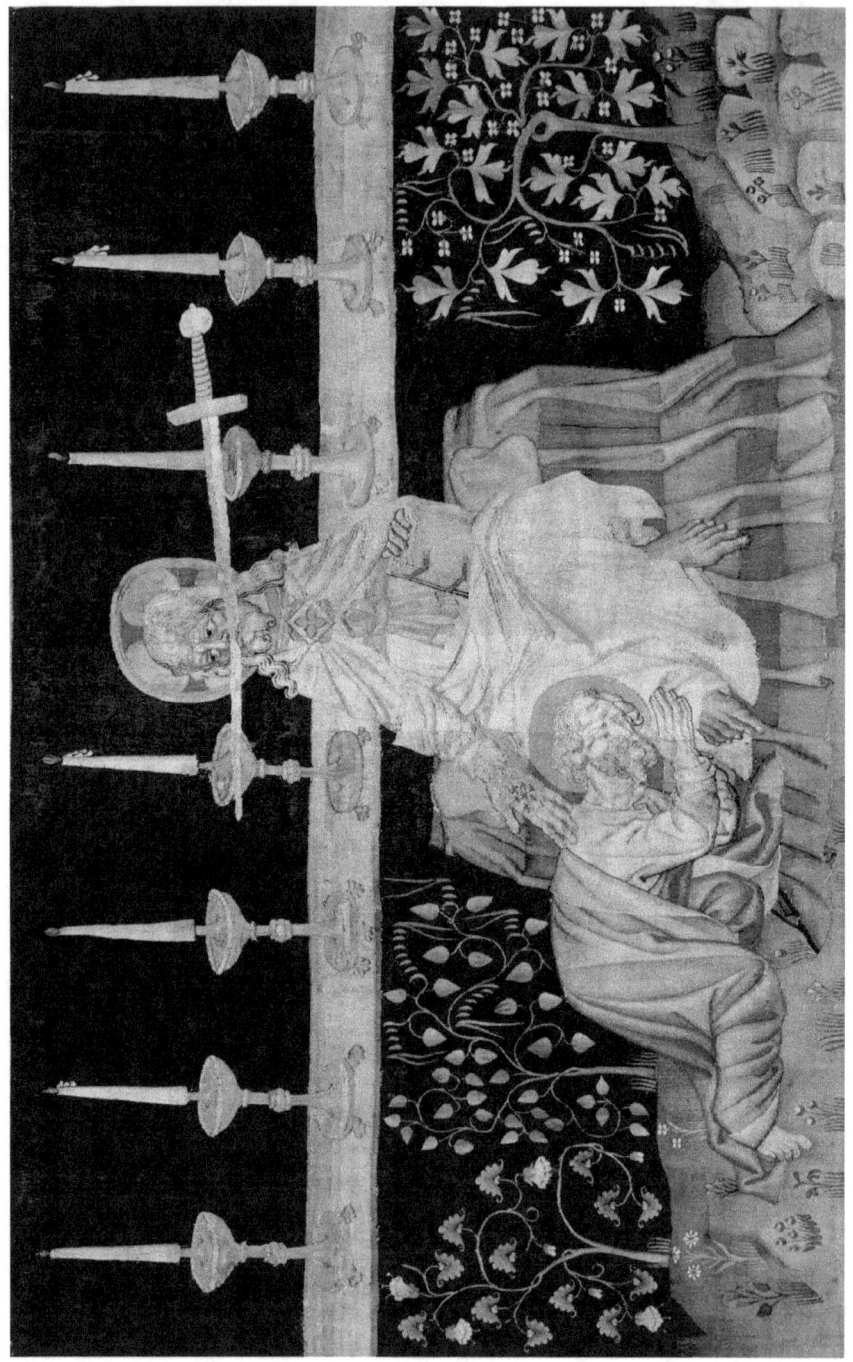

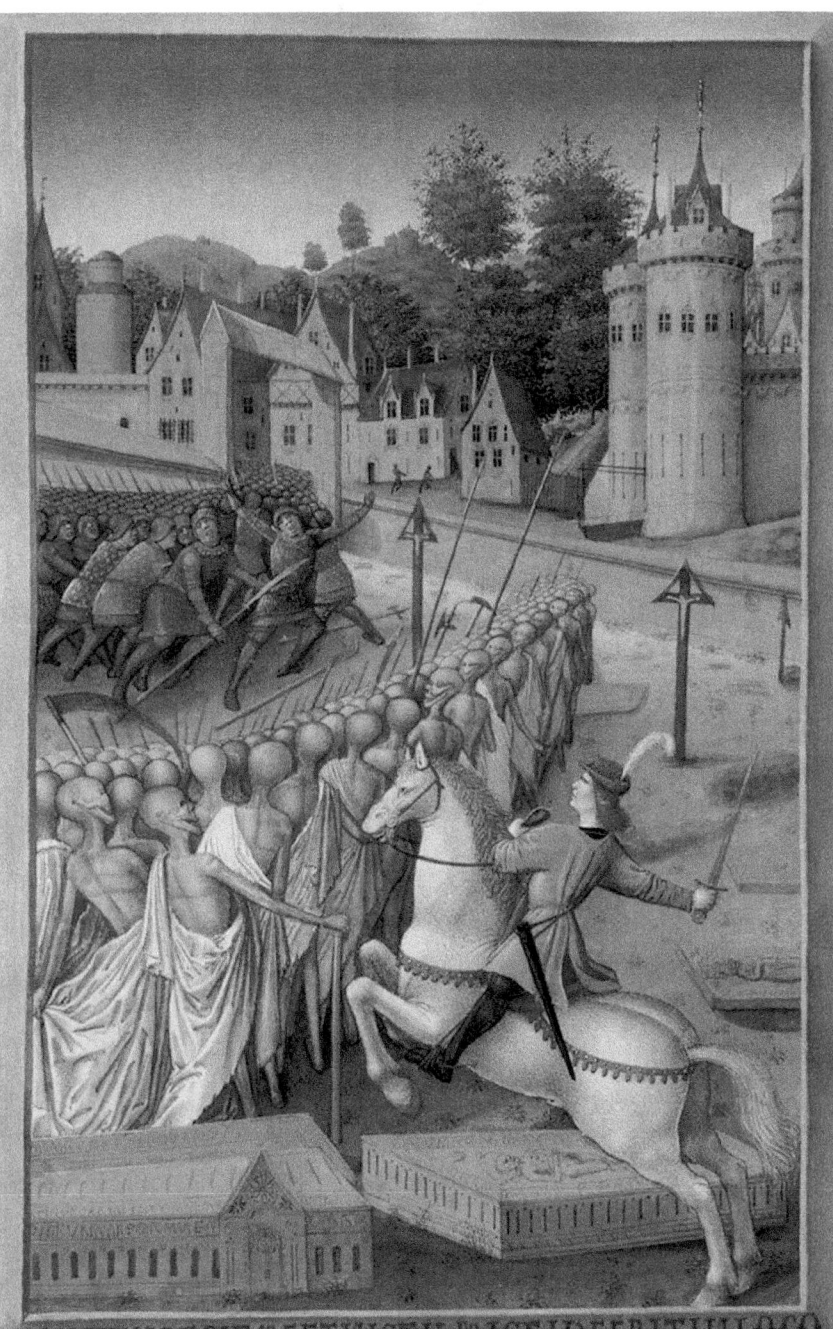

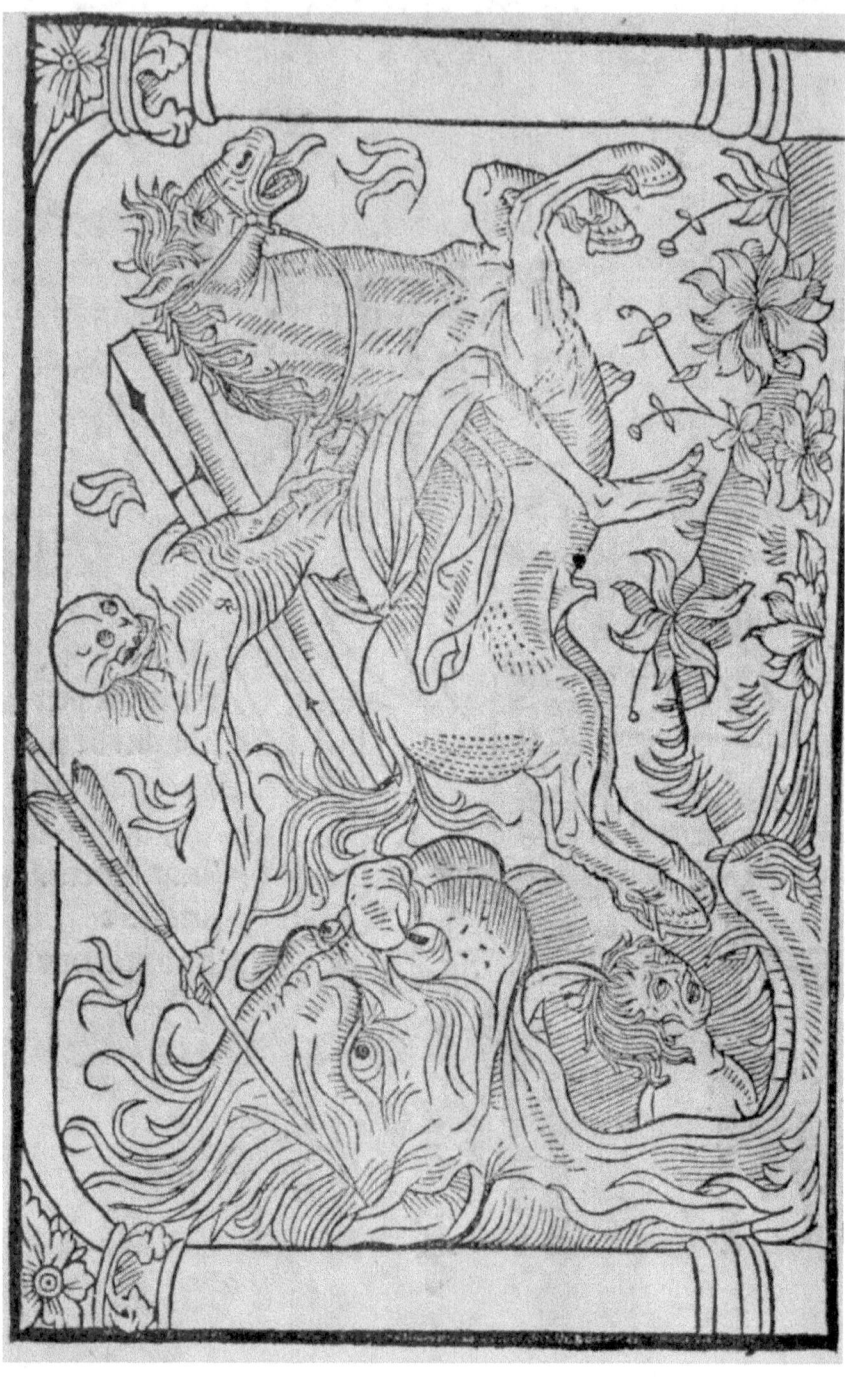

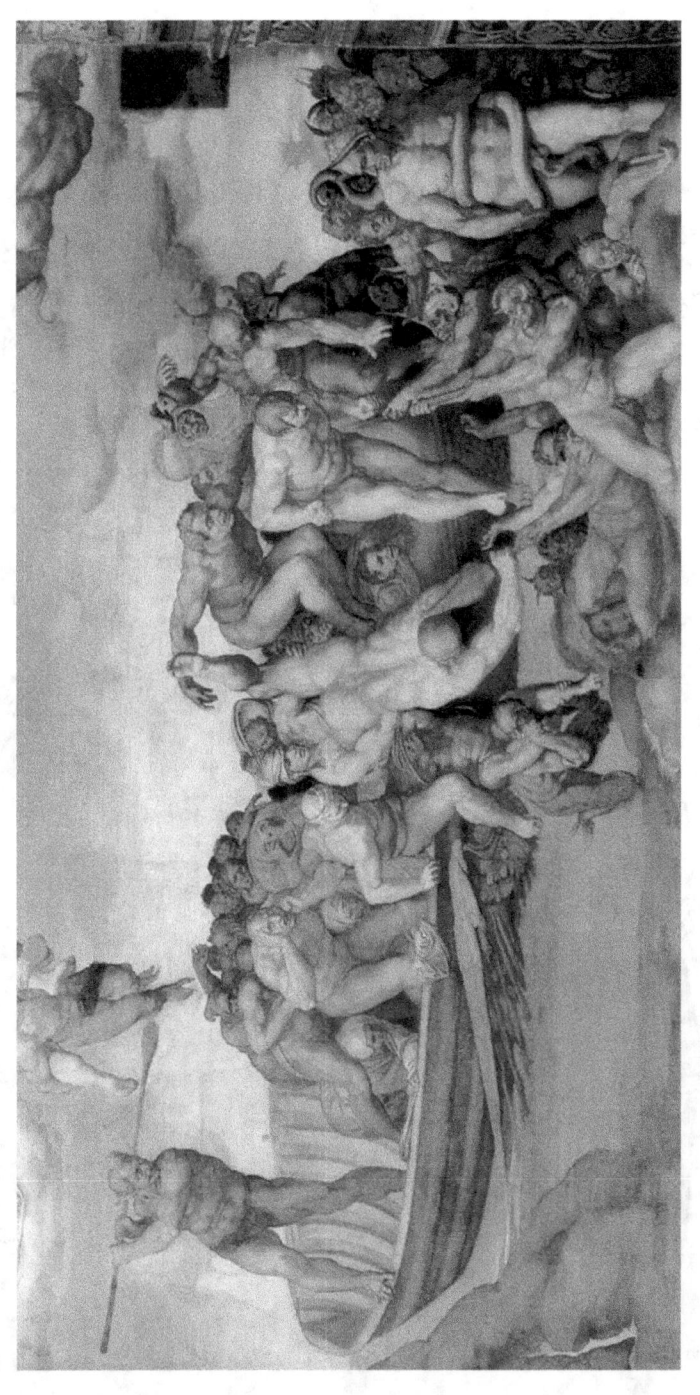

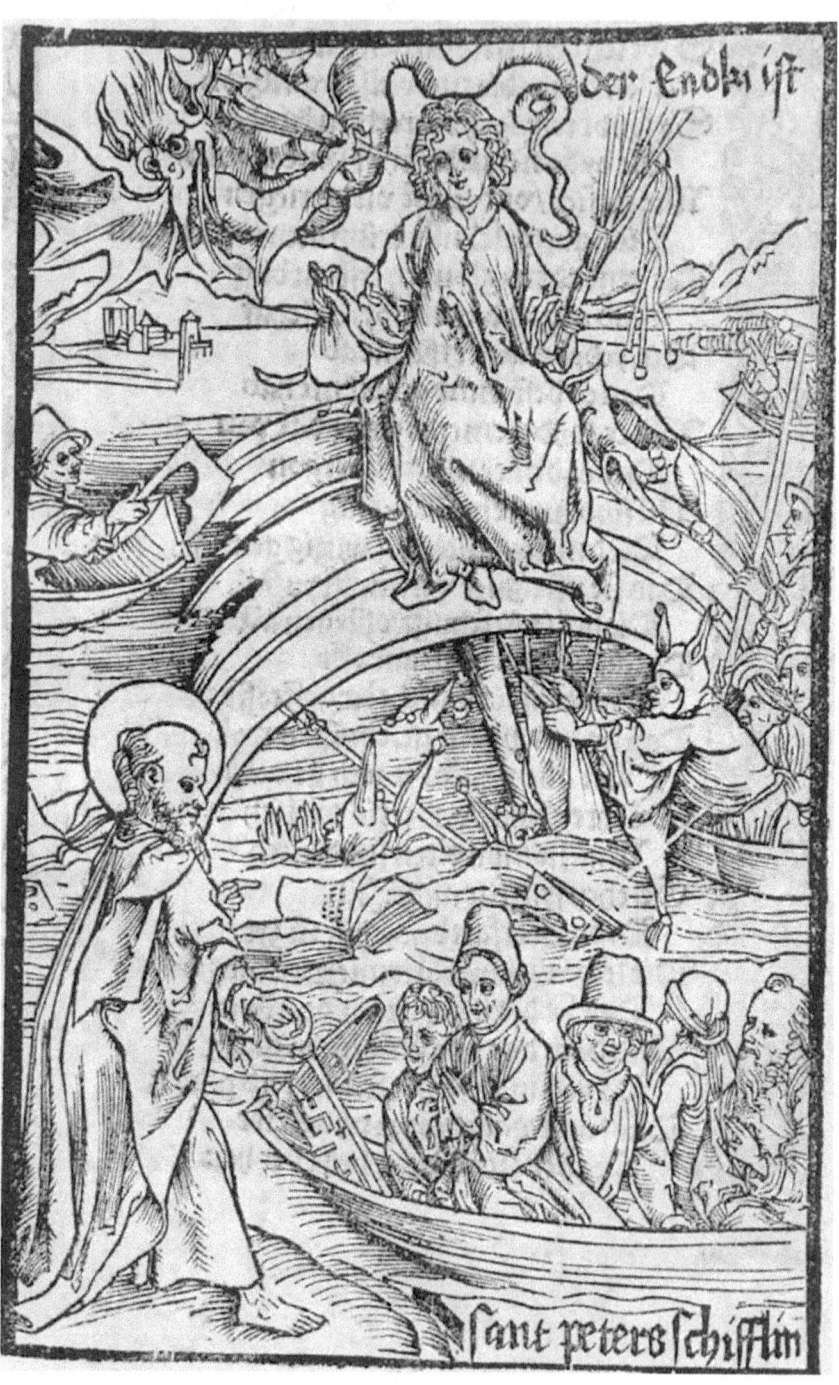

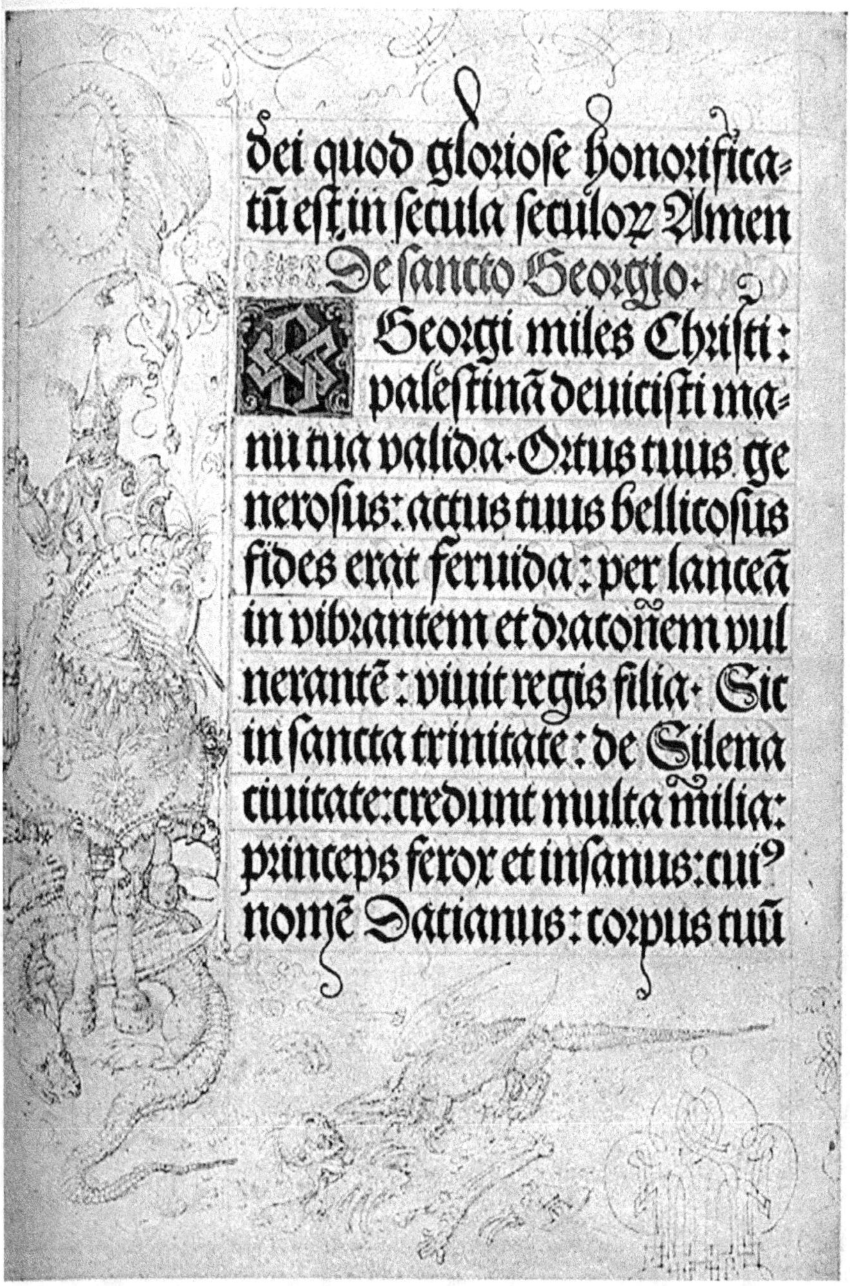

dei quod gloriose honorifica
tū est,in secula seculoꝝ Amen
De sancto Georgio·
Georgi miles Christi:
palestinā deuicisti ma
nu tua valida·Ortus tuus ge
nerosus:actus tuus bellicosus
fides erat feruida:per lanceā
in vibrantem et draconem vul
nerantē:viuit regis filia·Sic
in sancta trinitate:de Silena
ciuitate:credunt multa milia:
princeps ferox et insanus:cuiꝰ
nomē Datianus:corpus tuū

innumerabilia delicta mea. Omnipotens deus veniam peto coram te: et coram angelis tuis: et sanctis tuis: de vniuersis peccatis meis: presentibus preteritis et futuris: deus propitius esto mihi pctōri Amē. Quicūq; hanc oratiōem deuote dixerit: eadem oratio in agone mortis sue: sibi in memoriā veniet: et adiumētum & consolationem prestabit.

Dulcissime domine iesu Christe: qui hominē

ple: et in his vsq; ad mortem
perseuerare indulge: et ad ce-
lestis regni gloriam sempiter-
nam me post huius vite cursum fac peruenire. Qui cū pa-
tre et filio et spiritu sancto: vi-
uis et regnas deus. Per omnia secula seculorum Amen.

Pro bn̄factorib9 interpellatio

Omine Jesu christe su-
scipe preces mei peccato
ris p animabus fidelium de-
functorum. Qui maiestatem
tuam pro me exorauerunt: et

lacerat: te veneno bis potauit:
et in plumbo balneauit: pena
grauis fuerat: penam tuā mi-
tigauit. Christus cum te visita
uit: reclusum in carcere. Hic
nos saluet a peccatis: vt in celo cum beatis: possimus qui-
escere Amen.

De sancta Appolonia.

Eus pro cuius sanctissi-
mi nois tui amore: be-
ata appolonia virgo et mar-
tir amaram dētium excussio-
nem sustinuit. Presta quesu-

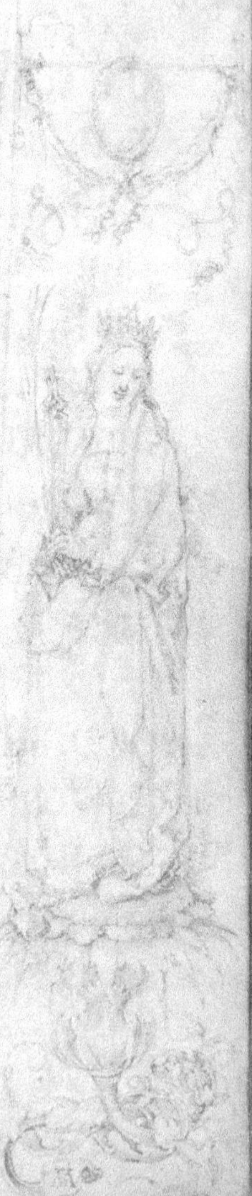

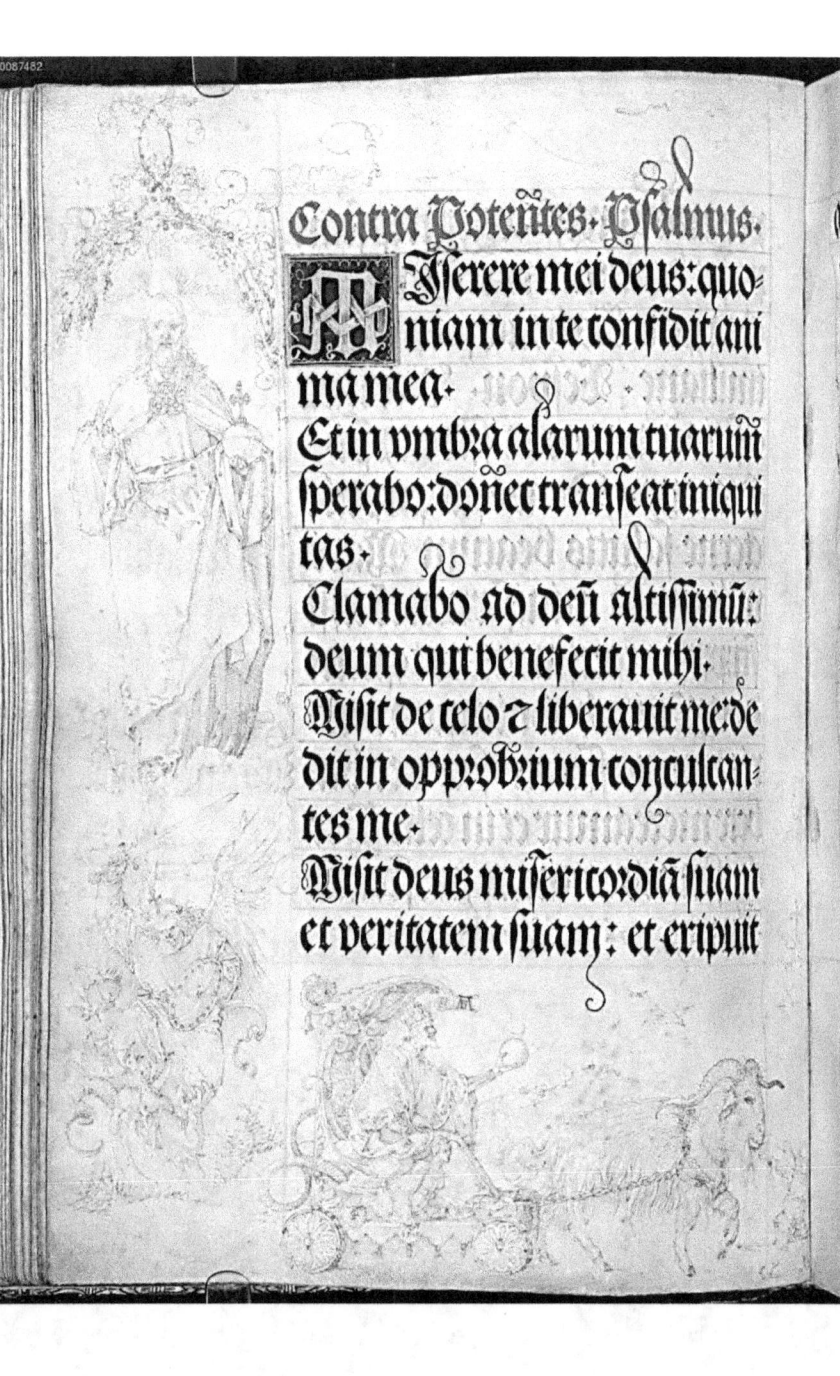

Contra Potentes. Psalmus.

Miserere mei deus: quoniam in te confidit anima mea.
Et in umbra alarum tuarum sperabo: donec transeat iniquitas.
Clamabo ad deu̅ altissimu̅: deum qui benefecit mihi.
Misit de celo & liberauit me: dedit in opprobrium conculcantes me.
Misit deus misericordiam suam et veritatem suam: et eripuit

niam cognouit nomen meū.
Clamauit ad me et ego exau-
diam eum: cum ipso sum in
tribulatione: eripiam eum: et
glorificabo eum.
Longitudine dierum replebo
eum: et ostendam illi salutare
meum.

Psalmus Dauidis.
Iudica domine nocen-
tes me: expugna impu-
gnantes me.
Apprehēde arma et scutum:
et exurge in adiutorium mihi

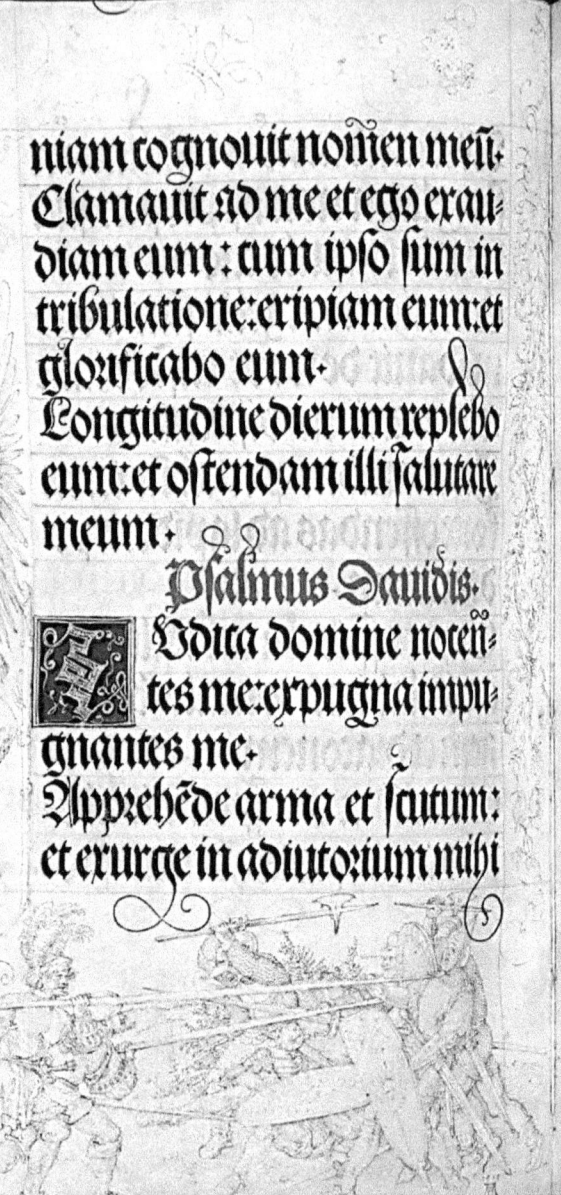

Exultent z letentur qui volūt
iustitiam meam: z dicāt semper magnificetur dominus:
qui volunt pacem serui eius.
Et lingua mea meditabitur
iustitiam tuam: tota die laudem tuam.
Quomodo Judei perterriti
ceciderunt in terram.

Hiesu vnigenite altissi-
mi patris splendor: et figura substantie eius: et te ipm
appellaris. Ego sum inquis
vitis vera: pastor bonus via

tua Agla Ananizapta te
tragramaton: que sunt lau
danda: glorificanda: tremen
da: et adoranda: nunc et Per
infinita secula seculorū Amē.
Pater Noster.
Hiesu vera libertas an
gelorum: mundi fabri
cator: τ omniū bonoꝛ auctoꝛ:
via salutis eterne: verus osten
soꝛ. Memento comprehensio
nis et temptationis tue: quan
do iudei tanquā leones fero
cissimi in templo te circumste

tre et spiritu sancto glorie viuit
et regnat in secula seculorum.
Amen.

Hore intemerate virginis Ma
rie secundum vsum Romane
curie. Ad matutinas.
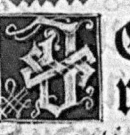Omine labia mea ape
ries. Et os meum an
nunciabit laudem tuã. De
us in adiutorium meum intẽ
de. Domine ad adiuuãdum
me festina. Gloria patri et fi
lio: et spiritui sacto. Sicut erat

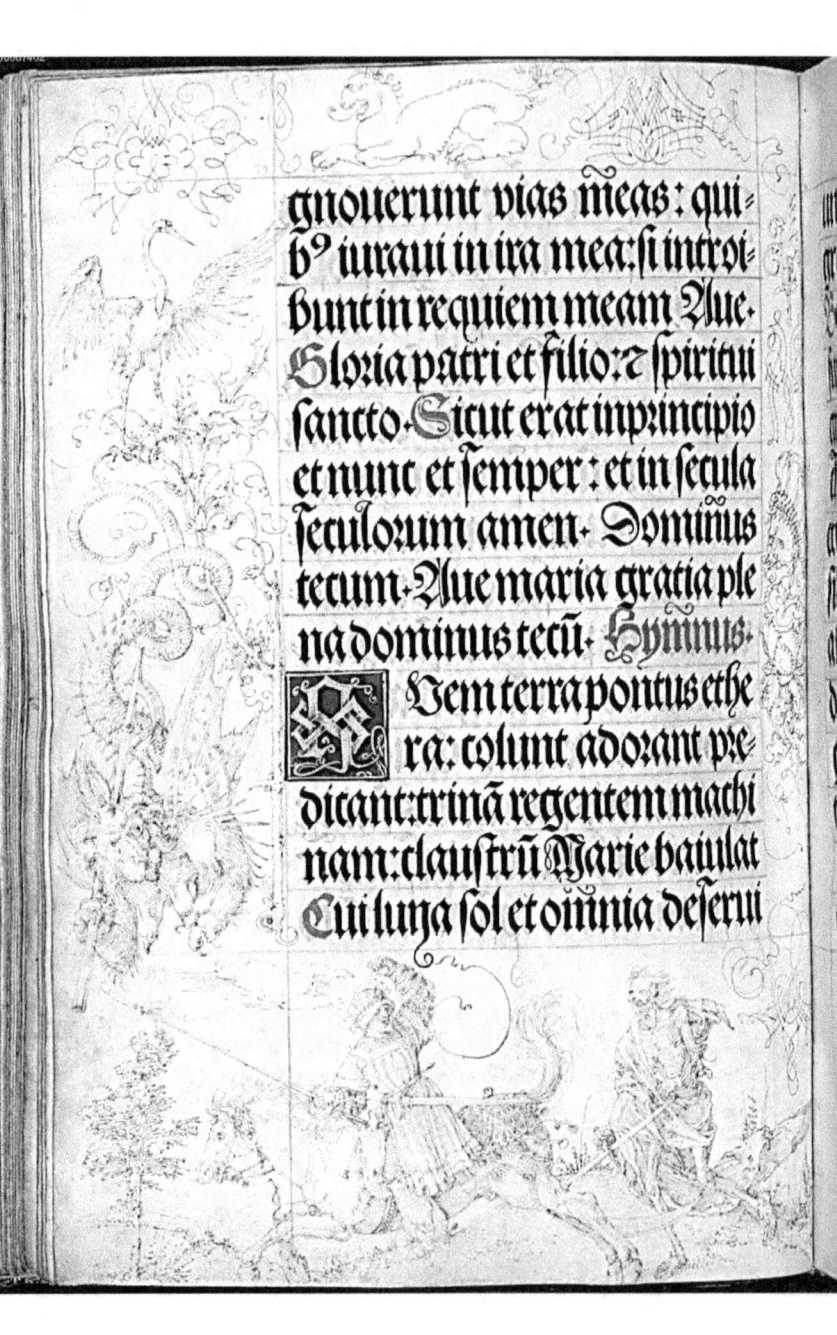

gnouerunt vias meas: quib9 iuraui in ira mea: si introibunt in requiem meam. Aue. Gloria patri et filio: & spiritui sancto. Sicut erat in principio et nunc et semper: et in secula seculorum amen. Dominus tecum. Aue maria gratia plena dominus tecū. Hymnus.

QVem terra pontus ethera: colunt adorant predicant: trinā regentem machinam: claustrū Marie baiulat Cui luna sol et oīmnia deseru

men tuum in vniuersa terra.
Gloria patri. Antiphona Be-
nedicta tu in mulieribus: z be-
nedictus fructus ventris tui.
Ant. Sicut mirrha. Psalmus
Eli enarrant gloriam
dei: et opera manuum
eius annunciat firmamen-
tum. Dies diei eructat verbū:
et nox nocti indicat scientiam
Non sunt loquele: neque sermones: quorum non audian-
tur voces eorum. In omnem
terram exiuit sonus eorum: et

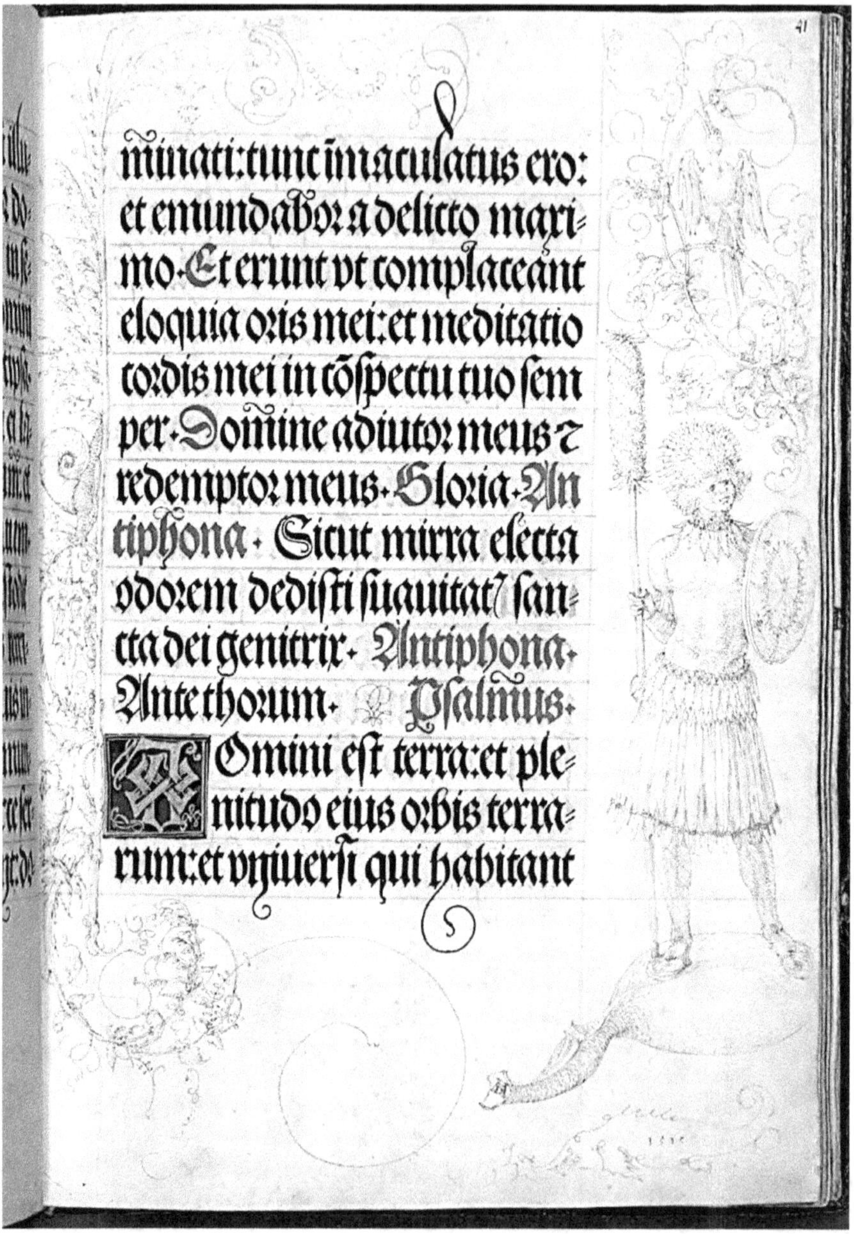

minati: tunc immaculatus ero:
et emundabor a delicto maxi-
mo. Et erunt vt complaceant
eloquia oris mei: et meditatio
cordis mei in cōspectu tuo sem
per. Domine adiutor meus τ
redemptor meus. Gloria. An
tiphona. Sicut mirra electa
odorem dedisti suauitat̄ san
cta dei genitrix. Antiphona.
Ante thorum. Psalmus.
Domini est terra: et ple-
nitudo eius orbis terra-
rum: et vniuersi qui habitant

tia in labijs tuis· Responsori· Propterea bñdixit te deus in eternum· Pater noster· Et ne nos· Benedictio· Precibus et meritis: vt sequitur post·

Iste psalmus et alij duo sequentes cum suis antiphonis dicuntur diebus martis et veneris: antiphona Specie tua: et pulchritudine· Psalmus·

Euctauit cor meū verbum bonum: dico ego opera mea regi· Lingua mea calamus scribe: velociter scri-

te deus in eternum. Pater noster. Et ne nos. Bñdictio. Precibus et meritis. vt sequit post
Iste psalmus: et alij duo sequentes cum suis antiphonis
dicuntur diebus mercurij et
sabbati. Antiphona. Gaude.
Psalmus
Cantate domino canti-
cum nouū: cantate dño
omnis terra. Cantate domio
et benedicite nomini eius: annunctiate de die in diem salutare eius. Annunctiate inter

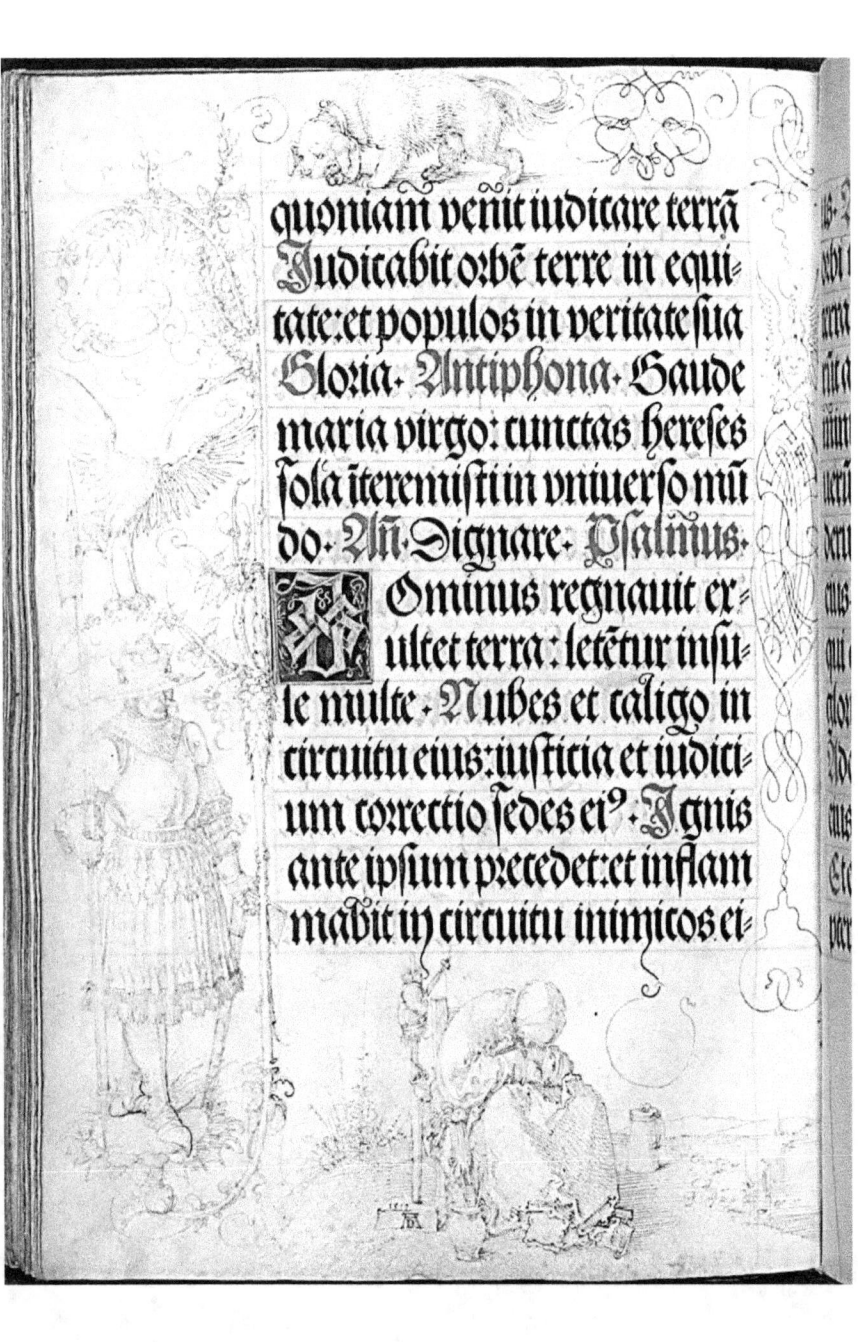

quoniam venit iudicare terrā
Iudicabit orbē terre in equi-
tate: et populos in veritate sua
Gloria. Antiphona. Gaude
maria virgo: cunctas hereses
sola iteremisti in vniuerso mū
do. Ant. Dignare. Psalmus.
Ominus regnauit ex=
ultet terra: letētur insu-
le multe. Nubes et caligo in
circuitu eius: iusticia et iudicium correctio sedes ei⁹. Ignis
ante ipsum precedet: et inflam
mabit in circuitu inimicos ei

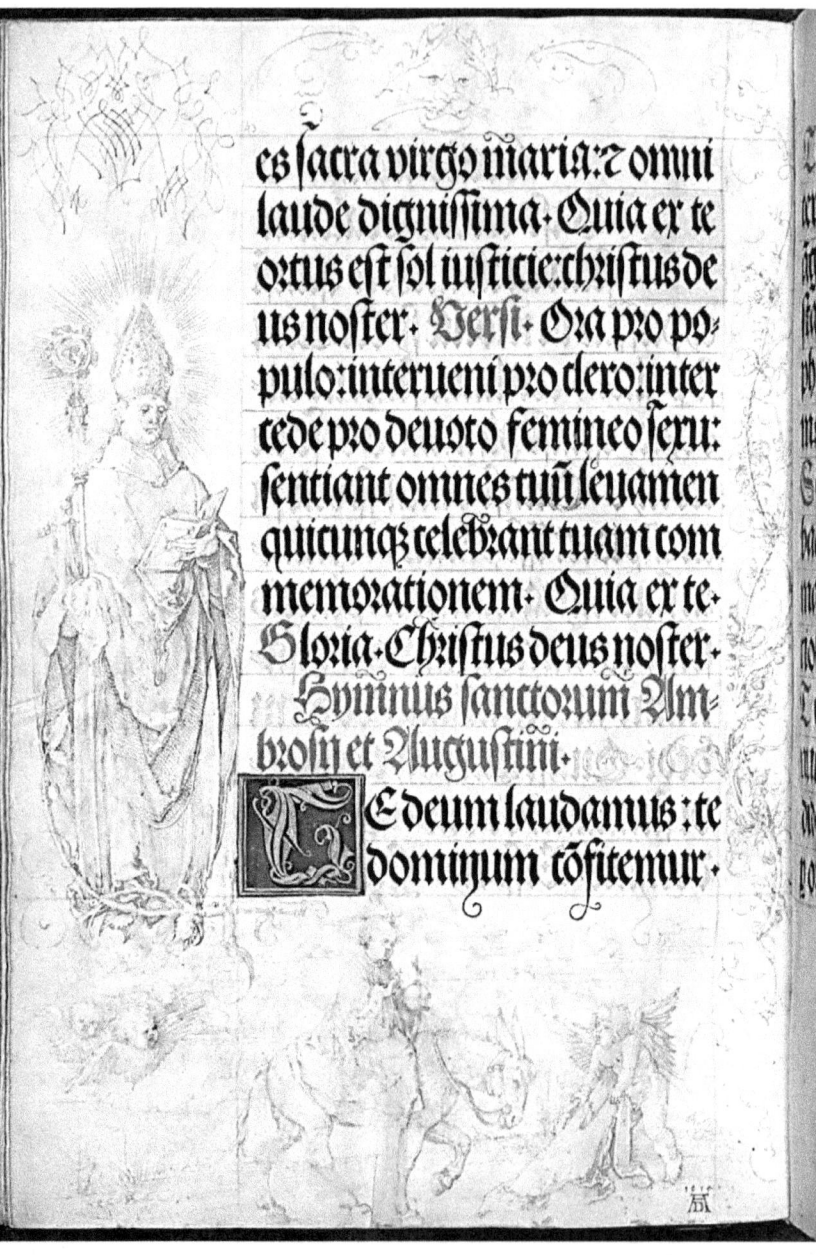

es sacra virgo maria: ⁊ omni
laude dignissima· Quia ex te
ortus est sol iusticie: christus de
us noster· Versi· Ora pro po
pulo: interueni pro clero: inter
cede pro deuoto femineo sexu:
sentiant omnes tuū leuamen
quicumcǫ celebrant tuam com
memorationem· Quia ex te·
Gloria· Christus deus noster·
Hymnus sanctorum Am
brosij et Augustini·

Te deum laudamus: te
dominum cōfitemur·

ricordia tua domīe super nos:
quemadmodum sperauim̄
in te. In te domīe speraui nō
confundar in eternum.

Ad Laudes.

Eus in adiutorium me
um intende. Domine
ad adiuuandum me festina.
Gloria patri τ filio: τ spiritui
sancto. Sicut erat i principio
et nunc et semper: et in secula
seculorū Amen. Antiphona.
Assumpta est. Psalmus.

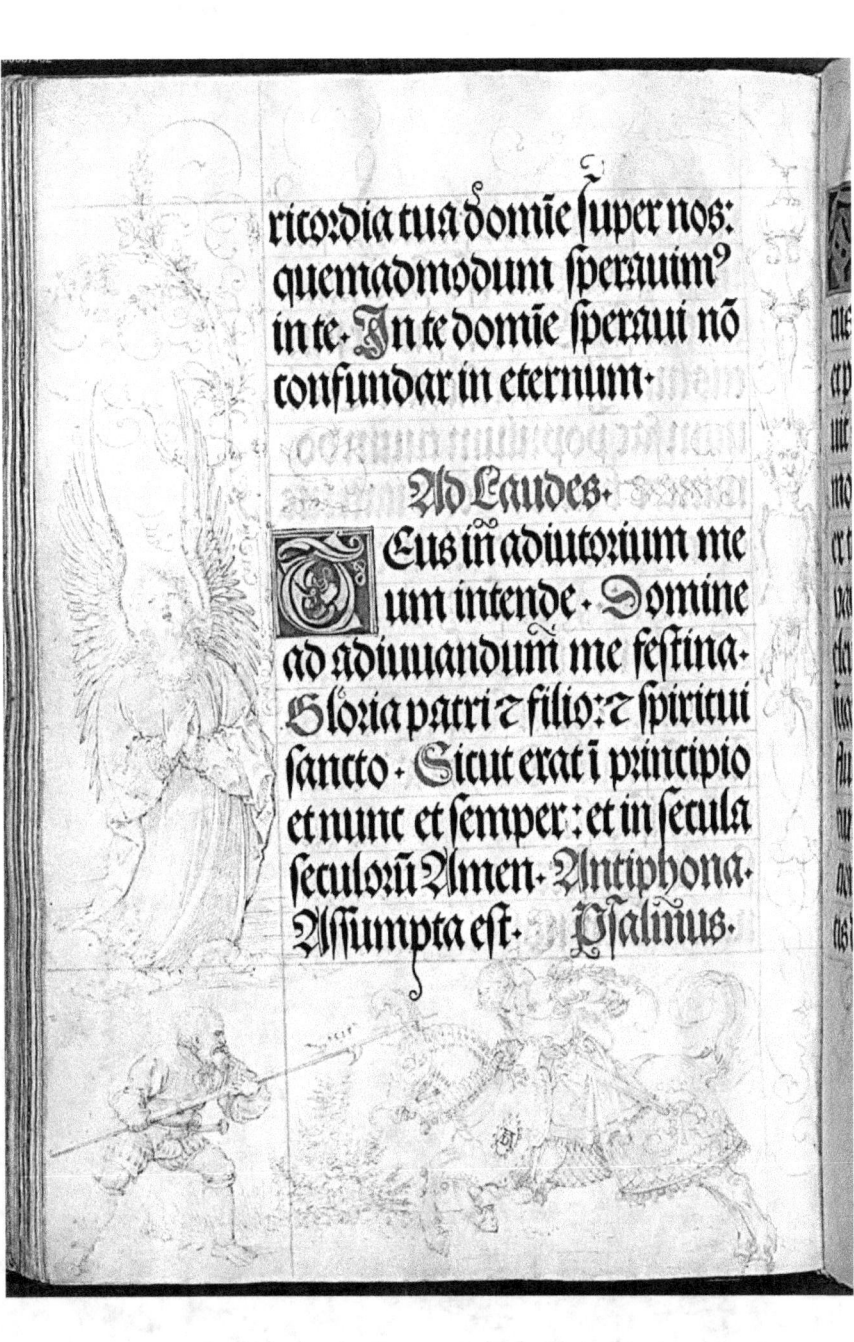

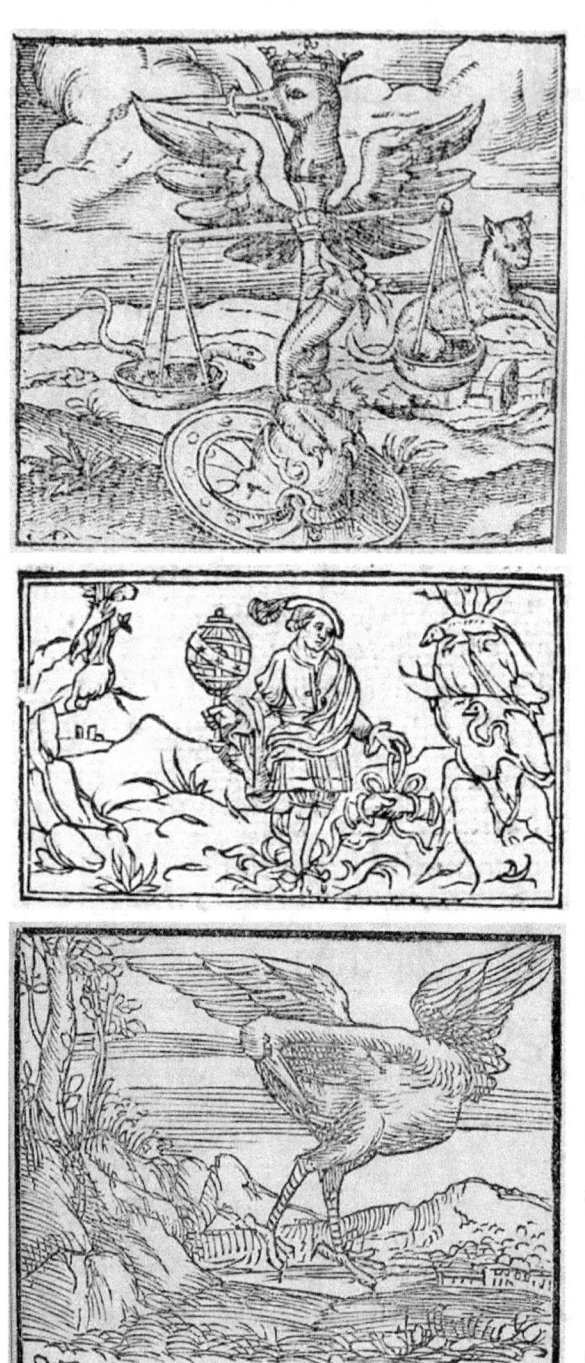

Joannes Sambucus, *Quibus Respublica conservetur*; Gilles Corrozet, *Foy charité & esperance*, Andrea Alciati, *In sordidos* (Venise, 1546)

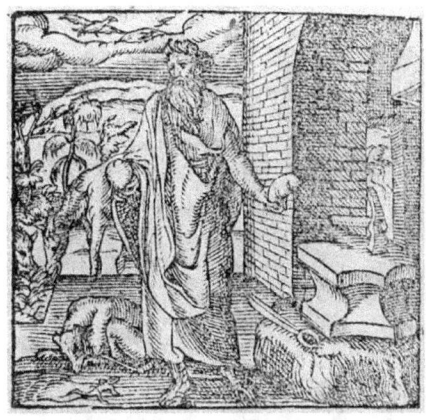
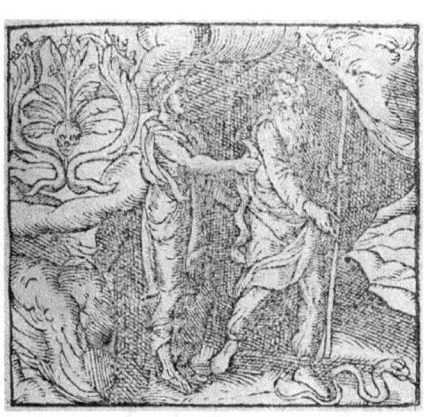
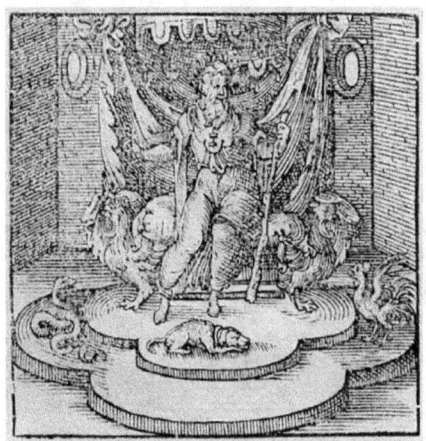
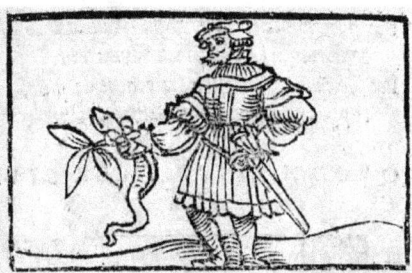
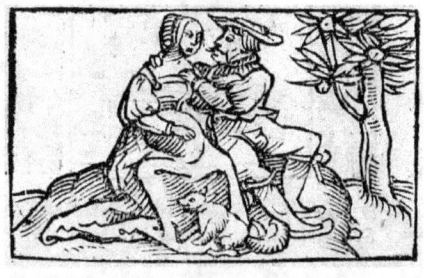
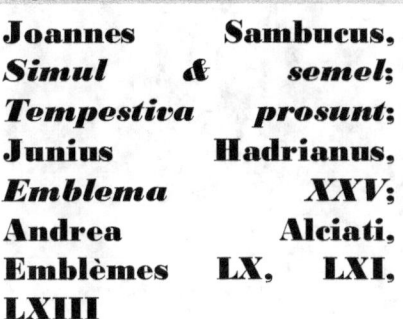
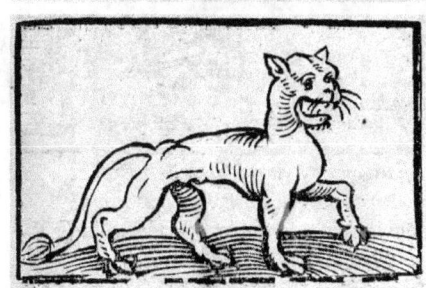

Joannes Sambucus, *Simul & semel*; *Tempestiva prosunt*; Junius Hadrianus, *Emblema XXV*; Andrea Alciati, Emblèmes LX, LXI, LXIII

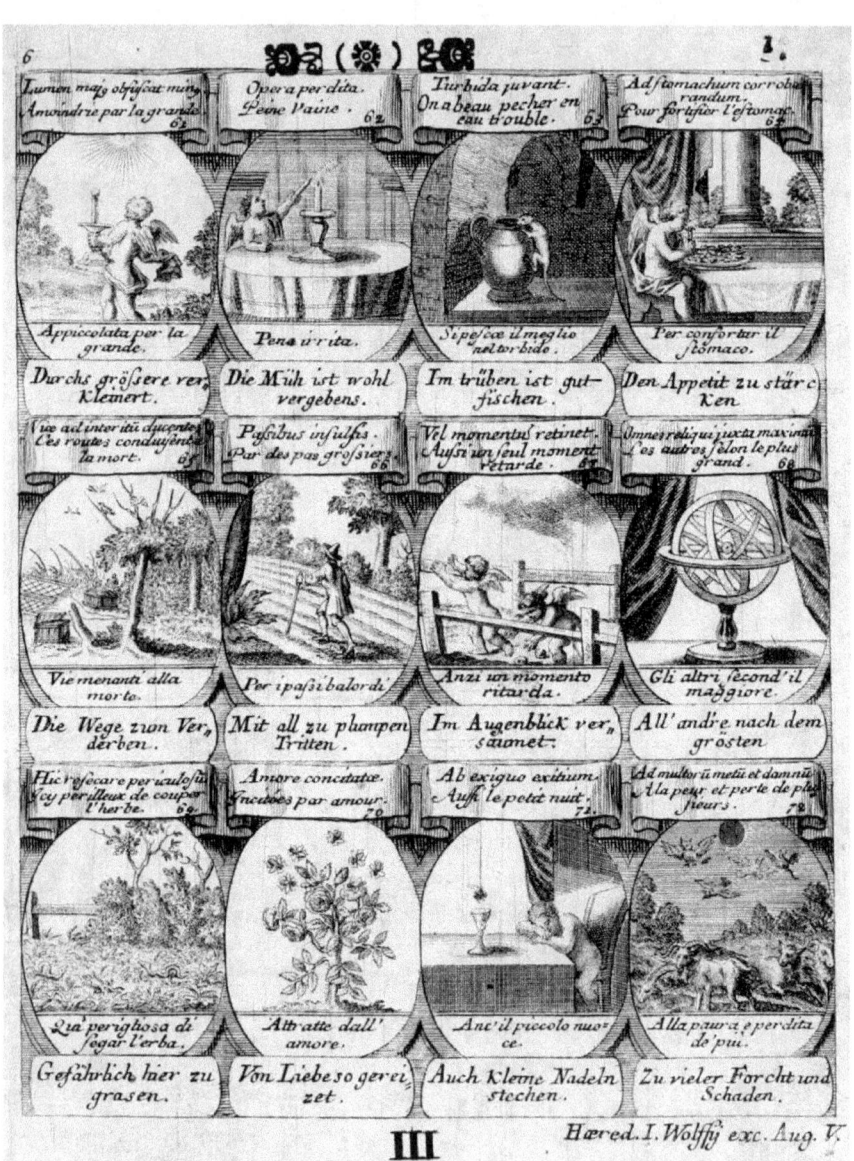

Laurentius Wolfgang Woytt, Pl. III-15

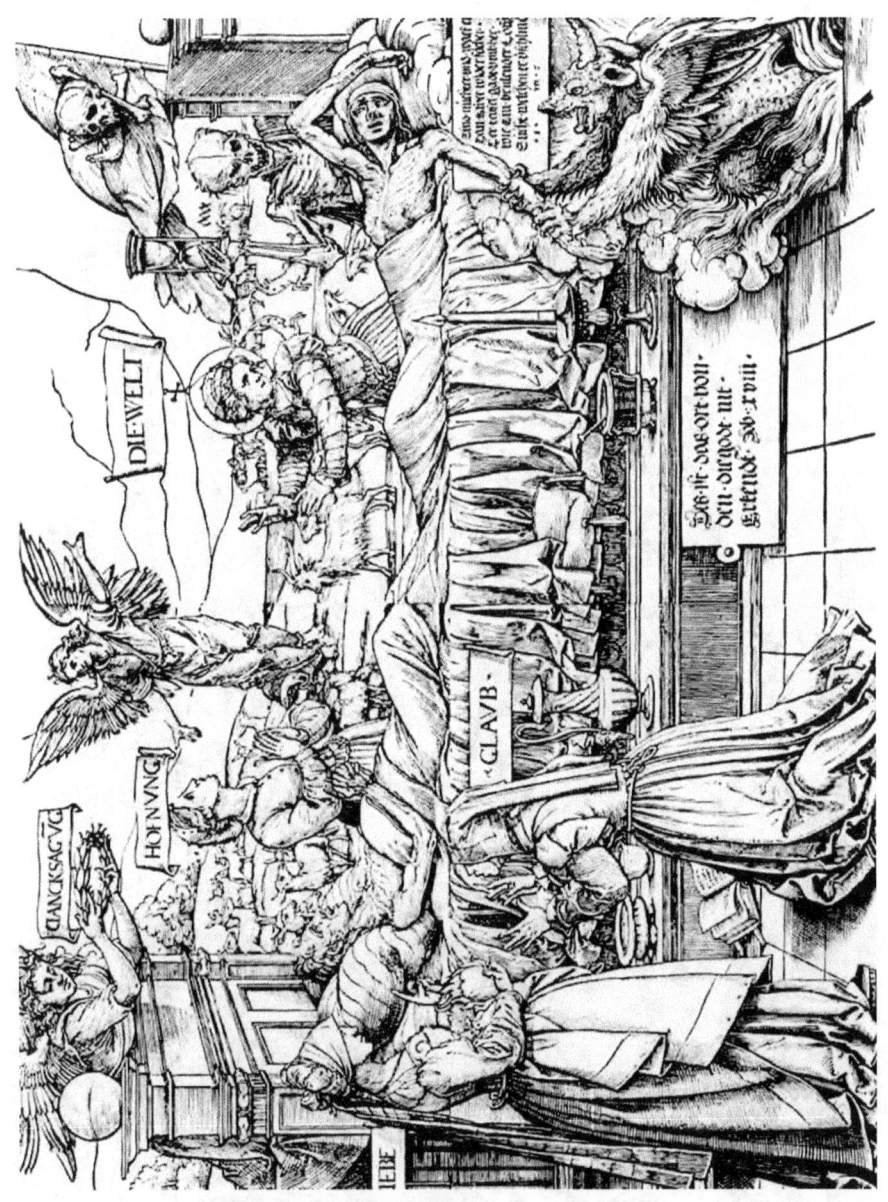

Heinrich Vogtherr le Jeune,
La mort du Juste et de l'Injuste

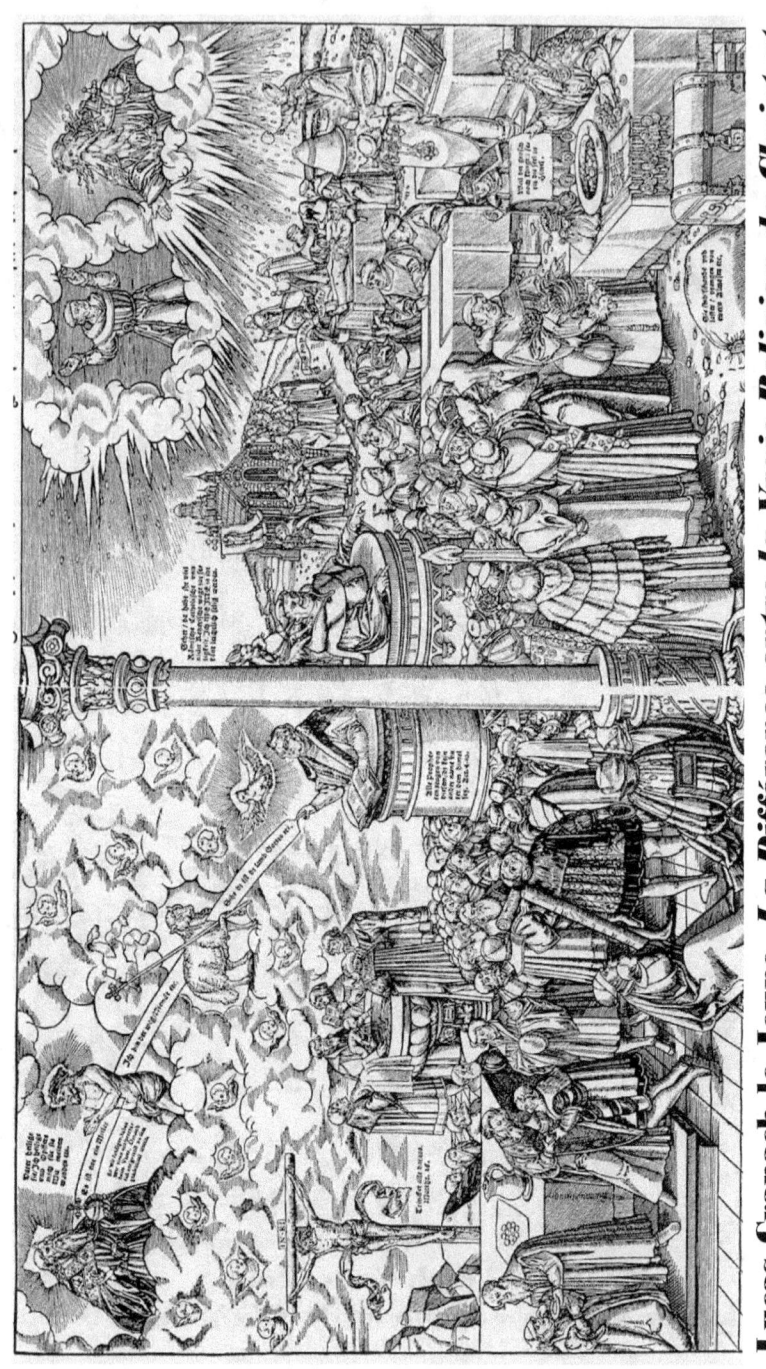

Lucas Cranach le Jeune, *La Différence entre la Vraie Religion du Christ et la Fausse, Idolâtre Enseignement de l'Antéchrist*

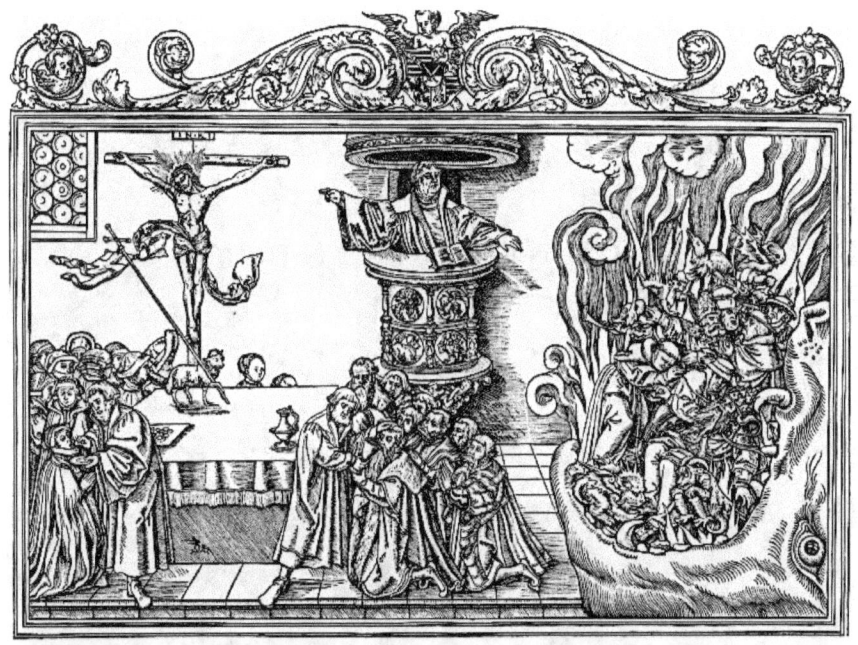
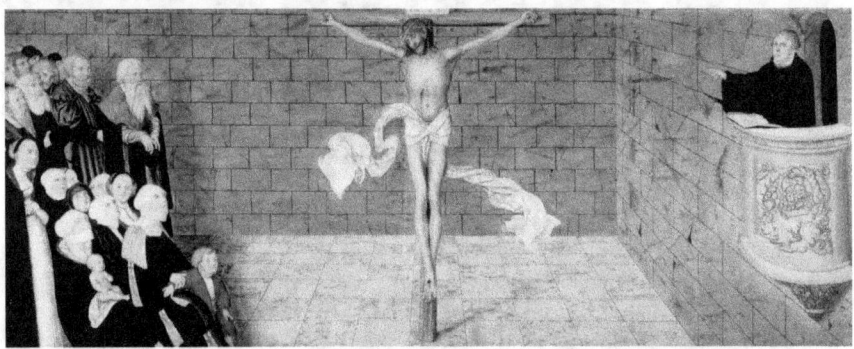

Lucas Cranach le Jeune, *Abendmahl der Protestanten und Höllensturz der Katholiken*; Lucas Cranach le Vieux, *Luther prêchant*, prédelle de l'autel principal, Stadtkirche de Wittenberg

CICALAMEN-
TI DEL GRAPPA
INTORNO AL SONETTO
,, *Poi che mia speme è lunga à venir troppo,*

DOVE SI' CIARLA ALLVN-
GO DELLE LODI DELLE DON-
NE ET DEL MAL FRANCIOSO.

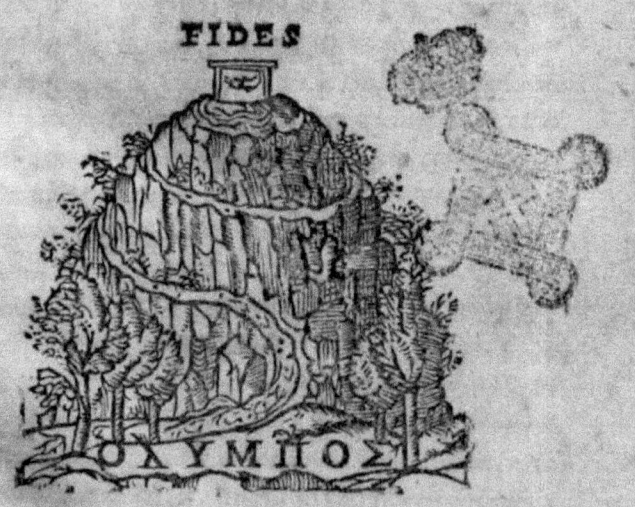

IN MANTOVA
Nel XXXXV.

Giulio Romano, Palazzo Te, *Camera delle imprese*

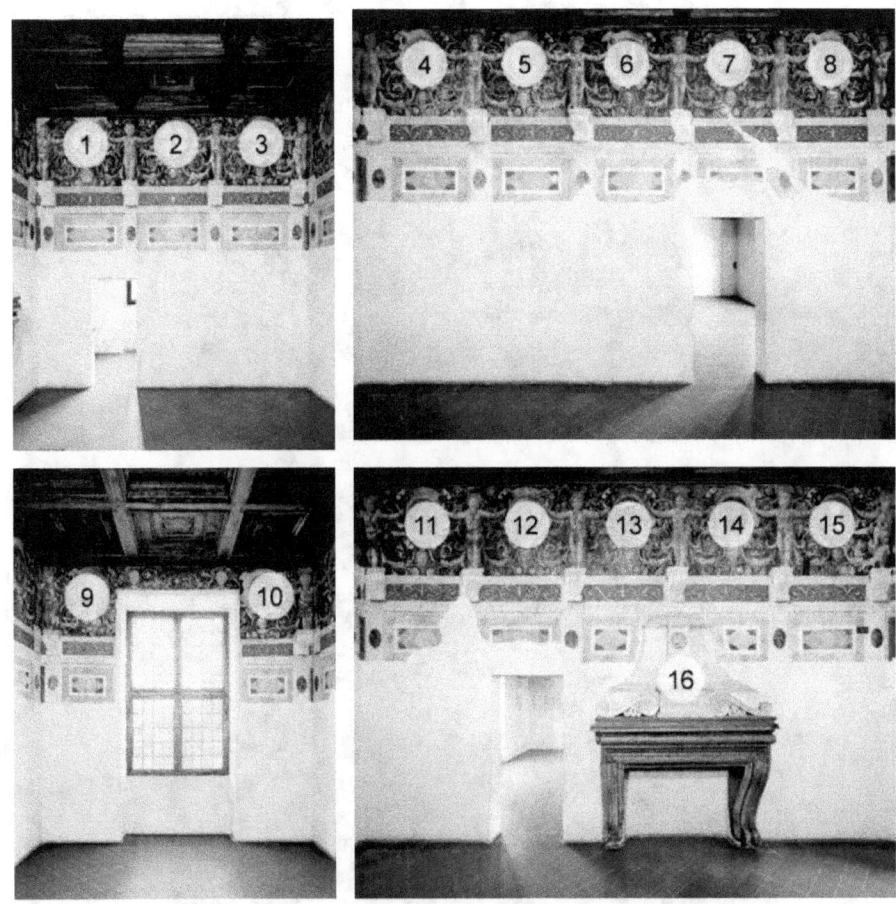

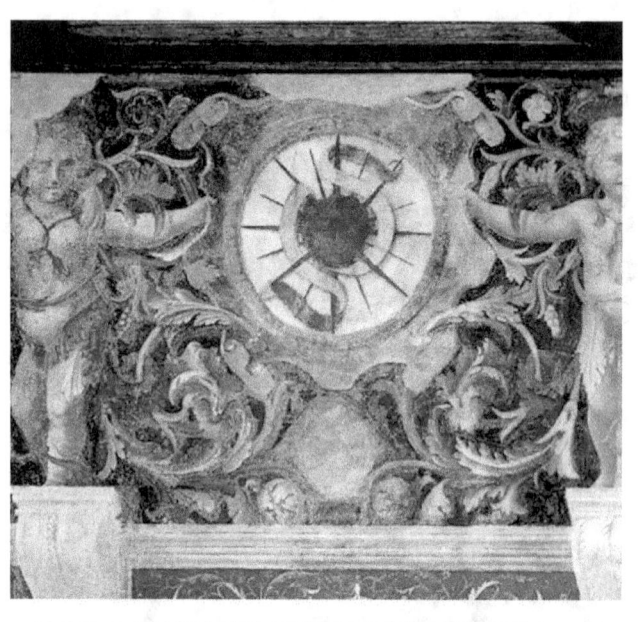

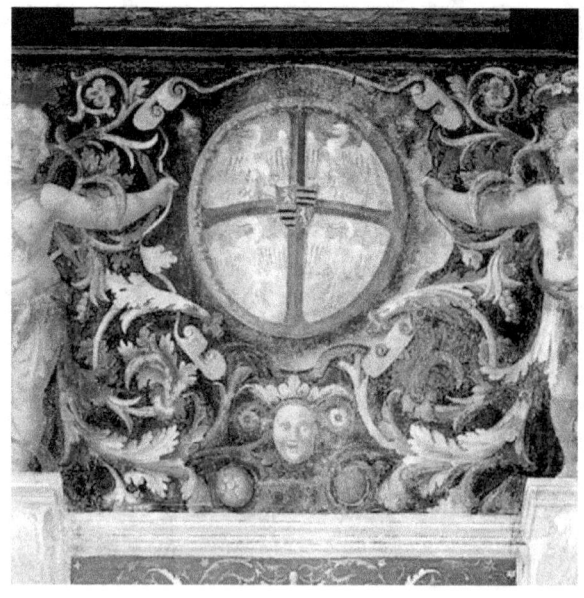

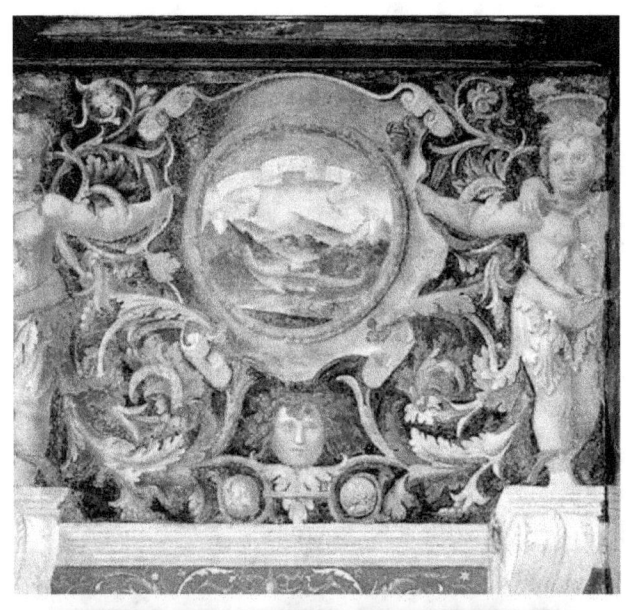
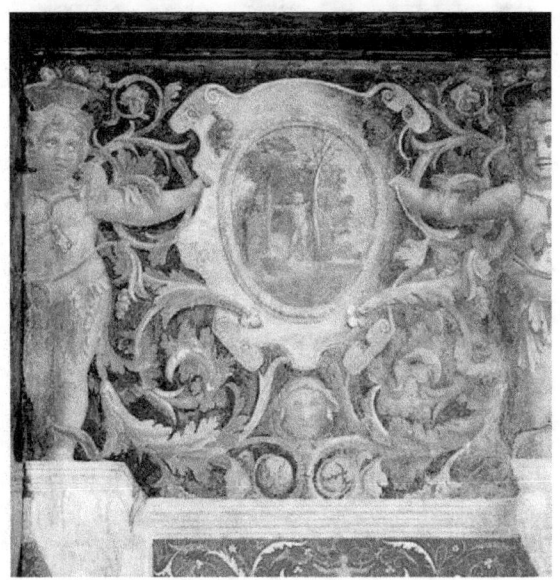

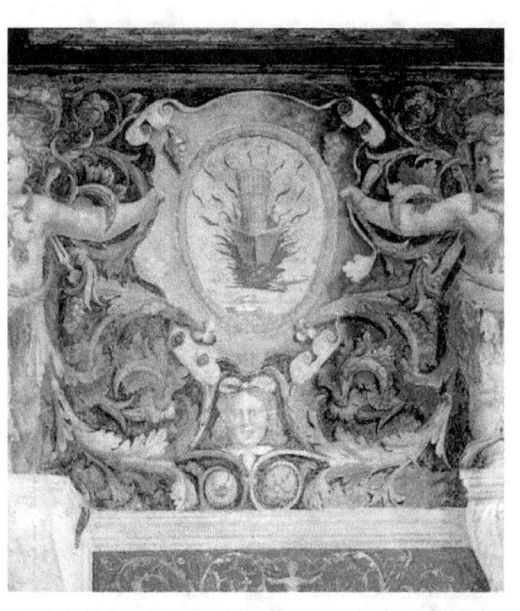
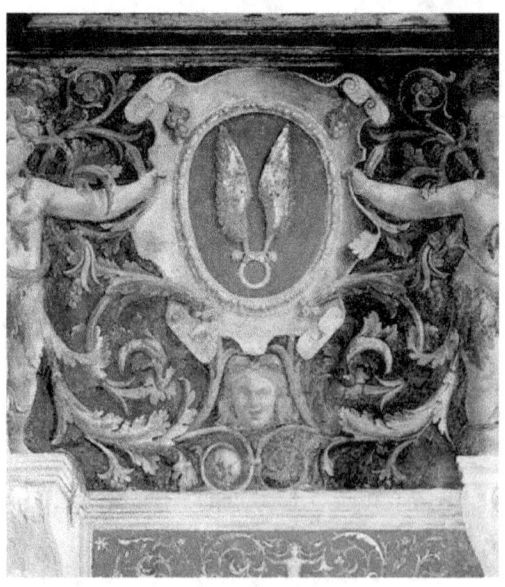

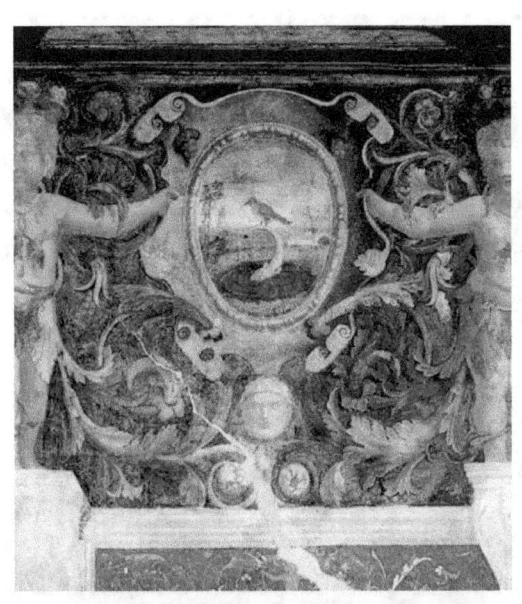

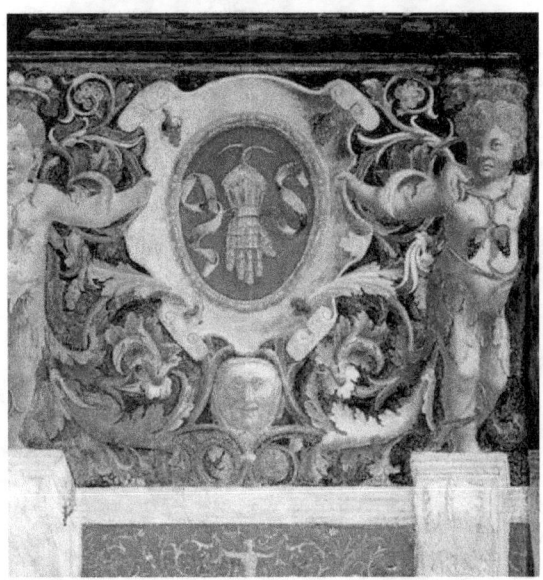

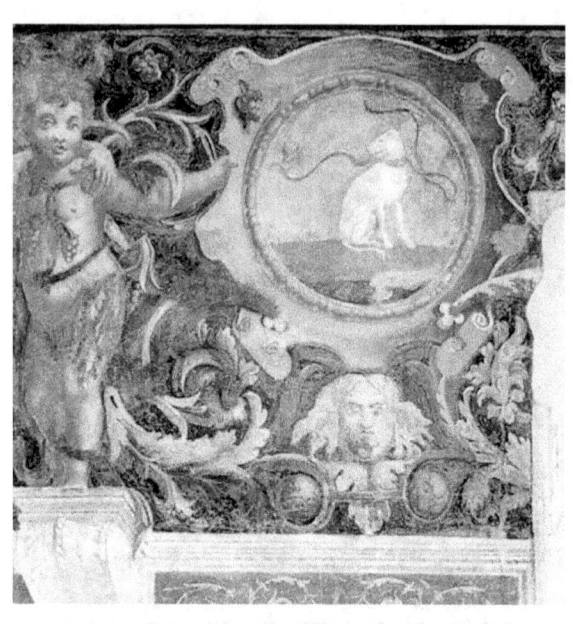
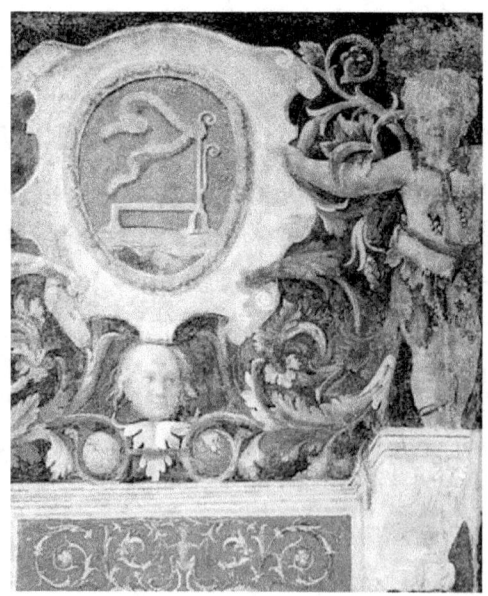

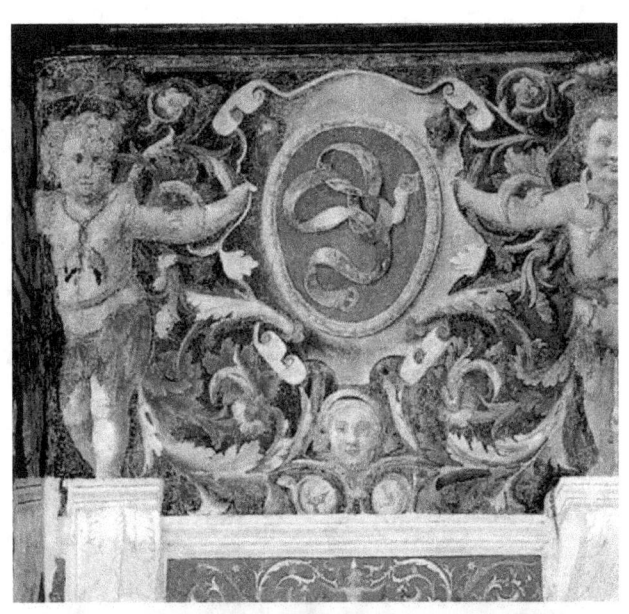
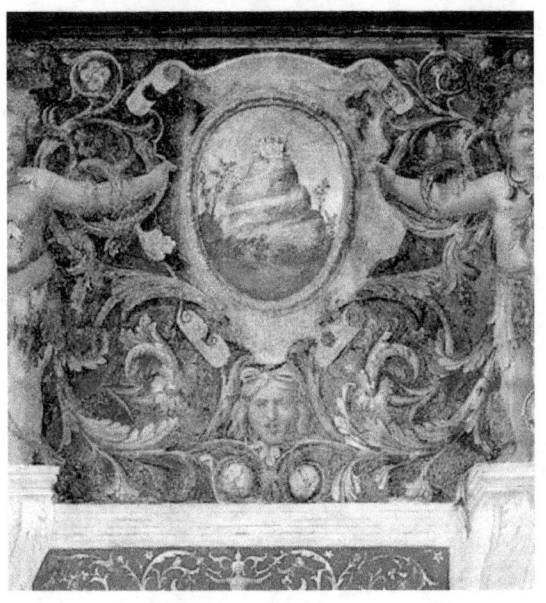

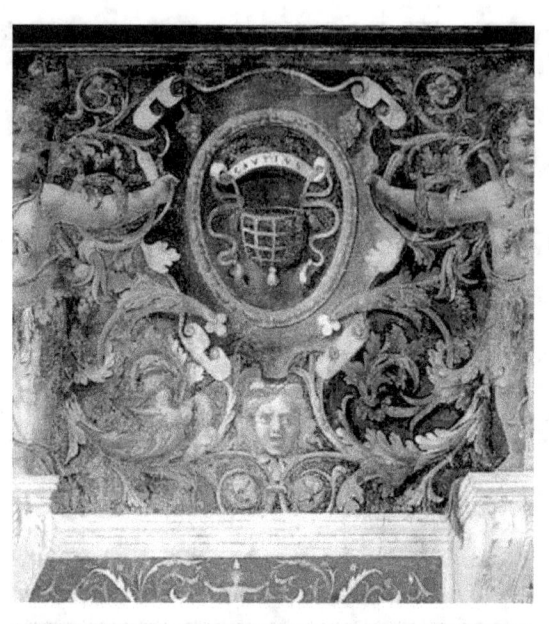

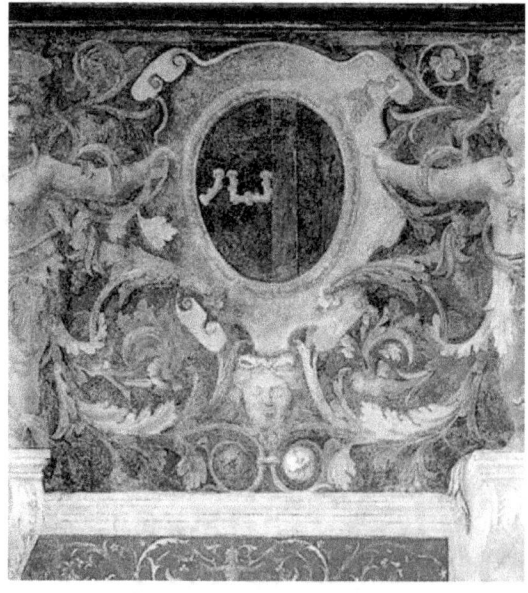

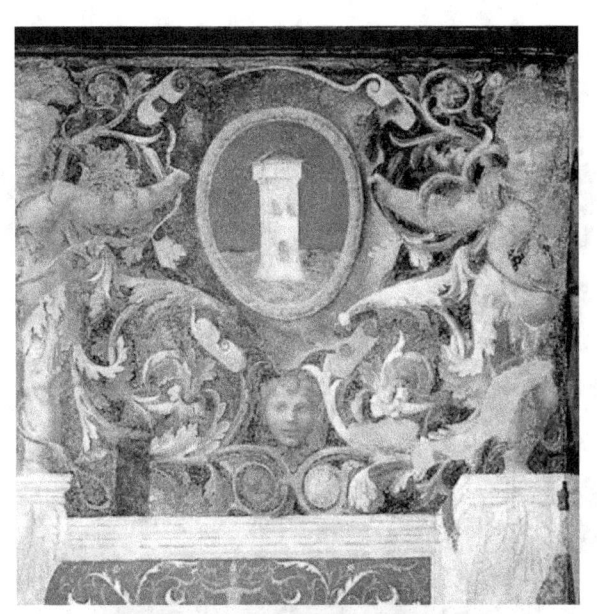
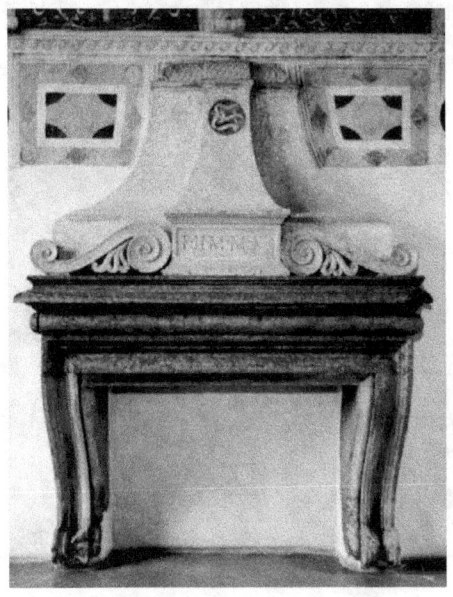

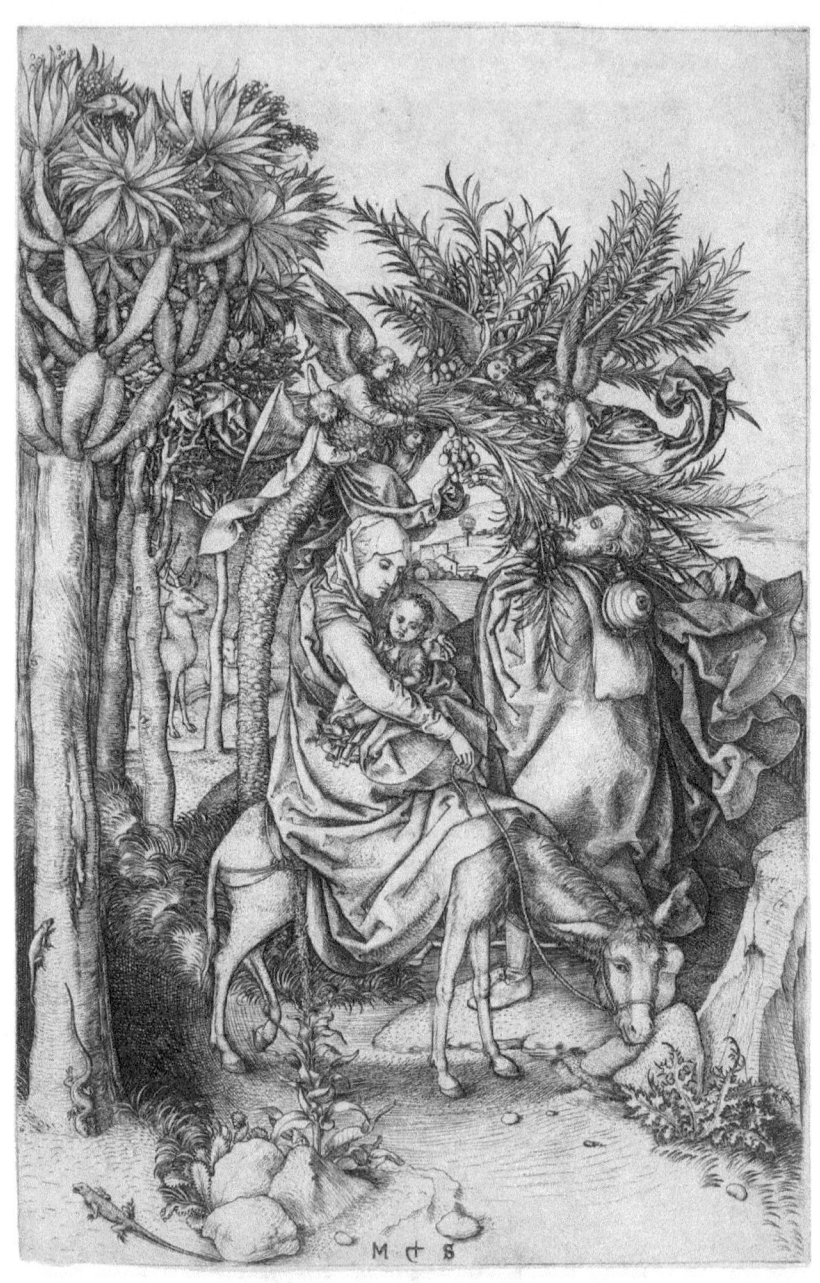

Martin Schongauer,
Le Repos durant la Fuite en Égypte

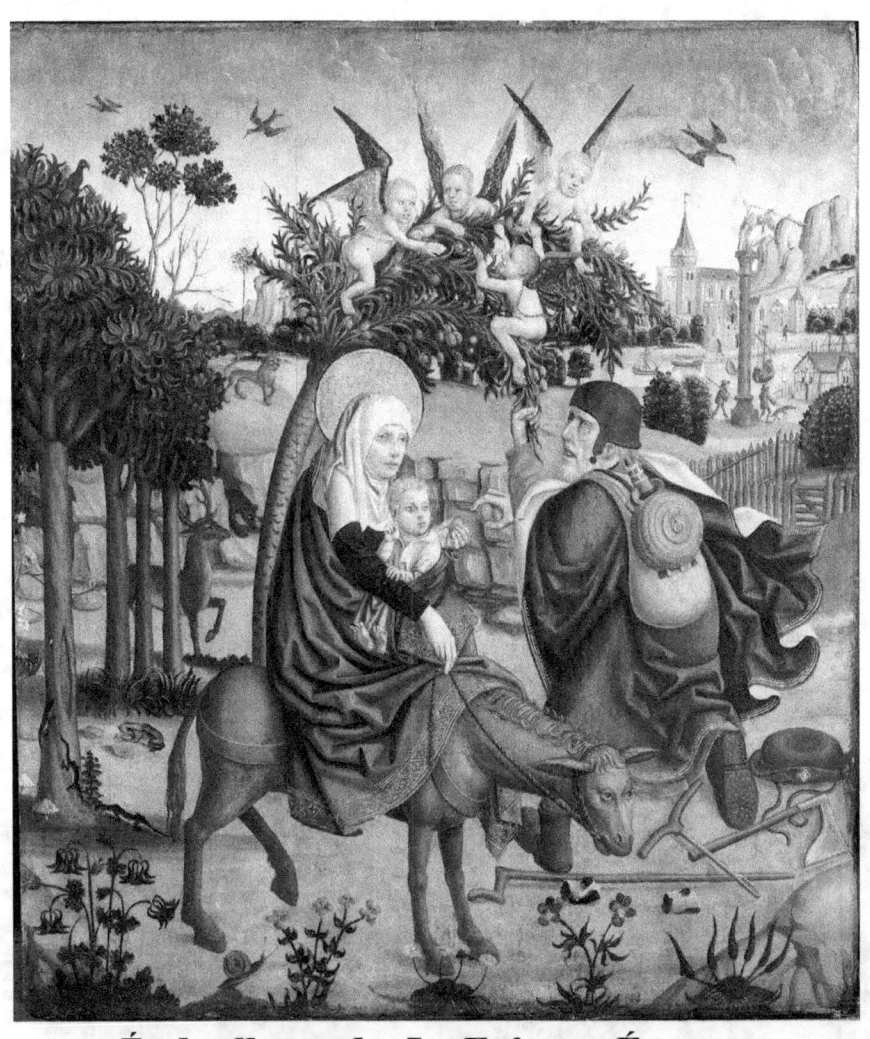

École allemande, *La Fuite en Égypte*, d'après Martin Schongauer

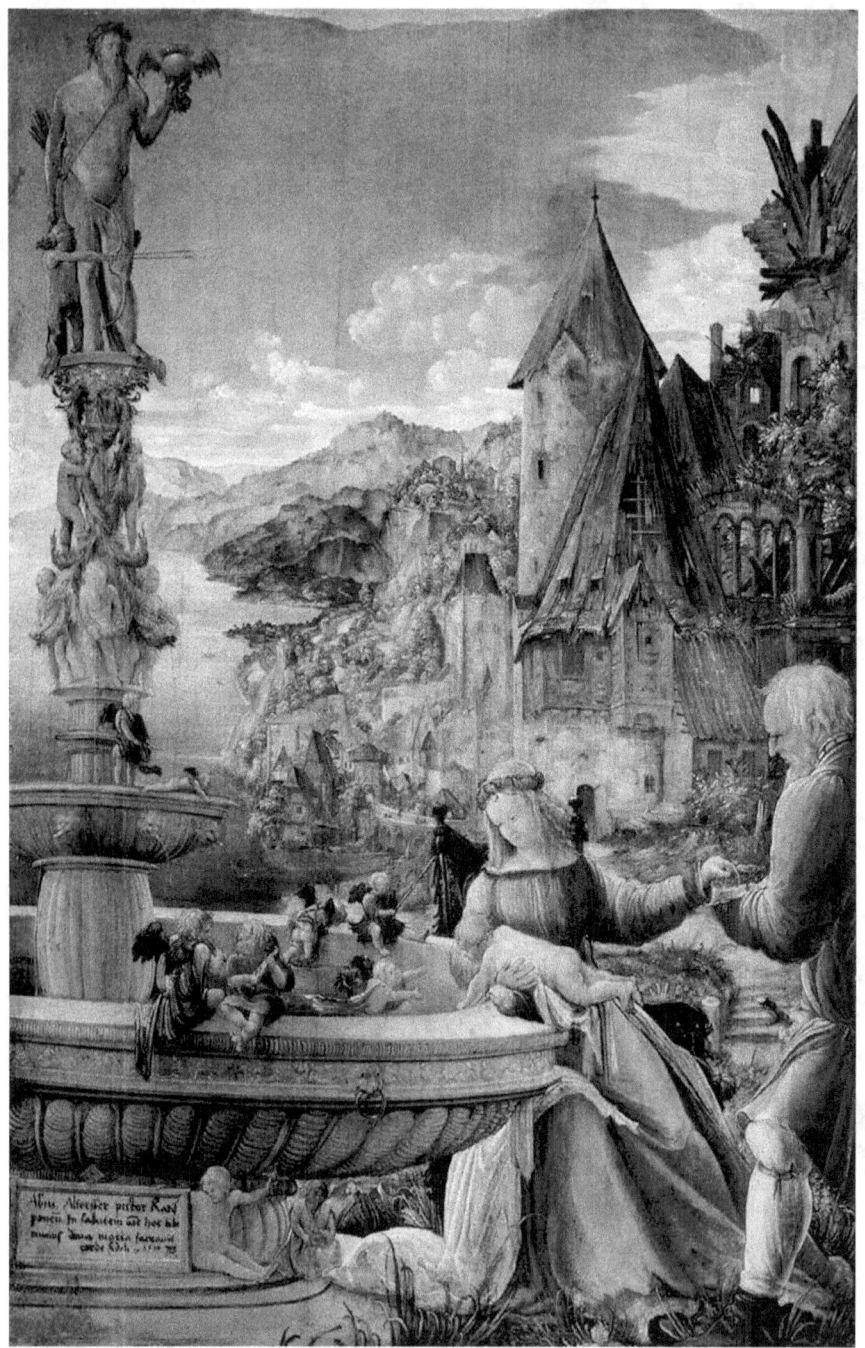

Albrecht Altdorfer, *Le Repos durant la Fuite en Égypte*

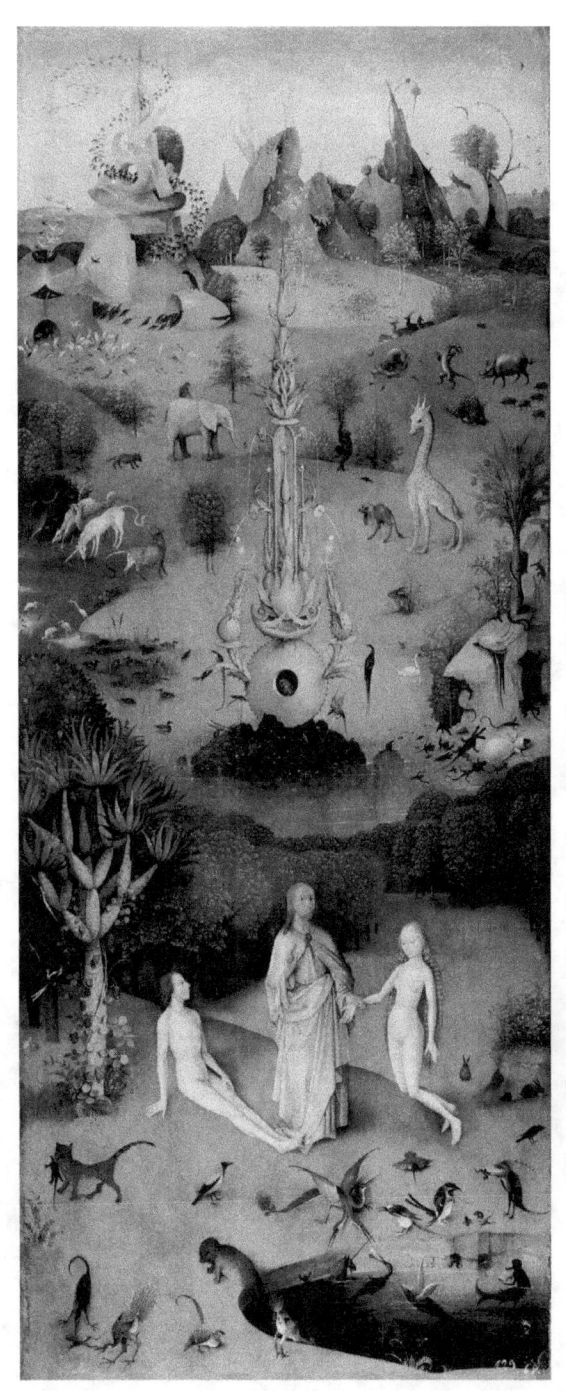

Jérôme Bosch, *Le Jardin des Délices*, panneau gauche

Manuel Philès, *Bestiaire*

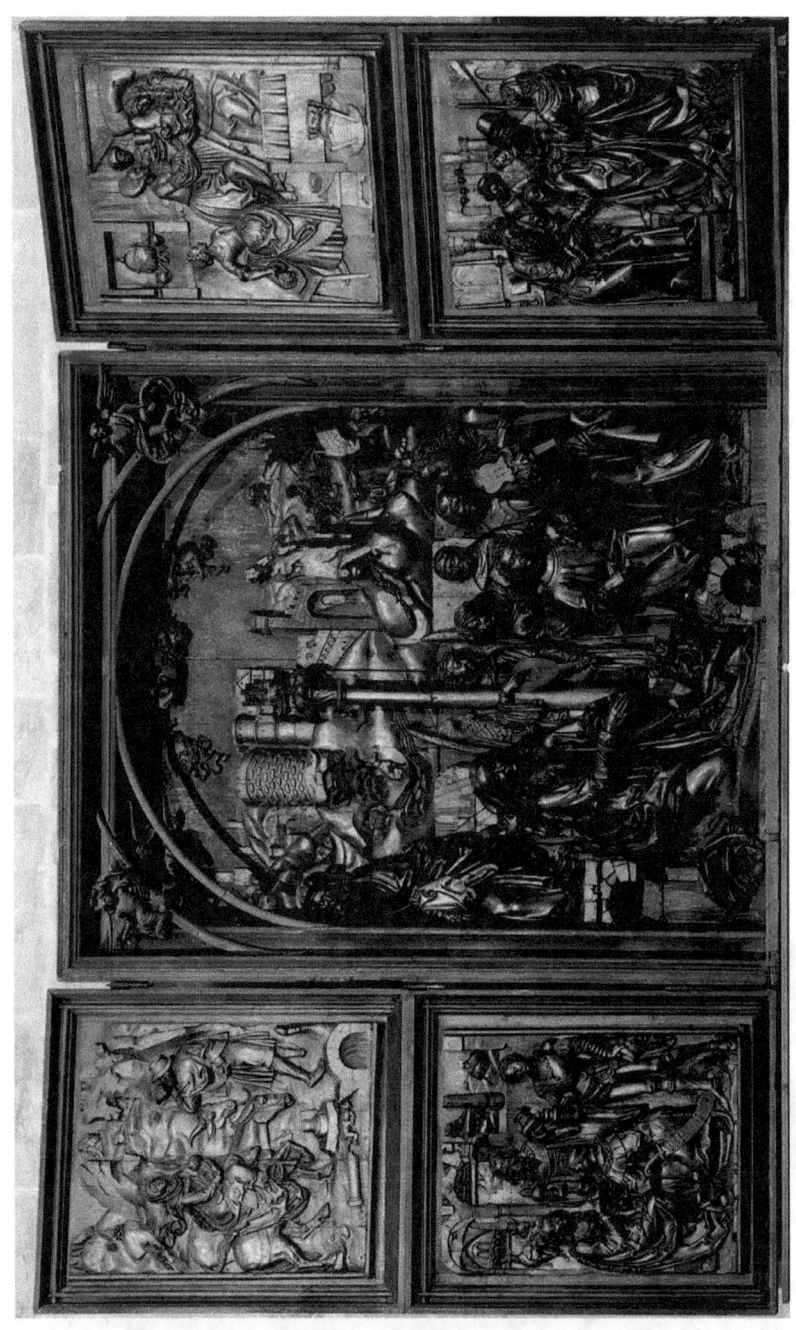

Veit Stoss, *Retable de la Nativité*

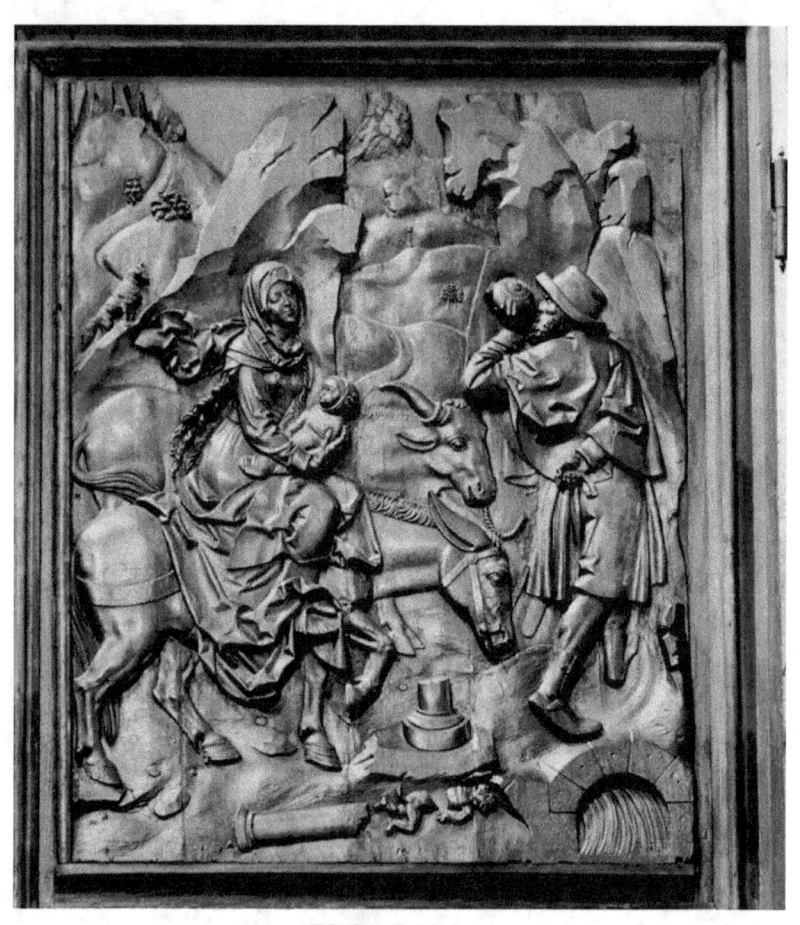

Veit Stoss,
La Fuite en Égypte,
aile droite supérieure du
Retable de la Nativité

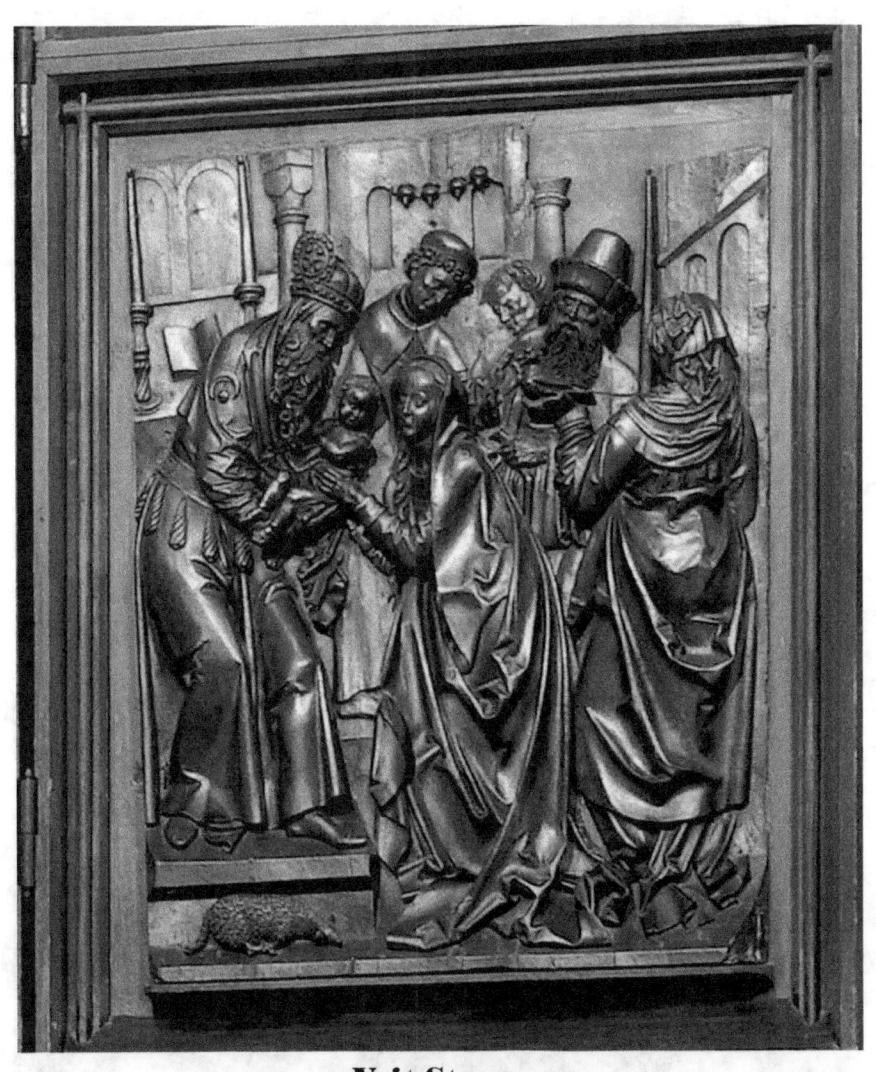

Veit Stoss,
La présentation au Temple,
aile gauche inférieure du
Retable de la Nativité

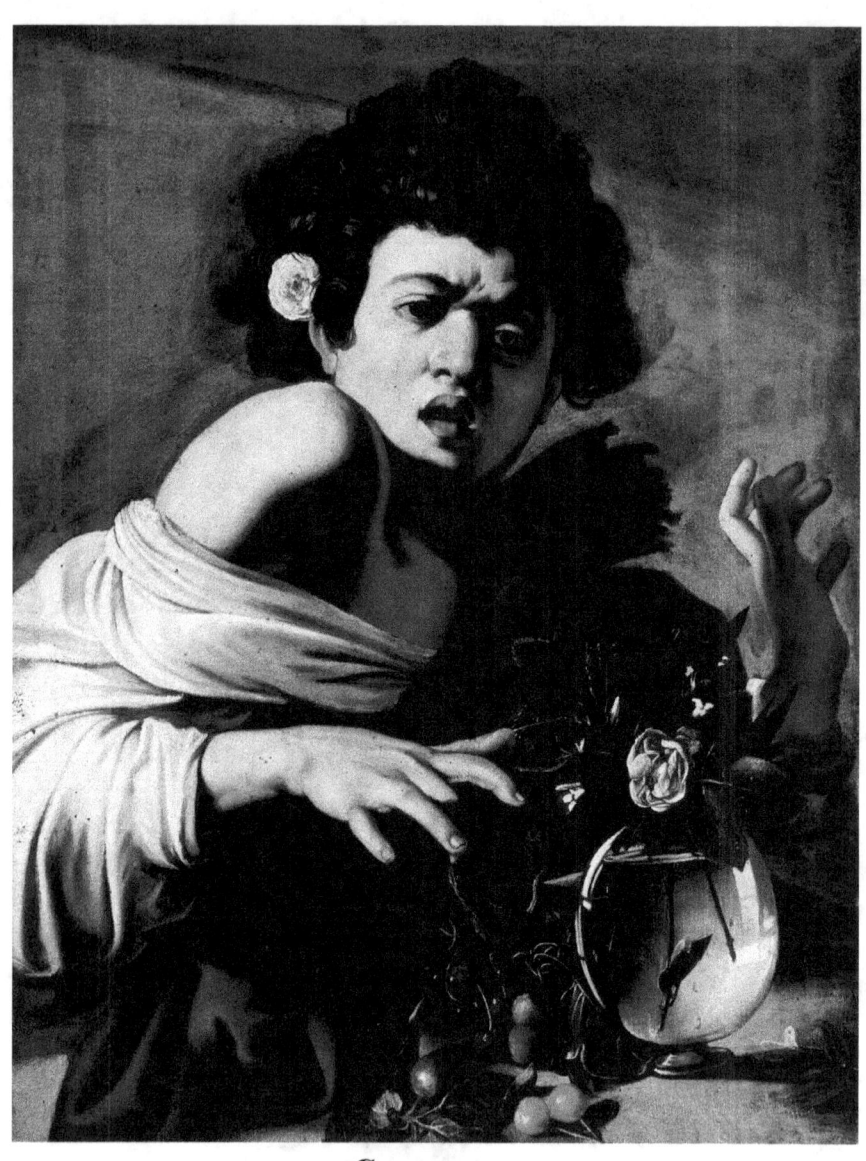

Caravage,
Garçon mordu par un lézard,
version de Florence

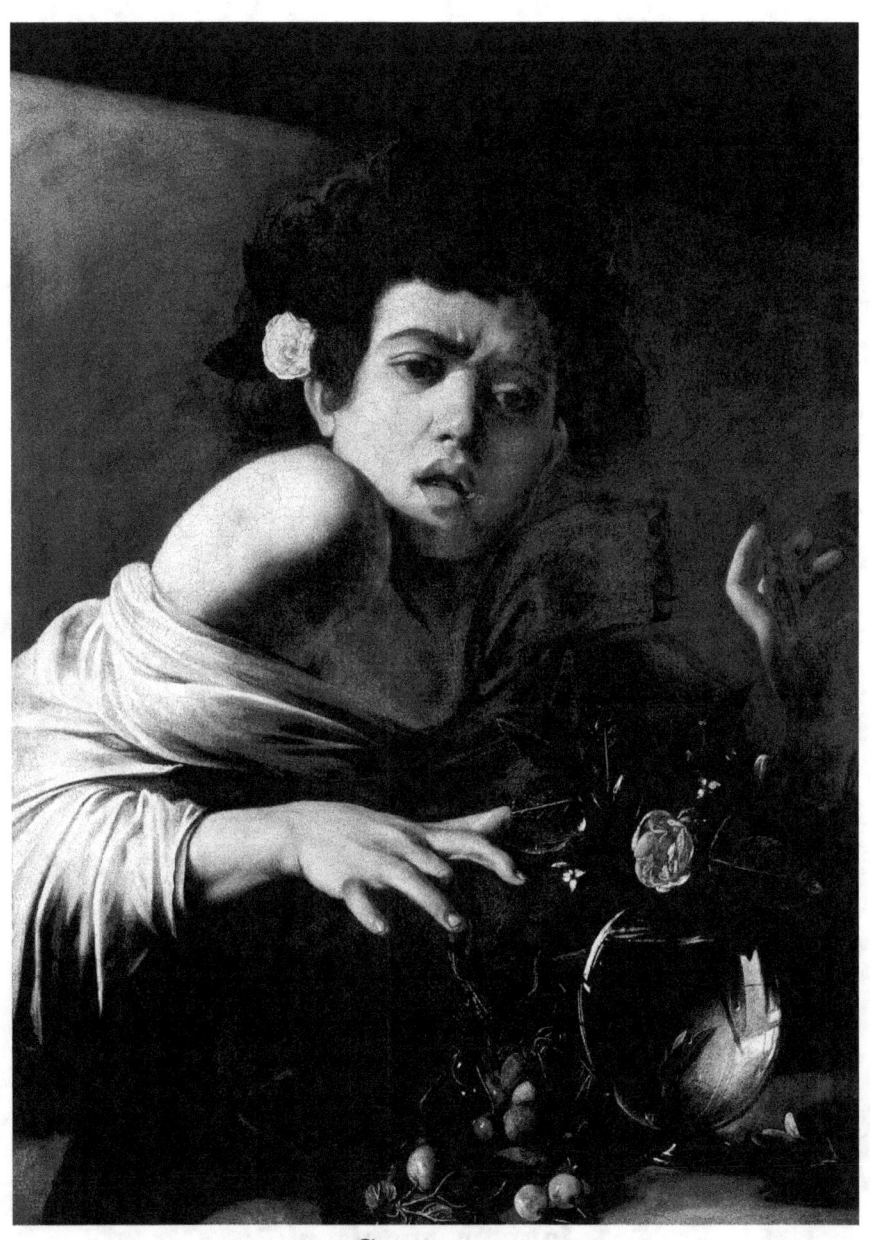

Caravage,
Garçon mordu par un lézard,
version de Londres

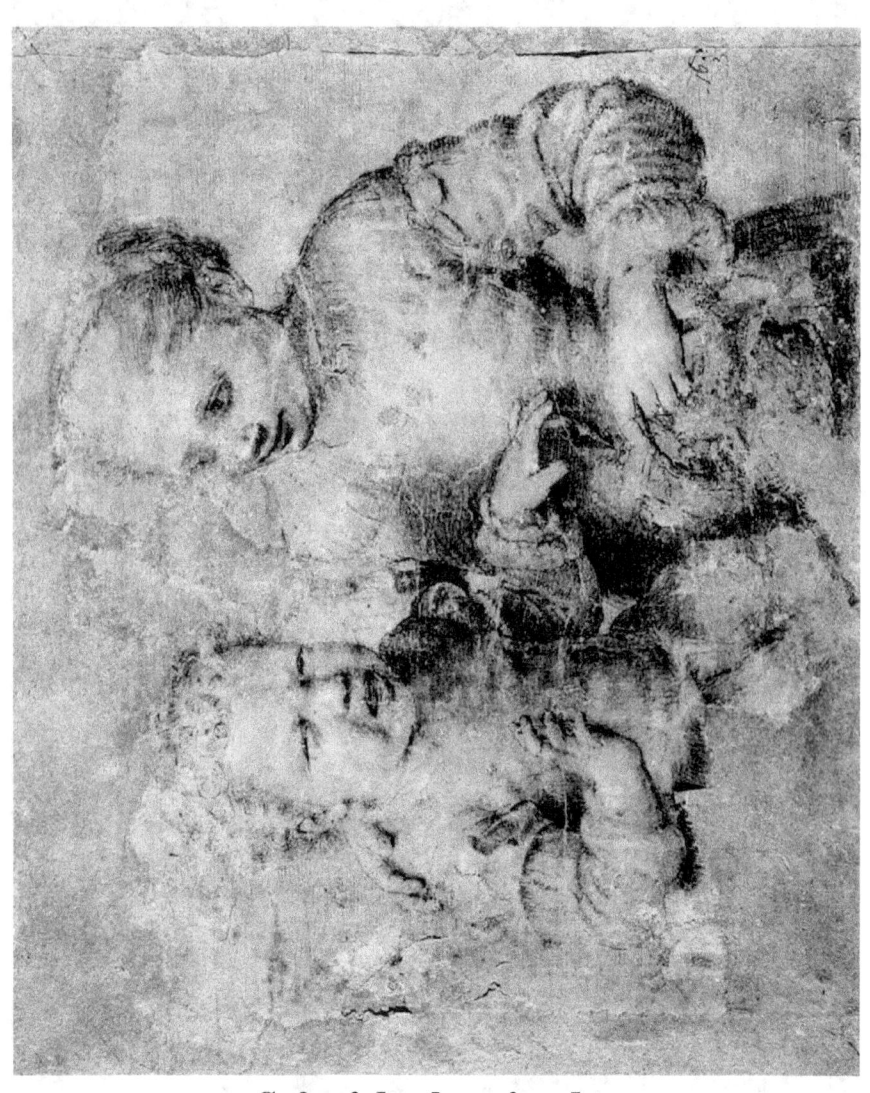

Sofonisba Anguissola,
Asdrubale mordu par une écrevisse

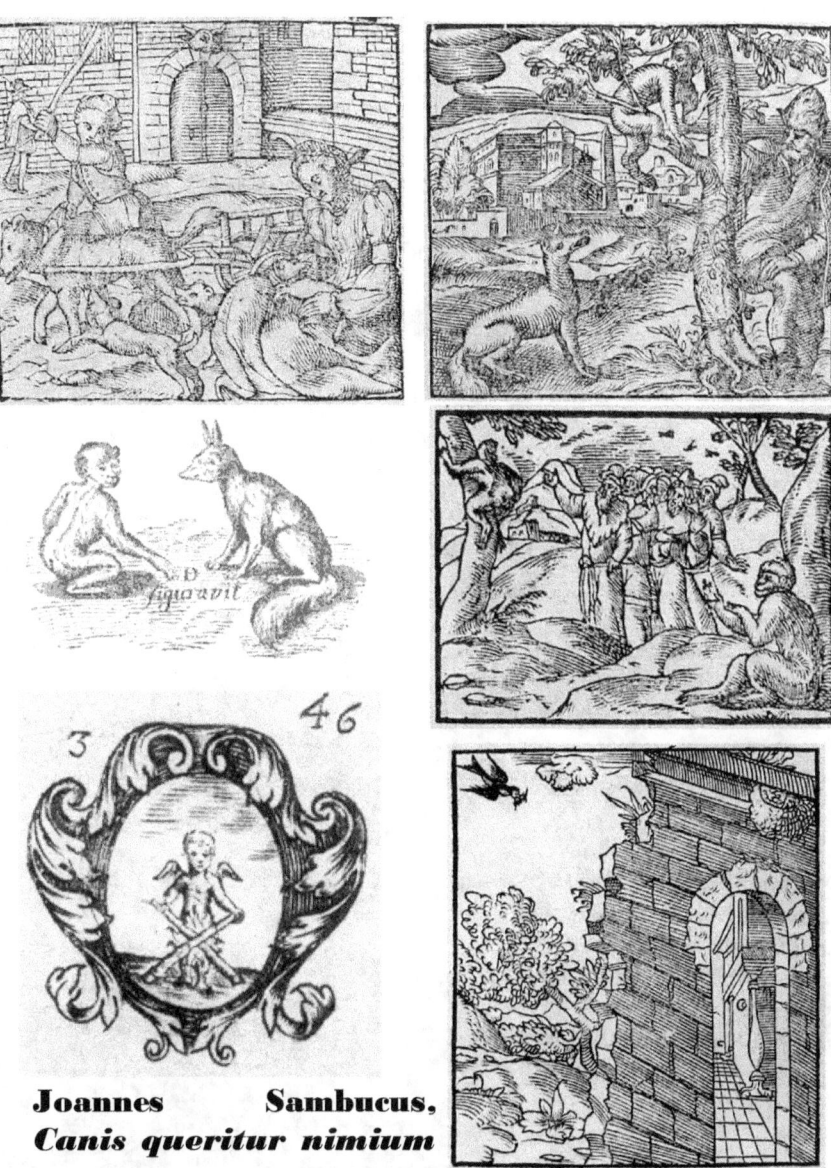

Joannes Sambucus, *Canis queritur nimium nocere*; *In copia minor error*; Lettres initiales de Martin de Vos; Barthélemy Aneau, *Plus Le Fol En Hault Estat Monte: Tant Plus Manifeste Sa Honte*; Daniel de la Feuille, *Un Amour entre deux bois qui brûlent*; Andrea Alciati, *Scavant ne doit contre scavant parler*

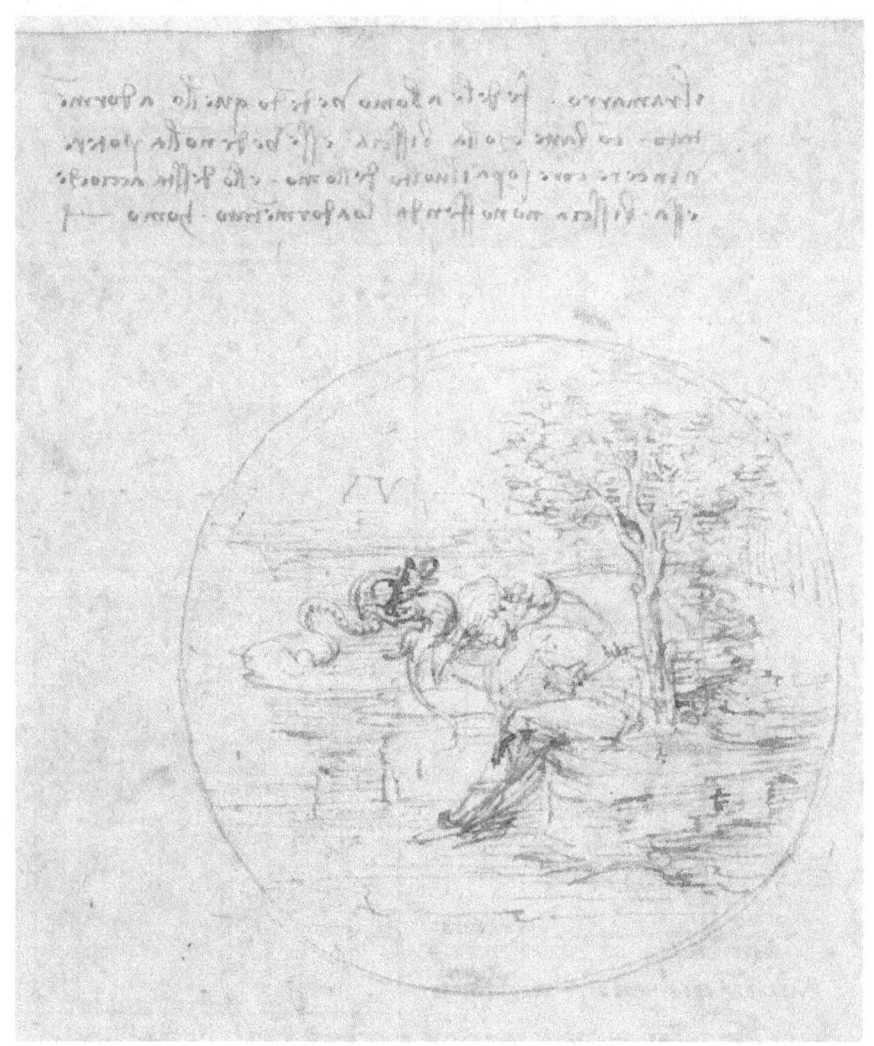

Léonard de Vinci, *Dessin d'un homme endormi avec un lézard combattant un dragon*

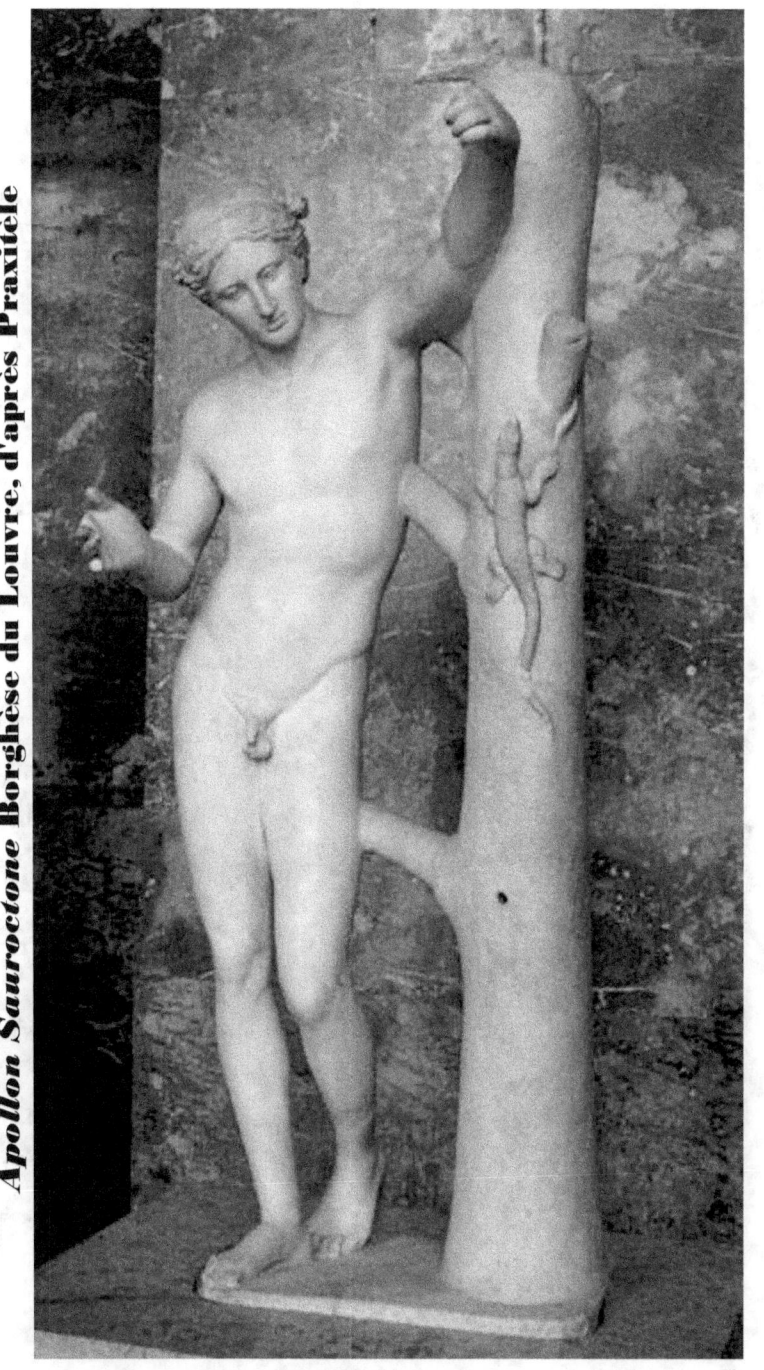

Apollon Sauroctone Borghèse du Louvre, d'après Praxitèle

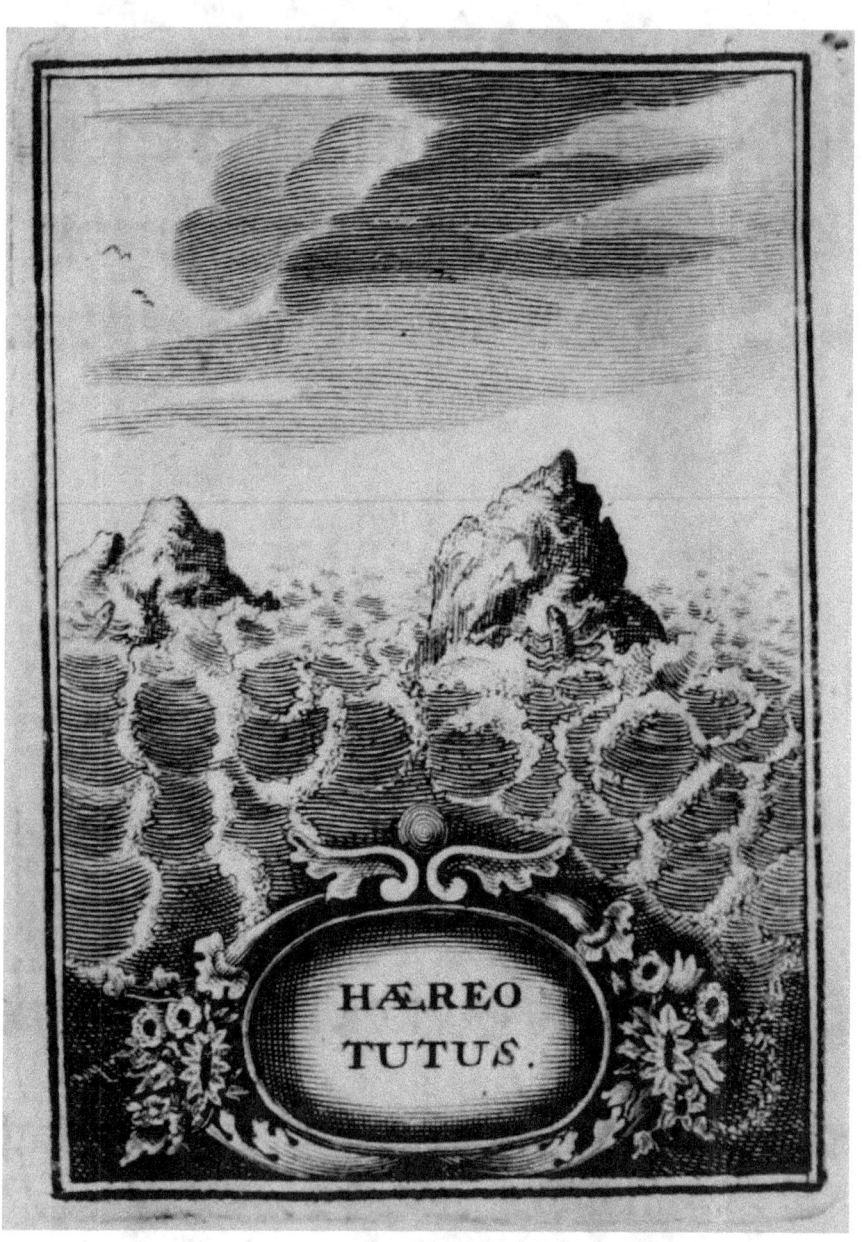

Joseph Zoller, *Conceptus XXIX*

Claude Paradin, *Maturè*

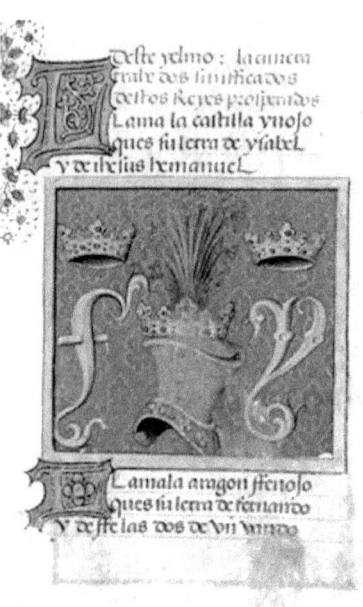 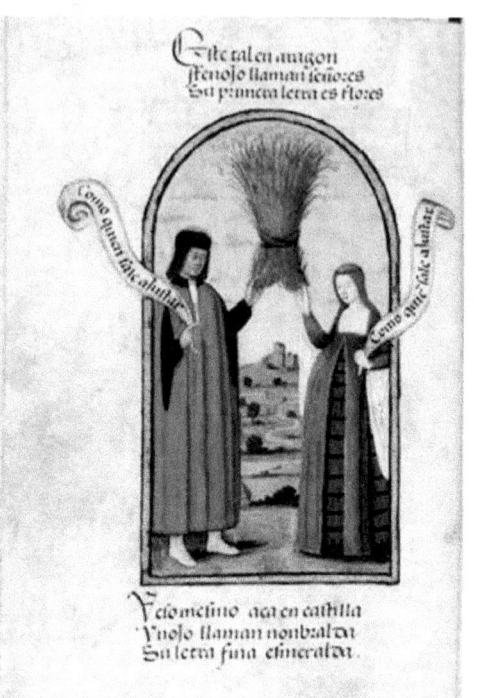

Pedro Marcuello, *Devocionario de la Reyna Dª Juana*

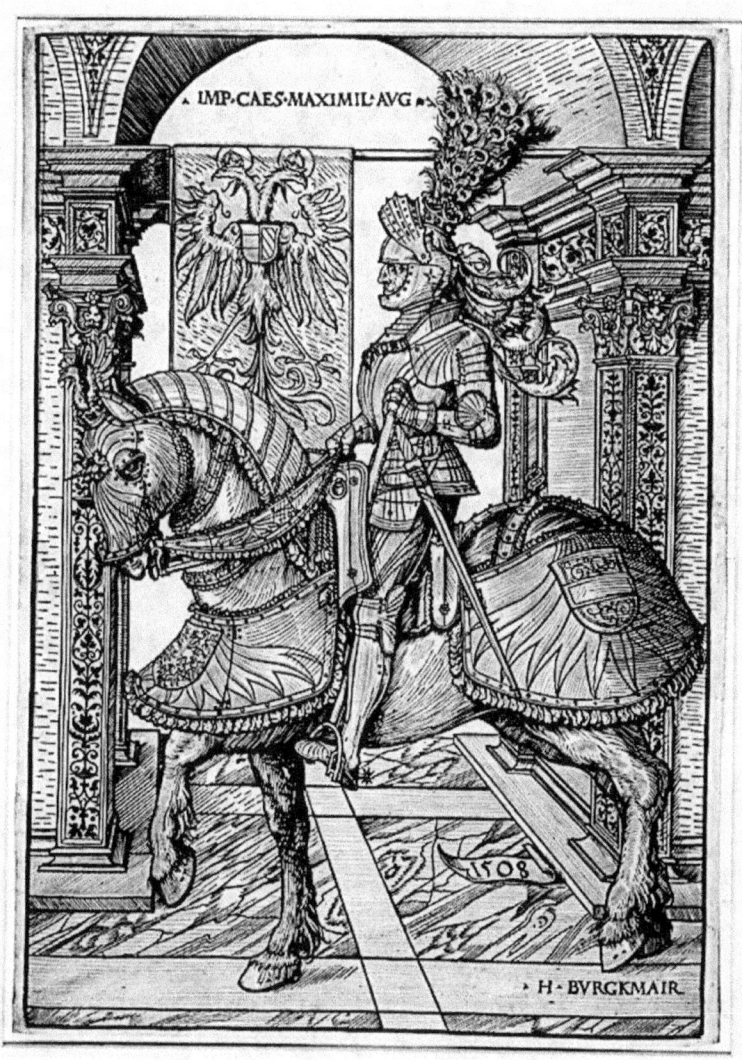

Hans Burgkmair der Ältere,
Kaiser Maximilian zu Pferd

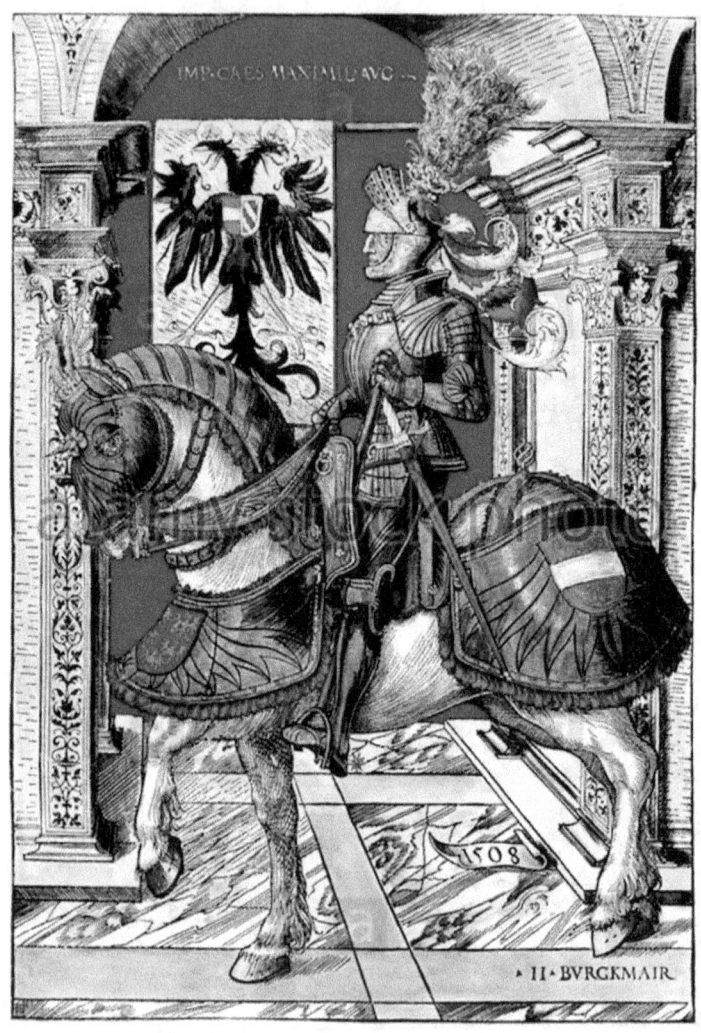

Hans Burgkmair der Ältere,
Kaiser Maximilian zu Pferd

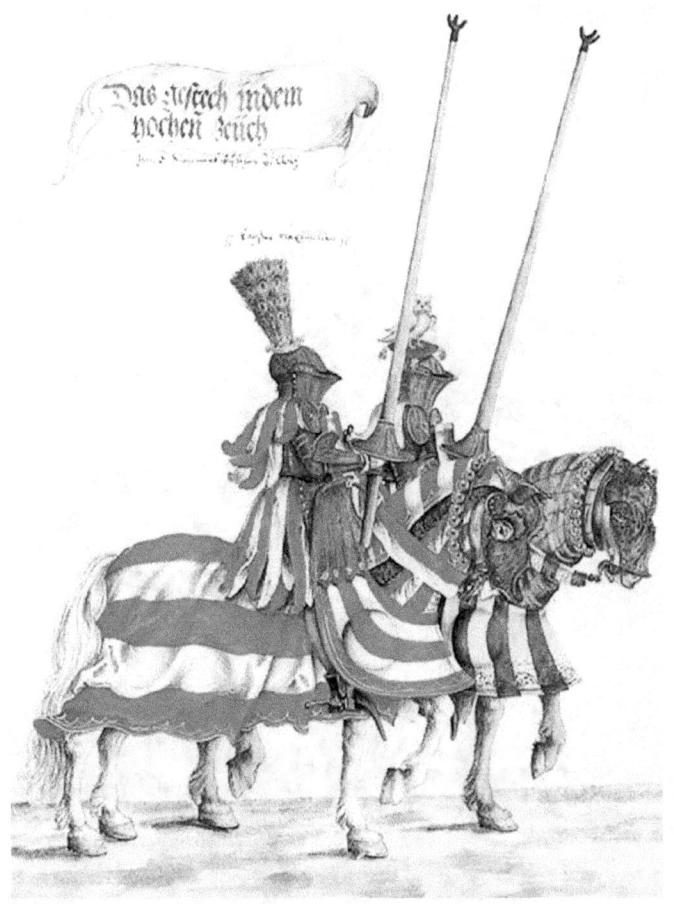

Hans Burgkmair, *Livres des Tournois*, BSB Cod. icon. 403, planche I

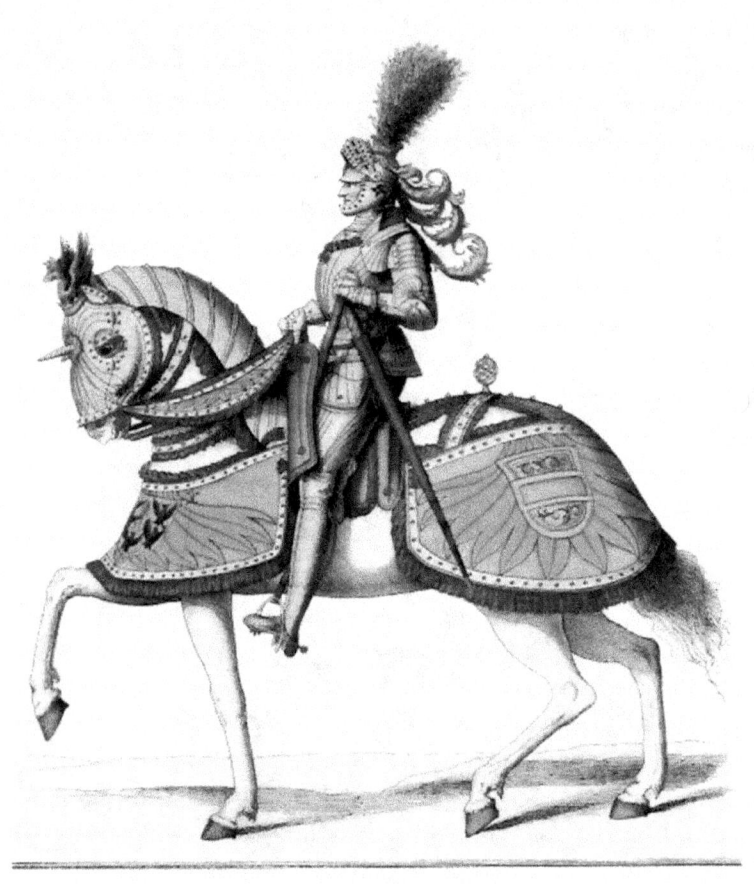

**Massimiliano Imperatore
MCCCC**

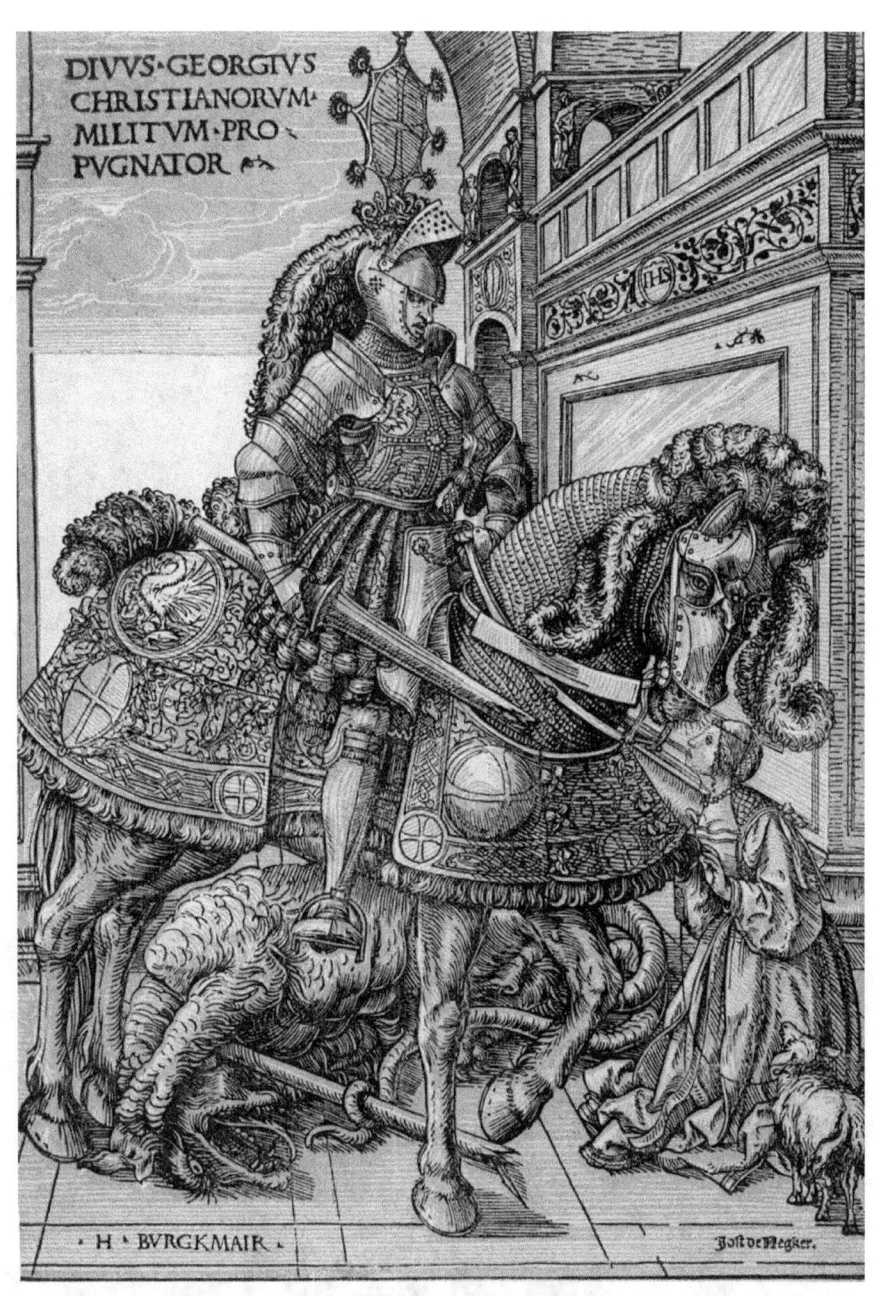

Hans Burgkmair, *Saint Georges et le dragon*

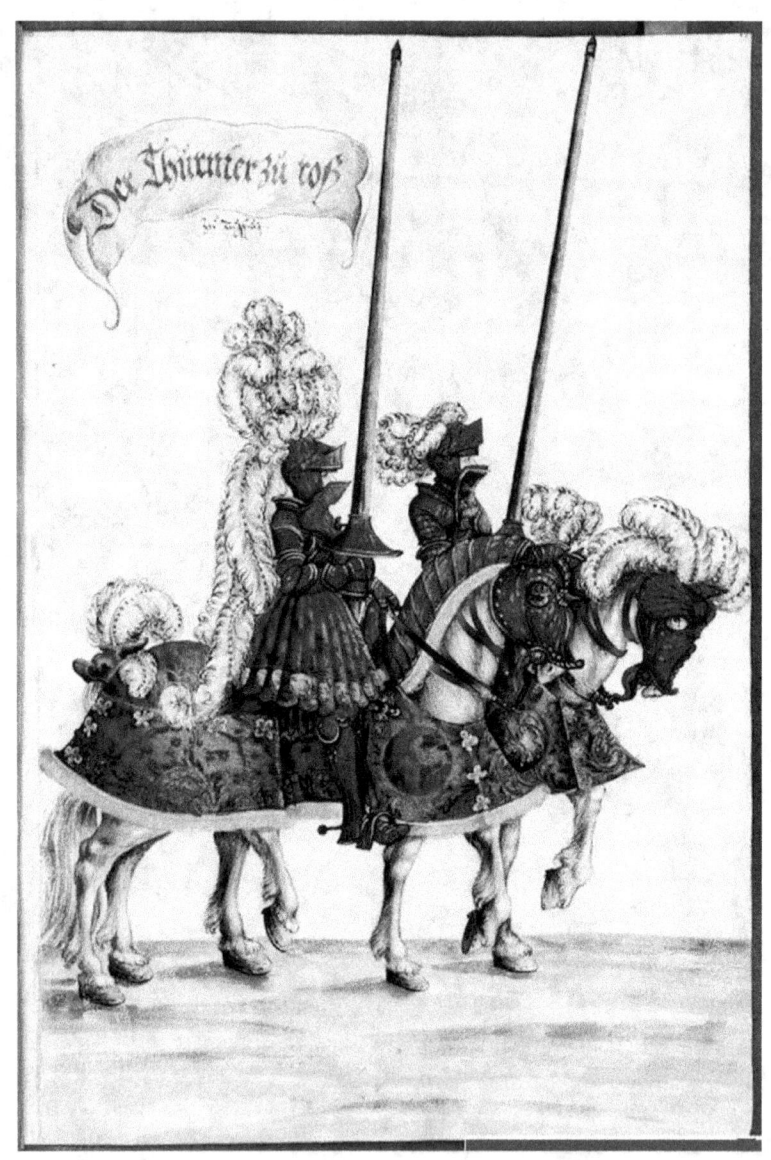

Hans Burgkmair, *Livres des Tournois*, BSB Cod. icon. 403

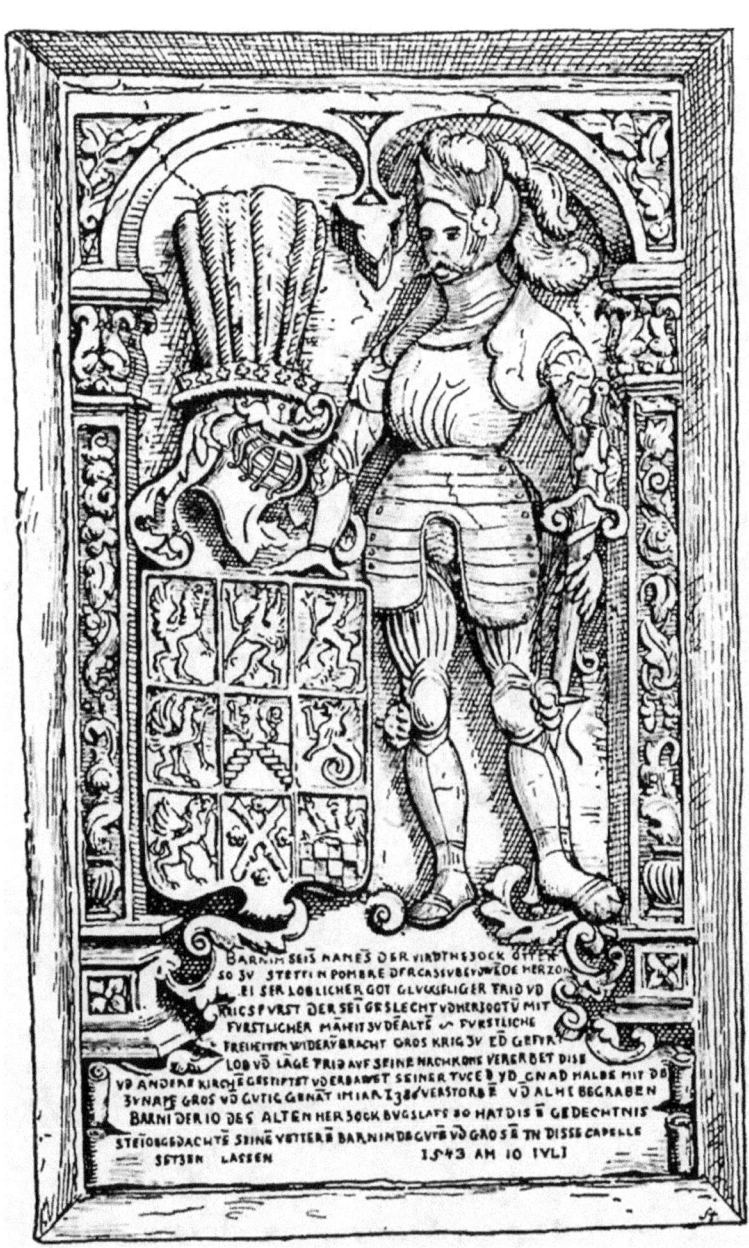

Tablica Barnima III

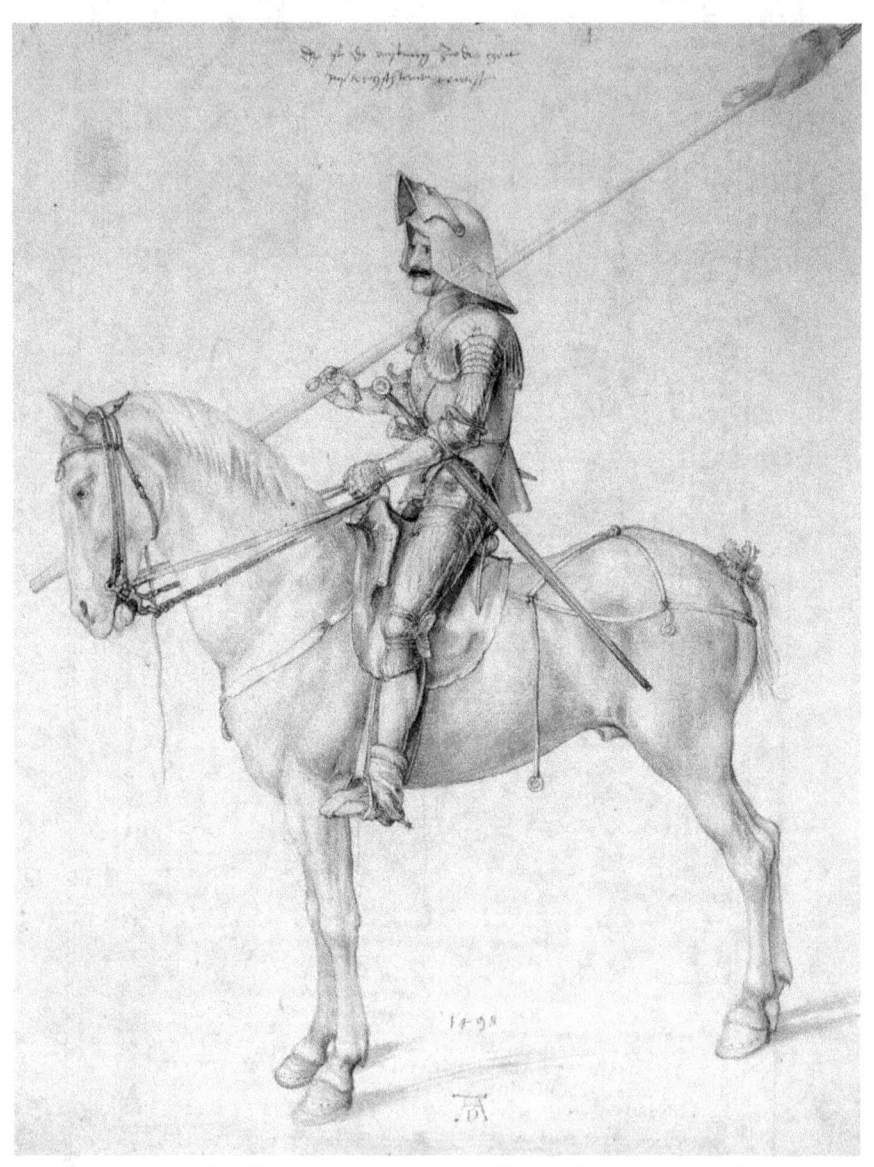
Albrecht Dürer, *Etude d'un Reître*, 1498

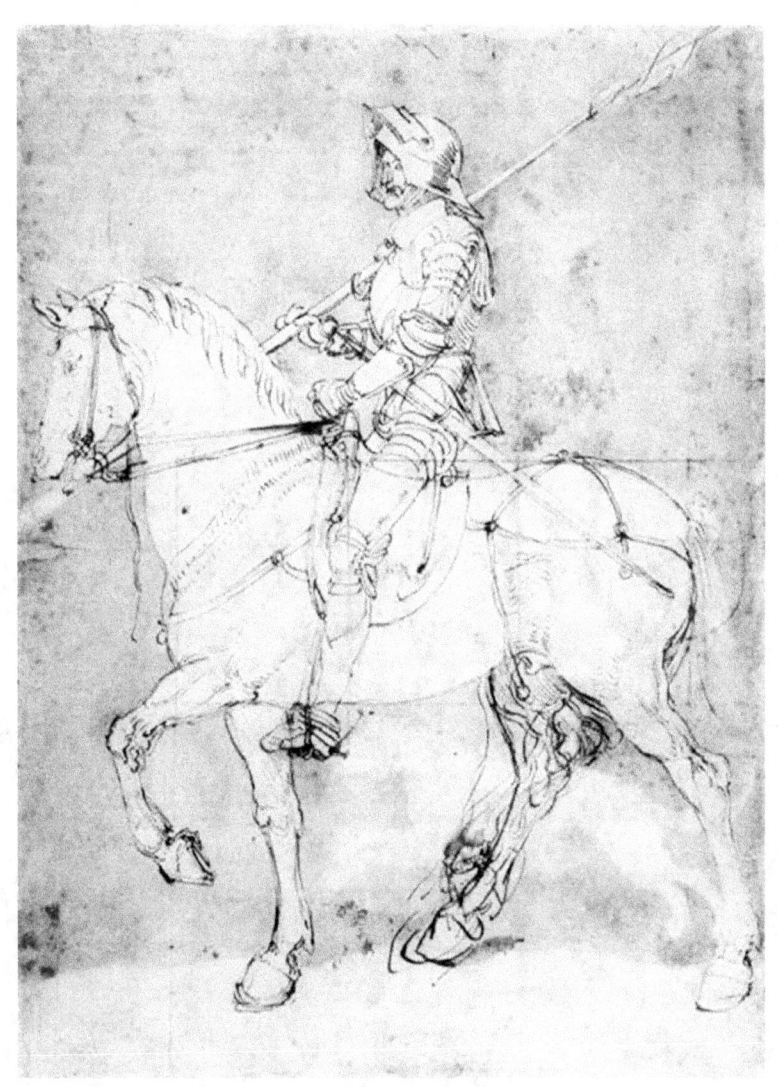

Albrecht Dürer, *Chevalier sur cheval*, c.1512–1513

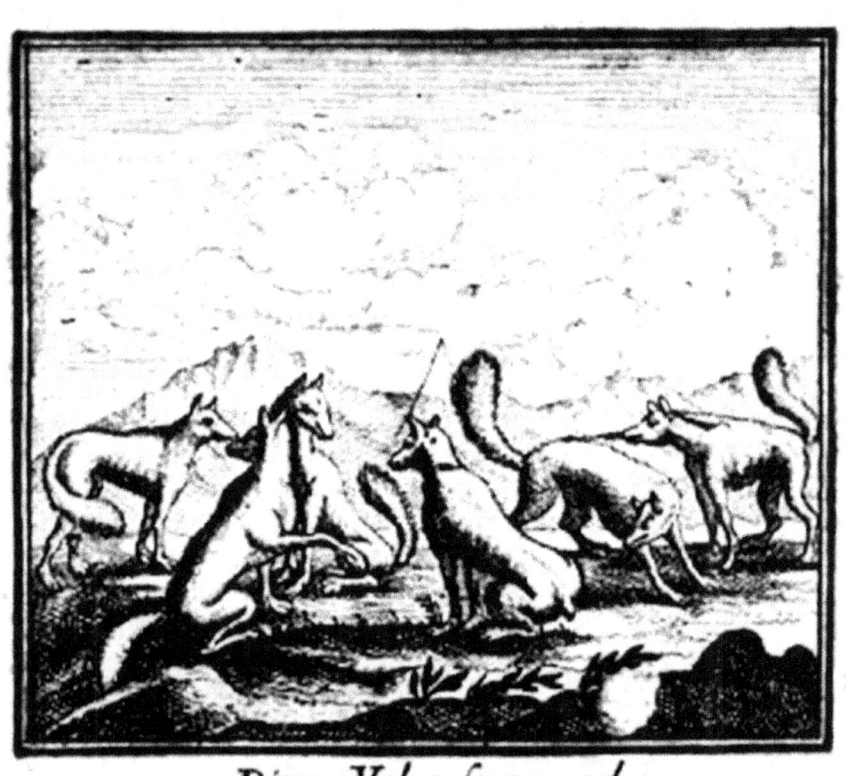

D'una Volpe senza coda.
Von einem Fuchs ohne Schwanz.
Le Renard sans queuë.

LXIV.

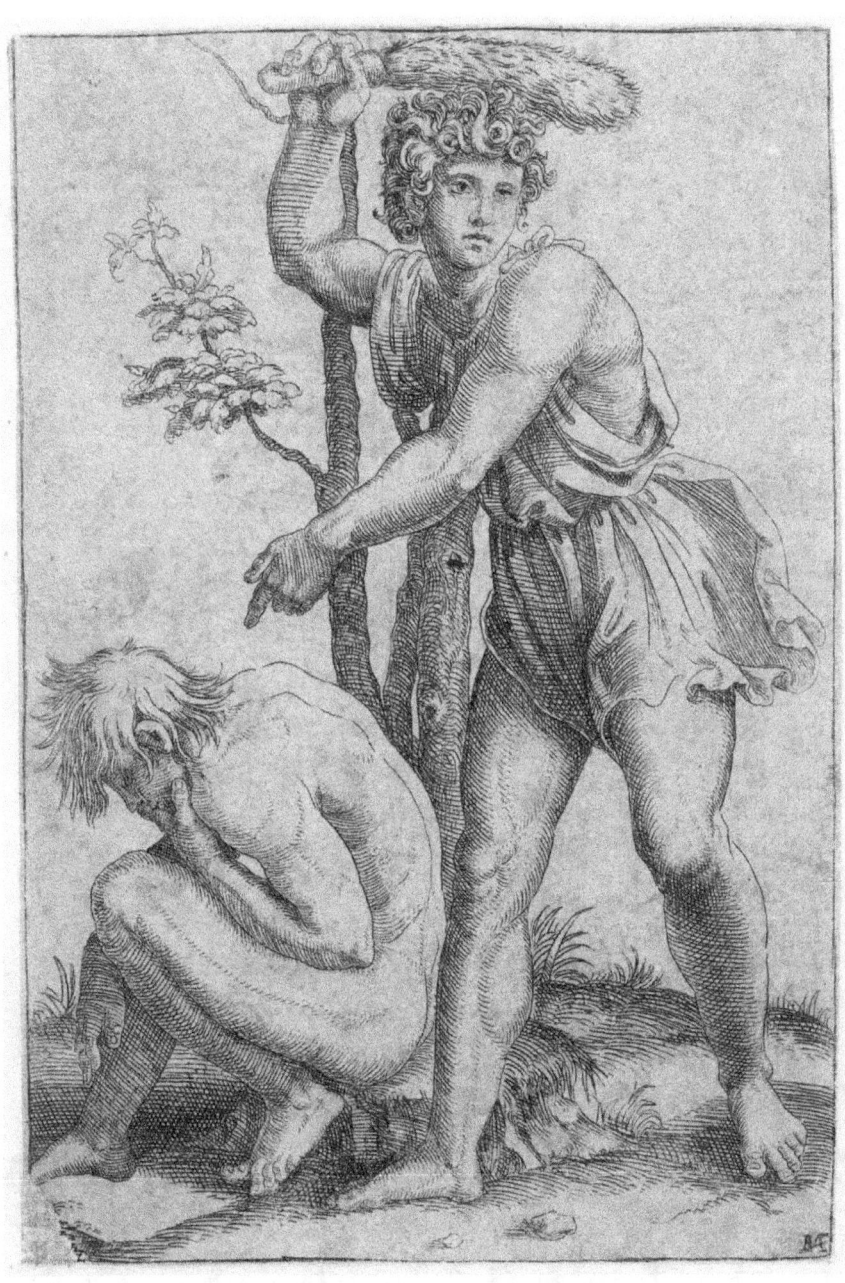

Marcantonio Raimondi,
L'Homme frappé avec la queue de renard

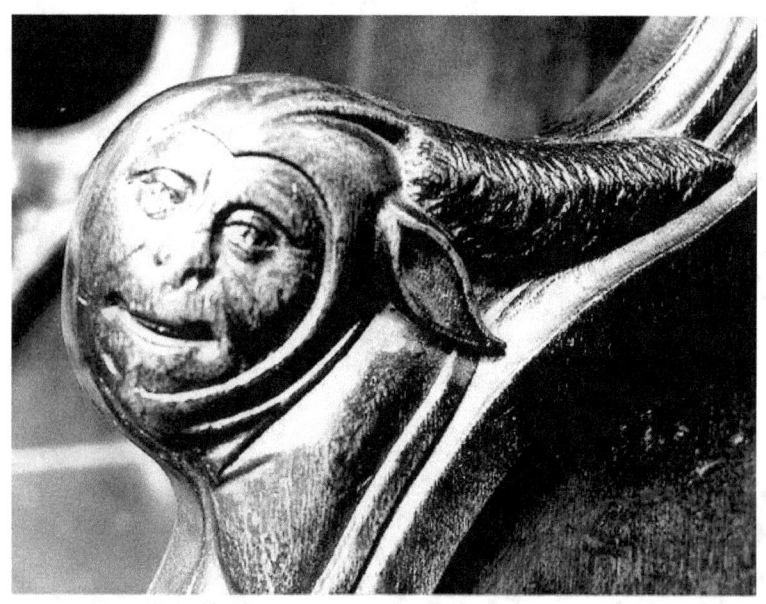
Tête de fou avec queue de renard, Cathédrale de Manchester

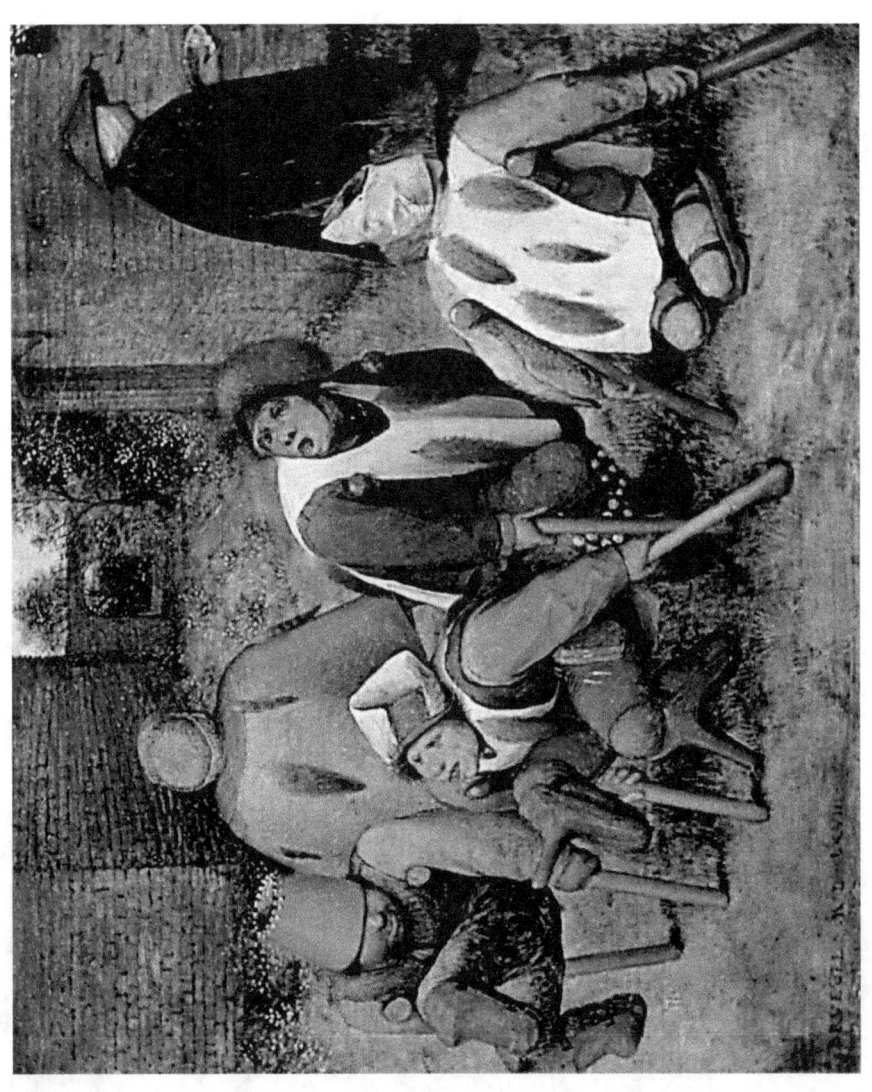

Pieter Brueghel l'Ancien, *Les Mendiants*

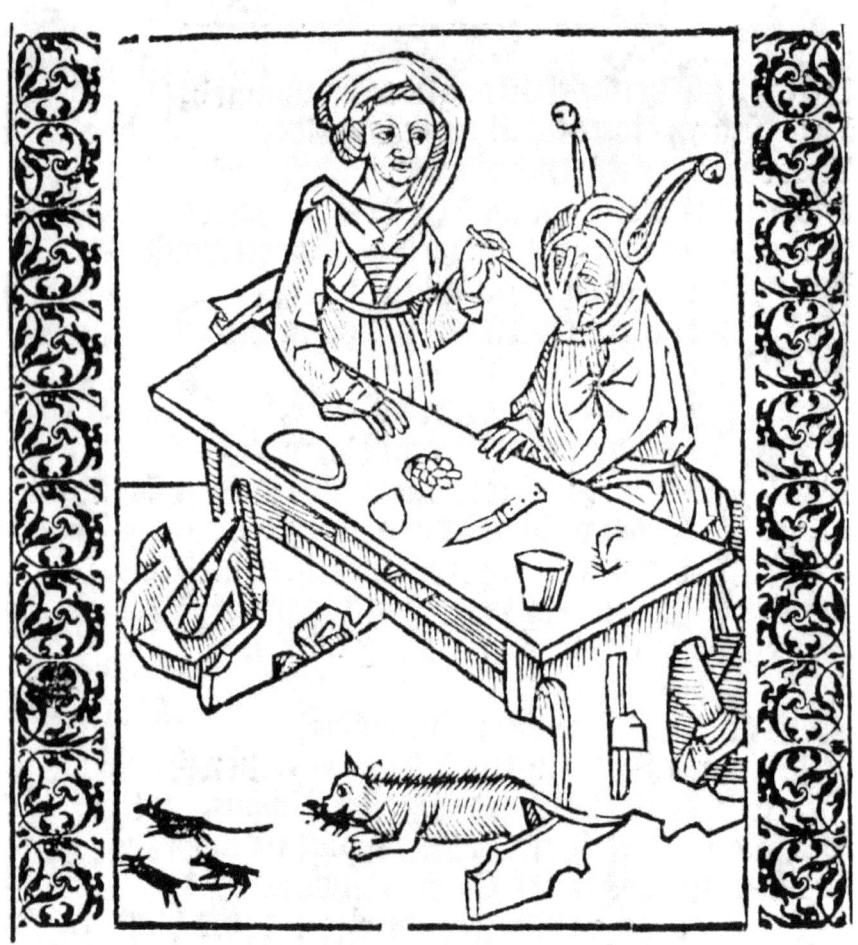

Sebastian Brant, *Vom Ehebruch*

Hans Baldung Grien, *Palefrenier ensorcelé*; *Palefrenier bridant un cheval*; Série de trois gravures de *Chevaux sauvages dans les bois et les montagnes d'Alsace*; Andrea Mantegna, *La Lamentation sur le Christ mort*; Daniel de la Feuille, *La colére au devant des yeux*; *Sous prétexte de Religion*; *La colére reveile ma force*; Théodoore de Bèze, Emblèmes III, IX, X; Georgette de Montenay, *Patere*; Johannes Sambucus, *Preciosum quod utile*; Diego Fajardo Saavedra, *Prae Oculis Ir*; Diego Fajardo Saavedra, *Prae Oculis Ira*; *Affectibus Crescvnt Descrecvnt*; *Sibimet Indivia Vindex*; Hadrianus Junius, Emblèmes XL, LI; Le Caravage, *La conversion de Saint Paul*, 1600-1604, Collection Balbi-Odescalchi, Rome; Seconde version de l'oeuvre, Église Santa Maria del Popolo, Rome; Cornelis Cort d'après Franciscus Floris, *Les Chevaux mangeurs d'hommes de Diomède* ; Charles Le Brun, *Hercule terrassant Diomède*; copie à la pierre noire, avec rehauts de sanguine et de blanc, sur papier brun; Jean Baptiste Tilliard et Louis Laffitte, *Hercule assomant les chevaux de Diomède*; Étienne Delaune, *Hercule enlève les chevaux de Diomède*; Olaus Magnus, *Historia de gentibus septentrionalibus*; Achille Bocchi, *Semper Libidini Imperat Prudenti*; Albrecht Dürer, *Le Chevalier à cheval et le Lansquenet*; *Lancier à cheval*; *Saint George à cheval*; *Le Grand Cheval*; *Le Petit Cheval*; *Melencolia I*; Hans Sebald Beham, *Alexander Magnvs*; Hans Baldung Grien, *Le Chevalier, la jeune fille et la Mort*; Hans Jakob Nüscheler l'Ancien, *Allégorie de la Salvation du genre humain*; Albrecht Dürer, *Hercule à la croisée des chemins*; *Le Songe du Docteur*

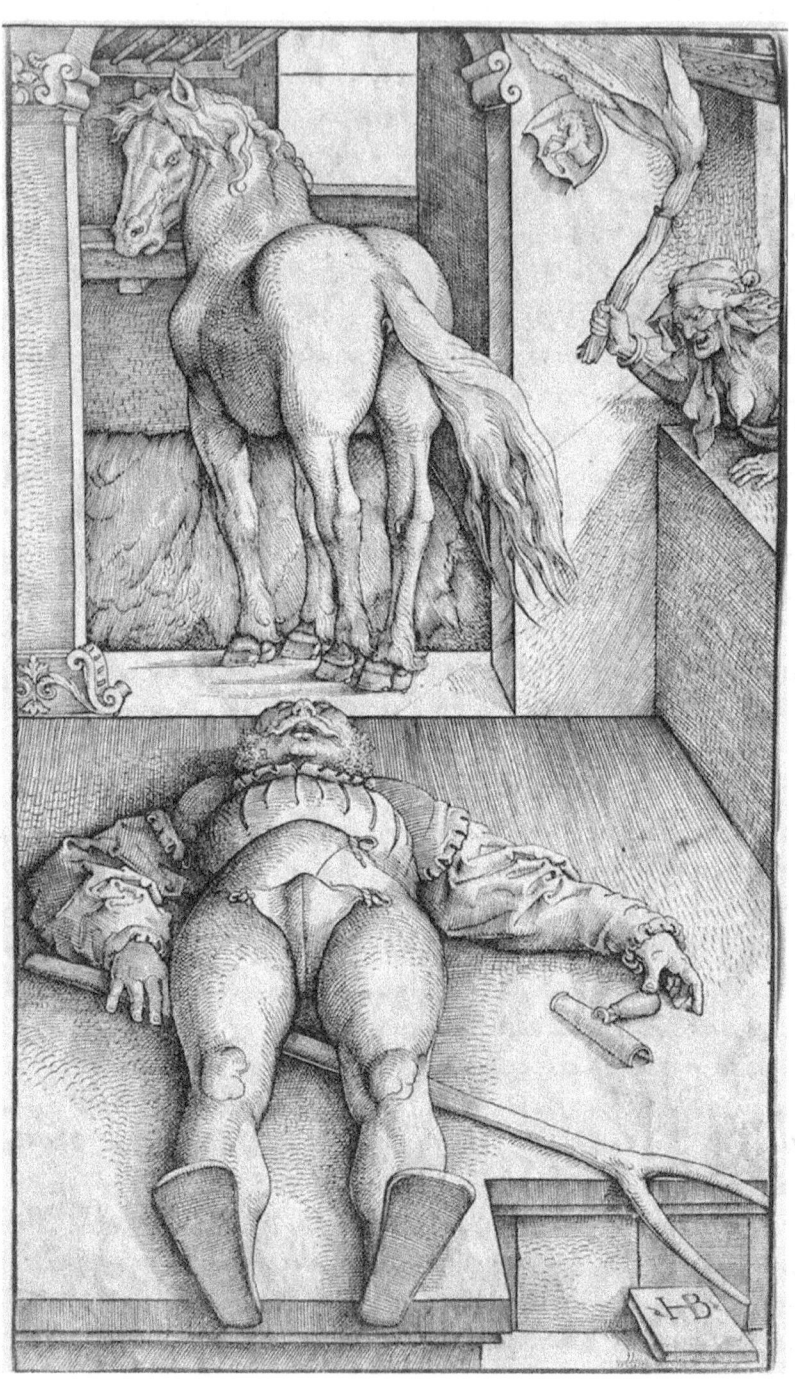

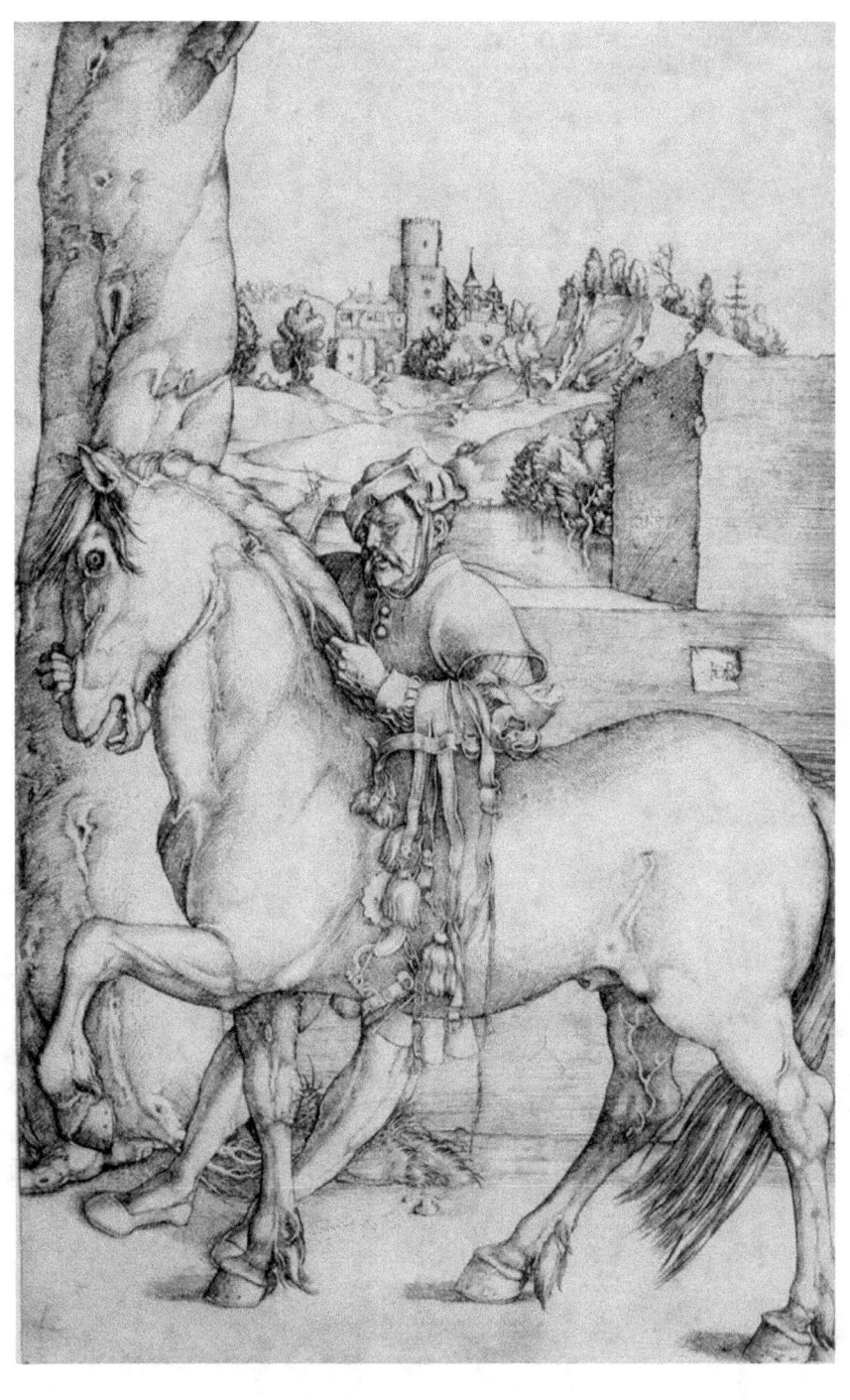

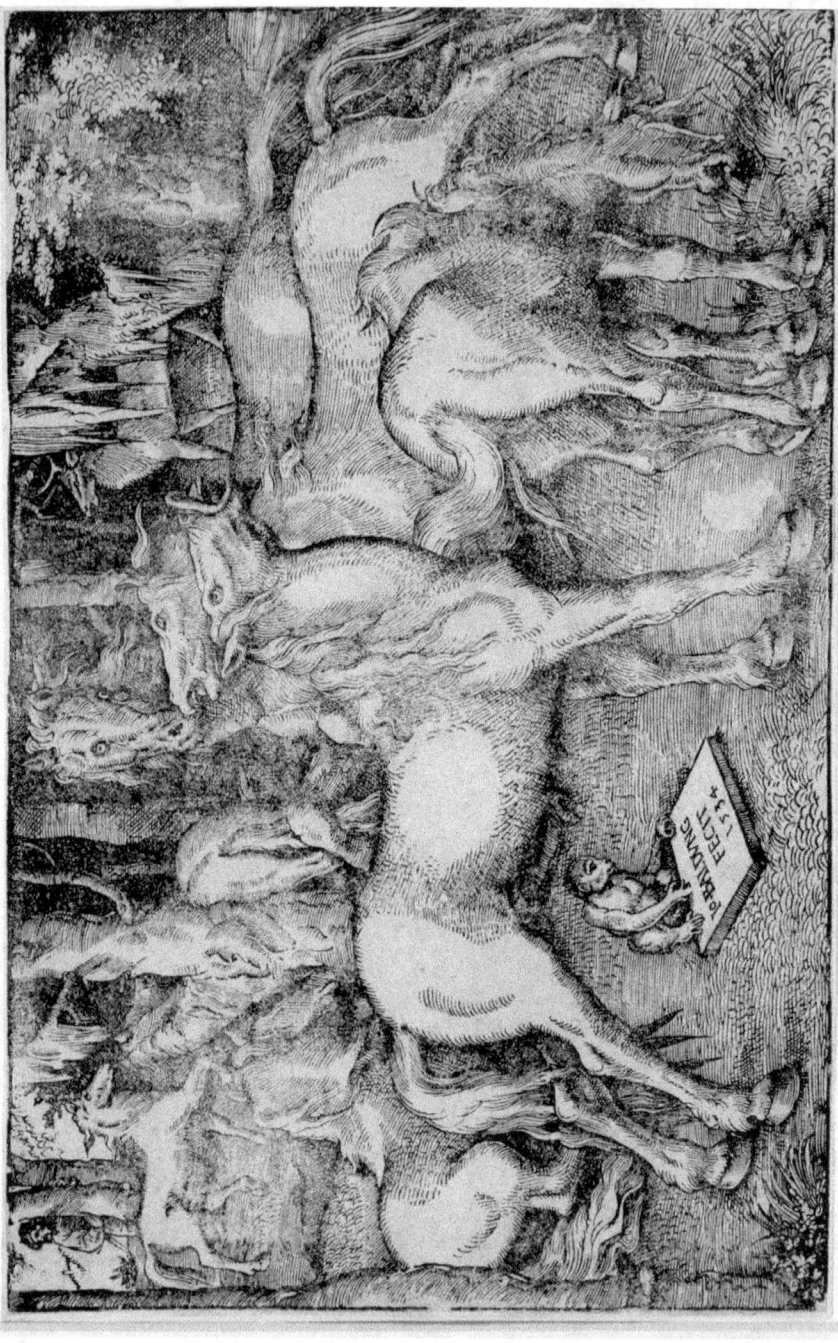

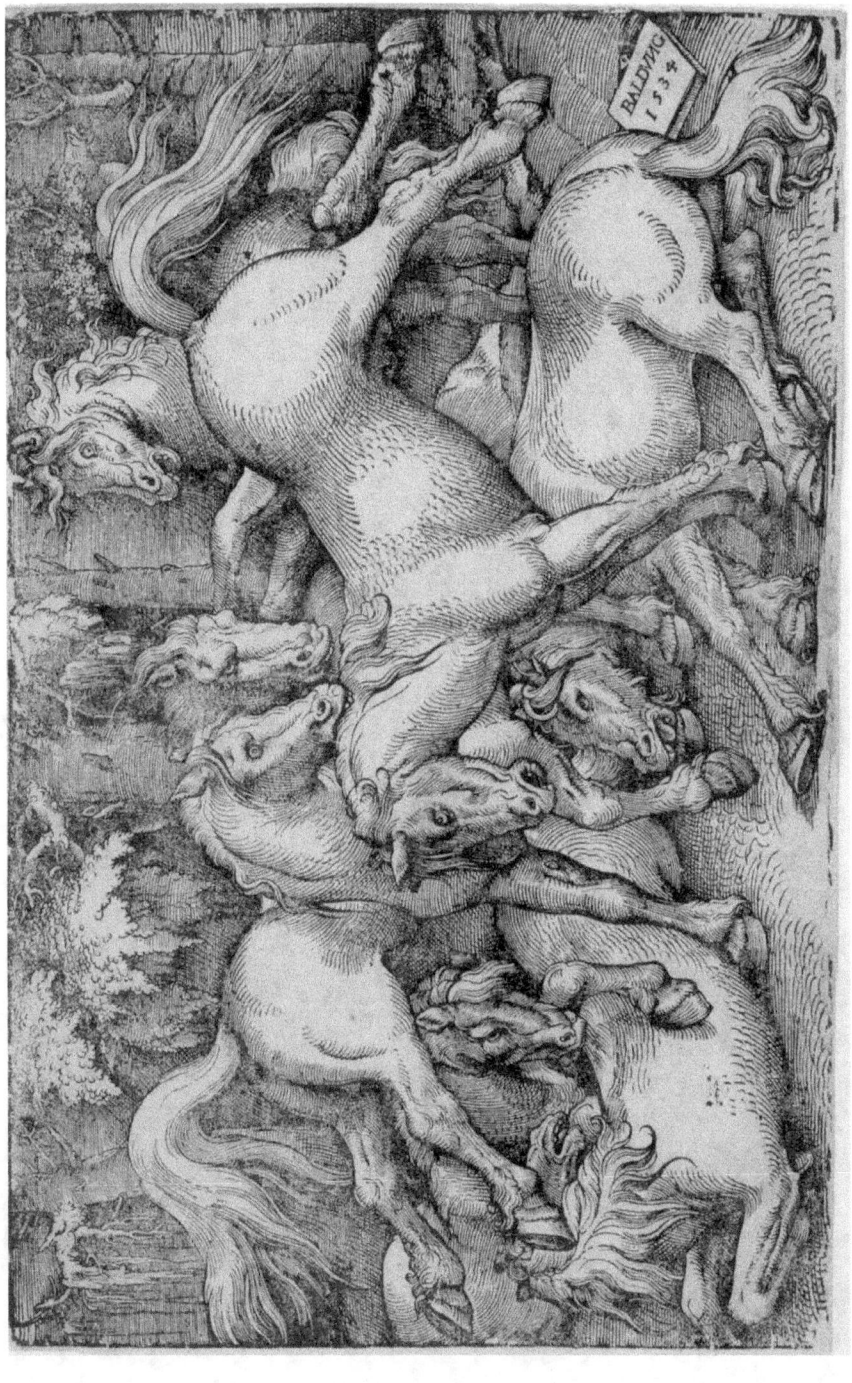

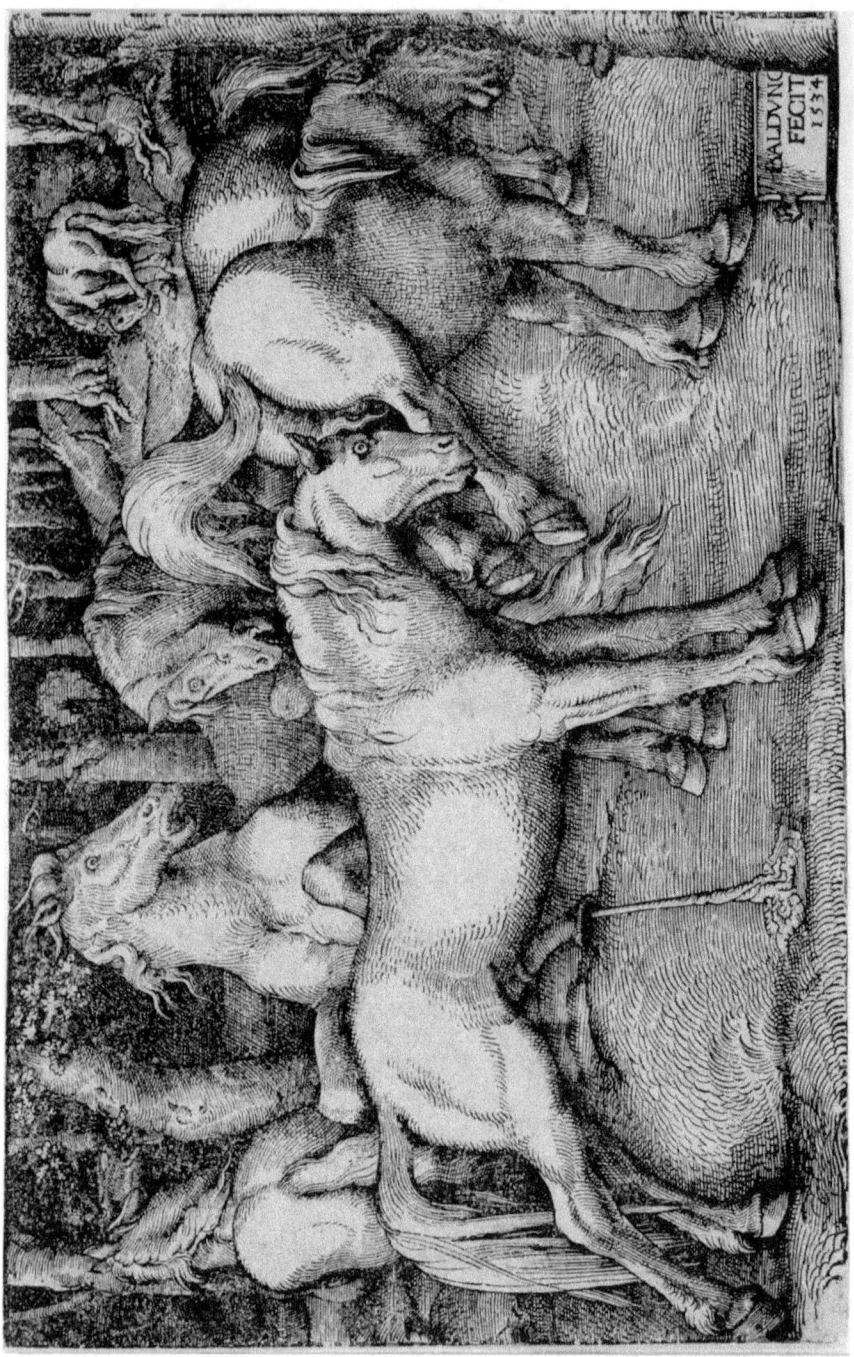

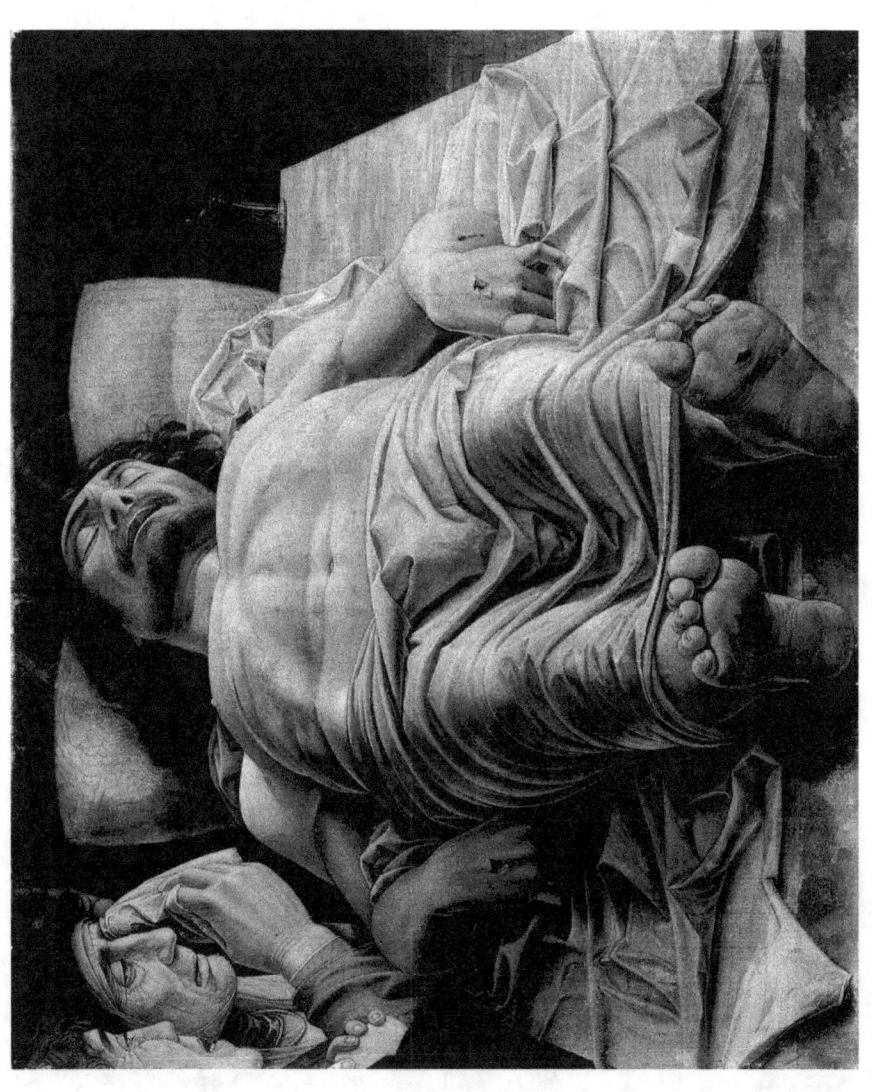

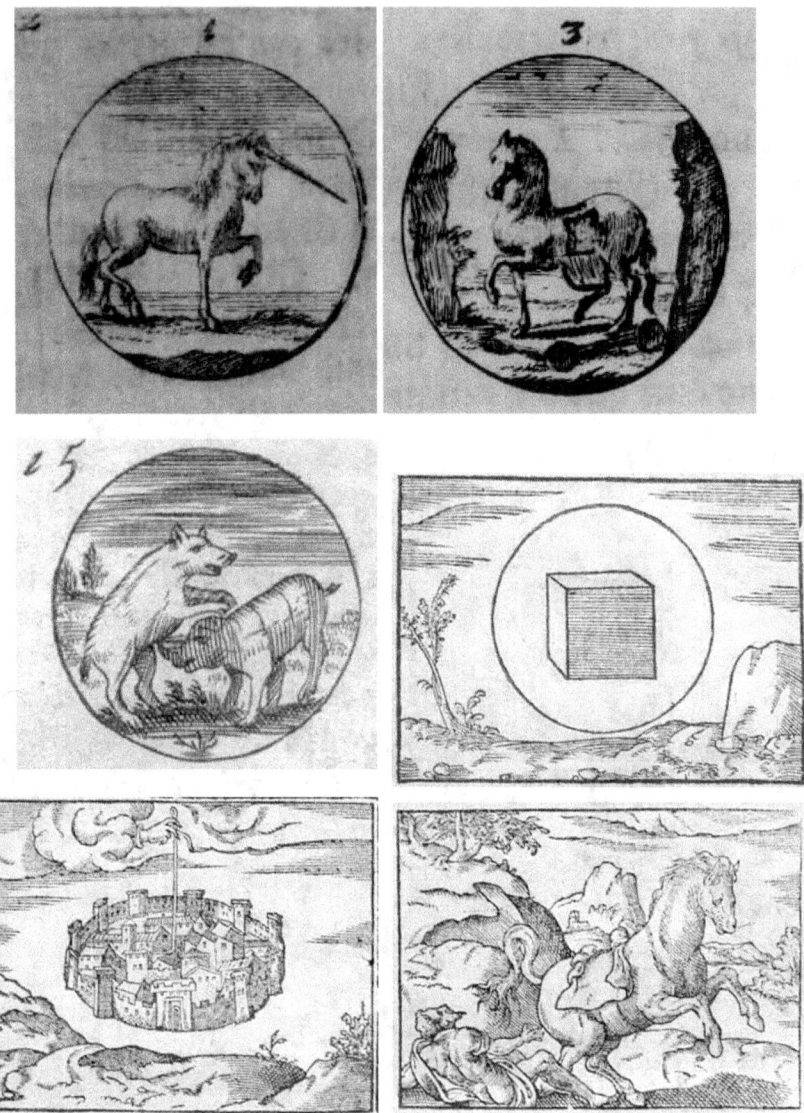

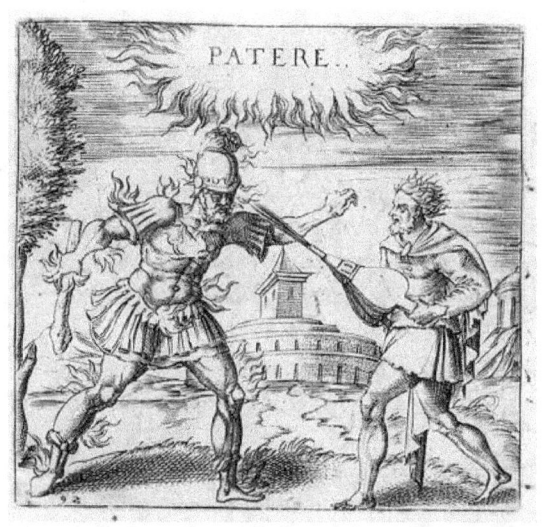

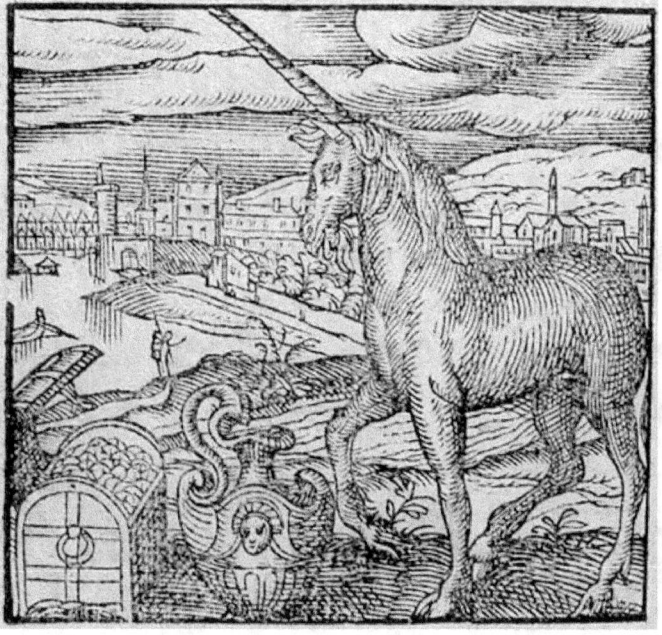

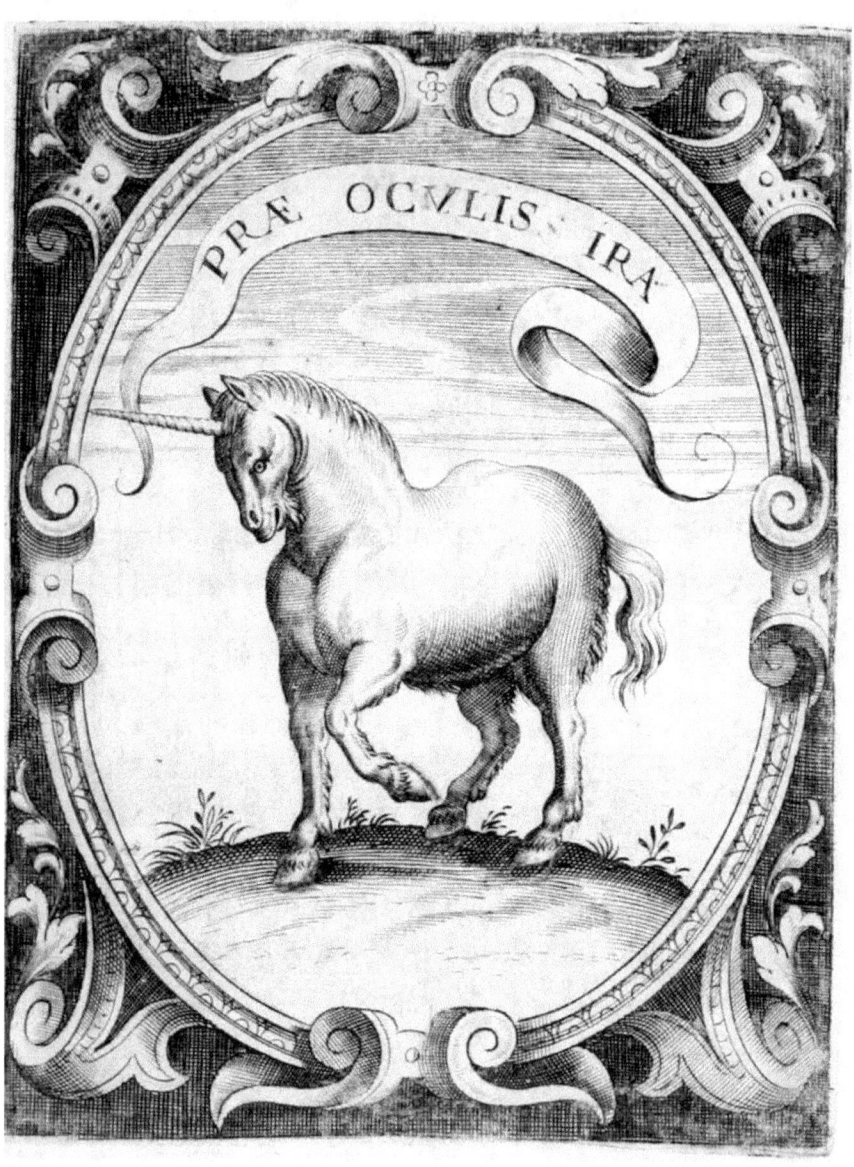

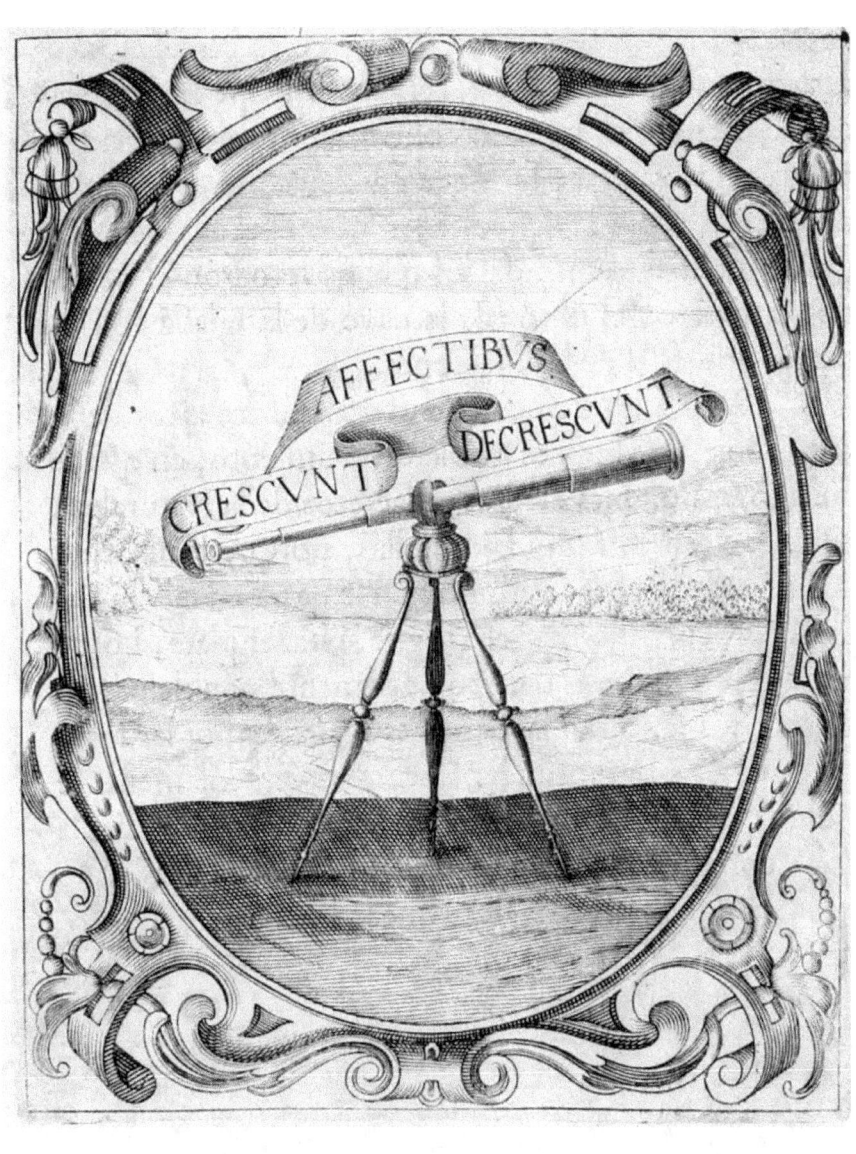

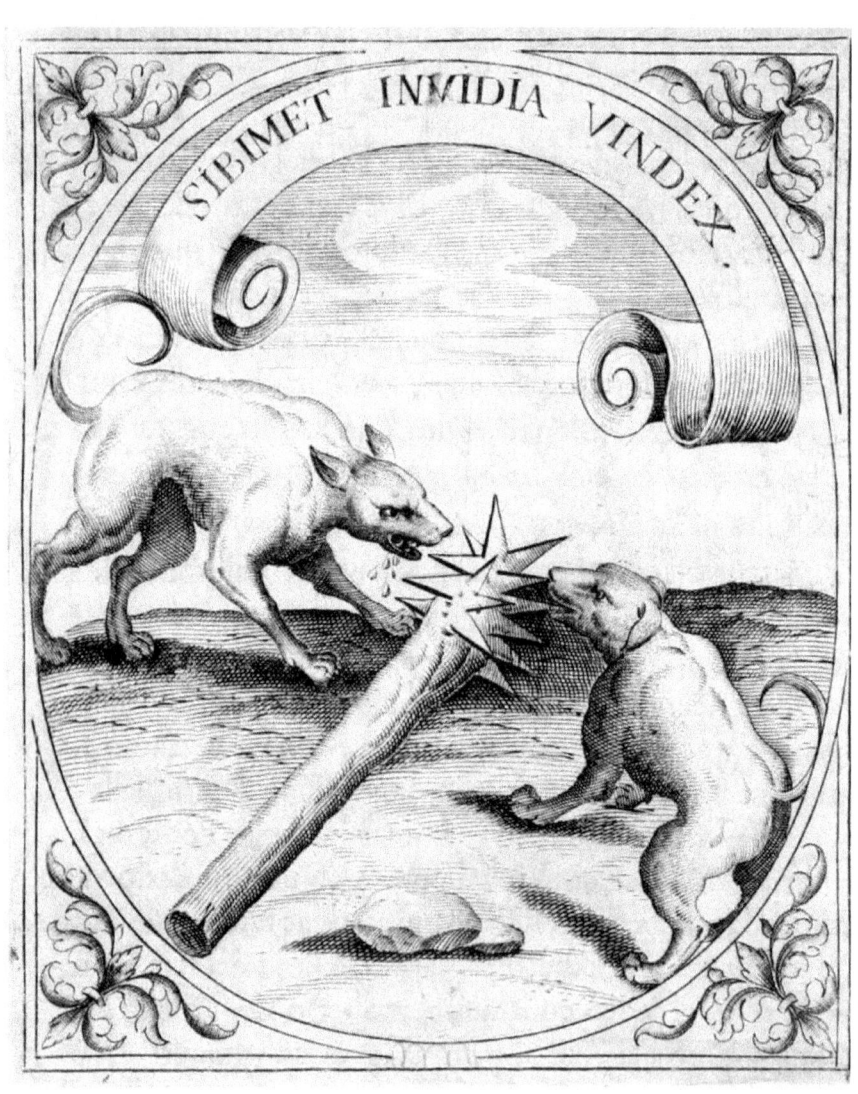

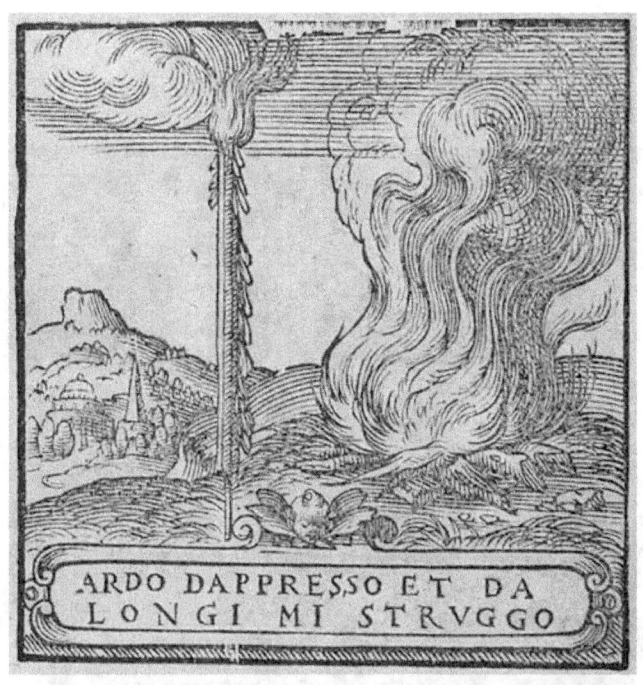

ARDO DAPPRESSO ET DA LONGI MI STRVGGO

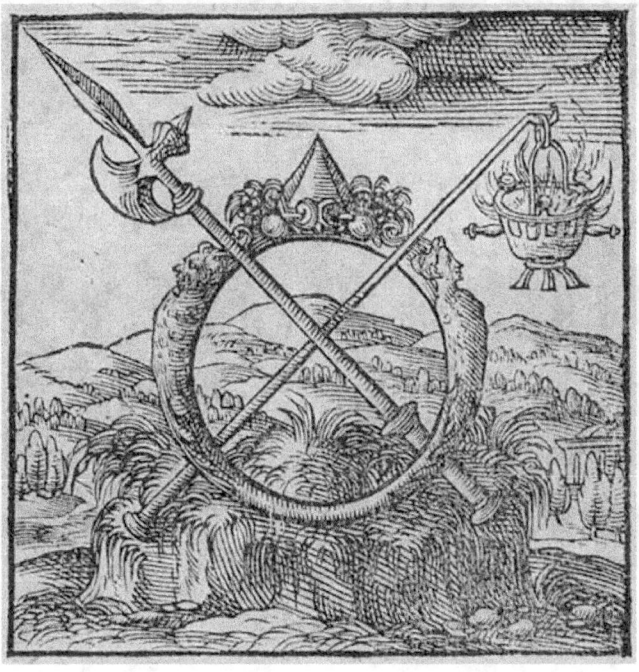

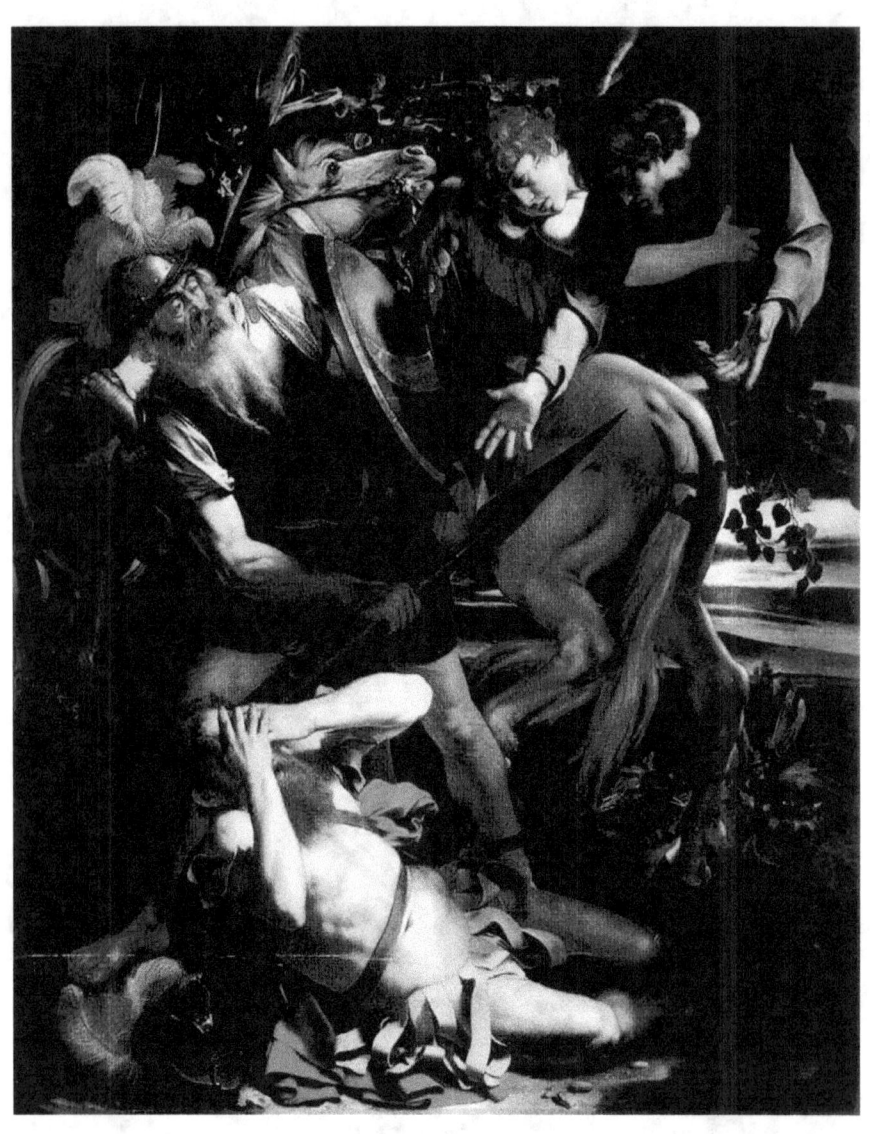

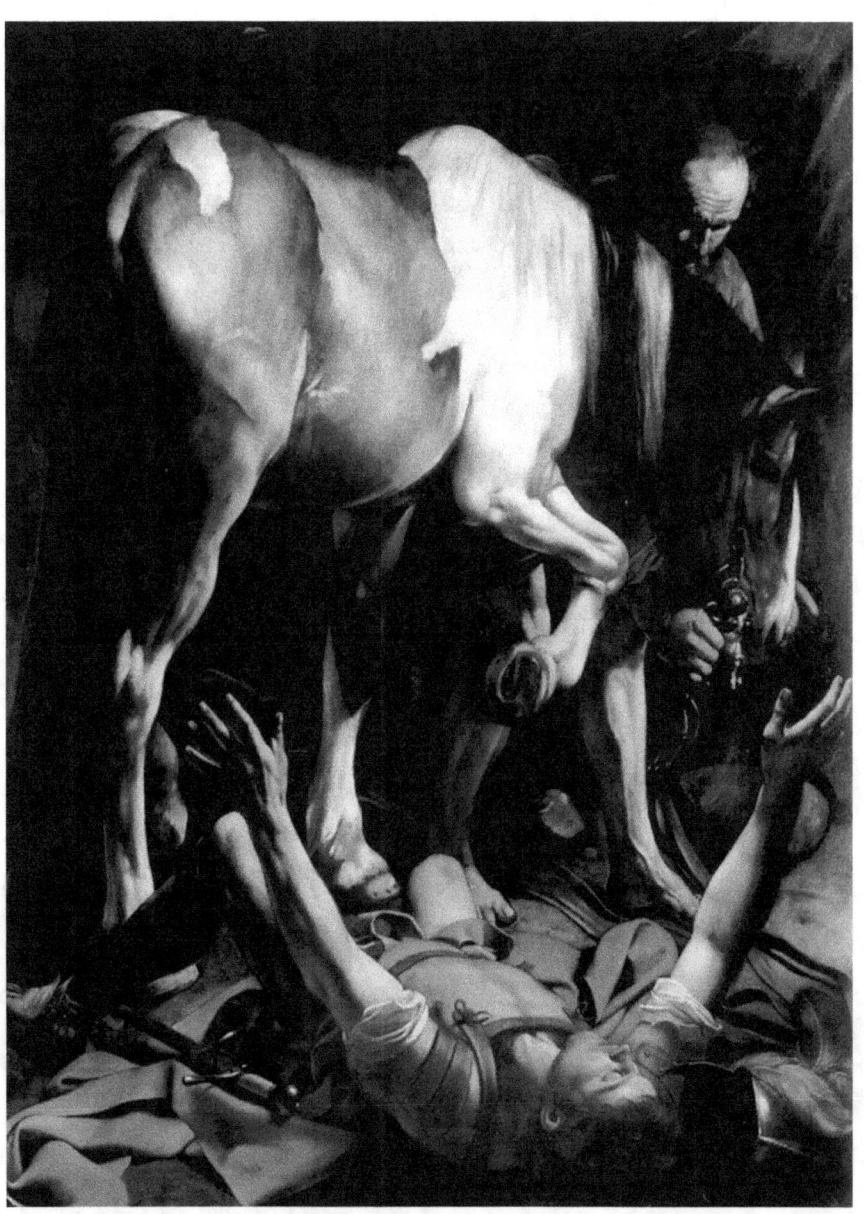

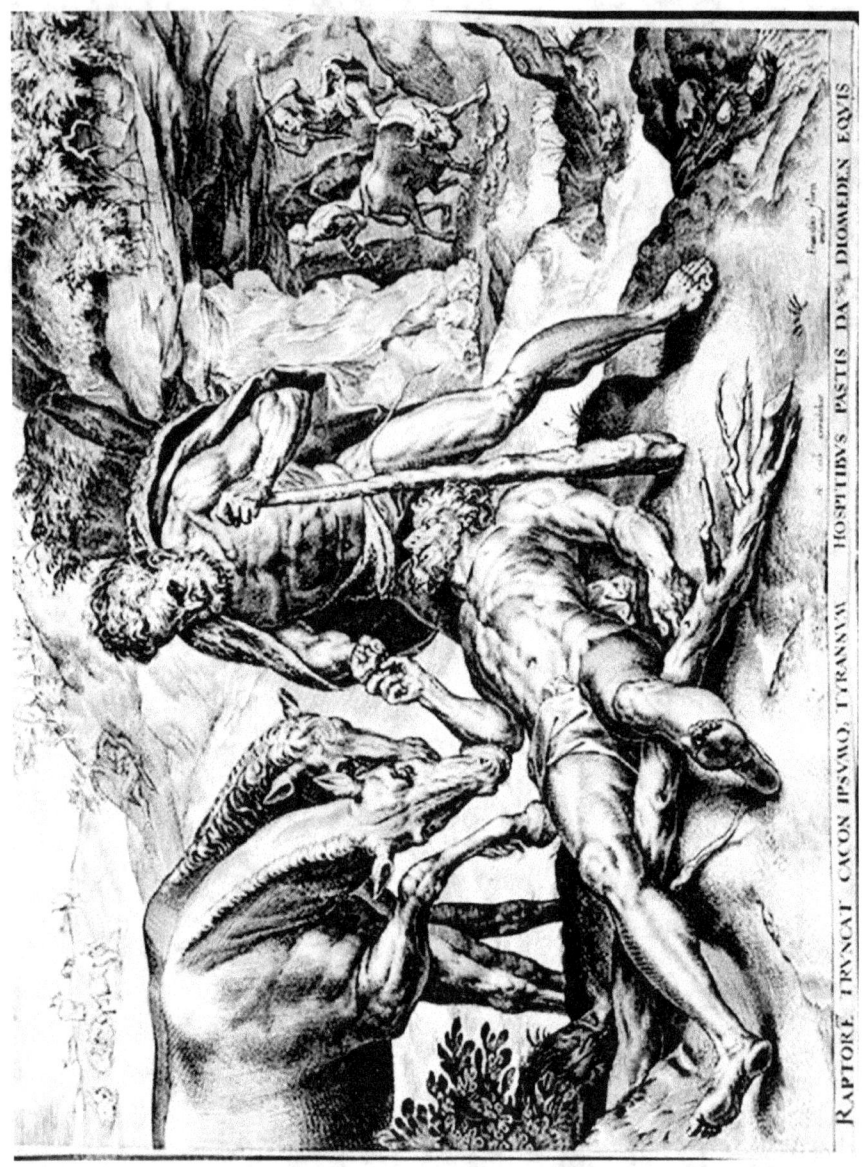

RAPTORE TRVNCAT CACON IPSVMQ TYRANNVM HOSPITIBVS PASTIS DAT DIOMEDEN EQVIS

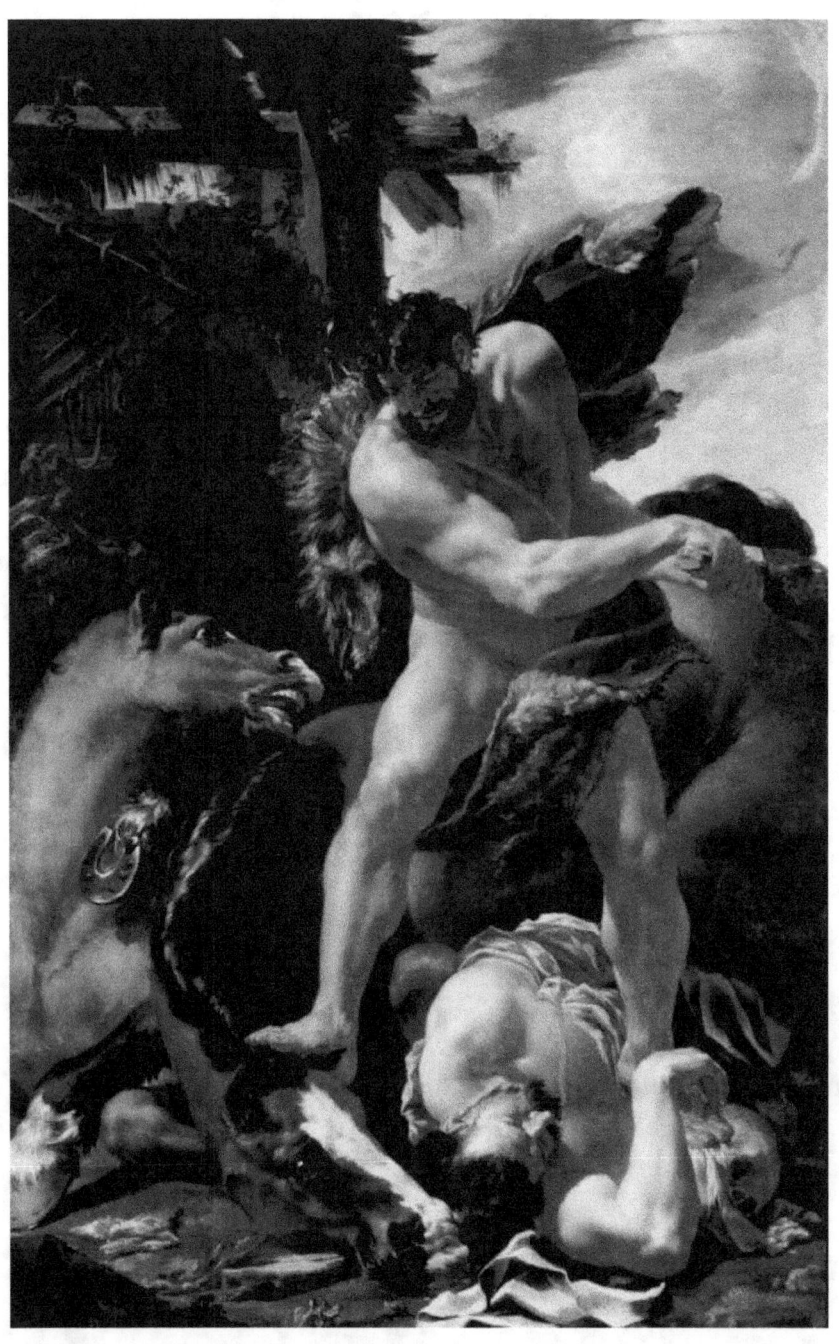

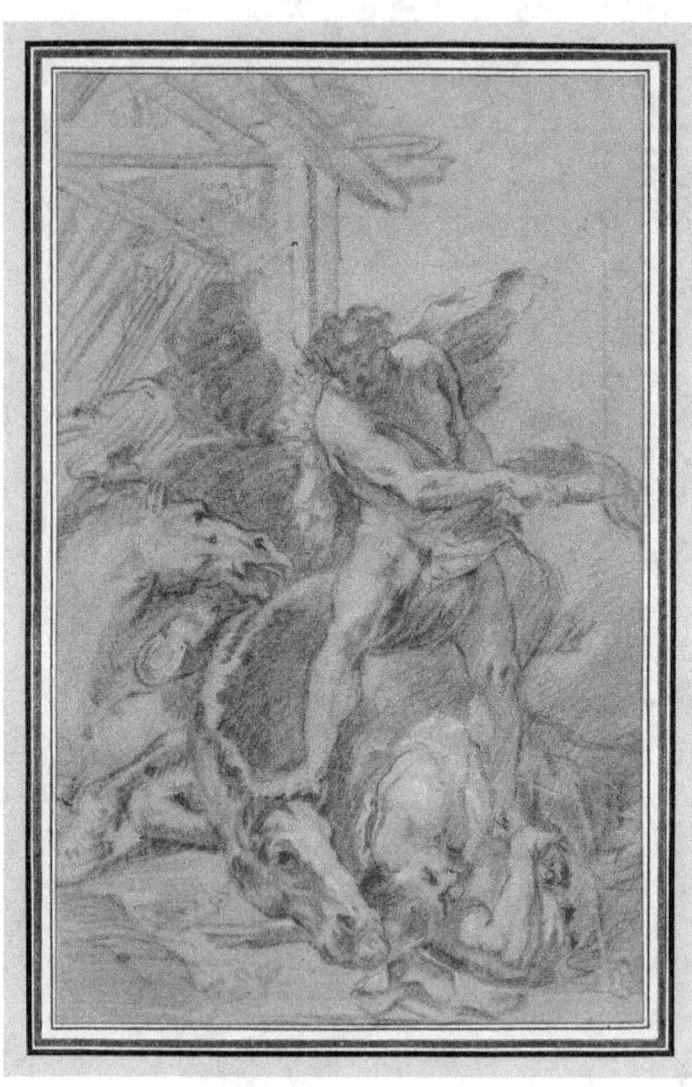

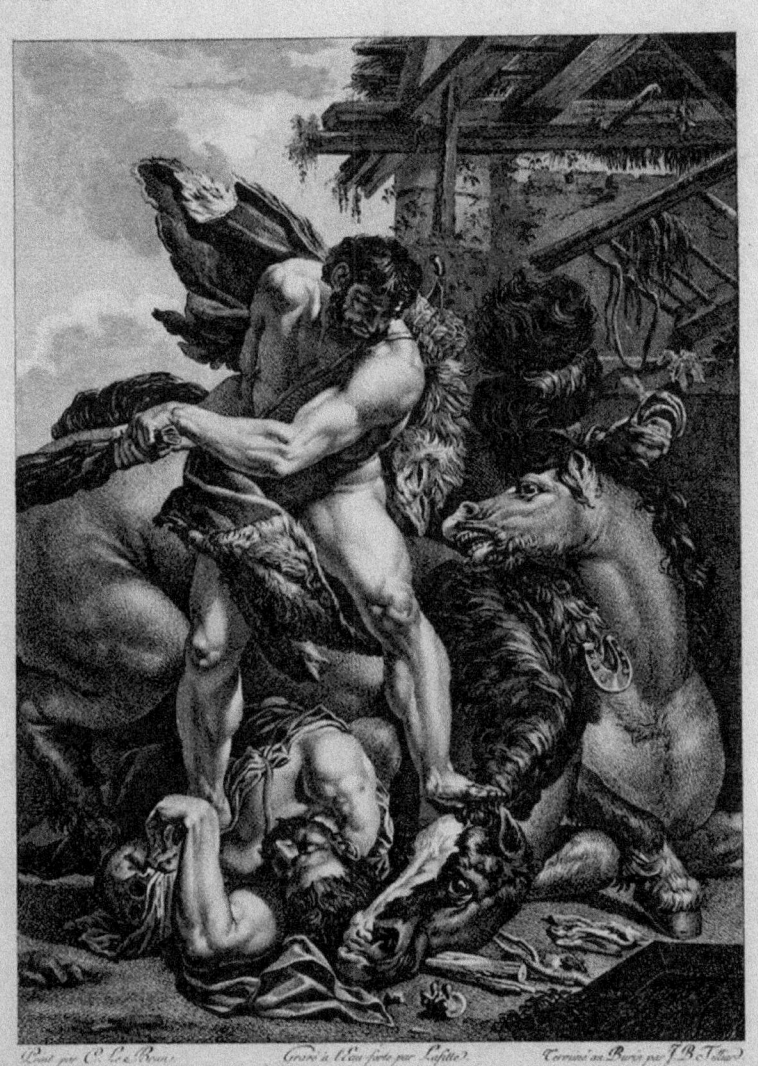

HERCULE ASSOMMANT LES CHEVAUX DE DIOMÈDE.

De la Galerie du Palais d'Orléans.

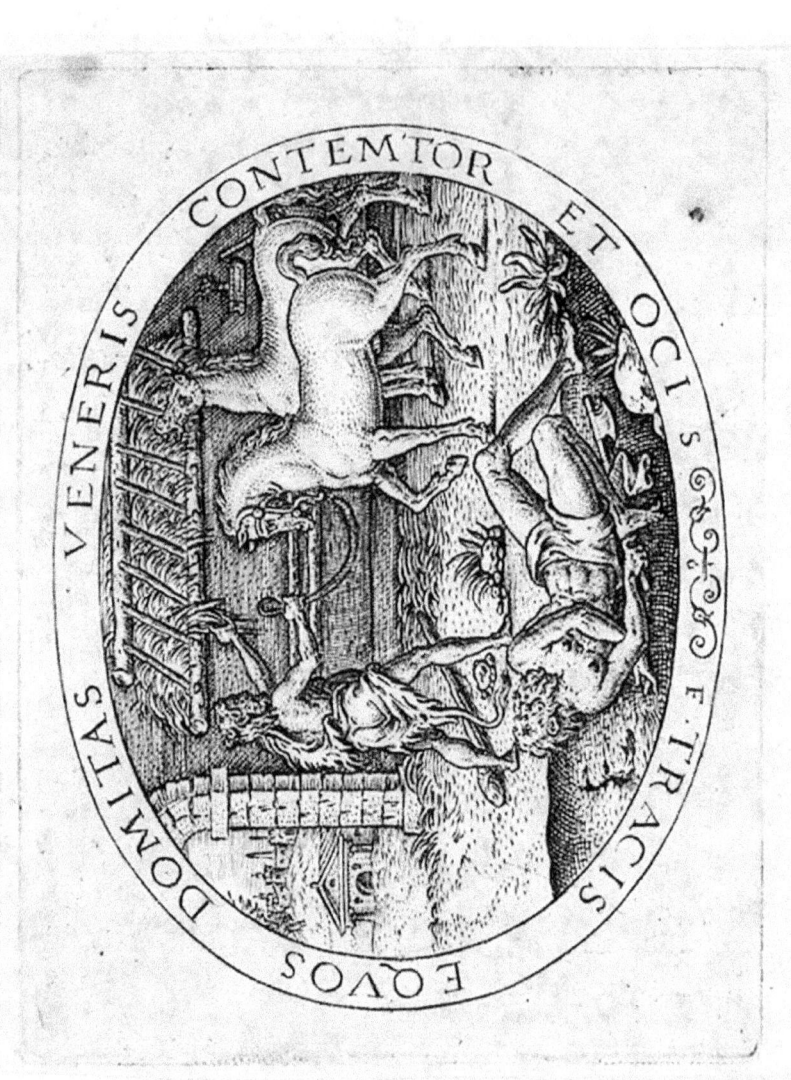

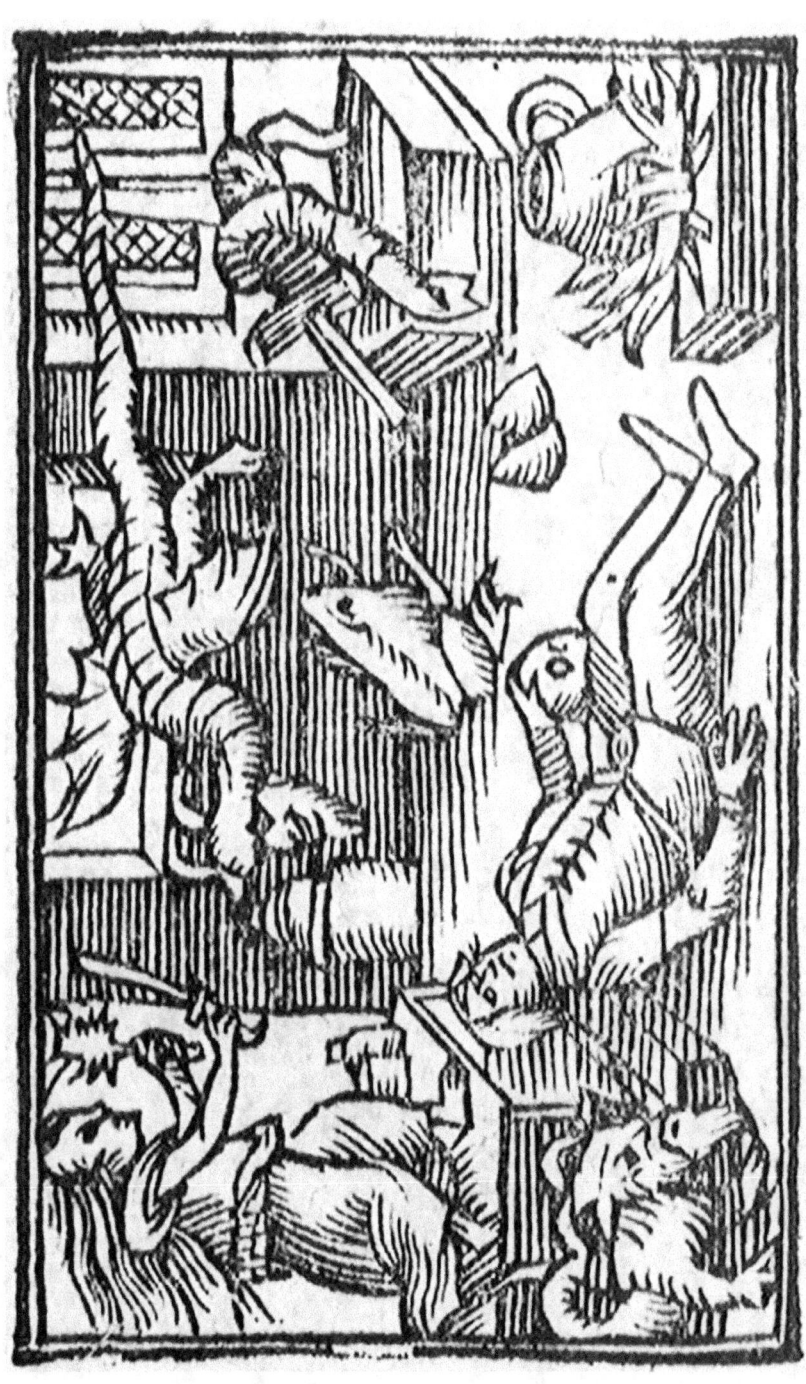

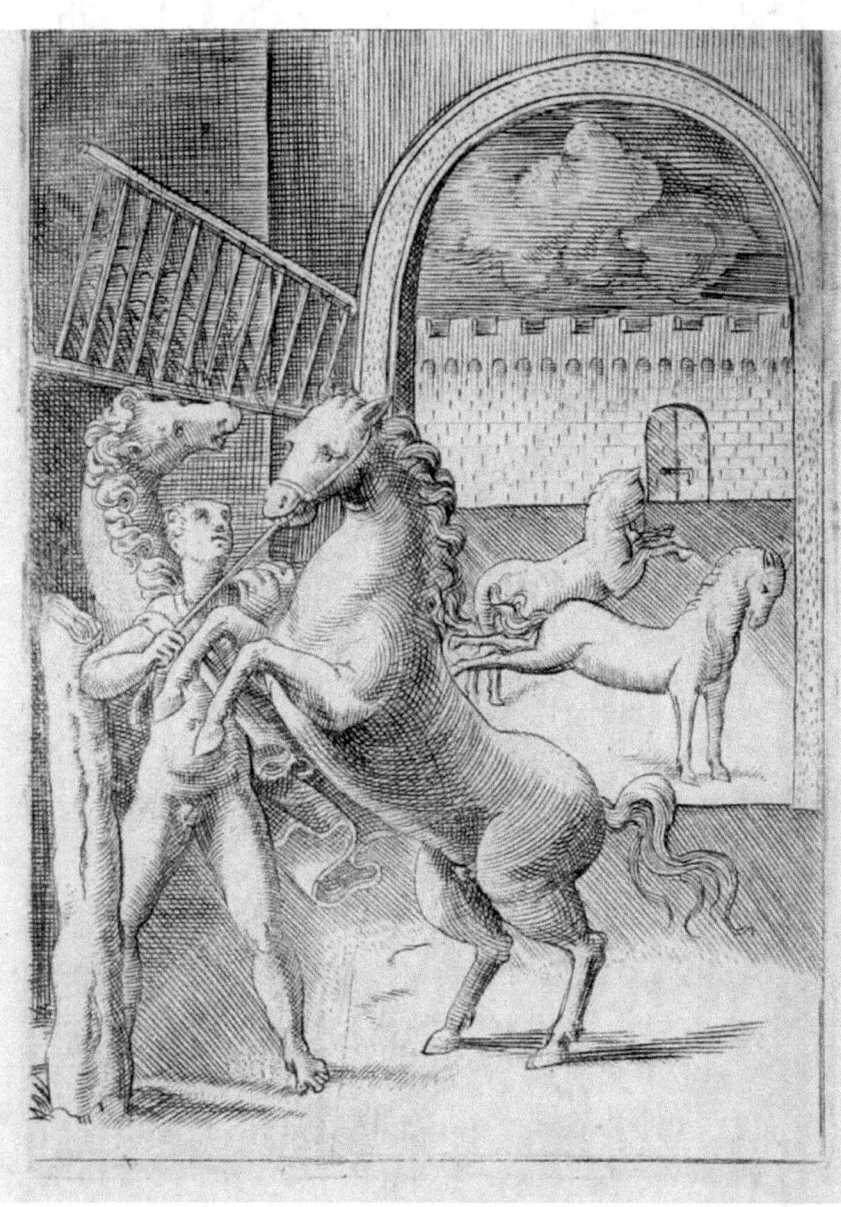

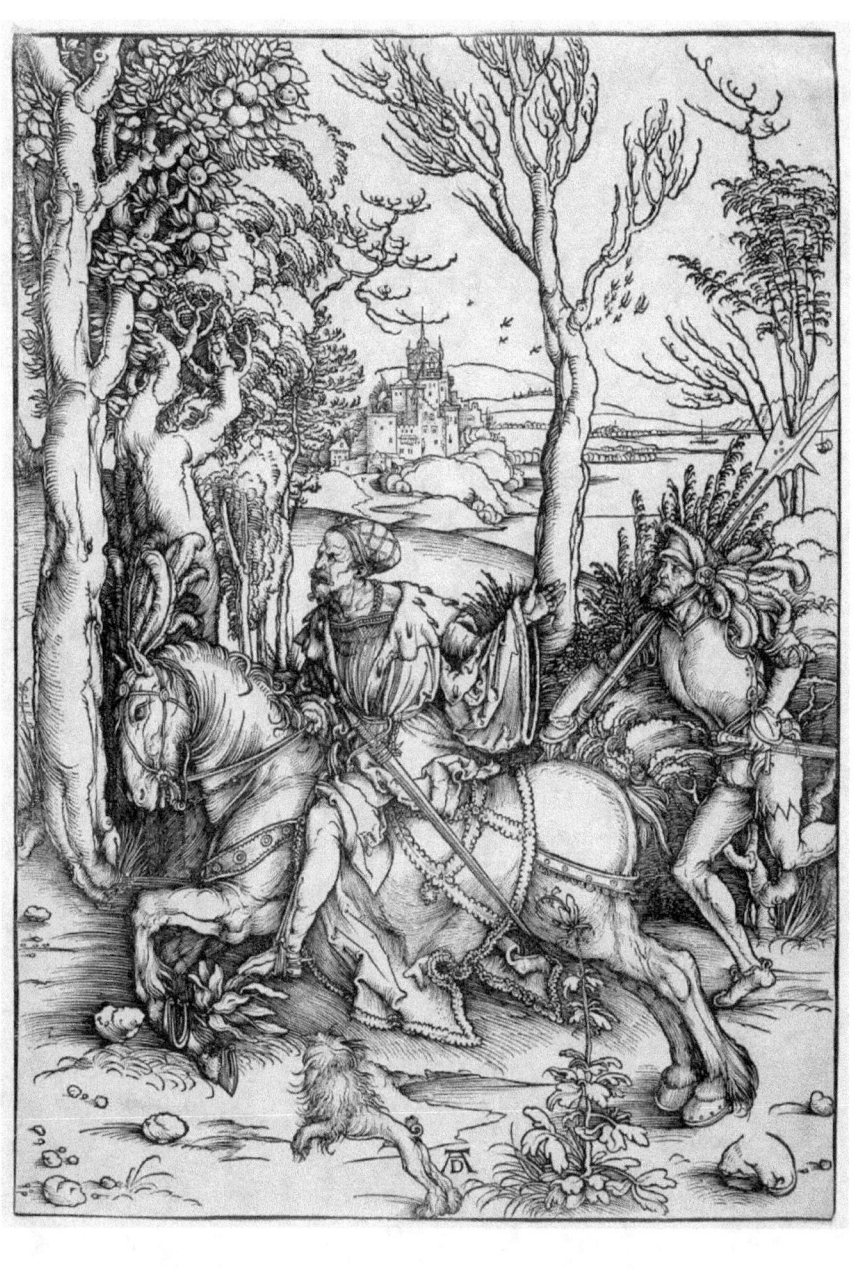

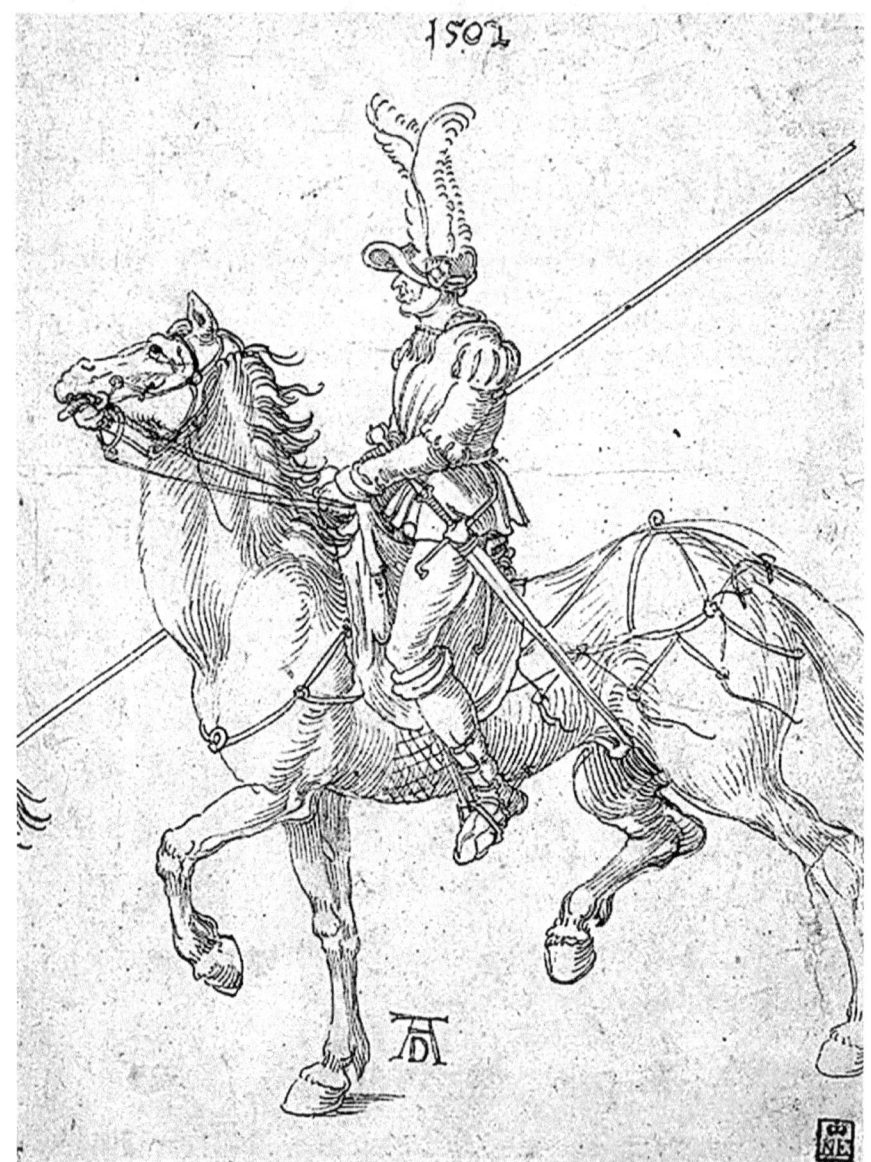

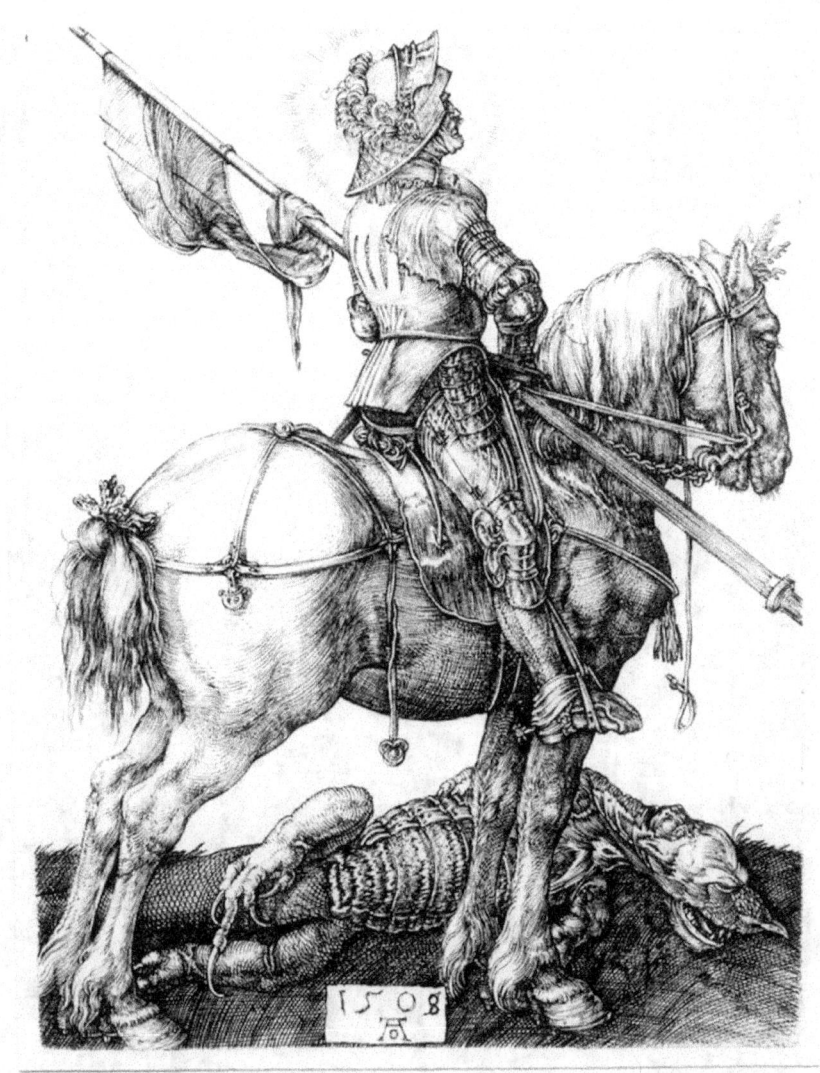

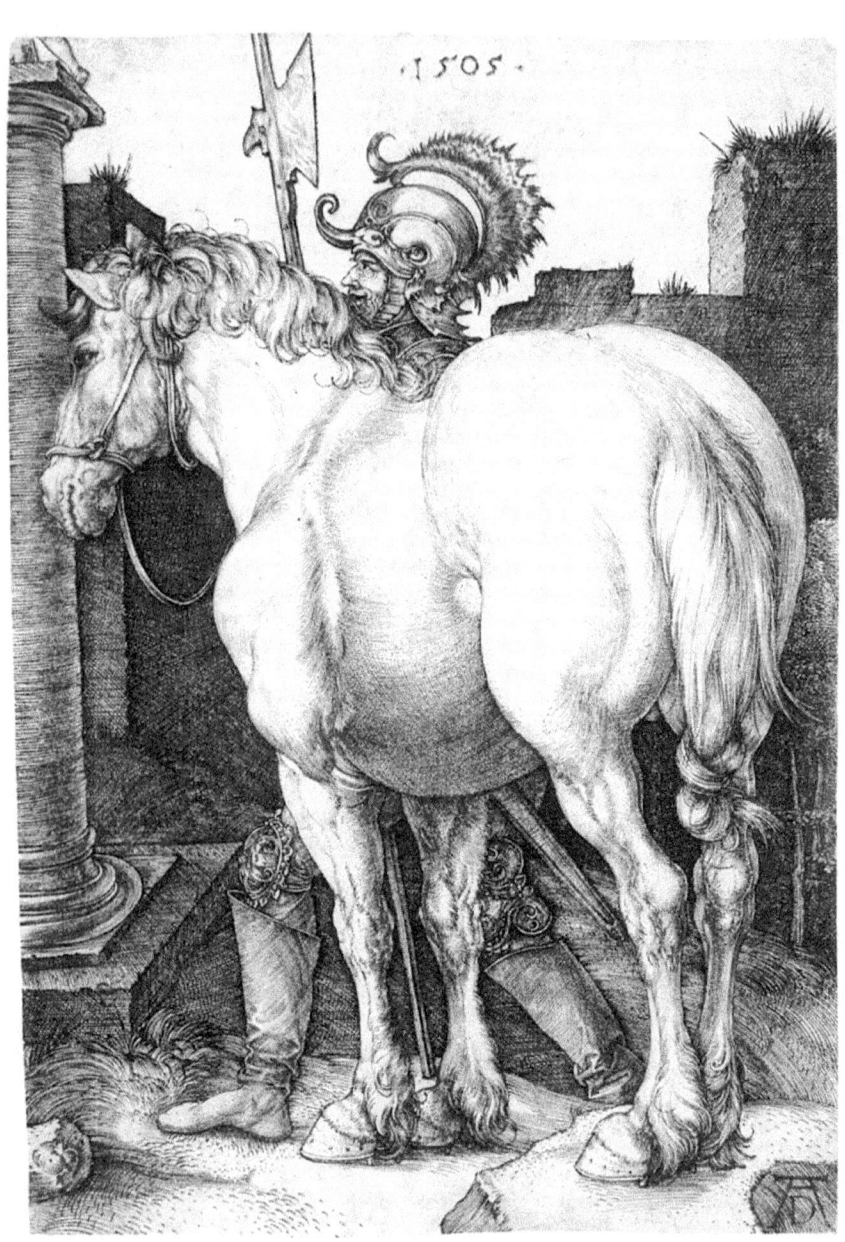

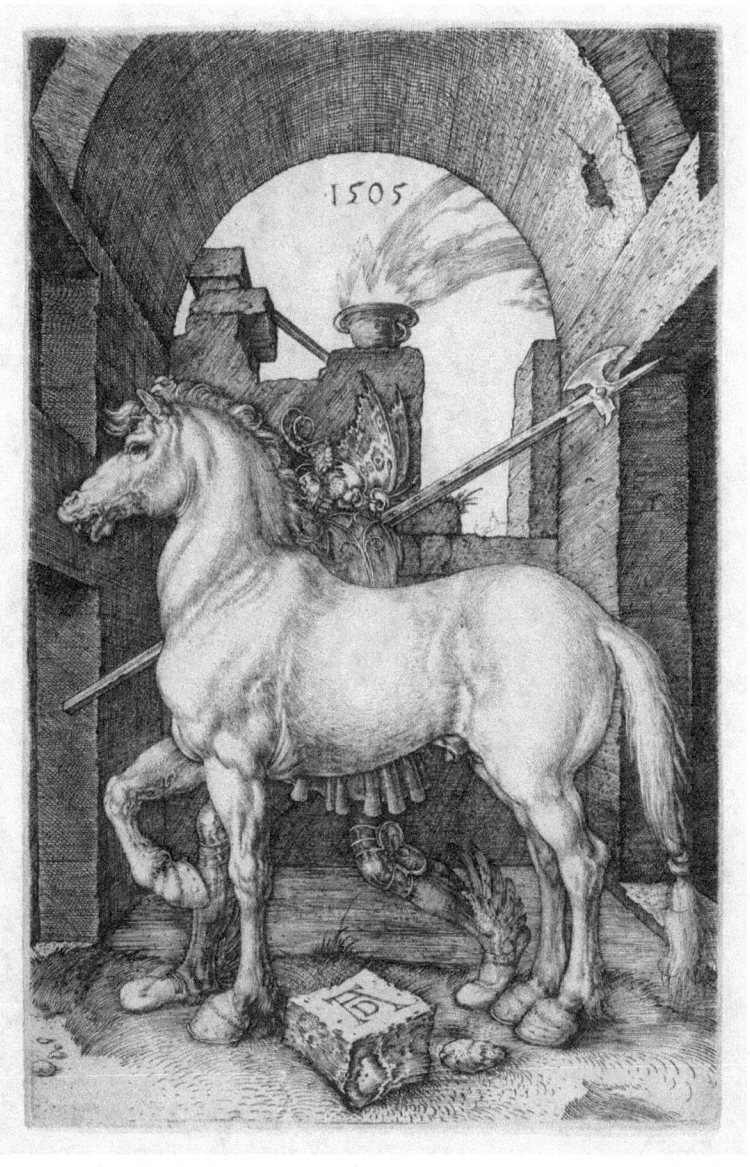

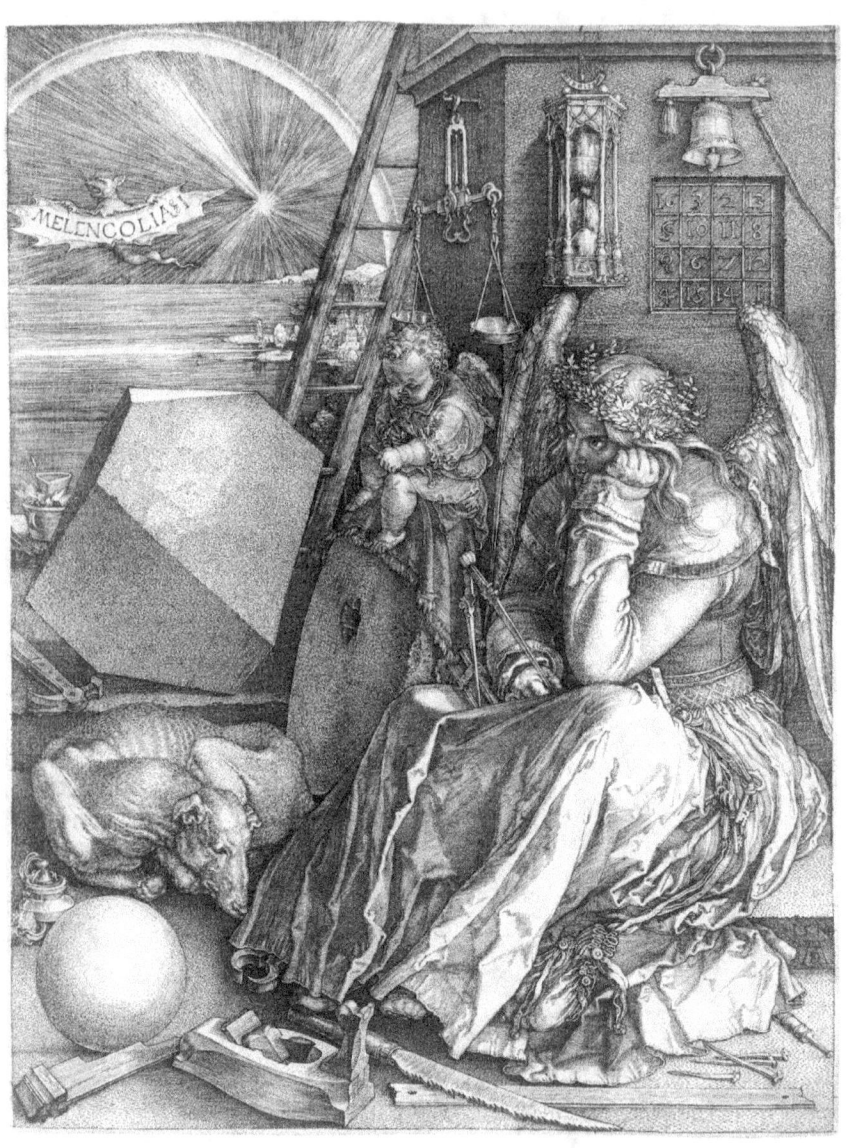

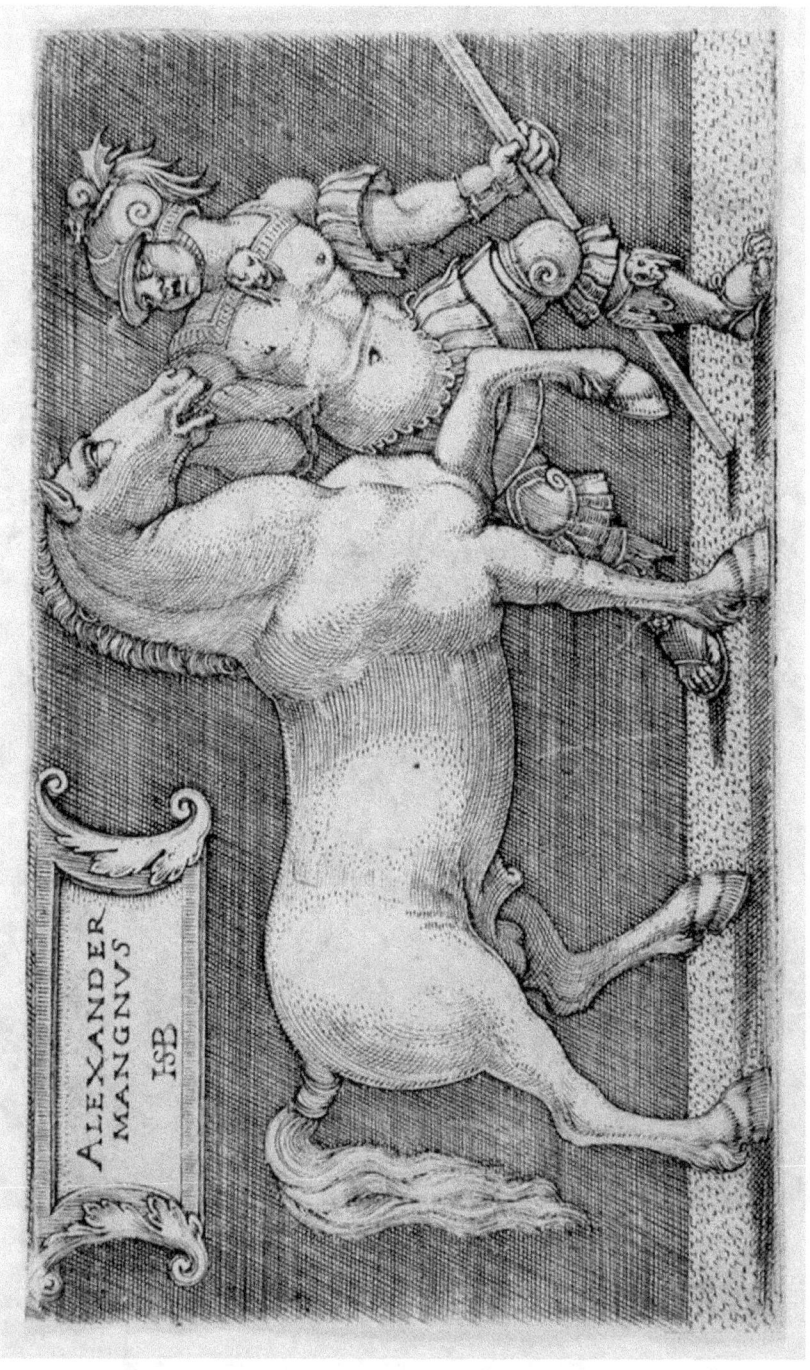

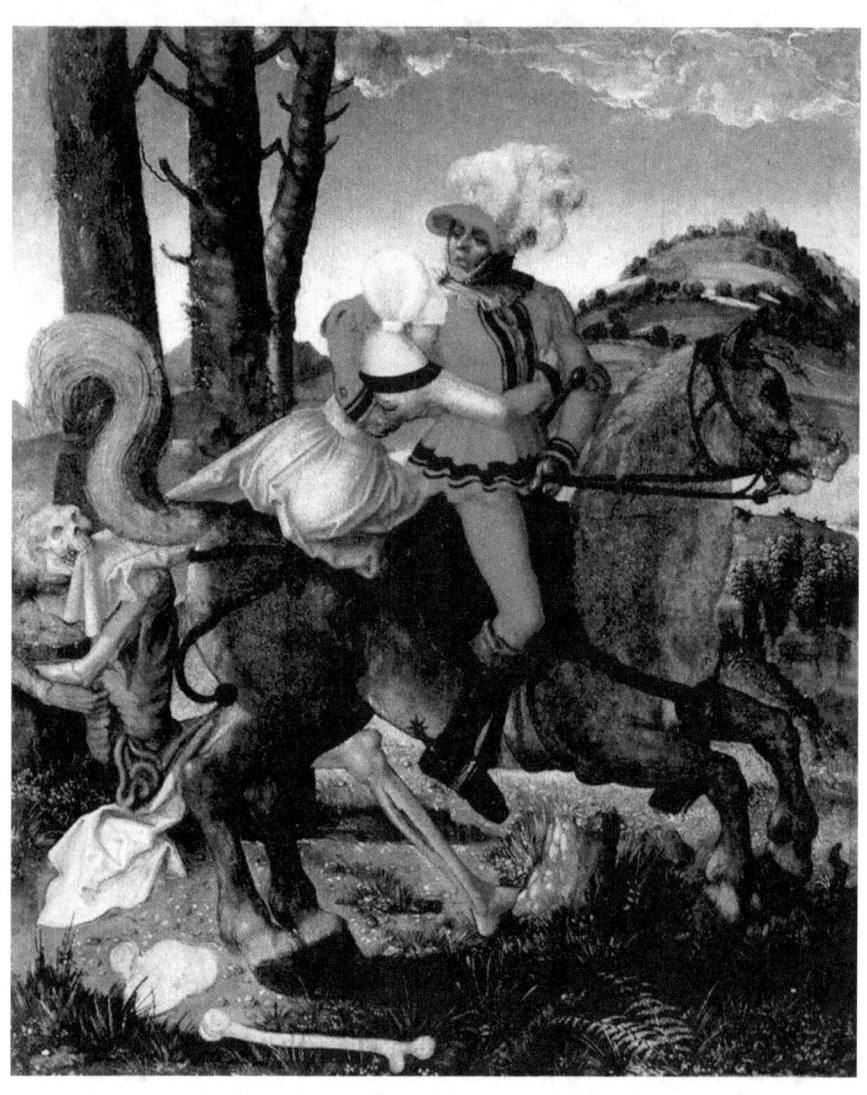

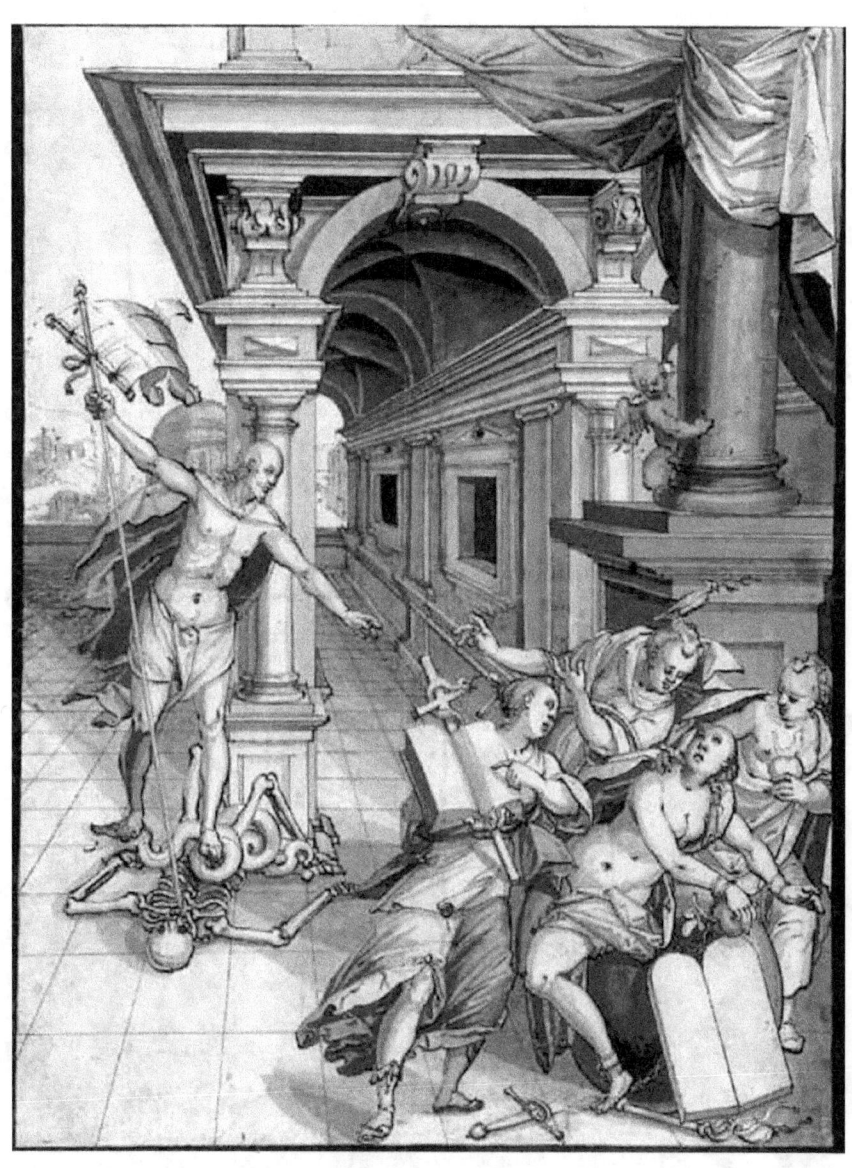

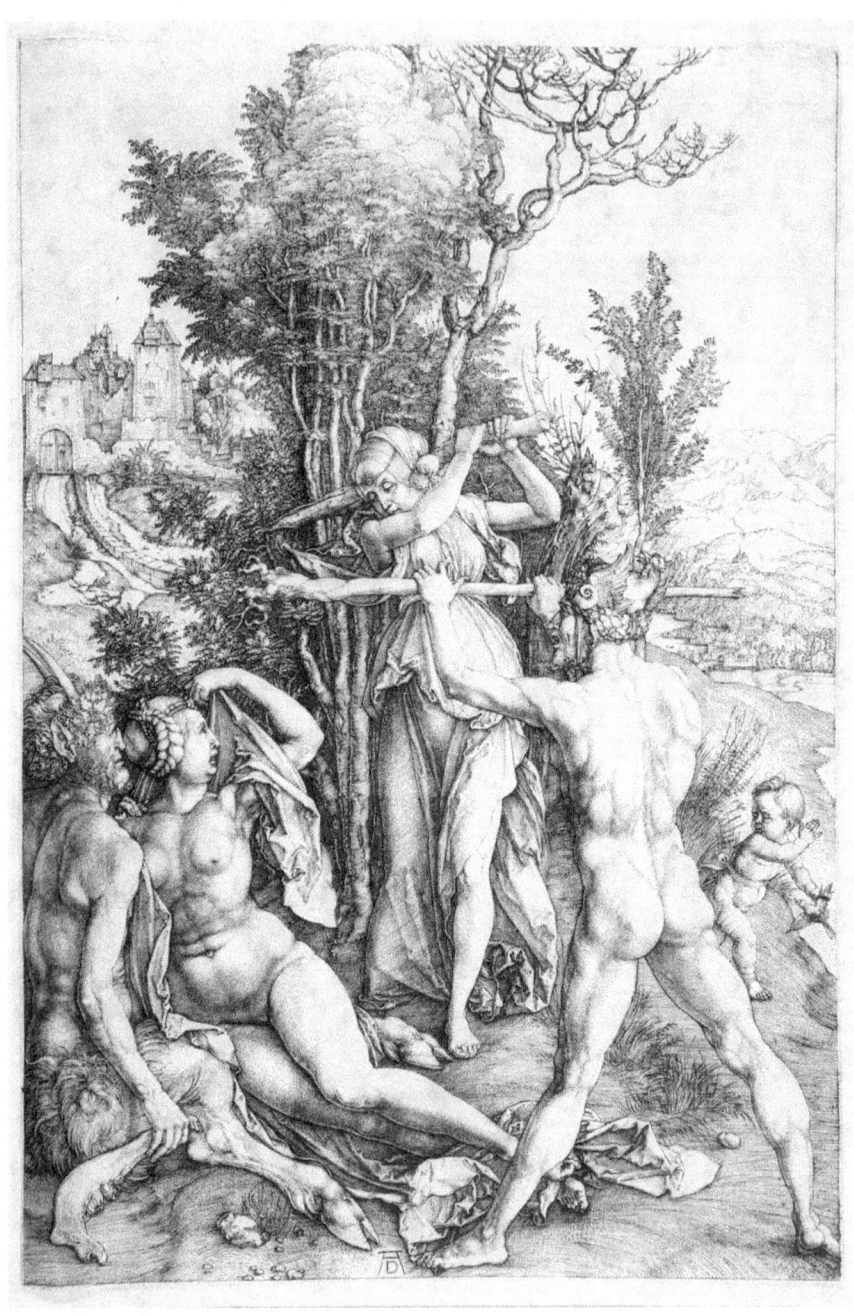

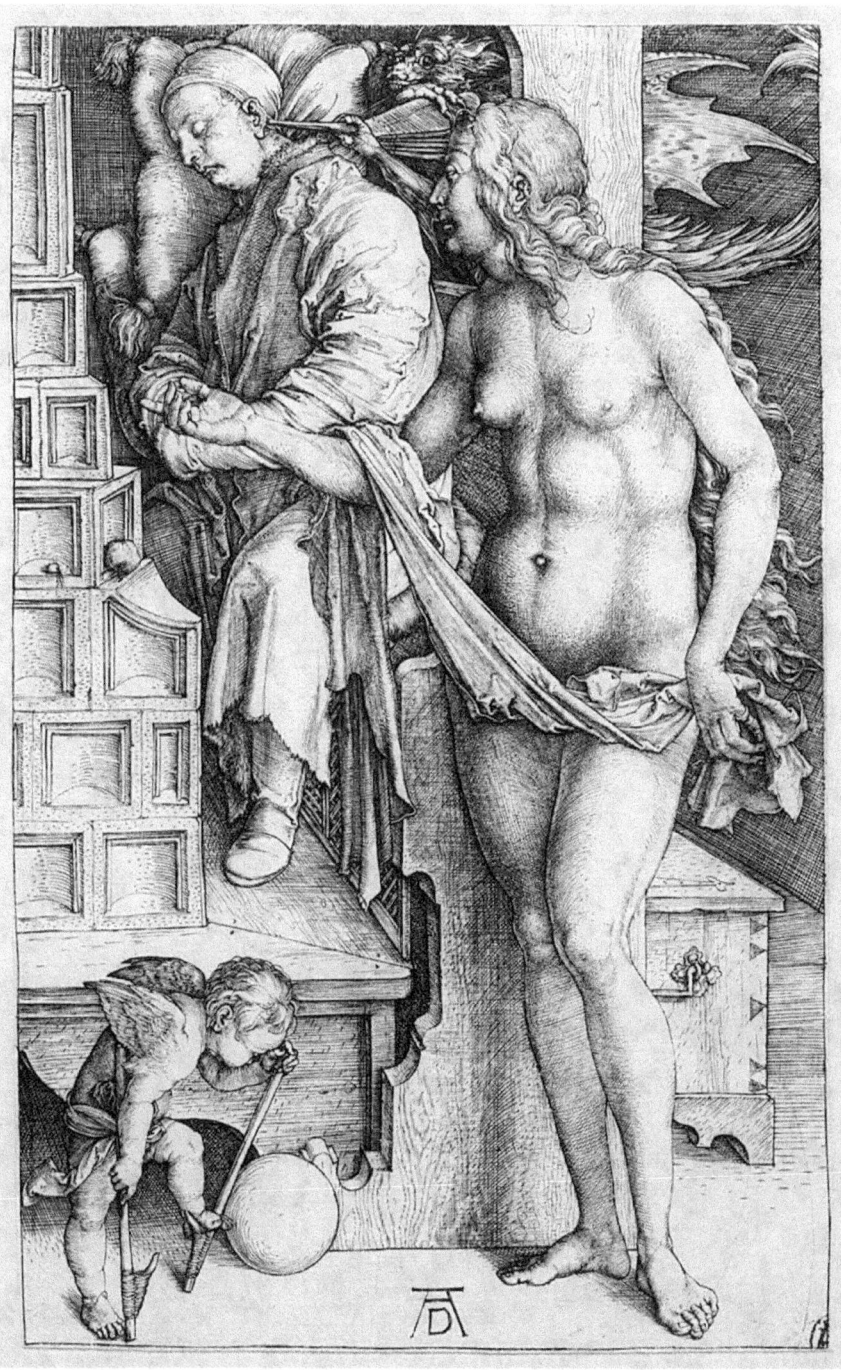

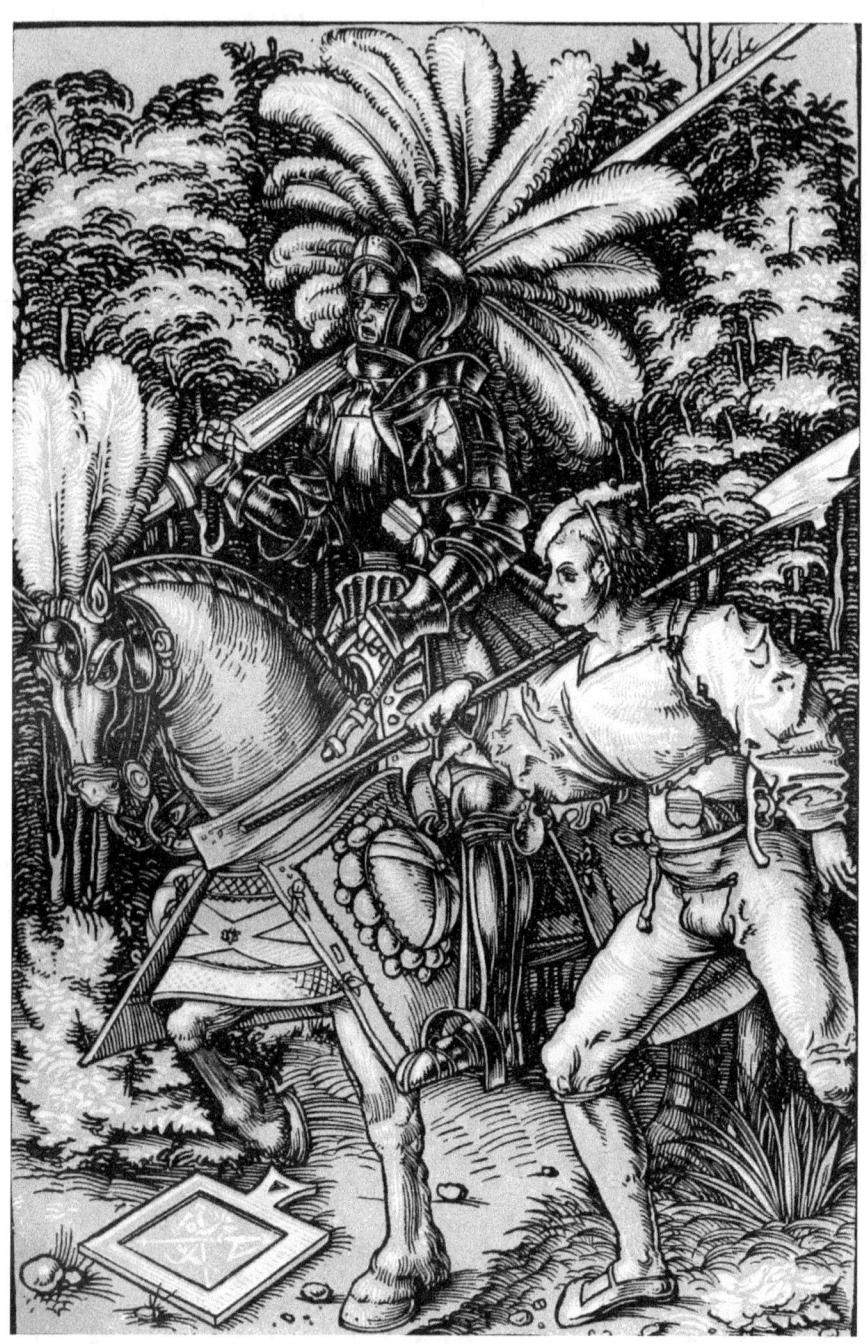

Hans Johannes Wechtlin, *Chevalier et Hallebardier*

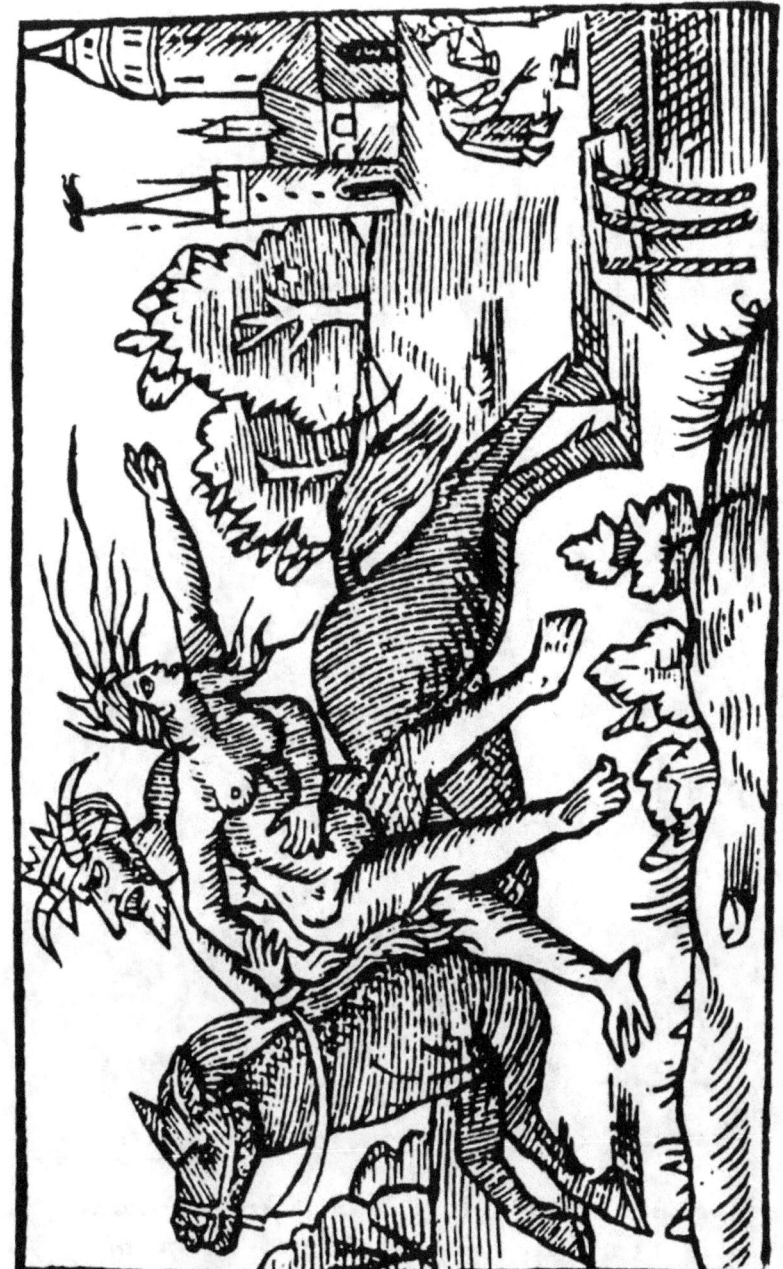

Olaus Magnus, *Historia de gentibus septentrionalibus*

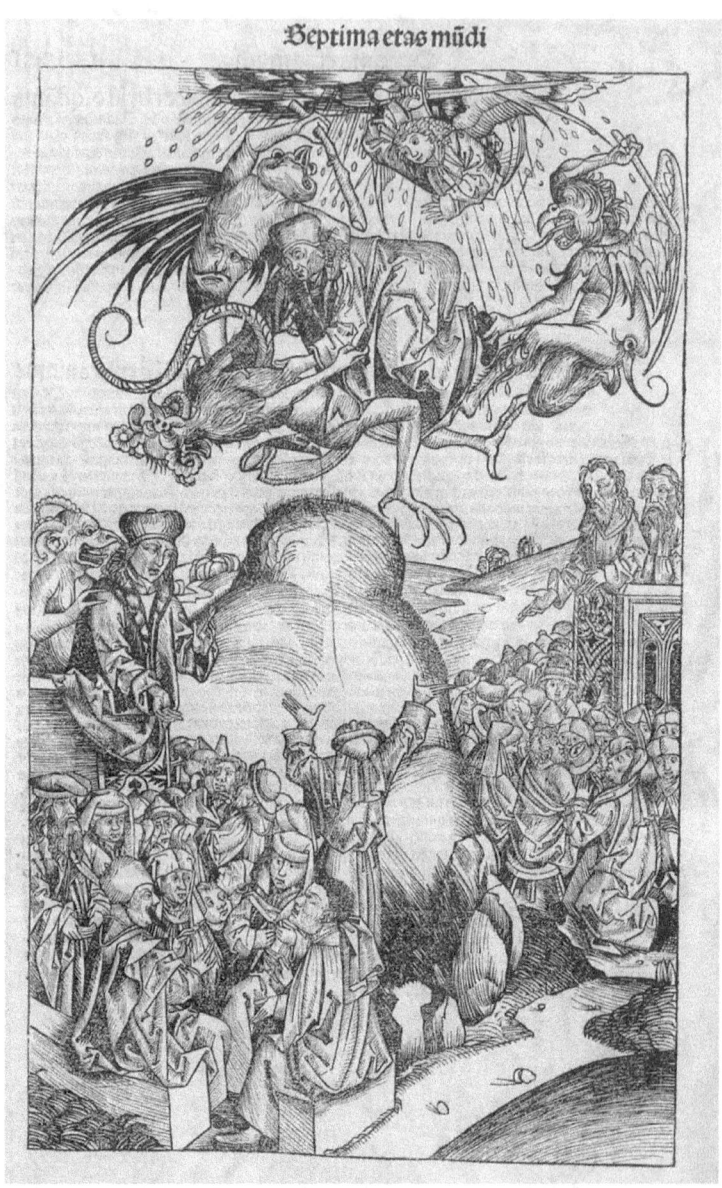

Hartman Schedel, *Liber Chronicarum*, fol. CCLXIIr. de l'édition d'Antonius Koberger à Nuremberg

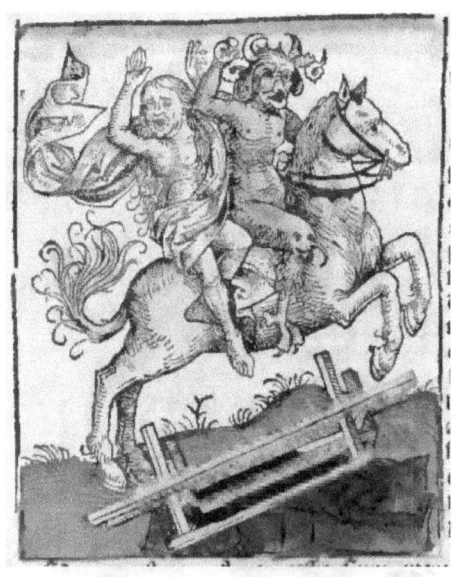
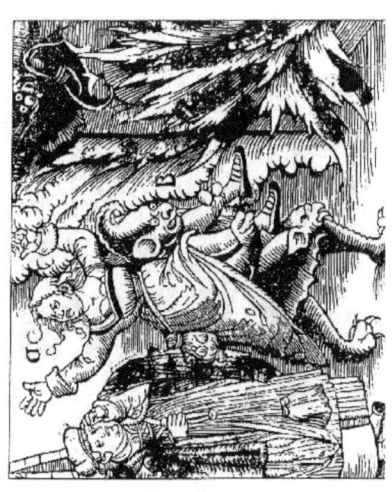
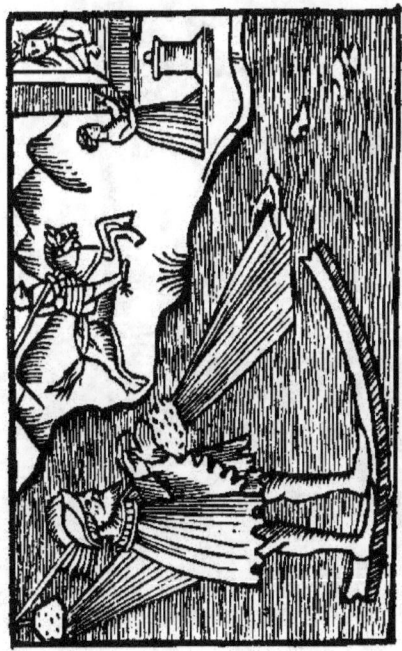

Hartman Schedel, *Liber Chronicarum*, fol. **CLXXXIXr.** de l'exemplaire peint de Johann Jacob Fugger; J.J. Wick; Pamphlet continental montrant un sorcier *surfant*

A MOST
Certain, Strange, and true Discovery of a
WITCH.

Being taken by some of the Parliament Forces, as she was standing on a small planck-board and sayling on it over the River of *Newbury*:

Together with the strange and true manner of her death, with the propheticall words and speeches she vsed at the same time.

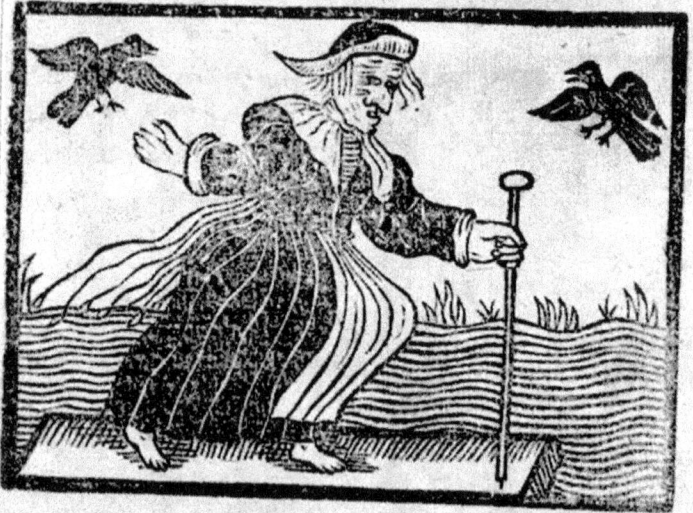

Printed by John Hammond, 1643.